封面题字：范曾

南开大学日本研究院主办
莽景石　主编

南开日本研究
2011

莽景石：日本与中国："奇迹"的政治经济学
张光　汤金旭：纸币与白银
——明治维新后日本与明清中国货币体制之比较
李小白　吴玲：西田哲学和津田史学的文化观比较
［日］笠谷和比古：武士道概念的历史沿革
［韩］崔官：韩国的日本研究
［日］岛善高：近代日本的天皇制度
——以其制度性特征为中心
宋成有：周一良先生的为学与为人

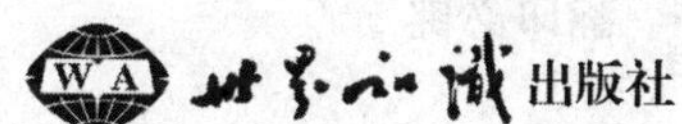
世界知识出版社

图书在版编目(CIP)数据

南开日本研究 2011 / 莽景石主编．—北京：世界知识出版社，2011.10

ISBN 978-7-5012-4148-4

Ⅰ.①南… Ⅱ.①莽… Ⅲ.①日本—研究 Ⅳ.①K313.07

中国版本图书馆 CIP 数据核字（2011）第 207463 号

责任编辑 罗养毅
责任出版 刘 喆
责任校对 陈可望
封面设计 嘉 维

书 名 南开日本研究 2011
Nankai Riben Yanjiu
主 编 莽景石

出版发行 世界知识出版社
地址邮编 北京市东城区干面胡同 51 号（100010）
网 址 www.wap1934.com
印 刷 北京京晟纪元印刷有限公司
经 销 新华书店
开本印张 787×1092 毫米 1/16 22¾印张
字 数 376 千字
版次印次 2011 年 11 月第一版 2011 年 11 月第一次印刷
标准书号 ISBN 978-7-5012-4148-4
定 价 28.00 元

本刊的出版承蒙
日本国际交流基金资助

发刊词

20世纪70年代末中国改革开放事业发轫，从一个特定的学术研究领域的视角观察，它还意味着当代中国的真正学术意义上的日本学研究悄然启动，并且在随后的30多年里获得了长足进步，而记录了这一进步历程的最重要的载体形式，则是全国多种日本学研究专业杂志。由南开大学日本研究院主办的《日本研究论集》就是其中之一，它创刊于1996年，迄今已出版13期，从本期开始，它改版为《南开日本研究》，奉献给读者。

本刊的办刊宗旨是：以中国的历史发展和当代转型为理论思考的背景，提倡科学方法和人文精神并重，鼓励方法论创新和跨学科研究，俾使中国的日本学研究不致流于空泛而富有参考价值。本刊将开设专题研究、比较视窗、海外专稿、学术人物等多种固定和非固定栏目，以期在日本政治、经济、社会、历史、文化以及中日关系等广泛的研究领域内，为中国的日本学研究者提供一个公共学术平台。

值此改版之际，我们欣慰地看到，一批具有学术资格、学术责任和学术声誉的日本学研究研究领域里的知名学者出任本刊编委，他们的支持将会深刻地影响本刊的学术取向、学术风格和学术水平；同时我们相信，在日本学研究领域里辛勤耕耘的全国学界同仁今后惠赐本刊的作品，将会在塑造本刊的个性、语境和精神的同时，权威地反映出中国日本学研究的进步。

目　录

比较视窗

日本经济研究

日本历史研究

海外专稿

专集：近代以来日本的对华认识

论文

日本学人物志

比较视窗

日本与中国:“奇迹”的政治经济学

莽景石(南开大学日本研究院)

内容提要 本文通过对日本和中国的观察和比较，分析了不同制度环境中影响政府议价能力的因素，论述了相对于民间更强的政府议价能力与高速增长“奇迹”之间的关系。只有泛利性政府而不是掠夺性政府，具备了强的议价能力，才有可能在由后发展经济向工业化经济转变的特定发展阶段，带来高的增长率。在此基础上，本文还广泛讨论了特定制度环境中政府泛利性的来源、政府因与生产者结盟而为特殊利益集团俘获、在解决“后发展”问题之后面临“发展后”问题的困境、发展导向型模式的历史终结等问题。

关 键 词 政府议价能力 政府的泛利性 经济增长 发展导向型模式

引　言

在战后世界经济发展中，东亚地区各国相继实现了高速增长，其中日本和中国，分别于20世纪50年代中期和70年代末期开始，实现了20年和30年的年平均接近10%的持续高速增长。高速增长如此密集地出现在一个地区，据说只有万分之一的可能性，以致被称为“东亚奇迹”。在这一罕见的人类经济发展的历史现象中，日本构成了“东亚奇迹”的开端，中国则将“东亚奇迹”引向新的高潮。日本和中国，不仅作为东亚地区内的两个大国，而且其差异可能远多于相同的两个经济体，解释它们在不同的初始条件和制度环境下获得的高速增长，对理解“东亚奇迹”无疑是重要的。

国际经济学界对日本和中国的高速增长的研究，遍及几乎所有专业研究领域，积累了几乎不可胜数的文献存量。如果对已有研究成果进行可能的简单分类，大致可以观察到两种研究路径，其一是对决定增长的技术性因素的分析，注重投入与产出的关系，似乎更强调生产要素的作用；其二是对决定增长的制度性因素的分析，注重政府与市场的关系，似乎更强调政府机制的作用。实际上，尽管在几乎所有问题上产生的分歧远多于达成的共识，并且其中还蕴涵着不同学派在观念意识、政策主张上的冲突，但本书更倾向于认为，二种研究路径并不是截然分开的，由此得出的各种观点、结论、假说，更多的时候不是基于立场的，而是基于视角的。

本书尝试建立一个政府议价能力—经济增长的分析框架，它采取的视角与同类研究中更为普遍的政府与市场的关系、中央政府与地方政府的关系、地方政府与地方政府的关系有所不同，而是政府与民间的关系。本书试图论证的是，相对于民间更强的政府议价能力，在由后发展经济向工业化经济转变的特定发展阶段，带来了日本和中国的高速增长。日本大致在20世纪70年代中期完成了向工业化经济的转变，而中国正处于向工业化经济转变过程中，因此本文在很大程度上具有透过日本的经验解释中国经济高速增长的性质。

一、日本的经验：政府议价能力与经济增长

19世纪晚期，起源于西方国家的工业化浪潮开始涌入东亚地区，在其后100多年的时间里，几乎所有的东亚国家都陆续开始了自己的工业化进程。但作为东亚后发展国家的工业化，不像西方国家那样是一个各种条件成熟后的自然发展过程，政府的作用是市场机制不能替代的。这些先后走上工业化道路的东亚后发展国家，无论是属于"第三代工业化"的日本，还是属于"第四代工业化"的韩国、中国等其他国家，其工业化最重要的推进主体，不再是民间企业，甚至也不是银行，而是政府本身（金泳镐，1987）。

在东亚后发展国家，一方面是实现工业化的制度资源稀缺，另一方面又存在着通过从先发展国家引进技术、资本迅速实现工业化的可能性，前者构成了实现工业化的阻碍因素，后者则造成了很高的工业化利益预期，因此形成了两者之间的紧张关系。如何消除两者之间的紧张关系，决定了东亚后发展国家的政府具有一种强烈的发展冲动，而且在政府行为取向上通常倾向于利用行政力量而不仅仅是市场力量进行加速实现工业化的资源配置。显然，在存在着政府以外力量制约的条件下，政府的发展冲动和行为取向在实际的政治经济过程中能否或者多大程度上获得实现，取决于政府的议价能力。

在所有现代国家里，政府首先面对的是制定公共政策的复杂事务，公共政策本身即是政府机构及其人格化的官员的权威性行动，由于资源总是稀缺的，政府在制定公共政策时，不可避免地首先需要建立一个价值的优先顺序，决策者必须面对这种选择（迈克尔·罗金斯等，2001）。我们由此引申出的一个判断是，政府的议价能力是由它所希望选择和实施的政策的容易程度决定的，如果一个政府能相对容易地选择和实施它所希望的政策，这种政府就有较强的议价能力，而做不到这一点的政府，其议价能力就较弱。我们在这里所提及的政府议价能力，首先在价值判断上是中立的，政府议价能力的强或弱，与好或坏没有关系；其次政府的议价能力具有双重的相对意义，其一是与不同国家的政府相比较而言的，其二是与同一国家中的民间部门相比较而言的。这里的民间部门的定义是宽泛的，既包括民间利益集团，也包括实

际上归属于政府部门的但可以为民间部门用来制约政府权力的一些机制。

政府与民间的关系以及相对于民间的政府议价能力，在不同的政治制度中是不同的，但即使在相同的政治制度中也呈现出很大的差异。这里首先考察历经了宪政转轨的历史过程，并且在不同程度上实行立宪民主政治的制度环境中的政府议价能力。在这种制度环境中，影响政府的议价能力强或弱的有两个制度因素，其一是立法、司法、行政三权分立的程度，其二是诉讼成本的大小及其在政府与民间部门之间的相对重要性（奥野正宽，1998）。在严格的三权分立的政府中，政策的推行按照立法机构所明确规定的法律和法规进行并受到司法程序以及规则方式的制衡，这种政府的议价能力较小，因为民间部门认为三类机构中某一类机构所制定的政策不可接受，它可以求助于其他两类机构。另外，民间部门是否可以求助于制衡机制，特别是求助于司法程序，取决于诉讼成本的大小，如果和政府部门的诉讼成本相比，民间部门的诉讼成本过高，则民间部门难以求助于司法程序，这时政府就具有相对较强的议价能力。

在东亚地区，日本不仅是最早进入现代经济增长的国家，而且是率先完成由后发展经济向工业化经济转变的国家。从19世纪80年代到20世纪70年代，日本近百年的工业化进程提供了一个完整的样板，使我们观察有关政府议价能力与经济增长的日本经验不仅可能而且可靠。但是，我们在这里仅仅以战后日本的工业化为研究对象，原因是战后日本在美国占领军的主导下实行了大规模的宪政转轨，使我们可以根据上述立宪民主政治环境下影响政府议价能力的制度性因素考察日本，同时可以和西方国家，特别是和实行普通法宪政主义的“古典市场经济国家”美国相比较。

我们的一项比较早期的研究结果表明，由于宪政思想及其可能导致的宪政制度并非出自本土，加上宪政转轨是外生强制的，而实际在日本出现的是一种以自民党与官僚长期结盟为基础的相对集权的政治结构，三权分立在很大程度上是不充分的，法律在处理经济事务中的地位和作用始终低于甚至远低于行政操作的地位和作用，而且民间部门的诉讼成本过高，形成了实际政治经济过程的官僚制控制。战后日本宪政转轨的这种特殊性，一方面使日本政府对宪政秩序的承诺变得可信，一方面又使日本政府具有较强的议价能力，在后发展国家中通常两者是鱼与熊掌不可兼得的，从而形成了日本政府的比较优势（莽景石，2001）。

我们首先看一看三权分立在日本的实际状态。虽然经过了宪政转轨，三权分立在日本发展得并不充分，许多学者都指出了这一点，激烈的如加藤宽认为，日本从明治维新开始一直是三权集中的，战后在美国占领军主导下进行了三权集中的分离，但出于恢复经济的需要，实际上最后实行的仍是战前那种行政主导的做法，其结果是导致了今天日本的"立法、行政、司法一体化"（加藤宽，1997）。日本实行内阁政府制，一直到1993年，政府始终由在国会中占多数席位的自民党组成，内阁成员同时是国会议员，按照宪法和国会法的规定，有权提出法案者包括议员、内阁、常任委员会以及特别委员会，政府实现其立法计划并非难事，在行政部门和立法部门的力量对比中，立法部门始终处于弱势。在立法过程中，国会之所以处于弱势，根本原因不在于日本采取的政府形式，而在于官僚成为实际上的立法者。

与日本的三权分立不充分密切相关，法律在资源配置和契约问题上的地位和作用都相对较低，这一点不仅表现在司法部门的相对规模较小上，而且还表现在从事律师、法官工作的人员数量也相当少。日本社会较少有依靠法律解决日常纠纷、问题的意识和习惯，处理经济问题时更是如此。对于这种现象一个可能的解释是，战后日本包括三权分立在内的民主制度，是由美国占领军通过强制性的改革才建立起来的，其运作和对行动的约束不到位，使契约问题解决的交易成本过高，所以人们转而寻求一种替代效果。日本的司法制度，特别是在与经济、生活有关的事项上显得不足，这些事项被置于政治、行政起作用的范围。因此，日本的司法制度几乎不处理或没有能力处理经济问题，经济问题的处理，或者是委托给政治解决，或者是通过法律但得不到解决（中条潮，1996）。从而导致了民间部门的诉讼成本过高，一个诉讼案件从上诉到最高法院到终审，平均需要10年的时间。

通过以上分析我们可以认为，虽然战后日本历经了大规模的宪政转轨，但三权分立发展得不充分，法律的地位和作用相对较低，民间部门的诉讼成本过高，从而形成了日本政府的强议价能力。在所有实行立宪民主政治的国家中，日本可能是相对于民间的政府议价能力最强的国家，这也构成了在由后发展经济向工业化经济转变的过程中日本政府广泛而深入地干预经济生活的政治基础。如果说在政府与民间的关系上存在着强极和弱极，那么日本和美国就形成了差不多构成资本主义经济二极的体制性差异，并由此决定了政府干预经济生活程度的明显不同。

自从爱德华·库克阐释了一种被称为普通法宪政主义的国家治理模式以来，数百年来首先在英国，其后在美国，形成了一种“法律之治”，即现代意义上的法治，其基本含义是：包括领袖、政府在内的一切人和机构都在法律之下，并且这种法律是由法官通过司法实践发展起来的。就本书的研究来说，尤为重要的是，在普通法宪政主义的国家架构中，政府的职能基本上限于执行法官所发展的正当行为规则体系，而不再承担更多的其他职能，政府并不具有控制、组织、管理经济活动的权力和责任，这一点截然不同于欧洲大陆各国（姚中秋，2010），更不同于日本。在严格的三权分立和司法独立的制度环境中，美国政府相对于民间只有弱的议价能力，或者说民间会更有效地约束政府的权力扩张。

到目前为止，我们已经论述了无论相对于本国的民间部门，还是相对于其它宪政民主政治制度环境下的政府，日本政府都具有强议价能力。现在的问题是，为什么在由后发展经济向工业化经济转变的特定阶段，政府的强议价能力会导致更高的经济增长？根据日本的经验，我们尝试给出的解释是，在后发展国家企业和市场发展不完全的早期工业化阶段，政府具有比较信息优势，强议价能力可以大大减少反复议价的麻烦，降低交易成本，使政府不仅可以制定发展战略和产业政策，更可以使之有效率地执行、动员更多的资源配置到计划的产业部门，在特定的增长方式下进行大规模的投资。在这些假定前提下，政府的强议价能力将有可能比仅仅依赖市场机制取得更好的绩效，具体分析如下。

首先，在后发展国家工业化的早期阶段，政府可以根据先发展国家工业化过程的经验，对产业结构将来的变化路径和技术上的可能性进行正确的判断，从在先发展国家业已发展起来的各个产业部门中，选择能有效利用本国现有资源、需求的收入弹性较大的产业部门作为发展和扶植的对象。一旦完成对产业部门的选择，即可对该产业发展所必需的、同时又具有互补性的道路、港湾、工业用水用电等基础设施进行密集的公共投资。对于具有高互补性的产业基础性公共产品，由政府集中供给，会提高该产业的生产效率，产业部门选择得越恰当，经济增长率则越高。

其次，在产业发展的多种可能的均衡中，由政府出面进行协调，可以实现产业发展的最佳均衡。由于市场失灵的存在，各个产业部门的发展将会产生多种均衡的可能性，既有可能是生产规模不断缩小的悲观均衡，也有可能是生产规模不断扩大的乐观的均衡。这时如果政府出面协调各产业部门的发展预想，并辅之以补助金政策或贸易保护政策，为国内产业的发展创造出足够的需求，各个产业的发展就会从悲观均衡转移至乐观的均衡。战后日本政府通过各种审议会加强各产业部门之间的协调，使各个产业部门的发展预想沿着乐观的均衡方向集中，极大地促进了各个产业部门的发展，就是一个典型的例证。

最后，在转变为工业化经济之前，后发展国家通常对缺乏国际竞争能力的战略性产业部门实行保护、扶植政策。这些属于保护、扶植对象的产业，包括对国外同类产品进口进行限制的产业部门、给予价格补贴的产业部门、对某些业务领域实行规制的产业部门等。政府通过对这些部门的资金重点分配或通过政策性的价格调整，给予这些产业部门以政策性的超额利润，促使资源向这些产业部门集中，从而形成了一种产业发展的激励机制，加速了这些产业部门的发展。

二、中国的实践：改革开放与政府—民间议价关系的形成

在上一节，我们根据日本的经验阐述了政府议价能力与经济增长的关系，当我们尝试以同样的逻辑解释中国的高速增长的时候，首先面对的是与日本完全不同的政治制度。中国是一个社会主义国家，尽管通过改革开放其已在相当程度上偏离了经典模式的社会主义，并在相当程度上具有了后社会主义的性质，但前者的一些重要特征仍然顽强地持续下来，其中最重要的就是共产党的领导。这一点表明，中国的改革开放不具有宪政转轨的性质，实际上政治上的高度集权与经济上的高度分权，是改革开放后形成的新体制的最具

象征意义同时也最具实质意义的决定性成分。

从观念意识的重心转向经济主义、人均国民收入水平、步入大众消费社会三个角度观察，目前的中国和20世纪60年代中期的日本极为相似，正处于由后发展经济向工业化经济转变的高峰时期。但在相同的发展阶段上，中国和日本之间有着太多的差异，除了政治制度、经济体制的不同外，中国没有实行日本那样的以保护、扶植为主要内容的新重商主义政策，也没有像日本那样抑制外国直接投资。中国和日本的投资率都非常高，但中国采取了更为粗放的增长方式，中国的产业结构也发生了巨大变化，但并不像配第—克拉克定理在日本所显示的那样典型。

尽管如此，从一个与我们的研究主题相关的特定角度，仍然可以观察到日本和中国的某些相同的部分，那就是两国都属于东方的后发展类型国家，在由后发展经济向工业化经济转变的过程中，政府起到了市场机制所不能替代的作用，并且政府具有强的议价能力。但是，日本和中国的政府议价能力有着完全不同的起源，中国的政府议价能力并非像日本那样起源于宪政转轨的特殊性，而是起源于改革开放。在中国改革开放前的经典社会主义体制下，执政党握有绝对的集中权力，这种特有的政治结构，与马克思列宁主义的官方意识形态、国家所有制的产权形式结合在一起，产生了一种官僚主导的协调机制，而其他所有的社会协调机制最多起支持作用，甚至完全萎缩，最终导致官僚控制机制主导整个社会经济生活（雅诺什·科尔奈，2007）。因此，在这种经典社会主义体制下，政府严格控制社会，不存在相对于民间的政府议价能力问题，中国的政府议价能力只是在改革开放后才开始形成，更精确地说，是民间部门约束政府权力的议价能力开始形成，由此才产生了政府部门与民间部门的议价关系，并且从总体上看，在改革开放30多年的经济发展过程中，政府议价能力呈递减趋势。

在中国改革开放的30多年里，随着向市场经济转轨日益临近晚期，在政府部门和民间部门的议价关系中，力量对比一直在发生变化，政府议价能力不断递减，这与在改革过程中政府主动退出商业领域有关，也与民间部门约束政府权力的议价能力提高有关。但这是仅就中国自我比较而言的，如果与日本，甚至与其他由计划经济向市场经济转轨的国家相比较，中国政府仍然拥有最强的议价能力，原因在于这些国家都历经了宪政转轨，前面提到的影响政府议价能力的两个制度性因素，即三权分立程度和诉讼成本大小，已经在不同程度上发挥约束政府权力的作用。但是中国的改革开放，从一开始就没有向宪政转轨的方向演进，而是向几乎是中国独有的政治—经济非均衡转轨的方向演进，其后也始终没有偏离这一改革路径。因此，只有从中国的改革方式入手，才能理解中国改革开放过程中形成的政府议价能力及其不同于其他类型国家的特征。

中国之所以没有采取激进的宪政转轨的改革方式，而是采取了渐进的政治—经济非均衡转轨的改革方式，一个可能的解释是改革开放的初始权力结构——这里指国家权力的内部分配结构——不同于其他转轨国家。在一些苏东国家中，权力结构是高度集中的，中央政府对资源几乎可以无限汲取，因而不需要也不会进行改革，但体制内积累的矛盾不断增大，直到体制不能承受而崩溃，从而走上激进转轨的道路；而中国的权力结构是比较分散的，中央政府对资源的汲取受到地方或企业的制约，因而政府不断下放权力，允许体制外的经济体成长以创造出更多可供吸取的资源，从而走上渐进的改革道路（玛利亚·乔纳蒂，2008）。下面我们将在渐进式改革所形成的制度环境中具体考察中国的政府议价能力及其约束条件。

我们在本书中，始终使用了“改革开放”一词，在这里“开放”不仅具有向国际社会开放、与国际经济接轨的一般意义，更具有向体制外开放、与市场经济接轨的特殊意义，后者对我们的研究主题来说尤为重要，我们将主要在这一意义上使用该词。经济开放，最为重要的一点是意味着允许不受计划和政府控制的企业进入原先由国家垄断的经济部门，这些新的企业来源于小规模的民营企业、乡镇企业、外资企业，也包括国有企业民营化部分。准入造成现有企业之间的竞争，市场力量开始侵蚀国有企业在计划经济体制下所有的垄断利润，减少了既得利益者的垄断租金收入，降低了中央政府汲取资源的数量；同时，成功的市场进入者创造了新的收入流，由此积累了经济和政治资本，原有的权力均衡受到冲击，经济开放扩大了社会可以获得的空间，压缩了政府垄断的空间（Barry Naughton，2009）。在中国的改革开放过程中，产生了民间部门对政府权力约束的力量，从而形成了一种政府部门与民间部门之间的议价关系，所有影响政府议价能力的因素都是新近产生的，并且在不同程度上产生影响的因素可能会很多，但我们主要从经济、社会两个方面考察这种因素，并据此判断中国的政府议价能力的强度。

民营经济发展与政策环境制约

中国的民营企业，由于构成、分类、统计上的含糊，定义并不明确，我们在这里不作严格的统计学意义上的廓清，泛指改革开放过程中形成的代表了市场力量和市场效率的非国有企业，但不包括外资企业。

中国民营企业的最重要的一个起源是改革开放初期兴起的乡镇企业，这是一种“过渡性杂种”，它是由计划经济的初始制度向市场经济目标制度转型的过程中，在意识形态制度的限制下，处于两种制度之间的有条件的最优制度，历经了艰难和曲折而不断壮大，与整个非国有经济的发展一道，为后来的国有企业改革和金融体制改革提供了有利条件（樊纲、陈瑜，2006）。随着中国向市场经济转轨的深化，乡镇企业已经全部改制为民营企业，发生了大范围的国有企业民营化，私人资本积累以空前的规模发展，民营企业已经成为形成民间与政府之间的议价关系、影响政府议价能力的最重要的因素。

但是，中国的民营企业所处的制度环境与政策环境，距离真正的市场经济体制的要求甚远，民营企业的发展受到很大的限制。根据一项实证研究，进入 20 世纪 90 年代以后，能够获得正规融资的民营企业甚至比 80 年代更少，民营企业面对更为严峻的融资环境，在正规融资途径短缺的情况下，只能转向非正规融资，尽管非正规融资成本比正规融资成本要高很多，就获得资本的途径而言，中国的民营企业可能是世界上最受限制的（Stephan Haggard and Yasheng Huang，2009）。民营企业所处的融资环境，反映出政府与民营企业的关系，实际上政府对外资企业表现出比国内民营企业更大的偏好，外资企业获得了更多的政策优惠和开放领域。之所以如此，一个可能的解释是，外资企业不具有政治上的干预性，并且外资的大量涌入，降低了政府通过民营企业发展经济的需求。在政府对民营企业与外资企业的态度和政策上，中国与日本以及更多的东亚国家之间存在很大差异，甚至刚好相反。

公民社会发展与理性的无知

理性的无知（rational ignorance）一词，通常的含义是，由于获取信息和新知识不是无代价的，因此人们不愿意获取复杂运作所需要的全部知识，在知识搜寻成本昂贵而结果又不确定的情况下，人们只获得特定的部分信息并保留对其他信息的无知是合乎理性的，即理性的无知。曼库尔·奥尔森(1999)将其经典地用于民主政治中人们对全国性选举的态度的分析：投票人花费时间去研究政治问题以及候选人情况，以便决定如何投票最符合其个人利益，由此获得的利益等于投票结果对投票人价值的差额与他所投的一票对选举结果发生影响的概率之乘积，由于普通投票人的一票对投票结果的影响微不足道，因此投票人当然会对公共事务抱有"理性的无知"的态度。[①]奥尔森的分析表明，由于普通选民对公共事务抱有"理性的无知"的态度，因而有组织的利益集团和接近政府的人群，他们参与公共事务的边际回报率比普通选民高，获得了操纵空间，民主体制有可能被利益集团和精英阶层所控制。

这种"理性的无知"，在中国政治与经济非均衡转轨的条件下，不仅在奥尔森的一般意义上体现出来，还在一些特殊意义上体现出来，并深刻地影响了中国的政府与民间的议价关系形态。从社会发展的角度观察，中国的改革开放意味着经典社会主义体制下国家全面控制社会的总体性社会，开始出现向公民社会转变的某种趋势，公民主体性开始形成于市场经济内生的私人空间，以及政府职能转型让渡的社会空间，但它并不同于西方公民社会的形成。西方公民社会的概念强调了国家所不能介入的公民的私人领域与公共领域，中国在社会结构上并不存在这种边界概念，但无论如何，中国已经开始出现一定的私人空间、共同空间与公共空间（贾西津，2008）。在已经出现的社会空间里，公民参与的途径获得相应的拓展，公民参与的本质是一种公民权力的体现，因此公民权利的成长，无疑成为影响中国的政府议价能力的最为重要的因素。

公民权利的成长，是中国改革开放30多年所取得的堪与市场经济的成长相媲美的伟大进步，但是，如果将公民权利理解为一种对公民意志实现的一

① 在中译本中，"理性的无知"被翻译为"有理智地漠不关心"。参见曼库尔·奥尔森著《国家兴衰探源：经济增长、滞胀与社会僵化》，吕应中等译，商务印书馆1999年版，第32页。

定强制性的保障，其最主要的构成部分首先是公民通过投票等方式使得公民权利落实于政治结构中，那么中国的公民权利还有待在更漫长的改革开放中获得进一步提高。目前中国公民的选举参与主要包括城市居委会、乡村村民委员会以及区县、乡镇两级人大代表的直选。就各级人大代表的选举而言，公民缺乏单位体制外的参选途径，同时人大代表的选任与行政职务和体制内评价高度重合。由于中国改革开放的政治与经济非均衡转轨的性质，政治开放极其有限，从而限制了公民参与的途径，获取和利用政治信息的成本格外昂贵，人们普遍地更为关心在经济开放的过程中自身的收入水平和福利水平的提高，公民及其民意代表面对公共事务将有可能具有更高程度上的“理性的无知”，从而塑造了中国目前的政府与民间的议价关系形态。

在以上的分析中，我们放弃了像上一节分析日本那样的影响政府议价能力的两个制度性因素，即三权分立的程度和诉讼成本的大小，这种方法不适合对中国的分析，原因是在渐进的政治与经济非均衡转轨的条件下，在中国不会出现三权分立的政治架构，与此相联系，法治社会最终在中国的形成还有待时日。在没有宪政制度约束政府权力的制度环境中，我们现实地选取了民营企业和公民参与两个指标，作为影响中国的政府议价能力的因素。这两个因素，随着改革开放日益临近晚期，发挥的作用越大，导致政府议价能力从长期来看不断递减，但政策环境的制约和“理性的无知”的存在，又使这两个因素发挥的作用低于其潜力。

到目前为止，我们详细地论证了中国改革开放后政府与民间的议价关系的形成，以及相对于民间更强的政府议价能力。下面我们将讨论这种政府的强议价能力与中国经济持续的高速增长之间的关系。在展开论述之前，必须指出中国高速增长是发生在有利的国际环境和国内制度变迁过程中。首先，在中国改革开放伊始，很幸运这个世界上已经存在成熟的工业技术，并且已经建立了自由贸易的秩序，从而使中国的经济发展具有了格尔申科龙意义上的后发优势，这一点上中国和日本非常相似。在由后发展经济向工业化经济转变的过程中，两国都充分利用了当时世界各产业发展所应用的工业技术，并实行了相似的外向经济发展战略，出口贸易在牵引增长方面的作用巨大，以致如何转向内需型增长和纠正内外不平衡随着经济发展日益成为一个问题。

两国都充分享受了国际化“红利”，不可避免地也都具有“模仿”经济的性质。其次，中国经济的持续高速增长，发生在改革开放以后的制度变迁过程中，高速增长与制度变迁同时并存这一事实，说明两者之间存在着正相关关系，甚至我们可以认为在所有决定中国经济高速增长的因素中制度变迁起到了更为根本的作用。改革开放前，中国的增长率未必很低，但这种增长几乎没有伴随着相应的社会经济结构变化，居民的收入水平和福利水平提高缓慢甚至停滞，在很大程度上可以认为这是一种“没有发展的增长”。只有在改革开放后，随着向市场经济济过渡，新产权形式的形成和资源配置效率的提高，导致了社会经济结构的巨大变化和收入水平的大幅度提高。

上述国际环境和制度变迁，构成了中国经济高速增长的机遇和条件，但是还不足以解释中国经济本身的高速增长，因为战后以来所有后发展国家都面临同样的国际环境，原计划经济国家也都历经了向市场经过渡的制度变迁，但并没有取得中国这样的经济绩效。我们尝试给出的解释是，在由后发展经济向工业化经济转变的特定发展阶段，政府的强议价能力带来了中国的高速增长。我们在上一节所论述的有关政府议价能力与经济增长的日本经验，无论是假定前提，还是作用机制，除了日本那种以保护和扶植为核心的经典产业政策外，大部分都适用于解释中国的高速增长。但是，政府的强议价能力在促进高速增长方面的中国特征是，在政治与经济非均衡转轨的制度环境中，具备更强的议价能力、更集中的公共决策、更大规模的投资。

首先让我们观察一下中国经济高速增长的产业基础是什么？主要是制造业和建筑业。以出口为导向的制造业，以及以住房、高速公路等基础设施为主的建筑业，有力地拉动了经济增长。这种产业发展以及由此形成的产业结构，对制度环境的要求不高，这和发展对制度高度依赖的服务业，特别是金融服务业等契约型经济是大不相同的，因此可以在不进行实质性政治改革的情况下，凭借大量的廉价劳动力获得发展（陈志武，2008）。不得不说，目前中国的制度环境和工业化道路，特别适合政府的强议价能力发挥作用，无论是中央政府，还是地方政府，几乎可以不受约束地将体现了政府意志的众多的大项目迅捷地落实到公共政策中，引致大规模的投资，而不用或较少顾虑到在受到制度性约束的情况下难以动员起来的广大资源，难以付出包括高能源消耗、环境污染、生态失衡在内的巨大代价。

中国的这种政府的强议价能力，即是政治与经济非均衡转轨的后果，也具有经典社会主义体制的基因，而且还继承了与中国传统工业化道路相匹配的体制和政策的遗产。这种遗产表现在如下几个方面：首先，把 GDP 的高增长和“物质生产领域”产值增长速度赶超发达国家，作为应当不惜一切代价完成的国家目标；其次，土地、矿藏、贷款等重要资源的配置权力在很大程度上仍然掌握在各级政府官员手中，使他们有了运用这种支配资源的权力来实现自己“政绩”目标的可能；第三，财政体制的缺陷使各级政府官员有能力也有激励进行过度投资，除政绩工程外，则集中于产值大、税收多的简单加工工业和重化学工业的重大项目上；第四，要素价格的严重扭曲鼓励了高资源投入、低经济效率项目的扩张（吴敬琏，2006）。所有这些，无疑都会大大助长数量扩张，从而带来高速增长。

政府的强议价能力，带来了持续高速增长，也使中国政府成了据说是世界上少数几个真正有钱的政府之一。自从 20 世纪 90 年代中期实行带有明显的集权化倾向的分税制财政体制改革以后，中国政府的财政收入急剧增加。在改革开放初期的 1978 年，当时政府的财政收入相当于 3.3 亿城镇居民一年的可支配收入，随着 80 年代市场化、城市化、民营化的发展，到了 1995 年，中国政府的规模达到了最小，当时财政收入相当于 1.5 亿城镇居民一年的可支配收入。分税制改革以后，中央政府把征税的权力下放到各个地方政府，只要各个地方政府和中央政府达成一个协议，地方政府可以开设新的税种，或者调整既有税种的税率。2007 年中国政府的财政收入达到了 5.1 亿人民币，相当于 3.7 亿城镇居民一年的可支配收入，如果用农民一年的纯收入作为参照系数，那么相当于 12.3 万农民一年的纯收入，也就是说 8 亿农民的收入远比政府少。在中国经济目前的情况下，增长的结果是政府越来越富，老百姓拿的是极少部分，这不仅抑制内需增加，而且扭曲产业结构，社会中的贫富差距的确在扩大，但国家与民间之间的贫富差距以更夸张的速度扩大（陈志武，2009a、2009b）。政府的强议价能力，带来了经济高速增长，也带来了财政收入巨额增长，伴随着中国大规模的工业化和城市化，中国政府更有激励，也更有能力进行更大规模的城市建设，特别是基础设施建设，如被俗称为"铁公机"——高速铁路、高速公路、国际机场这样举世罕见的大规模投资。在政府的强议价能力的作用下，中国的高速增长也许会持续下去，但需要这样的增长路径也持续下去。

三、若干探讨：政府的泛利性、俘获与发展导向型模式的历史终结

在以上部分，我们通过对日本和中国的经验观察，论述了相对于民间更强的政府议价能力与高速增长之间的关系。但是，由此得出政府议价能力越强经济增长率越高，或者强的政府议价能力必然带来高的经济增长率的结论则显然是荒谬的。实际上在更多的国家里，强的政府议价能力甚至由政府垄断一切权力，不仅没有带来像样的增长，反而招致了几乎是不可避免的停滞。在由后发展经济向工业化经济转变的特定阶段，一个政府是否可以因其相对于民间更强的议价能力而获得更高的增长，取决于它的利益与社会整体利益之间的不管是有意的还是无意的吻合。

关于政府的性质以及由此决定的政府利益取向，博弈论在社会科学研究领域里的革命性进展，为我们提供了一种有用的思维方式。在博弈论的观点看来，政府不再是慈善的、万能的、中立的仲裁者，而是和其他所有利益集团同样的一个拥有自身利益和激励结构的博弈参与者，并且在博弈中致力于实现自身利益的最大化。但与其他参与者不同的是，政府拥有政治权力，它是一个可以合法地使用暴力并且在暴力方面具有比较优势的组织。政府或统治者不仅拥有政治权力，而且可以选择是尊重还是侵犯公民权利。政治权力使得政府或统治者可以没收某些经济租金或其他形式的财富，在这种情况下政治权力还将产生经济上的损失，这来自私人产权不稳定所导致的潜在的资产损失以及积极性不足（温格斯特，2000）。从历史一直到今天，由于政府的作用而造成的经济衰退的例子远远多于经济成功的例子，如果不是在绝对意义上并允许可能的例外，我们大致可以说，招致大多数经济衰退的政府通常是掠夺性的，而获得少数经济成功的政府则通常是泛利性的。

这里的“泛利性”一词来自于奥尔森关于泛利性组织的分析。他发现在一些国家里存在着比如像体力劳动者工会那样的包含该国工薪阶层绝大部分成员的集团，它们的行为和动机与那些仅代表社会上很小一部分人利益的集团完全不同。由于这种大型组织拥有社会上大多数人口，从而在社会收入总额中占有更大份额，因而倾向于支持有利于全社会的政策和行动，促使其所在的社会更加繁荣昌盛，这就是所谓的泛利性组织（奥尔森，1999）。[①] 由泛利性组织可以拓展出泛利性政府，即关心全社会长远利益的政府，“东亚奇迹”的产生就得益于它的泛利性政府（姚洋，2004）。在此，我们提出一个带有假说性质的看法是，在由后发展经济向工业化经济转变的特定阶段，日本和中国的政府，不仅属于泛利性政府，而且属于泛利性政府中具有相对于民间更强议价能力的政府，由此带来了持续的高速增长。

在由后发展经济向工业化经济转变的特定阶段，为什么日本和中国的政府能够成为泛利性政府？回答这一问题的困难在于解释政府泛利性的来源，这是一个极其富有挑战性的课题。我们将进行一个可能冒有失败风险的学术尝试：日本和中国的这种政府泛利性是从发展导向型国家衍生出来的。

从工业革命开始以来的世界经济发展过程中，可以观察到几种不同的并产生了持续影响的意识形态导向的工业化，相应的从中分化出不同的经济绩效、不同的经济体制，甚至是不同的国家形态。诺斯强调了意识形态不仅决定某一时期的社会绩效，而且通过它的支持性框架（scaffolding）约束参与者，从而影响长期变迁过程。人们构造了关于一个政治经济体系的现实的信念，这种信念既是政治经济体系运行方式的实证模型，也是它该怎样运行的规范模型。社会可能广泛地持有这种信念体系，从而反映了信念的一致性；或者持有广泛的不同信念，从而反映了对社会感知的基本分歧（诺斯，2008）。工业化就其物质技术内容而言在任何社会都是无差别的，但工业化背后由该社会共有信念决定的意识形态却是多元化的，从而产生了不同类型的意识形态导向的工业化，其中最具影响的是经济自由主义导向的工业化、

① 在中译本中，“泛利性”被翻译为“广泛性”。参见曼库尔·奥尔森著《国家兴衰探源：经济增长、滞胀与社会僵化》，吕应中等译，商务印书馆 1999 年版，第 56—62 页。

发展主义导向的工业化和马克思主义导向的工业化。

上述三种意识形态导向的工业化似乎都有其“古典”的传统。英国是典型的古典经济自由主义导向的,而德国则不是这样。从历史起源和思想起源的角度看,在很大程度上可以把德国的工业化理解为发展主义导向的工业化。亚当·斯密的经济自由主义,与李斯特的经济民族主义是直接对立的,作为意识形态制度化和政策化的结果,英国和德国在自由贸易、关税、政府与企业的关系等方面的理解和做法都大相径庭。在这一意义上,德国是典型的古典发展主义导向的,但其现代演进则始于战后日本。速水佑次郎(1995)将这种始于战后日本的发展主义称为“新发展主义”,它又为其后的台湾、韩国等亚洲新兴工业化经济体以及更后来的东盟各经济体所接受,普遍实行了一种出口导向型工业化,完全不同于拉美国家那种进口替代工业化。我们在本书中将主要在这一意义上使用“发展主义”一词,并将其理解为一种“东亚现象。”1917 年俄国发生的革命,导致在 20 世纪产生了以苏联为代表的马克思主义导向的工业化,并曾在占人类 4/1 人口的数十个国家进行了长期的实践。这是一种古典马克思主义导向的工业化,随着苏联的解体和原计划经济国家纷纷以不同的方式向市场经济转轨,古典马克思主义导向的工业化已经不存在有影响的现代继承者。改革开放前的中国,尽管在相当程度上偏离了苏联模式,仍可被视为一个模仿苏联实行了古典马克思主义工业化的国家,但在改革开放后走上了发展主义导向的工业化道路,“发展才是硬道理”这句经典象征性地表现了这一点。这样,从战争结束到 20 世纪 70 年代中期为止的日本,以及从 70 年代末开始到现在的中国,即处于由后发展经济向工业化经济转变的特定阶段上的这两个东方国家,都致力于发展主义导向的工业化,并因此而成为发展导向型国家。

“发展导向型国家”这一概念,最初由时任美国加州伯克利大学教授的查墨斯·约翰逊在他出版于 1982 年的著作《通产省与日本的奇迹》中提出。他在该书中认为,作为晚近发展起来的特殊模式,日本的事例与欧美的市场经济、苏联的计划经济以及战后世界新兴经济都不相同,其中最值得注意的是,在日本,国家和民间部门共同分担在经济领域里的作用,政府部门与民间部门共同创造了一种使市场为发展的目标而运作的方法。他把这种模式称为“发展导向型”的，其相对的模式则是“纪律导向型”的。纪律导向型国家（regulatory state），以法规来维持市场秩序，政府的功能在于维持经济纪律；而发展导向型国家（developmental state），则以发展为国家的最高目标，政府的功能在于促进经济发展（查墨斯·约翰逊，1982）。从这种发展导向型国家为什么可以衍生出政府的泛利性？

首先，发展主义是这样一种意识形态，后发展国家为迅速实现起源于西方的工业化，不是以个人、家庭、特定集团及特定区域的利益，而是以国家或民族的利益为最优先的目标，通常带有一种强烈的民族主义价值追求，并由此形成了一种社会的共有信念，这样发展的基本单位就不再是个人、家庭、企业和地区，而是国家和民族，政府基于整体发展而采取的政治经济行动因此具有了泛利性。

其次，发展导向型国家的政府通常都具有一种强烈的发展冲动，这种发展冲动还会得到由发展主义意识形态的世俗化所酿就的“赶超意识”这一社会心理的支持，增长往往成为首要的直接目标，并且政府会通过扭曲价格的政策将资源更大程度地配置到增长部门，由此带来的高速增长的结果惠及全社会，居民生活水平和福利水平不断提高，几乎所有阶层都会在增长的过程中分享到比在没有增长或很低的增长的情况下更多的利益。

再次，为了保证在物质资源、人力资源、制度资源稀缺的条件下足以启动工业化并使之沿着符合国家、民族的长远利益的方向持续发展，发展导向型国家的政府往往倾向于集权，具有威权主义性质。虽然政治集权，却也有可能避免在完全开放型民主政治中会出现的那种政策短期化的影响，在完全开放型民主政治中，经济政策的制定难以回避利益集团的压力的影响，作为各种经济利益势力暂时均衡的结果，经济政策方向往往做不到像发展导向型国家那样更着眼于国家、民族的长远利益。

第四，尽管在发展导向型国家里政府广泛而深入地干预经济生活，但并非完全替代市场，在向工业化经济转变的初始阶段，发展导向型国家的市场机制是不充分的，但是市场及其配置资源的作用是不断发育的，政府不仅仅致力于使市场为发展这一国家最高目标而运作，也致力于市场增进的改革，实际上发展导向型国家的经济增长和制度变迁差不多是同步进展的，市场取向的改革，在有些场合是帕累托改进的，在更多的场合至少是多数人获益的，这也成为发展导向型国家政府泛利性的来源之一。

以上我们所论述的从发展导向型国家衍生出来的政府泛利性，在日本和中国向工业化经济转变的过程中都可以在不同程度上观察到。但是，泛利性并不是政府的天然属性，从日本和中国的经验看，仅仅是在由后发展经济向工业化经济转变的这一特定阶段，以发展为国家的最高目标，政府的利益和社会的整体利益刚好达成吻合，从而衍生出政府的泛利性，再加上相对于民间更强的政府议价能力，才出现了持续的高速增长。不仅如此，由于发展导向型国家的政府，致力于加速工业化进程，几乎不可避免地与生产者特别是其中符合发展战略目标的工业部门以及为其提供金融支持的服务业部门结盟，坚持生产优于消费，重视生产者的利益远甚于重视消费者的利益，从而形成相对消费者而言的生产者"内部人控制"，在完成向工业化经济转变之后，甚至在向工业化经济转变过程中，政府为特殊利益集团所"俘获"。

日本在完成向工业化经济转变之后政府为特殊利益集团所俘获的一个典型的案例是，为实现重化学工业化战略而设计的金融制度在泡沫经济崩溃后的长期萧条中陷入困境后，当时的大藏省与金融业的共谋关系。在金融机构产生大规模的不良债权后，大藏省一方面通过财政投融资注入股票市场和实行超低利率使金融机构获得实际上的补贴，另一方面向公众和股东隐瞒不良债权的真实信息，拖延不良债权问题的解决，同时大藏省的官员则相应地得到包括退休后到这些金融机构任职在内的各种好处。这使得不良债权规模不断增大，进一步加深了萧条，最终则以向金融机构注入巨额政府资金的形式掠夺了纳税人的利益（莽景石，2002）。与日本不同的是，中国不是在向工业化经济转变完成之后，而是在向工业化经济转变过程中就已经发生了政府为特殊利益集团俘获的现象，权力与资本的结合导致层出不穷的腐败，以致许多经济学家愿意用"权贵资本主义"来形容这种腐败及其背后的体制性因素。在中国政治与经济非均衡转轨的条件下，中国的情景还特殊地表现在政府与国有企业特别是央企之间的关系上，在这些资源集中的国有部门将会产生垄断利益，它们有激励为自身利益而持续地争取政府支出，而政府也往往在政策选择上做出对国有企业有利的倾向性安排，比如当前抑制通货膨胀的货币政策更多地运用量化工具而不是利率工具，可能就是因为如此。

由后发展经济向工业化经济的转变，在东亚地区历经了一个长达半个多世纪的传导、继起的过程，由此产生了包括日本和中国在内的发展导向型国家群，它们共有的特征是，都拥有一个泛利性政府，以发展为国家和民族的最高目标，并且这个政府相对于民间具有更强的议价能力，通常都实行扭曲价格的资源配置政策，重视生产和增长，从而与生产者结盟并形成了特殊紧密的政府—企业关系。以上这些东亚发展导向型国家群的共有特征，在相当程度上塑造了一种工业化的发展导向型模式。在这一模式下，日本以及其后的韩国等新兴工业经济体已经成功地完成了向工业化经济的转变，中国以及其他一些东亚国家在向工业化经济转变的过程中也取得了为世界所瞩目的成绩。在一个跨国的大地理区域中如此多地国家走上工业化道路并获得成功，除欧洲及其文明衍生地区之外，东亚地区当为世界所仅见。

但是，从更长的历史进程看，发展导向型模式是过渡性的，它仅仅产生于由后发展经济向工业化经济转变这一特定阶段，并且仅仅在东亚地区获得成功，随着向工业化经济转变的完成，它不可避免地要迎来历史的终结。在已完成向工业化经济转变的国家中，日本是一个典型，它成功地解决了“后发展”问题，但至今仍然面临着严峻的“发展后”问题，发展导向型模式的历史遗产的影响至今犹存，其经验教训，对正致力于解决“后发展”问题但已经局部出现“发展后”问题症候的中国来说，在现实和学术的双重意义上极具研究价值。

日本的经验是，在向工业化经济转变的过程中，为了工业部门的增长，政府与工业部门的利益集团结盟，但是必须对这些特殊利益集团的侵蚀进行有效的控制，避免政府为特殊利益集团所“俘虏”。日本之所以能做到这一点，首先使政府与企业的关系成为一种促进增长的制度资源，而不是成为一种攫取利益的共谋机制；其次，增长的成果不仅仅限于在政府出于发展战略目标的需要而扶植工业部门中的大企业内部分配，而是超越这些部门，使本来处于比较劣势的农业、中小企业等更为广泛的集团利益均沾；再次，官僚制相对于执政党的独立性和对经济过程的实际控制，这是一种“日本式的党政分离”，导致在大多数技术性问题上，行政效率先于政治上的权衡，政治干预一般仅出现在重大目标的制定上。战后日本的腐败、丑闻大多发生在政治家中间，而罕有发生在官僚中间，因此在包括严格的外汇管制在内的广泛的政府干预下，日本在由后发展经济向工业化经济转变过程中少见地没有发生大规模的寻租。

日本的教训是，在完成向工业化经济转变之后，相应的经济整体已经由供给约束转变为需求约束，但政府的功能却没有相应的转变，仍然是发展导向型的，继续在"生产优先"的轨道上前行，政策上继续保护和支持在完成向工业化经济转变之后本应通过调整逐步退出市场的利益集团。从一个特定角度观察，日本政府拒绝放弃发展导向型政策，在相当程度上对一系列"发展后"问题的产生负有责任，如泡沫经济的形成、长期经济萧条以及始终摆脱不掉的通货紧缩倾向等。1985 年广场协议后日元大幅度升值，日本政府采取的货币政策首先是降低中央银行贴现率，使利率达到了前所未有的低水平，支持企业特别是出口企业进行大规模的设备投资，目的是降低这些部门的生产成本。过低的利率激励了贷款者不仅进行设备投资，还进行投机性投资，从政策导向方面促进了泡沫经济形成。我们可以观察到，日本政府宽松的货币政策以及泡沫经济繁荣，使在向工业化经济转变过程中崛起的重化学工业同时也是出口工业部门的利益集团成为最大的受益者，由于重化学工业的生产特点使其占有广大的土地以及庞大的厂房等固定资产，能在地价和股价疯狂上涨的过程中坐享其利，使本来在完成向工业化经济转变之后应该退出市场的重化学工业的一些部门得以继续存在，并形成了新兴产业部门的进入壁垒，导致产业结构调整滞后，传统的增长方式难以转变，内需主导型经济难以建立。泡沫经济破灭后，日本经济陷入长期萧条，所有这些遗留问题都起到了阻碍复苏的负面作用。发展导向型模式已经历史地终结，但发展导向型政府依然故我，发展导向型政策仍在继续，最终落入"发展导向型模式的陷阱"，也许这就是日本在成功地解决了"后发展"问题之后，又面临严峻的"发展后"问题的症结所在。

关于工业化与经济发展的日本的经验和教训，是一个需要深入研究和长期积累才能相对求解的复杂课题，以上我们仅仅是从特定的角度作了一个非常不完备的概要式评价。但仅如此，也应该引起对中国目前和未来的发展的思考。中国目前正处于由后发展经济向工业化经济转变的高峰时期，在发展导向型模式下取得了举世瞩目的经济绩效，就经济总量规模而言已经取代日本成为世界第二大经济体。但是，发展导向型模式是过渡性的，在东亚各国或已经迎来或正在迎来历史的终结，中国在尚未完全解决“后发展”问题的同时，已经出现“发展后”问题症候，为避免在未来重蹈日本覆辙，陷入“发展导向型模式的陷阱”，从现在开始就应该致力于倡导多年而迟迟难以落实的增长方式的转变，逐步放弃发展导向型模式。为此首先需要政府大幅度地退出商业领域，按照市场经济的原则和法治社会的要求，通过改革重新界定政府与市场的边界，实现从发展导向型政府向公共服务型政府的转变，实现既有效率又有公平的可持续发展。

小　结

在以上部分，我们基于对日本和中国由后发展经济向工业化经济转变过程的经验观察，分析了不同的制度环境中影响政府议价能力的因素，论证了相对于民间更强的政府议价能力，在由后发展经济向工业化经济转变的特定发展阶段，带来了日本和中国经济的高速增长，并探讨了这一机制发挥其作用的前提条件、后果和转型，得出以下初步结论，这些结论可能仅仅适用于东亚地区。

（一）后发展国家由于制度环境的约束，其政府通常是威权主义的，但同时也是发展导向型的，相对于民间具有更强的议价能力，在具有比较信息优势的条件下，可以相对容易地或较少阻碍地将政府的发展意志甚至发展冲动贯彻到公共政策中，并使之有效率地执行，将更多的资源配置到符合发展战略目标的产业部门，在特定的增长方式下进行大规模的投资，由此获得比仅仅依赖市场价格机制更高的增长率。

（二）强的政府议价能力并不必然带来高的增长率，只有泛利性政府而不是掠夺性政府，具备了强的议价能力，才会在由后发展经济向工业化经济转变的特定阶段，带来高速增长，在威权主义的而不是民主主义的制度环境中，政府的泛利性可以从发展导向型国家衍生出来，以下几方面能印证这一点:发展主义导向的工业化以国家或民族的发展为最高目标、所有各个阶层对高速增长成果的分享、长期化政策顾及到国家或民族发展的长远利益、市场增进的制度变迁将会使多数人获益。

(三)为加速向工业化经济转变的进程,发展导向型国家的政府将与生产者,特别是其中符合发展战略目标的工业部门以及为其提供金融支持的服务业部门结盟,重视生产者的利益远甚于重视消费者的利益,这些工业部门的利益集团有激励持续地争取政府支出,而政府也持续地给予这些利益集团以政策上的支持,从而形成一种密切、协调甚至共谋的政府与企业之间的关系,在完成向工业化经济的转变之后甚至在向工业化经济转变过程中,往往导致政府为特殊利益集团所“俘获”。

(四)在由后发展经济向工业化经济转变的过程中形成的发展导向型模式,是过渡性的,随着向工业化经济转变的完成,它将走向历史终结,但由于体制惯性的作用和利益关系的制约,发展导向型政府难以转变功能,传统产业部门也难以退出市场,经济继续沿着生产优先的轨道前行,由此可能会落入“发展导向型模式的陷阱”,在比较成功地解决“后发展”问题之后,随之而来的是产生一系列“发展后”问题,面临增长方式转变和体制改革的压力,需要放弃发展导向型模式,其关键在于实现由发展导向型政府向公共服务型政府的转变。

参考文献

金泳镐(1987),《论第四代工业化:对格尔申克隆与希施曼模式的反思》,[日]《经济评论》第10期。

迈克尔·罗金斯等(2001),《政治科学》,中译本,华夏出版社。

青木昌彦、金滢基、奥野正宽主编(1998),《政府在东亚经济发展中的作用:比较制度分析》,中译本,中国经济出版社。

奥野正宽(1998),《对政府与工商界关系的一种比较制度分析》,载青木昌彦、金滢基、奥野正宽主编(1998)。

莽景石(2001),《后发展国家的宪政转轨与政府的比较优势:战后日本的案例分析》,《天则内部文稿》第17期。

莽景石(2002),《政府的比较优势变化与日本经济的长期萧条:一个宪政转轨的政治经济学分析》，《世界经济》第 8 期。

加藤宽（1997），《官僚主导国家的失败》，［日］《公共选择研究》第 29 号。

中条潮（1996），《脆弱的司法制度导致行政、政治的扩张化》，［日］《东洋经济争论》5 月号。

姚中秋（2010），《论“经济”与宪政的不兼容性》，《洪范评论》第 12 辑。

雅诺什 · 科尔奈（2007），《社会主义体制：共产主义政治经济学》，中译本，中央编译出版社。

玛利亚 · 乔纳蒂（2008），《自我耗竭式演进：政党—国家体制的模型与验证》，中译本，中央编译出版社。

劳伦 · 勃兰特、托马斯 · 罗斯基编（2009），《伟大的中国经济转型》，中译本，格致出版社、上海人民出版社。

Barry Naughton（2009），《中国转型过程的政治经济学分析》，载劳伦 · 勃兰特、托马斯 · 罗斯基编（2009）。

林毅夫、姚洋主编（2006），《中国“奇迹”：回顾与展望》，北京大学出版社。

樊纲、陈瑜（2006），《“过渡性杂种”：中国乡镇企业的发展及制度转型》，载林毅夫、姚洋主编（2006）。

Stephan Haggard and Yasheng Huang（2009），《中国民营经济发展的政治经济学》，载劳伦 · 勃兰特、托马斯 · 罗斯基编（2009）。

曼库尔 · 奥尔森（1999），《国家兴衰探源：经济增长、滞胀与社会僵化》，中译本，商务印书馆。

贾西津（2008），《中国公民参与：案例与模式》，社会科学文献出版社。

陈志武（2008），《非理性亢奋》，中信出版社。

吴敬琏（2006），《中国增长模式抉择》，上海远东出版社。

陈志武（2009a），《改革三十周年的回顾与反思》，《天则内部文稿》第 1 期。

张维迎主编（2009），《中国改革 30 年》，新世纪出版集团、上海人民出版社。

陈志武（2009b），《对“中国奇迹”与改革路径的再思考》，载张维迎主编（2009）。

A. 布来顿、P. 赛蒙、G. 卡罗地、R. 温特伯主编（2000），《理解民主：经济的与政治的视角》，中译本，学林出版社。

B. R. 温格斯特（2000），《自行贯彻的均衡与民主的稳定性》，载 A. 布来顿、P. 赛蒙、G. 卡罗地、R. 温特伯主编（2000）。

姚洋（2004），《泛利性政府——东亚模式的一个贡献》，《制度经济学研究》第 4 期。

速水佑次郎（1995），《发展经济学：从贫困到富裕》，［日］创文社。

查墨斯·约翰逊（1982），《通产省与日本的奇迹》，日译本，TBS 大百科全书出版社。

比较视窗

纸币与白银

——明治维新后日本与明清中国货币体制之比较

张光　汤金旭（厦门大学公共事务学院）

内容提要　本文借用西方学者帕特里克关于货币的“经济性”和“效率”的观点，对明治维新后的日本与中国明清两朝特别是晚清的货币和金融体制进行了比较研究。日本在明治维新后的数十年内，通过一系列公共财政和金融制度改革，终于使其货币体系统一于以金本位为基础的日本银行券（纸币）体系，而这一体系被证明为既“经济”，又有“效率”，并在此基础上完成了现代金融体的六个要件的建设，其改革力度和成效之大，堪称一场金融革命。反观明清中国。特别是鸦片战争之后的晚清中国，始终以受制于外国白银来解决国家的货币供给问题，其货币体系既不“经济”、又无“效率”。中日两国在货币体系建设上的差距，乃是它们在西方列强炮舰外交下被迫开埠后不同国运的主要原因之一。

关键词　明治维新　明清　货币　纸币　白银

纸币与白银——明治维新后日本与明清中国货币体制之比较

当晚清中国于19世纪40年代、幕末日本于50年代，在西方列强的炮舰外交下被迫开埠时，两国似乎都陷入了因民生凋敝、国力衰弱而任人宰割的苦境。但是，50年后两国的命运，却反差犹如黑白一般分明。前者依然贫弱，只能继续任人宰割；后者国势刷新，跻身列强之列。何以如此？众所周知的一般解释是，清朝统治者愚顽不化，拒绝变革；而日本则自明治维新以来，进行了全面的社会政治经济变革。本文将从一个特定的货币制度的角度，探讨两国国力“大分流”的原因所在：明治维新后日本政府在公共财政金融制度方面进行了一系列内容广、力度大、影响远、堪称一场金融革命的改革；而清朝统治者则退出货币流通领域，作为社会主要通货的白银的供给几乎完全依赖海外，混乱的币制所带来的金融制度的缺失，最终成为“天朝”的阿喀琉斯之踵，将其推向了崩溃的边缘。

事实上，在世界各国的现代化史上，货币制度与金融革命都占据重要的一页。自近代以来，每一个步入世界经济发展前列的国家，都在其经济起飞之前经历了“金融革命”，即在大规模工业化发生前的一个相对比较短的时期内，集中完成现代金融体系的六个要件或其中大多数要件的建设。这六个要件是：“良好的公共财政和公共债务管理；稳定的货币和支付制度安排；良好的银行系统（更一般地说是机构贷款者）；一个有效的中央银行；为债务、股权和货币市场工具服务的良好的证券市场；以及良好的保险公司（更一般地说是机构投资者）。”① 而健全的货币制度正是金融革命的起点。荷兰在17世纪初出现了金融革命，然后才有荷兰的黄金时代；英国金融革命发生于17世纪末和18世纪初，然后才有英国工业革命；美国在建国后联邦党人执政的18世纪90年代进行了金融革命，然后才有19世纪的经济发展和工业化；日本在明治维新后的数十年内完成了金融革命，为经济发展和工业化奠定了金融制度基础。其他资本主义经济强国如法国、德国，甚至中小规模的发达国家如比利时、瑞典，也无不如此。

因此，比较研究清代中国与明治维新后日本的两国政府在货币方面的措

① Richard Sylla, “Financial Systems and Economic Modernization,” *Journal of Economic History*, 62 (1), 2002, p. 280.

施以及两国金融制度的差别，便具有了深刻的理论价值和现实意义。

一

金融革命的核心是以纸币等信用货币全面取代金银等商品货币。一个现代金融体系必须建筑在具有稳定价值的纸币等象征性或信用货币基础之上。换言之，一个以“本身具有价值”的东西（如金银等贵金属及其铸成的硬币）即“商品货币”为基础的货币体系，将难以支撑一个国家的现代化。众所周知，贵金属货币携带不便、难以储存、计量困难，徒增了交易成本。商品货币无法把一个国家带入现代化进程的根本原因是，自从世界进入资本主义时代特别是工业化时代以来，尽管从短期观察，经济规模的扩大和缩小存在着波动，但就长期而言，经济规模以线性上升之势增大。相对这样的实体经济，由贵金属本身的自然属性所决定的稀缺，不可能提供足够大的货币供应规模，如马克思在《资本论》中所言：“资本主义生产按它现在的规模，没有信用制度……只有金属流通，能否存在。显然，不能存在。相反，它会受到贵金属生产的规模的限制。”① 另一位西方政治经济学家波兰尼也在其名著《大转型》里写道：在前现代经济体中，“商品货币往往是金或银，虽然它们的数量可以增加，但在短期内不会增加很多。但是，如果生产和贸易的扩张没有货币数量的相应扩张相伴随，就必然会导致价格水平的下降——这正是我们印象中具有毁灭性的通货萎缩。在17世纪的商人圈里，货币的缺乏是一个永恒的、沉重的抱怨对象。代币（token money）很早就被发展出来保护贸易免于强制性通货萎缩的危害。如果在贸易量膨胀时仍然只使用商品货币，那这种危害就不可避免。没有代币这种人为货币的媒介，任何市场经济都是不可能的。”② 包括纸币、存款证书在内的象征性信用货币具有一个为商品货币所不可比拟的优点，即它们的发行和供应规模，可以随时依据实际经

① ［德］马克思：《资本论》第二卷，人民出版社1975年版，第384页。

② ［英］波兰尼：《大转型：我们时代的政治与经济起源》，冯刚、刘阳译，浙江人民出版社2007年版，第165页。

济变动的需要而扩张或收缩。众所周知，今天，各国中央银行可使用多种金融和行政手段（如准备金、贴现率、公开市场操作、窗口指导）来调控货币供应量。这一切，在一个利用金银等贵金属为交易媒介的货币体系里，是根本不可能的。它们唯有在货币供应的主体是纸币等象征性货币的条件下才能成立。银行业发展的先决条件之一也是信用货币取代商品货币。一个由金银等贵金属主宰的货币市场，顶多只需要银商（goldsmith）、钱庄和票号，而没有现代银行生存的余地。

作为货币的贵金属的供给除了受生产的限制外，还受到它们的使用价值的限制。例如，金银可用作货币，也可用作饰物。在一个货币供给由金银充当主角的金融体系里，用作饰物的贵金属的增加，就意味着货币供给的减少。反过来说，把有使用价值的物品用作货币，从社会的角度看，是一种不经济的做法。例如，清朝以铜钱为辅币，于是就有了如下的故事："1742 年的一份材料谈到一种水泵可以节省灌溉农田所需劳力的 4/5。但是，制造这种机械需要用铜，而铜是极其昂贵的——也就是要牺牲货币，因为流通的货币是用铜制造的。因此，投资制造这种水泵是不经济的，也是不合理的。"① 货币史学家帕特里克认为，一个现代金融体系用以承担交换、储蓄、投资功能的媒介，必须是经济的，所谓经济，"指的是这种货币的生产成本低"，即"用只有象征性价值、生产成本的极低的货币（如纸币）取代本身具有价值的货币（如金币或银币），在后者那里，充作货币的物品具有其他用途的需求，由于它们的生产成本，这些物品用作他用时的价格与其货币价值相等。这一取代不仅将使扩大货币供应的成本大大降低，而且还能把那些用作货币的现存硬币解放出来，投入能够产生更大的生产力的用途（如用于对外贸易）。"②

但是，纸币等象征性信用货币的出现，只是现代金融体系成立的必要条件，而非充分条件。事实上，在近代金融革命发生前，许多国家的统治者都曾发行纸币等信用工具以牟利，然而，这些企图几乎没有例外地导致通货膨

---

① ［德］贡德·弗兰克：《白银资本：重视经济全球化中的东方》，刘北城译，中央编译出版社 1999 年版，第 403 页。

② Hugh T. Patrick, "External Equilibrium and Internal Convertibility: Financial Policy in Meiji Japan," *The Journal of Economic History*, 25 (2), 1965, p. 191.

胀，他们发行的纸币最终都变成一堆废纸。中国自宋至明初，历代王朝一再通过发行官定纸币来解决财政问题，但均以失败而告终，形成经济学者塔洛克所称的史上“最长的通货膨胀。”① 在这里，关键的问题是，用帕特里克的话来说，一国中央银行发行并流通的纸币除了是“经济的”，还必须是“有效率的”，即“能够被公众完全接受为支付手段的货币，按其票面价值与其他货币交换”。② 一国金融革命是否发生和成功的主要标志之一，是它用以取代贵金属等商品货币的中央银行纸币，能否保持稳定的币值，按其票面价值与其他硬通货交换，并把贵金属商品货币以及其他纸币排挤出市场，成为流通全国的统一货币。

二

明治维新后的日本金融体制建设是围绕着政府纸币的发行和流通而进行的。③ 如日本金融史学者山本有造所概括的，明治时期的货币体系发展，反映了“体制变革时期的政治和财政的关系”。“利用中央政府的‘名义’发行的政府纸币，一方面提供了廉价而有效的财源，另一方面又是提供统一而有弹性的通货的极为简便有效的手段。但政治的、军事的、经济的统治力尚未充分具备的政府，大量发行不兑换纸币，又使金融市场发生混乱，一再出现财政不安。这样，财政上的积极政策和紧缩政策，货币方面的纸币主义和金属货币主义的对立，就成了明治政府确立过程中的主要政治课题。松方正义发起的纸币整理，成功地解除了长期纠缠在一起的财政和金融、政治和经济的对立。于此，日本近代史将从政治、经济、财政、金融等各个侧面开始新

---

① Gordon Tullock, “Paper Money - A Cycle in Cathay,” *Economic History Review* 12, No. 3, 1962, pp. 393-407. 唯一的例外是北美英属殖民地政府于18世纪上半叶，通过发行纸币成功解决货币供给问题，促进了经济增长。参看张光：《纸币的威力：北美英属殖民地经验及其理论意义》，《南开学报》2005年第4期。

② Patrick, “External Equilibrium and Internal Convertibility,” p. 191.

③ 关于日本明治维新后金融革命的详细论述，参见张光：《明治维新后的日本金融革命》，《人文国际》创刊号，厦门大学人文学院编，厦门大学出版社2010年版，第21—37页。

的起步。”①

幕府政权留给维新政权的货币体系，原始、分割且混乱，属帕特里克所说的既无效率又不经济的货币体系。所谓原始的表现之一是币制仍然使用传统的称重单位“两”，所谓分割和混乱，指的是各藩皆有铸币权。幕府末年，幕府与各大名因财政穷乏，纷纷自铸金币、银币，劣币充斥于市，各藩还滥发纸币以牟利，藩币多达1600余种。从1868年维新革命之年到废藩置县的1871年，虽然维新政权已发布了禁止增发藩币的命令，但仍有约26万两的藩币被发行。明治政府所继承的货币体系，除了有上述原始、分裂的特征外，还有严重依赖金银币和经济货币化水平低的缺陷。1868年流通货币的75%为硬币（见表1）。幕府时代，完税的主要手段不是货币，而是稻谷，大米成为真正的通货。事实上，直到1873年、1874年地税改革实施之前，明治政府的税收收入中谷米缴纳的比例还很高。

日本自明治维新后，大约花费了30年的时间，完成了金融革命。通过这场革命，中央银行（日本银行）发行的可兑换纸币以及政府铸造的硬币，清除了幕府时代遗留下来的硬币和纸币，取代了明治政府和国立银行因财政需要滥发的不可兑换纸币。如表1所示，明治维新发生的1868年，在日本全国流通货币1.95亿日元中，绝大部分是幕府以及大名铸造的各种硬币，占75%；其余的不可兑换的大名纸币和新政权纸币各占一半。这是一个硬币主宰的货币世界，也即帕特里克所说的不经济的货币世界，而它所使用的纸币，则完全不可兑换为硬通货，从而帕特里克所说的无效率货币。而到19世纪80年代初，虽然幕府的遗产已被清除一空，但80%的货币供应由政府和国立银行发行的不可兑换纸币充当，硬币不足20%，从而是一个充满了通货膨胀因素的无效率的货币世界。1885年，日本银行发行的可兑换纸币首次登场，并在此后的十多年间稳占货币市场，把不可兑换的政府和国立银行纸币排挤出局。1898年，日本的货币体系已完全由日本银行的可兑换纸币日元主导，它们占货币流通总量的近70%；由政府发行的硬币占28%，两者合计占货币

① ［日］山本有造：《明治维新时期的财政和通货》，载［日］福村又次、山本有造编：《开港与维新》，李星、杨耀录译，生活·读书·新知三联书店1997年版，第112—113页。

供应总量的97%多。这是一个既有效率又经济的货币体系。

表1　明治维新后日本流通货币进展（1868～1898年）

单位：百万日元

年份	政府发行		本银行钞票	国立银行发行纸币	幕府货币		总计	硬币占总计(%)	硬币和可兑换纸币占总计（%）
	纸币	硬币			大名纸币	硬币			
1868	24.0				24.6	146.3	194.9	75.1	75.1
1869	50.1				24.6	146.3	221.0	66.2	66.2
1870	55.5			8.6a	31.6	134.4	230.1	58.4	62.1
1871	60.3	12.4		8.6a	38.6	109.9	229.8	52.3	57.0
1872	68.4	30.8		4.3a	24.9	70.6	199.0	51.0	53.1
1873	88.3	48.1		1.4	19.2	37.5	194.5	44.0	44.7
1874	101.8	47.7		2.0	4.7	28.7	184.9	41.3	42.4
1875	100.6	42.7		1.4	1.1	27.1	172.9	40.4	41.2
1876	105.1	46.5		1.7	0.7	23.3	177.3	39.4	40.3
1877	105.8	45.4		13.4	0.1	19.4	184.1	35.2	35.2
1878	139.4	40.7		26.3	0.1	16.2	222.7	25.6	25.6
1879	130.3	42.5		34.0		14.3	221.1	25.7	25.7
1880	124.9	39.8		34.4		8.9	208.0	23.4	23.4
1881	118.9	36.8		34.4		5.0	195.1	19.1	19.1
1882	109.4	35.7		34.4			179.5	19.9	19.9
1883	98.0	34.0		34.3			166.3	20.4	20.4
1884	93.4	31.6		31.0			156.0	20.3	20.3
1885	88.3	28.4	4.0	30.2			150.9	18.8	21.5
1886	67.8	27.8	40.0	29.5			165.1	16.8	41.1
1887	55.8	17.9	53.5	28.6			155.8	11.5	45.8
1888	46.7	33.6	65.8	27.7			173.8	19.3	57.2
1889	41.2	41.9	79.1	26.7			188.9	22.2	64.1
1890	33.3	43.4	102.9	25.8			205.4	21.1	71.2
1891	27.9	42.4	115.7	24.9			210.9	20.1	75.0
1892	20.8	46.2	125.8	23.9			216.7	21.3	79.4
1893	16.4	50.7	148.7	22.8			238.6	21.2	83.6
1894	13.4	62.7	149.8	21.8			247.7	25.3	85.8
1895	11.1	69.7	180.3	20.8			281.9	24.7	88.7
1896	9.4	76.2	198.3	16.5			300.4	25.4	91.4
1897	7.5	91.7	226.2	5.0			330.4	27.8	96.2
1898	5.4	81.0	197.4	1.9			285.7	28.4	97.4

注释a：钱铺发行的可兑换纸币累计余额，可能估计偏高。

资料来源：Patrick，“External Equilibrium and Internal Convertibility，” pp. 192 - 193。

日本明治维新后的金融革命大体可分为两个阶段。第一个阶段从明治维新发生的1868年到1881年，为大限重信主导财经政策时期。第二个阶段从1881年到1896年，为松方正义主导时期。大限自1869年3月就任会计官副知事以来，除了大久保利通任大藏卿、井上磬任大藏大辅的1871年7月到1873年9月之外，一直掌握着日本财经政策的决定大权。1881年，大限在所谓“明治十四年政变”中下台。在他执政期间，日本进行了改两为元、整理纸币、地税改革、成立国立银行、发行公债、成立东京股票市场、设立横滨正金银行等一系列财经制度改革（见表2）。

表2 日本金融革命的主要进展（1868 ~ 1899年）

1868	明治政府发行不可兑换“太政官札”纸币
1871	新币条例发布，币制单位改两为元，国家造币局开业
1872	国立银行条例发布
1873	地租修正条例发布，废除实物（稻谷）纳税旧习，改为货币纳税
1876	国立银行条例修正，发行“秩禄公债”1.74亿日元，补偿武士放弃终身俸禄
1876 ~ 1879	共有153家银行开业
1878	东京股票市场开业
1880	横滨正金银行开业
1882	日本银行（中央银行）设立
1885	日本银行券首次发行
1897	货币法公布，金本位制度确立
1899	纸币完全统一于日本银行券

资料来源：作者根据有关资料整理得。

大限敏锐地认识到，在一个主要依靠金属货币的金融世界中，货币供应难以达到为经济发展所需的规模。他在1875年提出的《关于清理源流，建立理财会计之根本的建议》、《谋求天下之经济，建立国家之会计的建议》、《确立国家理财之根本的建议》等论文中再三指出，通货供应不足而阻碍经济发展是日本财经政策首先必须解决的问题。他使用历史数据来证明自己的观点。宝历年间（1750—1760 年）日本人口为 2606 万，金银货币流通量为 1.746 亿日元，人均 6 日元 69 钱多。弘化年间（19 世纪 40 年代）人口为 2690 万人，金银币流通量为 1.602 亿日元，藩币 2464 万日元，合计 1.849 亿日元，人均 6 日元 80 钱。与此相反，19 世纪 70 年代人口 3300 万人，金银币流通量接近 5000 万日元，纸币 1 亿日元，人均不过 4 日元 55 钱。从货币数据比较中，大限得出结论，即便是锁国时代，人均通货量仍超过 6 日元 90 钱，而在开展外贸、货币经济向农村渗透的今天，却只有 4 日元 55 钱，说明“通货不足”，“使产业为之萎缩，上下为之穷困”。为此，大限指出，扩大发行纸币是必须之举。此外，他还建议建立一个“对内用纸币、对外用洋银”的通货二重结构的货币体系。他认为，不能让与外币相等的贵重的正币（金银硬币）作为国内流通手段无效率地加以使用。国内流通可以由统一管理的纸币来承担，而且应当把国内存有的正币（即洋银）集中起来作为国家的外汇储备。①

但是，明治初年纸币的发行却导致了严重的通货膨胀，其主要是因为纸币发行不仅仅是为了解决货币供给问题，更主要的是为了解决新政权的财政收入不足问题。明治初年，无论是废藩置县，平定叛乱，收买各藩分离的政治势力，使之服顺新生的中央政权；还是“兴产殖业”、“富国强兵”政策的实施，无不需要财政的大量投入。财政收入不足以覆盖，只好发行纸币解决问题。大限的财经政策，倡导通货扩张、积极财政，在设立银行、发行纸币等事关金融体制之根本等问题上，采取了效仿美国的国立银行制度的政策，赋予国家批准设立的私有银行（即所谓国立银行）发行纸币的权利。结果，私有银行发行的纸币与政府纸币叠加，造成了严重的通货膨胀。当时日本最重要的产品大米价格从 1886 年的一石值 5 日元 13 钱增至 1880 年的 10 日元 57 钱。如《日本银行百年史》所言，“不可兑换纸币增发导致诸物价上升首

① ［日］山本有造：《明治维新时期的财政和通货》，载［日］福村又次、山本有造编：《开港与维新》，李星、杨耀录译，生活·读书·新知三联书店 1997 年版，第 158—160 页。

先显现于银市和米市，然后因银币腾贵导致一般进口货物腾贵、米价腾贵引起一般国产品腾贵”。① 1881 年，松方正义在会见伊藤博文时曾直言帝国财政陷入如此之困局完全是大限和伊藤两人的责任，而拯救国家之路只能是在根本上整顿财政。②

1881 年 10 月，松方正义被任命为大藏大臣，接替大限担任明治政府的财经领导人。在松方的领导下，日本不仅克服了通货膨胀带来的经济混乱和困难，而且完成了金融革命，基本形成了一个现代金融体系。松方上任大藏大臣伊始就指出，“目前的急务是奠定货币运用的基轴，通过积累硬通货，充实纸币兑换的资本基础，通过发展生产，达到抑制输入之目的”。③其实，这些政策目的也是松方的前任大限意欲实现的。他们之间的分歧在于达到这些目的的途径：如神山恒雄所言，大限路线 = 通货供给量维持 + 积极财政，而松方路线 = 通货收缩 + 紧缩财政。④ 大限认为，纸币贬值的原因是国内产业不发达，从而导致入超、硬通货外流。因此，为了发展国内产业，必须在维持货币供应量的同时，向交通等部门的建设投放财政资金。当这些政策导致纸币贬值、财政困难后，大限为了维持其政策，于 1880 年 5 月提议发行 5000 万日元外债，企图用发行外债所得硬通货，开始政府纸币的兑换，在不收缩通货、继续扩张财政的情况下，一举完成从不可兑换到可兑换纸币的转换。但是，这个政策建议因明治政府害怕因此受制于西方国家、损害主权等原因而被否决。

与大限企图在不减少通货、不紧缩财政的情况下整理纸币、治理通货膨胀的构想相反，松方坚决主张唯有下通货和财政双双紧缩的重药，方可解决纸币滥发带来的经济危机。事实上，在松方接任大藏大臣的一年前，迫于经济形势的进一步恶化，通货、财政紧缩的政策已经为包括大限在内的明治政府领导人接受。1880 年秋到 1881 年间，纸币贬值最为惨烈，政府持有的硬

① 转引自《日本银行百年史》第一卷，第 59 页。

② ［日］大岛清、加藤俊彦、大内力：《人物、日本资本主义、殖产兴业》，东京大学出版社 1974 年版，第 259 页。

③ 转引自《日本银行百年史》第一卷，第 98 页。

④ ［日］神山恒雄：《明治经济政策史的研究》，塙书房 1995 年版，第 14 页。

通货在1880年末降至不足717万日元。同时，要求召开国会的自由民权运动的进行，使政府倍感压力。于是，“一种危机感在政府领导人之间蔓延开来，财政改革成为最紧迫、最需要加以解决的政治问题”。① 在上述大隈的发行外债的建议被拒绝后，明治政府决定由大隈重信、伊藤博文、寺岛宗和时任大藏大臣佐野常民组成财政调查委员会，财经政策开始转向通货和财政双双紧缩。1880年9月，财政调查委员会提出《财政改革论议》，建议利用财政盈余消除纸币。具体而言，在当时6000万日元的财政收支规模中，通过增收减支产生1000万盈余，这些作为财政盈余的政府纸币，或者将被直接销毁，或者用于出口促进换取硬通货的财政准备金。这些政策建议，如《日本银行百年史》的著者所言，“可以说1881年10月起松方正义推行的纸币整理政策的原型。”②

这些政策很快就以“电光石火般的速度”（《日本银行百年史》语）实施。1880年10月1日，明治政府实行新的造酒税制、采石税税率倍增。11月5日进一步颁布了一连串开源节流政策。1881年决算，与前年度相比，岁入增加812万日元，岁出增加823万，其中包括700万纸币消除支出，比前年度同项开支增加了500万（3.5倍）。《明治财政史》对此评论到，“在物价腾贵、财政困窘之际，一举消除700万纸币，不能不说是果断之举”。③

松方就是在这样的背景下，从内务大臣任上转任大藏大臣的。虽然有了1881年预算执行的好开头，金融形势依然十分严峻。他上任时日本的硬通货储备仅有870万日元，相当于流通中不可兑换纸币价值的5%，政府为消除纸币而设立的硬通货的专门账户资金额的16%。松方清楚地认识到，唯有坚持财政和通货双双收缩政策，彻底解决不可兑换纸币问题，才可能在日本建立起现代的财政金融制度。他还清楚地认识到，财政通货紧缩必然导致物价下跌、经济不景气，但这是日本必须付出的代价。松方就此事向恩师山本觉马请教的时候表示，他可能因此遭到暗杀，但“只要松方不死，完成这件大

① ［日］原田三喜雄：《日本近代化和经济政策：明治工业政策研究》，东洋经济新报社1972年版，第173页。

② 转引自《日本银行百年史》第一卷，第82页。

③ 转引自《日本银行百年史》第一卷，第84页。

事业的决心不倒”。[①]

松方的纸币整理政策的一大特征是其全面性，囊括预算、金融、货币、公债、出口、中央银行等有关方面，具有鲜明的建立现代金融体系的革命导向。它们的成功实施，完成了日本的金融革命。在预算方面，松方上任财长伊始，即宣布废除政府部门预支预算惯例。该惯例使各省厅在税征收和分配给各省厅之间的期间，以预支的方式进行开支。此外，他还采取了国有企业民营化措施，减少国家财政在兴办运行企业方面的支出。1882 年 4 月，松方宣布各省预算三年内不得增加。在 1882 年到 1885 间，开征药品税、印花税、大米和股票交易税、酱油税、糖果糕点税，增加烟酒税率。增税和减支产生的财政盈余，被用于消除纸币。具体做法是把那些作为财政盈余而留在政府手中的政府纸币，或直接销毁，或用作换取硬通货的出口促进的财政准备金，而不再作为政府支出流通于社会，以此达到收缩通货、整理纸币的目的。

松方纸币整理政策的第二个特征就是通过促进出口积聚硬币。纸币贬值不但是因为它们的发行量过大，而且还由于缺乏足够的硬币作为发行可兑换纸币的准备金。如上所述，大限曾建议通过向国外借款来解决硬通货不足问题。这个建议因遭到包括松方在内的众多高官的坚决反对而作罢。松方认为，使用政府的财政“准备金”才是正确的积聚硬通货之道。所谓准备金是明治政府为回收纸币、偿还公债而设立的财政基金。在大限时代，准备金被大量挪用于殖产兴业为目的的投资，完全背离其原初目的。松方上任财长之初，即于 1881 年 11 月 25 日向明治政府太政大臣（相当于总理）提出《准备金规则修正案》，新的《准备金使用顺序》和《准备金规则》分别于 12 月 7 日和 9 日颁布，明确规定准备金的用途是通过促进出口等方法积聚硬通货。

在通过促进出口积聚硬通货这一点上，松方主要倚重大限主理财政的末期成立的开业的横滨正金银行。在无法通过向西方借款获得整理纸币需要的硬通货的情况下，大限转而寄希望于动员国内的资源。为此，他推动成立了横滨正金银行（所谓“正金”意为金银币等硬通货）。按照大限的设计，正金银行的主要目的是为日本经济提供一个金银及其制币的市场，从而使原先

---

① ［日］三宅晴辉：《日本银行》，文坛春秋新社 1974 年版，第 106 页。

“藏死”于日本民间的贵金属被动员出来，由正金银行向市场提供并流通，从而扭转当时因金银币供给不足招致的贸易周转困难，变“死钱”为“活钱”。

虽然是民营，但作为一家具有半官方性质的外汇专业银行的正金银行却受到了政府的特殊优惠和保护。[①] 1880 年 8 月 23 日，该行向政府申请 300 万政府纸币，用于促进出口并通过出口积累硬通货。同年 10 月，正金银行获得 350 万日元的政府纸币贷款，1881 年 7 月再度获得 450 万日元的纸币贷款，这些贷款系数来自于政府准备金账户。在明治时代前半期，日本的主要出口物是丝和茶，两者均极易受季节波动影响。买方市场常常迫使卖主亏本甩卖货物。正金银行的介入，使商人可以拿其出口货物为担保，从银行那里获得政府纸币，而银行则从商人那里获得外国进口商的应付款证明书（汇票）。然后，正金银行马上把这些汇票寄往它在伦敦、纽约等国际金融中心（它们往往也是日本货物的出口目的地）设立的代表处。这些代表处在接到汇票后，迅即回收货款，把货款兑换成硬通货，然后用电报汇回正金银行总部，后者再把收到的硬通货上交国库。如此，完成了出口促进到积累硬币的循环。

松方是这个通过出口促进积累硬通货政策的主要倡导者之一。在上任财长后，他又对这个政策作了进一步的改进。这个政策的实施，顿然使日本的出口、国际收支状况和硬通货储备改观。从松方担任大藏大臣起，硬通货净增了 3360 万日元，1885 年日本政府持有的硬通货相当于当时流通纸币总量的 37%。在这一年，纸币已经以接近其票面价值的比率同银币交换，1886 年，纸币完全按照其票面价值同银币交换。日本在经历了明治初年的滥发纸币导致通货膨胀之后，终于达到了金融史家帕特里克所说的一国流通的纸币必须是“有效率的”，即“能够被公众完全接受为支付手段的货币，按其票面价值与其他货币交换”的境界。

中央银行设立和运作，是松方导演的日本金融革命的核心。他在《纸币整理概要》一文中写道，“本来，纸币整理的目的是要把不可兑换纸币改变为可兑换纸币，但同时也是为了形成全国统一的货币，并因应各时的经济状况而伸缩自如。”为此，“最好的办法莫过于如英国等欧洲国家那样设立中央

---

① 冯玮：《日本经济体制的历史变迁》，上海人民出版社 2009 年版，第 165 页。

银行，给予它发行可兑换货币的特权，以此完成货币的统一。”[①] 松方在1878年率日本代表团参加巴黎博览会期间，与法国财政部长赛多次谈话，通过“考察财政经济问题，深深感到设立中央银行，以疏通金融、救济财务之必要。”[②] 此后，松方和他在大藏省的追随者经过数十次讨论，形成了一个以比利时中央银行为蓝本创立中央银行的方案。他们撰写了《创设日本银行建议》和《日本银行创立旨趣说明》，并于1882年3月1日由松方以大藏大臣名义向明治政府呈报。这两个文件陈述了成立中央银行的基本目的：一是形成全国统一的金融和货币市场；二是促进银行业的发展；三是促使利息率下降；四是调整财政和金融关系；五是保障对外金融关系的稳定。1882年10月，即在松方上任财长一年，日本银行正式开业，它的股份一半由政府持有，在业务上受大藏省指导和约束。

日本银行成立后，因为担心在纸币和银币之间的差价还很大，发行日本银行纸币可能招致通货膨胀，松方并没有急于让它发行纸币。从1882年到1885年，松方主要通过财政盈余收兑纸币。1883年银行法修正剥夺了国立银行发行纸币的权利，要求它们转化为普通银行。1884年，明治政府颁布可兑换银行券条例。1885年，随着日本政府持有的硬通货增加，纸币和银币价值相去不远，日本银行开始发行可兑换纸币，以此为契机，财政直接调节通货的时代宣告结束，日本银行开始成为金融政策运行的中心，不可兑换纸币的收兑完全由日本银行的纸币承担。作为唯一的发币银行，日本银行在19世纪80年代下半叶无可置疑地占据了日本金融体系的核心地位。1888年，明治政府修正可兑换银行券条例，允许日本银行超过原条例规定的发行额度，提高至7000万日元。这是日本银行首次获得超额发行纸币的授权，它表示日本的货币当局大藏省和日本银行获得了调节货币供应的权力。

除了发行基础货币，在19世纪80年代，日本银行获得了一个标准的中央银行所具有的主要特性：政府银行、公债处理、“银行的银行”和“最后

① 转引自《日本银行百年史》第一卷，第117页。

② 转引自《日本银行百年史》第一卷，第119页。

的贷款者”。日本银行专管国库、国债业务，起到了“政府的银行”的作用，[①] 在1894—1895年中日甲午战争期间发挥到了极致。日本政府为这场战争做的临时军费预算合计高达2.5亿日元。战后临时军费特别会计关闭时进行的决算表明，一方面，战争实际开支为2.48亿日元。这一数额超过甲午战争前国家平时预算的两倍，超过1894年6月包括横滨正金银行在内的银行存款余额1.6319亿的两成多。另一方面，临时军费特别会计收入为2.2523亿，其中军事公债收入为1.1681亿（占51.9%），而这些公债的发行，都有日本银行深深的介入。此外，在战争期间，日本银行还向政府累计提供了4900万日元的短期贷款。

甲午战争以中国战败而告终。清政府对日赔款2.3150亿库平银，折合3.5800亿。借助这笔巨额赔款，日本财政金融体制完成了三大转变：财政规模的急剧膨胀、金本位制度的建立和商业银行的快速增长。甲午战争的巨大军费，使明治政府财政一改松方财政的谨慎传统，获得了大规模的扩张。然而，这一扩张同战后的财政规模扩张相比，犹如小巫见大巫。明治政府的财政支出总规模从1895年的8532万日元，一举上升到1897年的2.2368亿。从1895年到1904年，日本财政支出40%用于军费。与此同时，日本政府开始大规模增税和发行公债。

“与作为战后经营的原资补给同等重要的是，清朝的赔偿是为了实行金本位制所需要的准备金制度得以成立，从而使金本位制的实施成为可能。”[②] 明治政府早在1871年颁布的《新货币条例》中，即做出建立金本位的规定。根据这个条例，银币只用于国际贸易，国内流通不予承认。然而，由于黄金准备不足、政府纸币增发、银价下跌，使建立金本位制度的计划化作泡影。通过松方正义的纸币整理，从1886年起纸币与银币的完全兑换成为可能，日本进入银本位时代。但是，由于当时的国际银价下跌，导致日本外汇市场不稳定，物价上涨等恶果。1893年日本政府设立了货币制度调查会。考虑到银

① ［日］玉置纪夫：《日本金融史——从安政开国到高速成长之前》，有斐阁1994年版，第64—68页。

② ［日］山本弘文等：《近代日本经济史》，有斐阁新书1980年版，第71页。

价下跌、物价上升、入超加剧等问题，该会建议日本向金本位制转换。这一转换的基础是持有充足的硬通货外汇。如前所述，明治政府自大限主理财政时期起，为达到纸币整理和建立金本位制的目的，一直试图以借款、出口赚取外汇等方式，从英国等欧洲国家获得硬通货外汇，但始终无法获得为建立金本位制所需要的巨额硬通货外汇规模。清朝的巨额赔偿使日本做到了这一点。明治政府经与清政府谈判，迫使后者以在伦敦金融市场交付英镑的方式，完成赔款支付行为，从而为日本实施金本位制奠定了准备金基础。1897 年 3 月明治政府颁布《货币法》，规定日本本币与黄金挂钩，并在同年 10 月开始全面实施金本位制。结果，日本的经济“从一直不安定的外汇比价中解放出来，对外关系因此得到强化，并通过商品和资本的输出，与西欧列强展开真正的竞争。”①

表 3　日本银行数及其资本金的推移（1893～1903 年）

单位：1000 日元

年份末	国立银行		普通银行		储蓄银行	
	行数	注册资本金	行数	注册资本金	行数	注册资本金
1893	1895	1897	1899	1901	1903	
133	133	58	0	0	0	
48416	48951	13630	0	0	0	
545	792	1223	1561	1867	1754	
30584	49807	147812	209973	251700	253004	
23	86	221	333	441	469	537
1777	8622	15430	23370	29530		

资料来源：［日］山本弘文等，《近代日本经济史》，有斐阁新书 1980 年版，第 74 页。

在实施金本位的前后，明治政府还对银行制度进行整改。整改的主要成果之一是国立银行转化为普通银行，成果之二是普通银行大量诞生（见表

① ［日］山本弘文等：《近代日本经济史》，有斐阁新书 1980 年版，第 72 页。

3)。这些银行通过接受存款、向企业贷款，对日本在甲午战争后的资本动员、企业特别是中小企业勃兴做出了重要的贡献。从1897年开始，日本相继建立了一系列政策性银行，如日本劝业银行（1897年开业）、府县农工银行（1898）、台湾银行（1899）、北海道拓殖银行（1900）、日本兴业银行（1902）。这些银行在普通商业银行无法企及的长期低利资金供给和资本输出入领域，发挥着重要的作用。至此，明治维新后的金融革命完成，日本式资本主义市场经济制度基本成型。

三

中国是最早大规模使用纸币的国家。宋朝商业发达，国内外交易多，金额大，而当时的主币铜铁钱体重值小，易磨减重，劣币驱逐良币，钱荒问题突出。故在经历了宋初商人自行发行纸币（交子）、官督商办发行阶段后，从1024年正式改由官方发行，中国自此进入长达五百年，历经宋、金和元的纸币帝国时代。不过，官方发行纸币，更多的是为了解决财政收入问题，解决“钱荒”（货币供给不足）倒在其次。为了财政收入发行纸币，必然造成通货膨胀。为此，宋、金、元的纸币帝国，无不似纸糊的大厦，经不起通货膨胀的风吹雨打而轰然倒下，虽一再建造，但一再倒下，如此循环往复，直至明朝中叶历时五百余年的纸币帝国终告完结，被经济学家塔洛克称之为“史上最长的通货膨胀”。[①] 宋、金、元的纸币“经济”而没有“效率”——生产材料易于取得，生产工艺相对简单，纸币的产生也确实解决了前纸币时代铜钱，甚至是铁钱交易的笨重与不便，但纸币的财政发行却极易造成无限制的通货膨胀以及市场对政府发行货币的废弃，宋金元五百年的货币史充分说明了这一点。明初继承前朝仍行宝钞，但很快放弃。在接下来的五百年间，中国社会和统治者选择白银为主币。中国进入白银货币化、货币白银化的时代。

---

① Gordon Tullock, “Paper Money—A Cycle in Cathay,” *The Economic History Review*, New Series, Vol. 9, No. 3 (1957), pp. 393 - 407.

纸币与白银——明治维新后日本与明清中国货币体制之比较

马克思讲“金银天然不是货币，但货币天然是金银”，[①] 但在中国历史上，白银的地位一直比较尴尬，上有同为贵金属的黄金货币的压制，下有历代所铸铜钱的牵制，所以在相当长的历史阶段中，白银并未作为正式货币使用。宋代白银开始用作大额交易，但却不用来表示物价。民间的日常交易也不用白银，仅在租税的折纳上可以用银。[②] 白银正式用作货币，始于金人。蒙古族在统治中国之前以及统治中国之后的初期都使用白银，不但贸易和借贷用银，物价也用银表示——元代以白银为价值尺度，是中国币制史上的一次重大改革。蒙古在统治中国之后，虽然为了推行纸币几度禁止金银流通和买卖，但这些禁令都是短期的，且执行效果不彰。据彭信威的研究，元朝“民间对于借贷、劳务报酬、物价的表示和日常的交易，似乎都有用银的”；中国式的银锭即元宝，亦始于元朝。[③] 明代开始了白银的全面货币化，如纸币于宋代使用先民后官一样，白银也是首先在民间流通中占据优势地位后，方被统治者采用而实现了货币化。明代对白银的承认首先表现为要求民间缴纳租税用银，这一要求在经历了一个渐进的过程之后，在张居正“一条鞭法”的改革中达到不可逆转的高潮。明英宗时期（1436—1464 年），“收赋有米麦折银之令，遂减诸纳钞者，而以米银钱当钞，弛用银之禁。朝野皆用银，其小者乃用钱，惟官俸用钞，钞壅不行”[④]。到嘉靖年间，政府收支已大部用银，不仅“钞久不行”，“钱亦大壅，益专用银矣”。[⑤]

白银的货币化虽始于明代，但其“大发展”却是在清代。清代《皇朝文献通考》中讲到钱币时说：“大致宋朝到明朝，在铜钱之外，都皆用钞为货币，本朝则开始专用白银为货币”。自 1644 年建立政权后，清王朝基本上沿用明代的货币制度，即银两、铜钱平行流通，大数用银、小数用钱，乾隆曾多次下达谕旨表示“用银为本，用钱为末”的治国理念。但由于铜钱的价值过低、携带不便，实际流通中还是以白银为主，铜钱则处于辅币的地位。

---

① ［德］马克思：《资本论》第一卷，人民出版社 1975 年版，第 107 页。

② 彭信威：《中国货币史》，上海人民出版社 2007 年版，第 366 页及以下。

③ 彭信威：《中国货币史》，上海人民出版社 2007 年版，第 408 页。

④ 《明史》卷八一《食货五·钱钞》。

⑤ 《明史》卷八一四《食货志》。

"白银成了国家用以统计收入和支出的计算单位。国库用银来储存其决算的盈余，朝廷用银计算政府各部门之间的货币转化。地方官员以此处理财政事务，商人们以此交付他们的代理人用来买进货物，农村居民则依次缴纳地税和供粮税。"① 整个19世纪直到20世纪第一次世界大战爆发以前，白银一直是中国最主要的货币单位，1935年国民政府币值改革方使中国放弃了以白银为中心的财政管理。②

明清时期，国内银矿的开采严重不足，明朝后期每年平均银课收入不足10万两，那么，为什么明清两朝还是选择用银不用钞、少用甚或不用钱呢？我们认为原因主要有三：一是对前朝通货膨胀的记忆和当朝有限的纸币发行即导致通货膨胀教训的认识；二是地理大发现后美洲的银矿开采使中国得以进口巨额白银用作国内流通的货币，而大量的白银流通，至少在一个历史时期，既解决了钱荒的问题，又在一定程度上控制了通货膨胀；三是白银的出现使统治阶级聚敛大量财富成为可能，货币的白银化符合统治阶级利益。

自宋发行纸币以来，通货膨胀一直是每一个朝代挥之不去的阴影，纸币的出现满足了经济交往和政府财政的需要，但由于政府的贪婪和无知而使其发行量没有得到很好的控制——过犹不及，纸币的滥发导致物价如脱缰野马，猛烈上涨，不堪重负的百姓最终毫不留情地抛弃了纸币，也抛弃了试图通过发行纸币牟利的王朝统治。宋代中国历史上第一次广泛使用纸币的尝试，在北方强大军事压力下以失败而告终——及至被蒙元所灭亡，南宋正式发行了二十余界纸币，一百六十多年间的通货膨胀率接近二十万亿倍！③ 而在北方，金代后期纸币换了六次名称，在短短二十余年间，物价上涨了200亿倍以上。纸币几乎成了一堆废纸，交钞制度名存实亡，前无古人的通货膨胀使金朝走向崩溃。元朝是中国古代历史上纸币最为盛行的时期，甚至进入以纸币为本位的时代，但由于战争、财政和社会经济诸方面的关系，元朝向来以国用不

---

① ［美］吉尔伯特·罗兹曼：《中国的现代化》，中译本，江苏人民出版社2010年版，第118页。

② ［日］滨下武志：《中国、东亚与全球经济：区域和历史的视角》，社会科学文献出版社2009年版，第62页。

③ 千家驹、郭彦岗：《中国货币演变史》，上海人民出版社2005年版，第142页。

足而增加发钞，出现了中国货币史上少有的一次恶性通货膨胀。财政亏空严重就专靠增发宝钞来弥补，频繁的战争使从1265年到1289年这短短24年间，货币发行量增长了70倍。当1310年政府发行一种新币（至大钞）时，货币总量相比第二套纸币（至元钞）发行时几乎增加了900%。[①] “人吃人，钞买钞”[②]，钞票越来越多，以旧换新，花样层出不穷，物价就像断了线的风筝，直线上升。纸币几乎跌到一钱不值，民间的贸易实际上都拒用钞票，买卖东西或者用铜钱，或者用实物交换。正所谓“及兵乱国用不足，多印钞以买兵，钱贱物贵，无所于授，其法遂废。”[③]

朱元璋在建国之初，由于铜资源缺少，盗铸严重，以及交易不便等原因，洪武元年（1368年）发行的“洪武宝钞”系列铜钱都没有成功。所以明朝政府又恢复了纸币流通制度，在洪武八年（1375年）设立了宝钞提举司，制定钞法，发行了“大明通行宝钞”。大明宝钞不分界，不限定使用时间，不限地区，不规定发行限额，也没有明确的发行准备金，从来不提到兑现。明朝政府发行宝钞，始终是多出少进，即多投放，少回笼。政府用纸币支付军饷、官吏的俸禄，向民间收购物资和金银财货，但是收赋税是却尽量不收宝钞，或搭收部分新钞。[④] 由于宝钞不能兑换，发行有没有限制，多进少出，日积月累，终于发生了贬值——通货膨胀。从明成祖到明宣宗近30年间，政府先后采取了各种措施来稳定宝钞的价值和购买力，但都挽救不了宝钞贬值消亡的命运。民间无人愿意使用如同废纸的纸币，普遍以金银、铜钱来计价支付，政府不得不在1435年、1436年解除钱禁、银禁，宝钞在明中叶以后也不再使用。

中国自身银矿的储藏与开采、冶炼到明末已远远不能满足硬通货流通的需要。16世纪中叶前后，出现了“天下之民皇皇以匮乏为虑者，非布帛五谷

---

① Gordon Tullock, “Paper Money—A Cycle in Cathay,” pp. 393 – 407.

② 《明实录》卷二三四，原文为“堂堂大元，奸佞擅权，开河变钞祸根源，惹红巾万千。管制滥，刑法重，黎民怨；人吃人，钞买钞，何曾见？贼作官，官作贼，混愚贤，哀哉可怜！”

③ 吴晗：《读史劄记》，生活·读书·新知三联书店1956年版，第292页。

④ 宋杰：《中国货币发展史》，首都师范大学出版社1999年版，第235页。

不足也，银不足耳”的现象。[①] 然而，恰在此时“天上掉下来一个林妹妹”，世界也在发生着巨大的变化，美洲银矿的意外发掘解决了当时中国的货币饥渴问题。1492年哥伦布到了美洲，1498年达·伽马开辟了绕道好望角抵达印度的新航线，1522年，麦哲伦完成了第一次环球航行，为西方世界的航海家打开了通往美洲的大门。也正是在这一时期，西班牙殖民者相继在波托西和墨西哥的萨卡特卡斯发现的特大型银矿，大量的美洲贵金属自16世纪开始流入西班牙。作为西班牙帝国的一部分，不少白银被直接运往菲律宾。因为中国商人在贸易中只要白银，与中国的贸易需要大量的白银才能进行。西班牙人需要交换中国的商品，而再也没有比白银更能吸引中国商人的商品。[②] 从隆庆五年（1571年）开始，大量的白银开始以贸易出超的形式从海外流入闽粤两地。[③] 直到19世纪中期为止，无论是瓷器，还是丝绸，中国的生产和出口在世界经济中都具有领先地位，而长期保持的出口顺差主要通过外国人用白银来偿付。[④] 从16世纪中期至18世纪后期的两个半世纪内，作为当时主要产银地区的新大陆和日本的白银，有1/3至1/2经国际贸易渠道直接或间接流入中国。除贸易途径外，欧洲人在中国、日本和欧洲之间开展的套汇业务也是白银流入中国的一条主要渠道。16—17世纪，由于中国、日本、欧洲三地金银比价存在较大差价，欧洲商人将日本、欧洲的白银输入中国套换黄金，可获利一倍以上，受利益驱使，日本和欧洲的白银被大量运往中国。据估计，

---

① 《明史》卷二一四《勒学颜传》。

② 万明：《明代白银货币化：中国与世界连接的新视角》，《河北学刊》2004年第3期。

③ 张宇燕、高程：《海外白银、初始制度条件与东方世界的停滞——关于晚明中国何以“错过”经济起飞历史机遇的猜想》，《经济学》2005年第2期。

④ Dennis O. Flynn and Arturo Giráldez (1996): China and the Spanish Empire. *Revista de Historia Económica* (Second Series), 14, pp. 309 - 338.

中国获得了世界白银份额的一半左右。①

白银的大量流入为中国提供了稳定的货币供给，催生了银为主、钱为辅的银钱币制度，不仅解决了钱荒的问题，还一定程度上控制了通货膨胀。货币白银化，使货币上摆脱了几千年来紧密依赖于国家权力和国家财政的状况。国家无法像印造纸钞时那样轻易地把大批社会财富聚于自己控制之下，也不能左右货币的比价和取弃。② 由宋元的历史经验中我们已经看到，信用货币供应的增加可能会有通货膨胀与之相伴，这是理性的统治者最不愿看到的，而白银的流通恰好解决了这一问题——贵金属的产量受储量和开采铸造等能力的制约，且金属货币本身就具有储藏手段，会根据经济发展情况自动调节流通中的货币量，所以白银较易起到稳定物价的作用，不致引起严重的通货膨胀。银本位制度确实约束了当权者滥发货币的权力，最明显的例子就是白银切断了明王朝通向恶性通货膨胀之路，这一点可从16世纪这一百年间中国的米价变动中得到验证。在这个世纪中，每公石大米值银保持在18到25公分银之间，相当稳定（见图1）。

① 相关研究见 William S. Atwell，"International Bullion Flows and the Chinese Economy Circa 1530 - 1650"，*Past and Present*，1982，95，68 - 90；Ward Barrett，"World Bullion Flows，1450 - 1800"，in *Rise of the Merchant Empires：Long Distance Trade in the Early Modern World，1350 - 1750*，James D. Tracy ed.，pp. 224 - 254. Cambridge：Cambridge University Press，1990；Richard Von Glahn，"Myth and Reality of China's Seventeenth Century Monetary Crisis"，*Journal of Economic History*，1996，56，No. 12（June），pp. 429 - 454；［德］贡德·弗兰克：《白银资本》，刘北城译，中央编译出版社 2001 年版；梁方仲：《明代国际贸易与银的输出入》，载《梁方仲经济史论文集》，中华书局 1989 年版；全汉升：《明清间美洲白银的输入中国》，《中国文化研究所学报》1969 年第 2 卷第 1 期；彭信威：《中国货币史》，上海人民出版社 2007 年版；吴承明：《十六与十七世纪的中国市场》，载《市场·近代化·经济史论》，云南大学出版社 1996 年版。

② 赵铁峰：《明代的变迁》，上海三联书店 2008 年版，第 230 页。

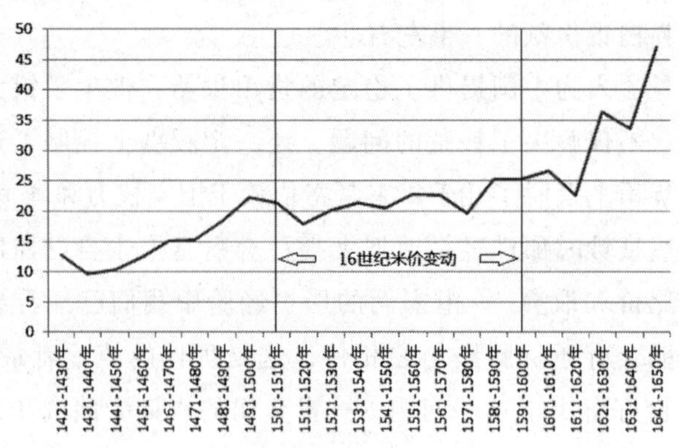

图 1　明代米价表

资料来源：日本：南亮进（2008），第 194 页。中国：国家统计局（2006），《中国统计摘要 2006》，中国统计出版社。

白银作为金属本身的高价值使得大量货币财富的积累成为可能，“在明代以前，且不说别的社会条件，单就货币本身来说，要实现大量的货币财富的积累也是困难的。”① 白银用于支付手段极大地便利了富商巨贾，他们的商业活动因为银的流通而日益拓展：国内市场由于长途贩运打破地域限制而越发活跃，同时，中国强大的商品制造使得国内市场与世界市场联系起来，而白银在其中正是起到了润滑剂的作用。“商人见中土丝、绵、缎、布瓷、铁到彼番国，不卖货物、止卖金银”②，扩大的市场规模让商人们积累起巨额货币财富，商人因白银流入而成为获利最大的社会集团。与此同时，明清的国家财政制度和官僚体制运作对白银的依赖也越发严重。根据陈春声的研究，18 世纪中叶清王朝每年财政收入获取的白银近 5000 万两，加上赋税征收过程中产生的火耗、秤头、加派、规费等层出不穷的名目，实际进入官僚体制的白银要远多于这一数目。有资料显示，康、雍、乾三朝国库积藏白银 7000 余万两，这意味着相当于 21 年中输入中国的美洲白银没有进入流通领域而被

① 唐力行：《商人与中国近世社会》，商务印书馆 2003 年版，第 131 页。

② 《明经世文编》卷二八〇，冯养虚集《通番船议》。

官方吸纳。白银的货币化还方便了达官贵人们聚集财富，仅和珅家收藏的货币形态的白银就高达1000万两。美洲白银的流入适应了明清赋税征收、财政运行和官僚系统运作的需要，并由此进入国际的贡赋体系，为皇帝和权贵所青睐，这些都推动了其作为流通货币而被国家接纳和推广。①

然而，不受政府控制的白银货币化所带了的这些益处，也是以多重代价而取得的：代价之一是使中国由纸币这一"经济"的货币体系倒退至白银这一"不经济"的货币；代价之二是中国须以巨大的贸易出超维持白银货币体系的存续与运转，而这一体系原本却可以通过内生的且经济的"纸币"来维持；代价之三也是最大的代价便是中国两朝政府彻底退出货币发行、放弃货币发行权（包括铸币税收益）——考虑到明清两朝的白银几乎悉数取之于外的现实，国家放弃货币发行权，就等于把中国的货币发行和供给委于外国。而明清两朝所面临的国际体系，越来越不是中国统治者们熟悉的朝贡体系，而是走向资本主义的西方帝国主义体系，这个体系是不能容忍中国永远处于贸易出超的位置的。众所周知，鸦片最终被用来解决这一贸易逆差问题，结果导致标志中国整体衰败的鸦片战争的爆发。

首先，废弃纸币而采用白银是一种货币制度由"经济"向"不经济"的倒退。作为称量货币的银两必须经称量后用于支付，所以验成色、秤重量就成了银两制度的核心，于是在商业活动中商人都是随身携带着天平或银秤。十六七世纪来华传教士也观察到中国银两称量使用的不便，给他们留下了深刻印象，甚至以贬低的话语记录下这一幕。比如，西班牙传教士克路士在《中国志》中这样叙述道：

"中国没有金银钱币，只通过金银的重量，每件东西都按重量买卖，因此人人在家里都有秤和秤砣，那都是非常完备的。他们有寻常的秤砣，从十克朗到一克朗，从十坦格尔到一坦格尔……一般是按重量计算的银子，不量钱，所以如上所说每人都有自己的秤。这是因为每人都想方设法去骗别人，总带着一付秤砣和秤及碎银到市场去买东西。秤是一根小象牙杆，一端用绳

① 陈春声、刘志伟：《贡赋、市场与物质生活——试论十八世纪美洲白银输入与中国社会变迁之关系》，《清华大学学报》（哲学社会科学版）2010年第5期。

子挂着秤砣，另一端挂着一个小秤盘，秤砣的绳沿杆移动，那上面标出一个康得林到十个的重量，或从一个马斯到十个马斯，这种秤是供零买之用，至于大宗购买，他们有很古怪而且精致的大秤，配备全套砝码。”①

此外，银两名色之庞杂、度量之繁多、体系之混乱为世界货币史所罕见。由于各地银两成色重量不一，流通起来非常困难，因而各省下辖的府厅州县都设有炉房和公估局专管熔铸和鉴定宝银。宝银必须送到公估局鉴定，达到或超过最低标准的才能进入流通领域，不达标准的则被退回炉房，重新熔铸。不过，公估局的批定只在当地有效，到了外地就只能按宝银的实际含银量计算，所以，通常做法是将外地运来的宝银或银条重新熔铸成当地通行的宝银。② 由于公估局不是全国统一设立的，因此这一机构实际上强化了地区标准，使得地域分割问题更加严重。

其次，虽然大量的白银输入有效地解决了长期困惑中国经济发展的钱荒问题，支撑起中国人口和经济规模在明清两朝特别是后者的扩张。但是，明清两朝长期依赖输入白银来解决货币供应问题，一方面意味着巨大财富从中国社会中的流出，如学者弗林和吉拉德兹所言，货币的白银化乃是使用一种资源性货币（白银）替代一种几乎可以无成本生产的货币（纸币）的过程。中国的巨大出口（主要是以非货币性的产品换取白银进口），是为维持银本位经济而付出的巨额社会成本。③ 另一方面，更重要的是，这使中国的货币供给完全受制于国际市场。白银大量涌入带来的价格革命使物价飞涨，百姓生活日益艰苦；而白银供给不足则会导致银贵钱贱，不仅人民生活水平下降，国家的相关职能也会受到削弱。

持续多个世纪吸收成千上万吨的白银，停留在中国而不再与外国交换流通，意味着巨大财富从中国社会吸出。中国为换取白银进口而出口的包括丝绸、瓷器、茶业等非货币性产品都是为了维持银本位经济而付出的社会成本。

---

① ［英］博克舍：《十六世纪中国南部行纪》，何高济译，中华书局1998年版，第90—91页。

② 戴建兵：《白银与近代中国经济》，复旦大学出版社2005年版，第21—23页。

③ Dennis O. Flynn and Arturo Girúldez. “Cycles of Silver: Global Economic Unity through the Mid-Eighteenth Century,” *Journal of World History*, Vol. 13, No. 2, 2002.

西方向东方输入白银，从客观效果来看，如同把水流注入油井[①]，采出来的是更宝贵的原油——物质财富。当流水一样滚滚而来的白银流入中国后，运出去的却是丝绸、瓷器、茶叶、蔗糖等。正是白银，使统治者加大了对下层民众剥夺的强度，助长了聚敛和腐败的水平，以前所未有的速度消耗着社会成长的机能。[②] 但是以上所述的白银的"不经济"和不便流通以及为换取白银所付出的巨大资源代价，还不是建基于白银之上的银两制的致命弱点；作为主要通货的白银无法自给，供给完全受制于世界市场的弊病才是明清白银帝国的阿喀琉斯之踵，货币主权上不独立的局面深刻影响和改变了明清两朝的命运。

经济发展的客观规律告诉我们：信用货币供应量的增加会导致通货膨胀，宋金元"史上最长的通货膨胀"也深刻地说明了这一点。而且，历史事实还告诉我们：作为贵金属货币的白银，也不能完全避免通货膨胀的厄运，虽然白银曾一度抑制了明代的物价上涨，通货膨胀有所收敛，但好景不长，不受国家控制的持续的白银流入所累积的通货膨胀因素终于在清代爆发，18 世纪的清朝便饱受物价上涨之苦。全汉升先生的一篇文章在考察过 18 世纪中国的物价革命的相关表现与相关原因之后，指出白银的进出会导致物价的波动。随着康熙中叶海禁的解除，作为当时中国主要货币的银的长期大量输入，经济全面复苏，货币流通量激增。[③] 又由于输入的银元和纹银比起来市价相对高昂，所以同样数量或重量的银元的输入，在市场上折算出银两要比纹银大，这样，外国银元的大量流入，使中国货币流通量又大幅增多，流通速度都较前大幅增加，物价更大幅高涨。十七八世纪之交的数十年内，作为全国米粮重要集散地的苏州的米价有所涨落，但幅度不大，大体还算平稳；可到了 18 世纪后半期，米价就远高于十七八世纪，而且长期居于高位（见图 2）。他还

---

① ［德］贡德·弗兰克：《白银资本——重视经济全球化中的东方》，刘北城译，中央编译出版社 1999 年版，第 378 页。

② 李宪堂：《白银在明清社会经济中生发的双重效应——兼评弗兰克与彭慕兰的"全球经济观"编造出的新神话》，《河北学刊》2005 年第 2 期。

③ ［日］岸本美緒：《康熙年间的谷贱：清初经济思想的一个侧面观察》，《东洋文化研究所纪要》第 89 册（1982 年）。

考察了扬州、萧山以及江西的米价变动情况，发现无论是在浙江还是在江西，米价在18世纪下半期都要比康熙时代高涨得多。不仅仅是米价，丝价、木棉花价等其他物品的价格都有所增长。① 但是，物价的上涨却没有劳务价格即工资的提高与之相适应，在康熙中叶（1700年左右开始）至乾隆末年（1795年）的这段时期内，虽然物价一直在上涨，当同时期的名义工资的上升幅度却不如物价的上升幅度达，也就是说当时的真实工资是下降的。平民百姓在面对高昂物价而劳动报酬没有实际增长的情况下，生活水平日渐下降。②

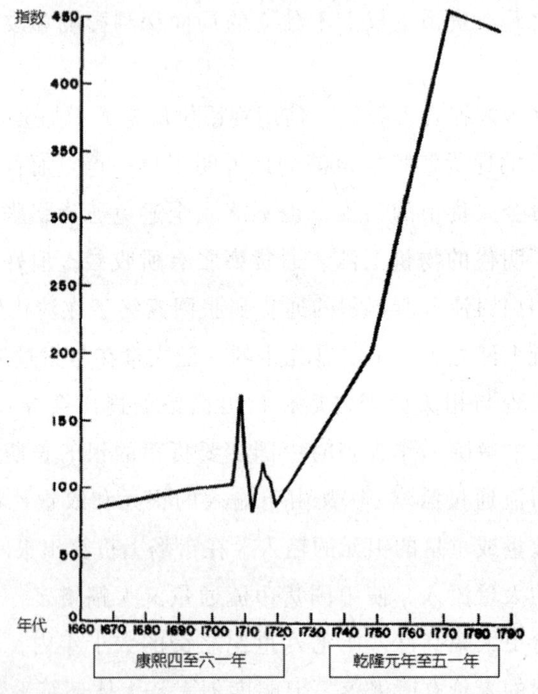

图2　清中叶以前苏州的米价格指数，（基期～1713年）

资料来源：全汉升：《美洲白银兴起与十八世纪中国物价革命的关系》，第48页。

① 全汉升：《美洲白银兴起与十八世纪中国物价革命的关系》，载《中国经济史论丛》，香港中文大学新亚书院1972年版，第491—494页。

② 详见赵善轩《康、雍、乾盛世的国民生活水平》，《二十一世纪》2011年第4期。

不仅仅白银的大量涌入会造成物价上涨和国民生活水平的下降，白银的外流更会导致国势的衰微和王朝的覆灭。由于国内白银无法自给自足，明清两朝的白银来源严重依赖进口，中央政府完全丧失了对货币的控制，拱手将国家的金融命脉委予他人。17 世纪 30 年代欧洲掀起的一场“郁金香投机”浪潮把各主要大国都卷入了金融危机，导致欧洲陷入经济衰退，输入中国的白银数量开始下降。同一时期，德川幕府也渐渐开始对日本渡航海外及对外贸易加以限制，导致日本流入中国的白银锐减。崇祯年间，两条白银输入渠道同时被切断，有数据显示明亡前后输入中国的白银下降了一半多。① 白银的不足使得银钱比价上升，以钱币计价的商品物价猛涨。以铜钱计，崇祯朝十年间米价就上涨了十倍多，较同时期欧洲“价格革命”引起物价上涨两三倍更为严重。白银紧缩造成的通货不足和银贵钱贱问题，加之天灾造成的粮食短缺而导致的粮价腾贵，使得百姓生活日艰，再加上东北方后金（清）的军事压力，通货危机与内乱、外患一道，摧枯拉朽般地埋葬了大明帝国。②

白银外流导致的银贵钱贱问题也给清朝带来了深刻的统治危机，吴承明就曾明确指出银钱比价问题和白银的流入流出是清代货币的两大问题③。林满红在《中国大逆转：货币、社会和思想，1808—1856》（*China upside down*：*currency*，*society*，*and ideologies*，*1808 - 1856*）一书中详细论述这一时期白银外流的原因，她认为三个方面共同起了作用：中国对美洲白银的过度依赖；拉丁美洲的独立运动导致的世界白银供应不足以及国际市场对中国茶叶和生丝需求的疲软。④ 清帝国对白银供给几乎没有任何控制力，由于几乎所有的白银都来自国际贸易，所以除了政府金库里存有少量白银，绝大多数白银都掌控在商人手中——这样，白银的流动由钱庄而不是政府的财政部门

---

① ［德］贡德·弗兰克：《白银资本——重视经济全球化中的东方》，刘北城译，中央编译出版社 1999 年版，第 137 页。

② 王玮沁：《白银危机与明清两朝经济社会变革》，中国社会科学院研究生院硕士学位论文，2009 年。

③ 吴承明：《中国的现代化：市场与社会》，生活·读书·新知三联书店 2001 年版，第 275 页。

④ Manhong Lin. *China upside down*：*currency*，*society*，*and ideologies*，*1808 - 1856*. Cambridge，Mass：Harvard University Asia Center，2006，pp. 87 - 90.

来监控，私人金融机构对货币和公共财政的控制日益增强。[①] 因为铜钱由政府提供，而白银则出自商人之手，所以在绝大部分公共支出都以白银作为支付手段的时期，白银相对于铜钱的升值不仅使政府的收入锐减，也使政府的购买力大为下降。政府还深受白银的市场价值与官方价值差距不断拉大之苦，19 世纪初清朝的税收和政府支出中银钱的兑换率是以不断增长的市场白银价计算的，而士兵的工资却是以银钱的官方比价由白银兑换为铜钱支付给官兵——由此，市场对国家的影响就不仅体现在不断增长的财政赤字上，由于兵饷大部分以贬值的铜钱发放，官兵的处境不断恶化，士气低落，军队战斗力不断下降。官员的俸禄虽然是用白银支付，但不时要赔补税收的缺额，私人投资的收益已受到影响，贪污的倾向由此加剧。

此外，银贵钱贱造成纳税群体负担加重。清代农民缴纳税赋的程序一般为“以谷卖钱，以钱易银，赴官交纳”，银钱不断增长的市场比价使农民为了纳税需要用比平时更多的谷物以换取所需银两，道光时期，银价由每两合钱 1000 文增至 2200 文，江南米价低落 25%，谷贱伤农，农民因此难以赋税。[②] 银贵钱贱使盐商也颇受打击，盐商售盐得钱，纳课用银，银价的不断上升便使得亏本与破产的盐商不计其数。由此而来的拖欠税课现象使国家财政受到影响，仅就课盐而论，此一时期每年实征银数只占定额的 66% 左右。[③] 久而久之，民众对官员的不满以及对银钱比价的不确定点燃了社会动荡不安的导火索，清王朝不断走向衰落的边缘，而 1850 年部分起因于白银危机的太平天国运动在某种程度上也证实了这一点。虽然 1856 年流入中国的白银有所增多，银钱兑换率回落，但清王朝的崩溃已经不可能逆转了。

而就货币体制而言，与通过金融革命建立了一整套现代金融体制的日本相比，白银的大量输入阻碍了中国信用货币体系的建立和完善。外国银元的盛行，刺激了国内的仿铸现象，因为在贸易入超，白银外流，银价上涨的情

---

① ［日］宫下忠雄：《中国币制之特殊研究——近代中国银两制度研究》，日本学术振兴会 1952 年版，第 12—44 页。

② 吴承明：《中国的现代化：市场与社会》，生活 · 读书 · 新知三联书店 2001 年版，第 240—241 页。

③ 彭泽益：《十九世纪后半期的中国财政与经济》，人民出版社 1983 年版，第 38 页。

况下，铸造自己的银元不仅可以限制外人渔利，同时还可以为市场提供稳定可靠的交易媒介。但最重要的原因却是私铸银元可获大利，政府既可借此解决财政困难，又可补救当时铜材缺乏、铜钱不能铸造的困难。[①] 铸造银元初由民间仿铸开始，但这些仿铸银元的流通时间不长，地区也有限制。光绪十五年（1889），两广总督张之洞在广东设造币厂铸造银元，正面是光绪元宝四字，背面是蟠龙纹，通称“龙洋”。政府下令自铸银元作法币行使，完粮纳税，都能通用，中国自铸近代银元自此开始。甲午战争前后，舆论对自铸银元特别支持，各省群起设厂自铸，很多官员将此视作解决财政困难的救急良策，不待清廷下令推广，很快就在全国范围内展开。但由于各省各自为政，银元原有的优点被削弱，形式、重量、成色各省不同，又因这些自铸银币品质不一，互相抵制，流通起来也不顺畅，同时，各省的滥铸行为也导致银元的数量过剩。鉴于此，清廷企图收归银元的铸造权，独享其利，但地方势力的反对使清廷很快作罢。从清末的货币结构上看，外国货币超过国内流通货币的半数以上，纸币甚至不到流通总额的1/4，这样的货币结构与明治金融革命完成后的日本的货币状况（见表1）简直是天差地别。清末中国，完全不见金融革命任何希望。事实上，清朝至其灭亡，没有任何人仔细研究并介绍过西方的或者日本的货币体制。而日本的福泽谕吉早在1866年即明治维新前夜出版的《西洋事情》中，就专辟多节介绍西洋的金融体制，其中有一节专门介绍西方的纸币。在金融革命上，中日的差距当以五十年甚至百年计。

四

本书对日本明治维新后发生的金融革命和明清朝的货币体制作了对比研究。这一对比，在时间上是极不对等的。前者涉及从幕府末期到甲午战争后的短短几十年，后者覆盖了从明初到清末漫长的五百年。这样的比较似乎不合适、不公平，但却是我们的刻意所为。原因无他——我们这样做是为了突出革命或者改革的作用。日本的明治维新，无论我们对它的性质作何判断，

① 千家驹、郭彦岗：《中国货币演变史》，第185页。

都不失为一个重大的政治改革，如果不是一场重大的政治革命的话。没有明治维新，日本的金融革命是不可能的。实际上，日本的金融革命是作为政权更新（或革命）后的财政处理的一部分而发生的，尽管它的后续发展远远超过了财政的范围。反观中国，自明至清，尤其是在鸦片战争到清朝新政（1906年）这段时间内，始终拒绝政治改革。有无政治改革甚至革命，是决定日本和晚清中国在货币和金融体系上的不同表现的根本原因。

在20世纪之交，两国在货币体制上的差异可以归纳为如下几点：其一，经过金融革命，日本的货币统一于日本银行（中央银行）券，国家掌握了货币发行主权；而清末则仍然是一个白银为主、制钱以及纸币为辅的世界，银元、制钱和纸币的发行者众多，不存在任何意义上的货币统一和主权。其二，经过金融革命后的日本货币体系，至少同她的过去即幕府体制相比，同当时的中国体制相比，符合帕特里克所谓的“经济”和“效率”的标准，而清末货币体系是既不“经济”也无“效率”的。其三，日本通过金融革命，在形成一个以日本银行券为基础的货币体系的同时，基本完成了现代金融体系的六个要件的建设。而在中国，这六大要件的建设仍旧遥遥无期。

回顾历史，我们看到，自中国于鸦片战争、日本因美国“黑船”被迫开埠后，在数十年间，中日两国除了在朝鲜问题上有所交涉外，并没有发生正面的交集。甲午战争改变了这一切，这场战争以日本大胜而告终。但是，两国的战争并没有终止于战场。战后，日本依靠清朝的巨额赔偿，一举建成了金本位制下的日本银行券（纸币）货币体系。在某种意义上，甲午战争后的日本人把战争延续至货币战争。而当时的清朝统治者对西方的货币制度几乎毫无认知，更无改造中国的货币和金融制度的意愿和能力。这进一步说明政治革命和改革对货币和金融体制改革和建设的决定性作用。

日本经济研究

专利制度与日本经济的发展

关　权（中国人民大学经济学院）

内容提要　第二次世界大战前日本历经了持续的高速增长，并成为当时世界上的经济大国和列强之一。在决定战前日本经济高速增长的各种因素中，制度创新和技术创新起到了决定性的作用，其中专利制度占有重要的地位。本文阐述了战前日本以实用新型专利为主的专利制度的形成、发展过程及其特征，分析了大发明与小发明的经济学意义，评价了战前日本相关的技术政策及其对经济发展的作用。

关 键 词　专利制度　实用新型　大发明和小发明　技术政策

一、前　言

当今日本不仅是经济大国，同时也是技术大国和专利大国。其实，日本不仅仅是在第二次世界大战以后，尤其在20世纪60年代经济高速增长以后，才成为经济大国和技术大国的。[①] 即使在“二战”以前，虽然在技术的整体水平上不如欧美强国，但是在一部分技术领域已经达到或接近当时的国际水平。如下赖雅充的“下赖火药”（1891年），屋井先藏的“干电池”（1892年），本木幸吉的“养殖珍珠”（1894年），高峰让吉的“肾上腺素”（1901年），丰田左吉的“自动织机”（1901年），池田菊苗的“味素”（1908年），南部麒二郎的“38枪”（1909年），铃木梅太郎的“维生素 B_1”（1911年），本多光太郎的“永久磁石钢”（1917年），密田良太郎的“水银避雷器”（1917年），高桥克己的“维生素A”（1922年），柏木幸助的“体温计的制造方法”（1922年），八木秀次的“接收天线”（1925年），高柳健次郎的“电视”（1928年），川原田政太郎的“电钟”（1945年），本田宗一郎的“小型汽油发动机”（1949年）等，都属于世界级的发明。在技术的数量上，日本也达到了相当可观的数目。二战以前，日本共批准了16万件专利和34万件实用新型。[②] 这一数字虽然仍然不如欧美强国，但从日本专利制度建立的时间和经济发展水平的差距来看是不容忽视的。而且到了二战前夕，年专利申请数已经超过法国和意大利，仅次于美、德、英三国。专利申请件数的增长率就更为突出，1889—1942年的年平均增长率日本为5.3%，美国为0.8%，英国为0.5%，意大利为3.5%，德国为3.2%，法国为0.7%。[③]

关于技术创新的数量分析固然必要，但是对于技术政策的研究也十分重要，因为一个国家技术创新的水平和能力往往受到技术政策的左右。不过由

① 从近些年来每年申请专利数目可以看出日本不仅名列第一，而且远远超过其他发达国家。如2000年日本申请专利43.7万件，是美国的2倍，更远远超过德国等其他发达国家。

② 实用新型又称小发明或小专利，指对产品的形状、结构或者两者的结合所提出的适于实用的新的技术方案，它的创造性和技术水平较发明专利低，但实用价值大。

③ 参见特许厅编（1955）。

于技术政策的效果难以评价，因此这方面的研究比较少，尤其关于专利制度的研究更少。① 况且技术政策不仅多种多样，在国与国之间也千差万别，这就更增加了研究的难度。因此，关于日本的技术政策尤其是专利制度的研究就更加缺乏。正因为如此，我们在这里特别关注这个问题，希望能够通过研究专利制度与技术创新的关系，探讨日本经济发展的深层原因。在此，除了研究日本专利制度的一般情况以外，我们更加重视它的一大特点，即实用新型制度。我们认为这一制度的创设是日本专利制度的一大进步，也给发展中国家的制度创新提供了一个样板。实用新型制度至少在二战以前的时期为日本的技术创新提供了极为良好的制度环境，对经济发展起到了极为重要的作用。我们甚至认为在二战以前，它的作用超过专利法。因为当时日本的技术创新能力和水平还比较低下，有相当一批发明属于模仿和改进程度的。如果按照专利的要求，这些发明不会得到保护，也就难以对经济发展发挥作用。而实用新型恰恰保护了这些小发明，使它们能够发挥应有的作用。而当时日本的产业结构更偏重于传统行业，并且中小企业占据很大比例。由于这些小发明比较简单且比较廉价，因此容易被这些传统行业的中小企业所应用。这些小发明给这些行业带来了生机，极大地促进了这些行业的发展。

二、专利制度的创立及其特征

(1) 专利制度的创立

日本的专利制度早在明治政府成立不久的 1871 年，就以“专卖略规则”的政府布告的形式出现。虽然这个规则没有批准过任何 1 件专利就在 1 年之后遭到废止，但作为从西欧传来的最早的法律具有它的历史意义。某种意义上可以说，日本的近代法制制度是从专利法开始的。②

关于“专卖略规则”的形成和废止的详细情况，我们不得而知，但是以

---

① 关于日本的技术政策的研究有：广重（1973），内田（1986），桥本（1994）。关于日本专利制度的较为全面的介绍有：特许厅编（1955），通商产业省编（1964），市川（1965），特许厅编（1984—1985）。

② 与“专卖略规则”公布的几乎同时，还有“户籍法”。

下一些情况却是事实。关于它的形成，福泽谕吉、神田孝平等人对西方专利制度的介绍，给没有任何专利制度知识的明治政府提供了良好的教材。[①] 而关于它的废止，第一任专利局长高桥是清认为：第一当时的技术水平太低，难以期望高水平的发明；第二找不到合格的审查官。[②] 也就是说，当时日本还不具备有效发挥专利制度的社会和技术条件。

早产的“专卖略规则”被废止后，日本民间的发明意愿却逐渐增强。从1872年“专卖略规则”废止到1885年“专卖特许条例”制定的十几年间，向各个地方官提出的发明共326件。[③] 同期提交到工部省及农商务省的56件发明涉及磨米、酿造、纤维、化学、文具、测量器具等。[④] 其他在当时的报纸上也可见到各种发明超过100件，包括水利机械、缫丝机械、合金、兵器、车、电信机械、家具、造纸、酿造、农具等。[⑤]

这一期间，在民间出现了各种各样的关于制定专利制度的讨论。在1873年7月9日《邮政报知新闻》读者来信中，刊登了小林重助向东京商法会议所提交的关于给予人力车发明人专卖权的建议书。西村胜郎也于1874年曾两次向太政官左院建议尽快建立专利制度。[⑥]

在“专卖略规则”废止后，日本政府一直对建立专利制度采取消极态度。随着社会和技术条件日渐成熟，政府开始关心专利制度的建设。但是由于负责这项工作的政府部门频繁变动（1878年由内务省转向大藏省，1881年再转为农商务省），立法工作一拖再拖。最后终于由农商务省于1884年提出法案，经过太政大臣、制度调查局、参事院、元老院等的审查，于1885年4月18日以“专卖特许条例”的形式公布，这个条例标志着日本专利制度的

---

① 福泽谕吉以他第2次西方旅行（1861—1862年）的所见所闻为依据写的《西洋事情（外篇第3卷）》（1867年）中介绍了西方的专利制度。神田孝平1867年在《西洋杂志》第4卷撰写论文“褒工私说”，主张建立专利制度的必要性。其他还有渡部一郎、村田文夫等人也各自介绍了西方的专利制度及其意义。详细情况请参阅通商产业省编（1964），市川（1965）。

② 高桥（1936）218—219页。

③ 田村（1988—1989）。

④ 通商产业省编（1964）第90—91页。

⑤ 中村（1944）第24页，市川（1965）第31—34页。

⑥ 详细情况请参见通商产业省编（1964）第82—86页，市川（1965）第35—47页。

正式建立。

专利法在二战以前共被修改了4次。通过这些修改，日本的专利制度渐渐走向成熟。顺便提一下，与工业所有权制度相关的其他几个法律，如商标法（1884年制定）、意匠法（1888年制定）、实用新型法（1905年制定）同期也相应的得到了改进。

（2）实用新型法的制定

如前所述，日本专利制度的最大特征是1905年制定的“实用新型法”。它虽然来源于德国的同类法律（1891年），但它的法律效力远远超过德国的原型。其主要差异在于以下三点：第一，关于保护的对象，德国法限于“劳动工具或用品”，而日本法扩大到所有工业产品；第二，德国不需要审查，日本需要审查；第三，德国法实用新型的权利效力比专利要弱得多，而在日本几乎与专利相同。

实用新型法制定的直接原因，是在日俄战争以后日本的技术创新有了较大的发展，但在此之前也存在一些渊源。早在1871年的“专卖略规则”里，就规定了通过保护年限来区别发明的水平。当时将专利有效年限分为15年、10年、7年。在1885年的“专卖特许条例”里也规定专利年限为5年、10年、15年。虽然专利的有效年限在1899年一律改成15年，但不久就制定了实用新型法，代替了专利的年限。

通常，专利保护时间在专利法中是比较容易受到政策操作的部分，可以根据社会、经济、技术条件由政策制定者作适当的更改。[①] 这一点可从日本战前的经验略见一斑。[②]

---

① 市川（1965）第23页。

② 顺便提一下，专利的有效保护期限各国有所不同，一般在15—20年。发达国家当中，最短的是日本（15年），接下来是英国（16年），然后是美国（17年），德国（18年），法国（20年）。

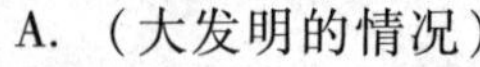
A.（大发明的情况）

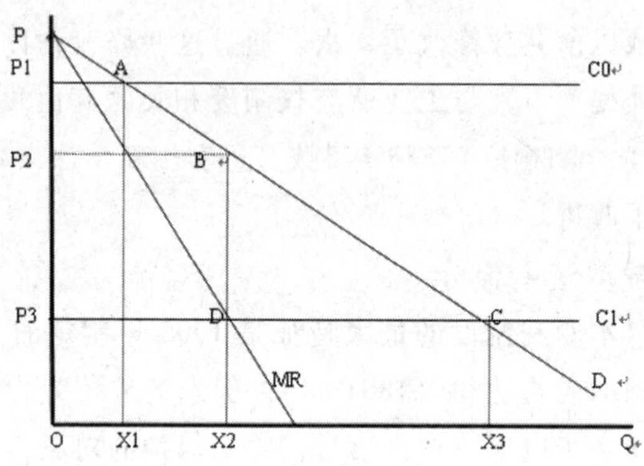

B.（小发明的情况）

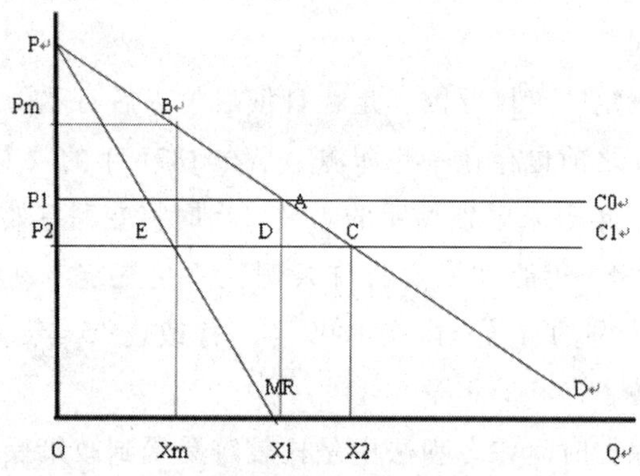

图1　大发明与小发明的经济学意义

三、专利制度的经济学意义

关于专利制度的经济学意义的研究早已有之。① 一般来说，研究开发的成果表现为具有经济价值的信息，具有某种公共物品的性质，如消费的不可

① 关于专利制度的经济学意义的讨论已有很多，早期有 Machlup（1958），Arrow（1962），后来有 Nordhaus（1969）等。Kaufer（1989）作了比较全面的整理。

排除性及收益的不可专属性。也就是说，研究开发得出的成果很容易被他人和组织使用，因此从研究开发得到的利益难以全部归于研究者或开发者。这样，势必降低个人和企业对于研究开发的积极性。不过从另一个角度看，研究开发的成果能够被更多的人使用，对于社会整体来说是一件好事。这样，就出现了个人或企业利益与社会整体利益之间的矛盾。为了解决这个矛盾，使研究开发活动能够达到一个合适的水平，就有必要有某种政策上的介入。专利制度就是为了解决这个问题应运而生的最为有效的政策手段，现在被世界各国所采用。①

（1）大发明与小发明的经济理论

专利制度在对于新技术的发明者（或所有者）给予一定期限的垄断权的同时，要求该项新技术向社会公开。也就是说，专利制度一方面具有使发明者收回研究开发投入资金的功能，另一方面又具有让其他研究者参与竞争的效用。这是专利制度具有的一般性机能，而实际上由于发明水平的不同其专属可能性也有所不同。阿罗（K. J. Arrow）早在 1962 年就指出，开发后费用下降程度不同会使开发者获得的收入不同。这就是关于大发明与小发明的讨论，下面我们就此做个简单介绍。②

图 1 表示了利用某项发明进行生产的物品的边际成本由 C0 下降到 C1 的社会收益、发明者的个人收益、消费者剩余。这里有两种情况，第一种情况是比较大的发明，第二种是小发明。先看较大发明的情况，发明之前在 A 点决定价格和数量，假定发明之后边际成本由 C0 下降到 C1，在竞争性市场时社会全体的利益为 P1ACP3。但是由于发明者申请专利权来保护自己的垄断利益，于是就有可能在 B 点决定价格和数量。发明者通过设置 r 的专利权使用费可以获得 P2BDP3 的个人收入。而随着市场价格由 P1 下降到 P2，消费者剩余会增加 P1ABP2。

① 专利制度也存在很多问题，主要有以下几点。第一，即使专利制度能够完全发挥作用也难以解决全部技术创新的问题；第二，不能充分发挥专利制度的机能，或制度本身就存在的缺陷；第三，实施当中出现的问题。详细可参见神（1984）第 105—116 页。

② 下面的介绍根据 Arrow（1962），Nordhaus（1969），今井 · 宇泽 · 小宫 · 根岸 · 村上（1972），神（1984）。

小发明的情况与前者同样，发明前在 A 点决定价格和数量，假定发明后边际成本从 C0 下降到 C1。发明后潜在的社会利益为 P1ACP2，C0 - C1 较小且发明者要求垄断权时，期待价格为 Pm。然而这个价格高于市场价格，结果发明后的价格会与发明前的价格相同，处于 P1 处。在这种情况下，要求 r 为专利权使用费的发明者获得的利益为 P1ADP2，消费者剩余没有增加。

(2) 我们的假说

从上面介绍的理论可以看出，小发明比大发明从专利制度保护中获得的个人利益相对大。于是我们可以认为，在像战前日本那样研究开发水平比发达国家低很多的后进国（或发展中国家），往往对于小发明的法律保护的意义更为大些。如前所述，日本的专利制度的一个重要特征是倾向于保护小发明。它采用的方法是：前期通过区分专利的年限，后期通过制定实用新型法。结果促进了小发明的大量出现，尤其在传统行业更是如此。这也证明日本专利制度对于保护小发明是成功的。根据以上理论和现实情况，我们提出以下假说：战前日本的专利更有利于传统行业的发展，而这种有利局面越在前期越重要。实际上，日本传统行业的发展也在相当大的程度上依赖于技术创新，而这些技术创新又是在独特的专利制度的保护下得到促进的。[①] 所谓独特的专利制度指的是实用新型法，它鲜明而有力地保护了众多小发明。由于实用新型大多发生在传统行业里，于是可以说实用新型对于传统行业的贡献是不可小看的。反过来说，假如没有实用新型法，传统行业的大量技术创新将成为泡影，因为这些小发明不可能被批准为专利而得到法律保护。

实用新型法在保护技术思想的创作这一点上与专利法没有任何区别。因此专利法的很多原则都可以适用于实用新型法，如先申请制度，申请公开制度，审查主义，审判制度等。不过在很多细小的方面，二者还是有一些区别的，表 1 列举了它们的主要不同之处。关于保护对象，专利法是“发明”(invention)，而实用新型法是“创意”(device)。发明被规定为“利用自然法则进行的高水平的技术思想创作”，而创意是“利用自然法则进行的技术

① 关权（2003）尤其第 3 章，通过对现代产业与传统产业的比较，从技术创新角度强调了传统产业发展的重要性。

思想创作”，后者不要求“高水平的”（当然也不是“低水平的”）。关于能够成为保护对象的条件，发明要求新颖性，先进性，产业上可利用性，在这一点上创意也同样。不过关于先进性，发明要求“不容易”，而创意只要求“不太容易”。其他还有一些关于申请和审查手续方面的不同，实用新型法都比专利法简便一些。①

表1　专利法与实用新型法的主要差异

项　　目	专利法	实用新型法
保护对象	发明	创意
先进性	不容易	不太容易
申请·审查手续		
①申请·审查手续费	较贵	便宜
②审查请求期限	长	短
③申请公开方法	复杂	简单
④申请变更时间	长	短
⑤配合申请制度	有	没有
⑥追加制度	有	没有
权利期限	15年	10年

注释：这里的标准依据1959年专利法和实用新型法。

资料来源：特许厅编（1955年），通商产业省编（1964年），吉藤（1982年）。

（3）假说的验证

为了验证上述假说，我们从实际数据当中选取了三个能够区别发明水平的指标。第一个指标是实用新型比率（实用新型件数占专利件数与实用新型件数合计的比例），这个指标有两层含义。因为实用新型属于小发明，它的比例越高说明这个产业的技术水平相对较低，反之如果它的比例越低则说明该产业的技术水平越高。另一层含义是，专利属于原创性的核心性技术创新，而实用新型属于模仿性的辅助性技术创新。在传统行业中一般缺少核心性创新，因此它一直依靠实用新型发挥作用。

第二个指标是日本人专利比率（日本人专利件数占日本人专利件数与外

① ［日］吉藤（1982）第484—497页。

国人专利件数合计的比例)，这里也有两层意义。第一，当时日本人掌握的技术知识不如外国人，这个指标越高说明这个行业的技术水平较低，反之越高。第二，在传统行业理所当然日本人的发明较多，而在现代行业这个指标则意味着对于引进技术的消化和吸收的程度。换句话说，在现代行业的日本人专利比率上升并不说明这个行业技术水平的下降，相反意味着一种进步。

第三个指标是个人专利比率（个人专利件数占个人专利件数与法人专利件数合计的比例)。可以说除了个别天才人物之外，一般个人的发明不如有组织的创新技术水平高，因为现代技术不仅要求巨额资金，还要求更多的信息和人才，很多大的技术创新都是由集体来完成66 的。

图2（a）现代产业的技术创新特征

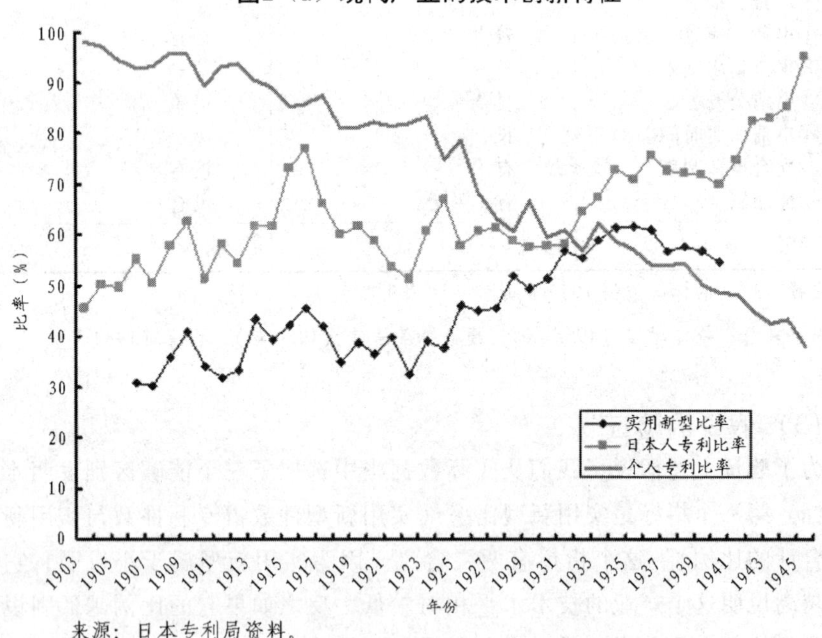

来源：日本专利局资料。

下面让我们使用上述三个指标观察一下传统行业和现代行业的实际情况。① 从图 2 可以看出，各个指标的数字以及它们的变化过程在两个产业群

① 这里关于传统产业与现代产业的区分依据于关权（2003）第 3 章。

图2（b）传统产业技术创新的特征

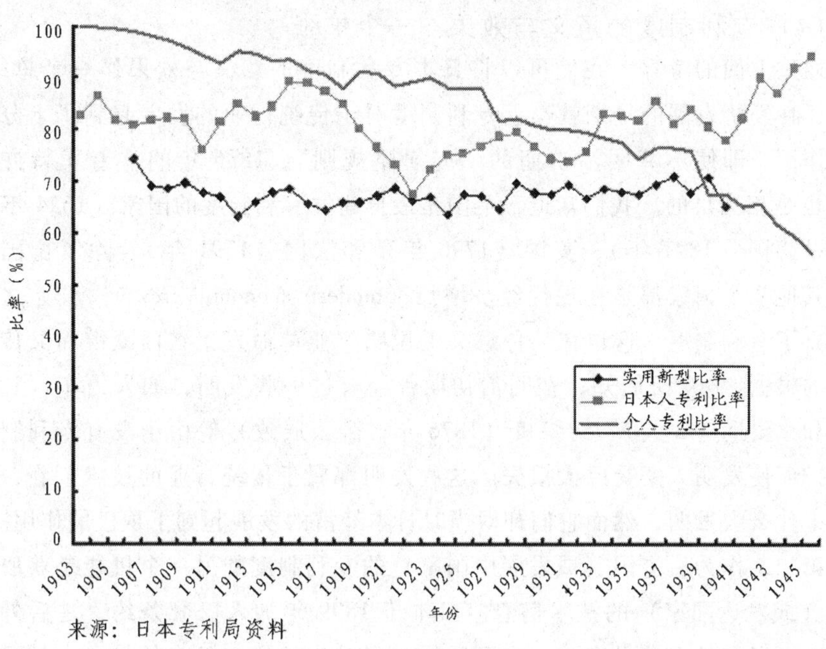

来源：日本专利局资料

之间具有很大差异。实用新型比率在传统行业一直居高不下，而在现代行业它从很低的水平逐步上升。这个倾向从日本人专利比率当中也可以观察到。至于个人专利比率，不论在传统行业还是在现代行业都由初期的高水平逐渐下降，但其下降的程度有所不同。与传统行业相比，在现代行业下降的幅度更大一些。

通过以上观察，我们可以指出以下三点。第一，在整个二战以前时期，在传统行业与现代行业之间存在着技术水平的差异，或者说现代行业比传统行业的技术水平高。第二，两个行业的技术差距在经济发展初期较大，而在后期逐步缩小。第三，两个产业之间技术差距的缩小主要以现代行业技术创新的实用化（实用新型比率的上升）和自主化（日本人专利比率的上升）为特征。

以上观点也可以通过相关分析得到印证。比如，实用新型比率与日本人专利比率的相关系数（r）初期（1906—1908 年 3 年平均）较高（0.745），在中期（1922—1924 年 3 年平均）有所下降（0.440），到了后期（1938—

1940年3年平均）几乎没有任何相关关系（0.154）。

（4）专利制度的意义与效果：一个扩张

通过上面的考察，我们可以将日本专利制度的意义与效果作一个总结。第一，在经济发展的早期就建立专利制度对于传统行业的发展起到了十分积极的作用。即使不算明治初期的“专卖略规则”，1885年的“专卖特许条例”也是相当早的。我们知道，英国是最早建立专利制度的国家（1624年），然后是德国（1877年），美国（1790年）和法国（1791年）。除了德国之外，其他几个国家都是在现代经济增长（modern economic growth）开始之前就建立了专利制度，这也在某种意义上说明产业革命发生在西欧继而又传到北美的根据。[①] 众所周知，在明治初期曾经有过一些发明，如人力车（1870年，和泉要助等3人）、纺织机（1876年，卧云辰致）等由于没有专利制度的保护而使发明人蒙受巨大损失。这些发明都属于传统行业的技术创新，也算不上什么大发明，然而它们却对当时日本经济的发展起到了积极的作用。

第二，作为后进国（或发展中国家）的专利制度的另一个机能是获取先进国（或发达国家）的技术信息。日本于1899年加入巴黎条约，之后外国的发明可以在日本接受审查，得到同样的保护。这样，日本的技术人员可以通过公开了的外国先进技术得到启示，进而进行模仿性创新。[②]

第三，由于有实用新型法，日本可以尽最大可能保护小发明。在经济发展初期技术水平较低的时期，这种制度创新不失为一种明智之举。应该给予极高肯定和评价。

第四，我们试图将这里的讨论扩大适用范围。一般说来，在经济发展初期技术水平和研发能力都很低时，该国所拥有的技术知识和信息量更多地偏重于传统行业。在这个时期对于质量低下而数量巨大的小发明进行某种制度上和政策上的保护和优惠，它的意义和效果是非常大的。然而随着技术水平和研发能力的提高，技术知识的数量逐渐向现代行业转移，这时应该及时调

① 根据库兹涅茨（S. Kuznets）的研究，关于各国现代经济增长的开始时期分别是，英国1765—1785年，法国1831—1840年，美国1834—1843年，德国1850—1859年。详细情况请参阅南亮进（1992）第11页。

② 关于这一点也有不同意见认为，如果不加入巴黎条约，即使对国外先进技术进行模仿也不会受到惩罚。然而技术水平越高的技术越不容易模仿，反而会遭到发达国家的警惕而难以引进技术。

整政策的方向。从图3可以看出，专利与实用新型的合计从1906年的66.6%大幅下降到1940年的36.0%。专利的下降幅度虽小也从42.9%下降到了30.7%。实用新型更是从82.4%猛降到了39.6%，下降了一倍以上。短短35年间传统行业和现代行业就发生了如此巨大的变化。从技术上的变化也可以判断，在20世纪前半期日本的现代行业取代传统行业成为技术创新的主力军。

图3 传统产业与现代产业发明的重要性

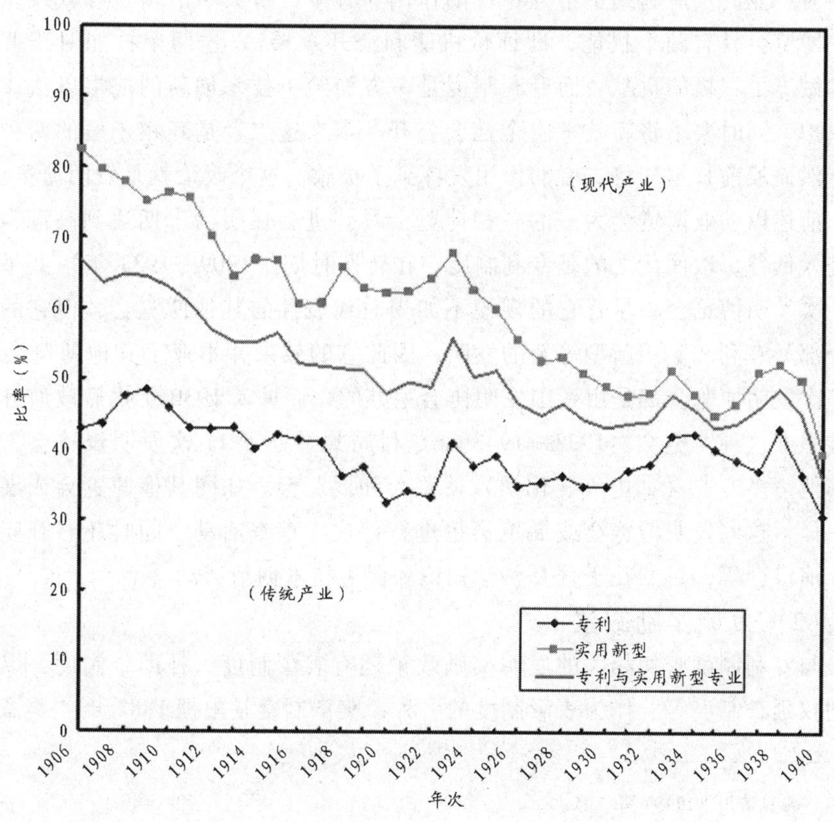

四、相关政策的评价

关于研究与开发（R&D）的政策性介入问题，除了专利制度以外还有几种。第一，政府通过国立大学及研究机构直接从事研发活动。第二，对于各种民间研究机构给予支持，如减免税收，提供信息和经费等。第三，集合多个民间研究机构共同进行某些项目的研发。不过在二战以前的日本，这些方式并不是主要的，而更多采用的是以下几种方式。

(1) 发明博览会

众所周知，从明治初期开始，在日本全国各地频繁地举办了各种各样的博览会以及共进会。作为政府殖产兴业政策的一环，这些博览会等的举行对于当时产业的发展起到了十分积极的作用。日本一桥大学清川雪彦教授认为这些博览会具有两个机能，即评价机能和公开效果。① 这两个技能对于普及技术做出了积极的贡献。而专利制度是一方面给予技术创新的成果以法律上的保护，同时要求将新技术向全社会公开。本来这二者是互相矛盾的两种政策，然而战前日本却将二者的作用发挥到了极致。这个政策就是发明博览会。

前述以劝业博览会为主的各种博览会及共进会在明治末期达到高潮，而后进入低谷，取而代之的是专利制度。在转换时期（1909—1932 年）共举办了 4 次发明博览会。尽管它的规模不如当时代表性的其他博览会，但它的展品全部为专利和实用新型等新的发明，因此它的效果并不亚于其他博览会。② 这 4 次发明博览会都是由帝国发明协会主办的，而进入 1930 年代后政府开始直接举办这种博览会。1933—1943 年专利局共举办了 11 次发明展览会，以及其他诸多专业（如电气、化学）博览会和展览会。如同其他博览会或展览会一样，这些发明博览会或展览会也进行评比、审查活动，同时还召开座谈会、演讲会等，目的在于普及科学知识和促进技术创新活动。

(2) 发明奖励政策

与专利制度密切相关的发明奖励政策还有表彰制度、补助金制度、以及专利权延长制度等。作为表彰制度的一种，奖章制度是根据 1882 年“奖章条

---

① 参见清川（1995）第 7 章。

② 4 次发明博览会的大致情况如下：第一次（1909 年举办，1175 件展品，502 人参展），第二次（1914 年举办，2634 件展品，953 人参展），第三次（1923 年举办，4128 件展品，1012 人参展），第四次（1932 年举办，6137 件展品，1352 人参展）。顺便介绍一下这个时期举办的主要博览会的情况。东京劝业博览会（1907 年举办，93854 件展品，14876 人参展），东京大正博览会（1914 年举办，160293 件展品，65102 人参展），和平纪念博览会（1922 年举办，141016 件展品，75074 人参展），大礼纪念博览会（1928 年举办，82433 件展品，9127 人参展）。

例”而建立的由政府对于各种有功者进行表彰的一种制度，对于发明者授予蓝色奖章。不过蓝色奖章的适用范围十分广泛，二战以前共有2000人获此殊荣，而其中发明者却只有28人。可见当时人们对于发明这种事业的关心程度以及发明水平都是比较低的，同时也反映出对于发明这一活动的评价比较难。获得奖励的有卧云辰致（1882年），丰田左吉（1911年），敬岸二郎（1918年），御法川直三郎（1928年），三本忠兴（1944年），佐竹利市（1944年）等一些著名发明家。

另一个有关的政策是专利权的延长制度，这个制度是受英国影响于1909年建立的。不过英国的目的完全出于对发明利益的考虑，以及受战争等影响所受损失进行补偿。而日本更加重视国家的利益，如与军事机密有关的“秘密专利”可以无条件地得到延长。尽管这个制度有些缺陷，但也发挥了一定作用。二战以前共有112件发明被批准延长，其中包括如丰田左吉的“自动换梭装置”，逸见治郎的“计算尺”，田熊常吉的“蒸汽发生器”，本多光太郎的“特殊合金钢”等世界著名的发明。

（3）帝国发明协会

帝国发明协会是1910年由1904年建立的工业所有权保护协会改称而来，战后由社团法人发明协会继承。当时它的活动丰富多彩，但其中一个主要任务就是对发明者进行表彰。这种表彰分为帝国表彰和地方表彰，最早获得帝国表彰的是鸟泻右一、横山英太郎、北村政治郎（“TYK无线电话”的发明者）三人（1911年）。战前帝国表彰共进行了5次，第二次到第五次的情况如下：第二次（1926年）106人，第三次（1933年）345件，第四次（1938年）293件，第五次（1944年）162件，共计约1000件。同时获得地方表彰的共计1278人。①

五、结 语

从以上分析，我们得出以下几点结论。第一，日本的专利制度具有一大特征，即1905年制定的实用新型法。它的影响不仅限于日本，在二战以后波

① ［日］发明协会（1974）第190—192页。

及到很多国家，我国也在其中。[①] 第二，由于实用新型法有利于保护小发明，对于传统行业的技术创新及其产业发展都发挥了不可替代的作用。第三，专利制度的意义和效果随着经济发展而发生了很大变化。这里强调两点，一个是在传统行业与在现代行业中专利与实用新型地位的逆转。实用新型在传统行业中的地位越在早期越重要，而在现代行业当中专利的作用越在后期越凸显。另一个是由于技术水平提高了，对于小发明保护的意义越来越小。第四，各种技术政策对于专利制度的有效实施发挥了积极的作用。它们是专利制度的补充和保障。

参考文献

[日] 特许厅编（1955），《专利制度70年史》，发明协会。

[日] 广重撤（1973），《科学的社会史：近代日本的科学体制》，中央公论社。

[日] 内田星美（1986），《技术政策的历》中冈哲郎·石井正·内田星美《近代日本的技术与技术政策》，国际联合大学。

[日] 桥本寿朗（1994），《战前日本的技术政策》，《社会科学研究》（东京大学）第46卷第3期。

[日] 通商产业省编（1964），《商工政策史（第14卷·专利）》，商工政策史刊行会。

[日] 市川一男（1965），《日本的专利制度》，日本发明新闻社。

[日] 特许厅编（1984－1985），《工业所有权制度百年史》，发明协会。

[日] 高桥是清（1936），《高桥是清自传》，千仓书房。

[日] 田村敏朗（1988－1989），《日本专利法成立史（1－3）》，《专利管理》第38卷第10期，第39卷第2期，第39卷第4期。

[日] 中村幸八（1944），《发明50年》，东京出版。

[日] 发明协会（1974），《发明协会70年史》。

[日] 清川雪彦（1995），《日本的经济发展与技术普及》，东洋经济新报社。

[日] 南亮进（1992），《日本的经济发展》（第2版）（中译本，毕志恒、关权译），经济管理出版社。

[日] 神隆行（1984），《技术革新与专利的经济理论》，多贺出版社。

---

① 二战以前采用实用新型法的国家只有德国和日本，战后包括我国在内由众多国家采用了这一制度，如意大利，澳大利亚，巴西，墨西哥，菲律宾，韩国。

［日］今井贤一、宇泽弘文、小宫隆太郎、根岸隆、村上泰亮（1972），《价格理论（3）》岩波书店。

关权（2003），《近代日本的技术创新：专利与经济发展》，风行社。

［日］吉藤幸朔（1982），《专利法概说》（第6版），有斐阁。

Arrow, K. J. (1962) "Economic Welfare and the Allocation of Resources for Invention," in R. Nelson (ed.), *The Rate and Direction of Invention Activity: Economic and Social Factors*, N. B. E. R., Princeton: Princeton Univ. Press.

Kaufer, E. (1989) *The Economics of the Patent System*, Chur: Harwood.

Machlup, F. (1958) *An Economic Review of the Patents System*, Study No. 15 of Subcommittee on Patents, Trademarks and Copyrights of the Committee on the Judiciary United State Sen., 85th Cong., and Sess.

Nordhaus, W. D. (1969) *Invention, Growth, and Welfare: A Theoretical Treatment of Technological Change*, Cambridge, Mass: MIT Press.

西田哲学和津田史学的文化观比较

李小白　吴　玲（东北师范大学历史学院）

内容提要　作为在日本近现代思想史上颇具影响力的思想体系，西田哲学和津田史学都从定位中国文化出发诠释日本文化的“独特性”和“超越性”，从而构建起了各具特色的文化观。二者在评析中国文化时，都强调中国文化具有的“政治性”和远离“宗教性”的特征，从批判中国文化的自然观、宇宙观入手，把中国文化判定为“否定个人意志的文化”，并且在论述中处处表露出对中国文化的厌倦和蔑视情绪。在评析日本文化的特征时，二者都把日本传统文化中偏向情意化的感性体验作为构成日本文化的重要因素，不仅以此提升日本文化的位相，而且以此论证日本文化的“世界意义”。在西田哲学和津田史学的文化观中表现出的对中国文化的轻视，对世界文化走向的估测，都体现出在心理上对置身其中的日本文化的精神依恋。

关 键 词　西田哲学　津田史学　文化观

西田哲学和津田史学的文化观比较

西田几多郎（1870—1945）是日本近代哲学的创始人，他创立的哲学体系被称作西田哲学。从1911年发表第一部哲学著作《善的研究》，至1945年完成最后一篇论文《场所的逻辑与宗教的世界观》，西田几多郎一生致力于其独特的哲学体系的建构。他先后提出了“纯粹经验”的认识论、“绝对无”的“场所逻辑”、“绝对矛盾自己同一”的辩证法等理论体系。从20世纪30年代中后期开始，西田以其自创的逻辑与方法论解读东西方文化的不同特征和日本文化的“世界性”，提出了在近代日本颇具影响力的文化观。

津田左右吉（1873—1961）是日本近代思想史上一位富有批判精神的史学家，他在对近代日本史学进行深刻批判的基础上构建起一个以重新认识中日两国古代典籍为出发点的独特的史学体系，被当时的日本史学界称为津田史学。津田史学作为一个涉及历史学、历史教育、文化论、文艺学、语言学等诸多领域的庞大体系，从历史研究的方法论出发对文化观、道德观、中国观等问题提出了独到见解。津田史学通过分析不同的民族文化的形成过程来论证中国文化和日本文化的特征，试图从历史学的角度定位日本文化。

西田哲学和津田史学是日本近代思想史上独具特色的思想体系，其文化观的具体主张可以反映出近代日本思想界的文化认知倾向。本文从比较二者的文化观入手，探寻近代日本杰出思想家对中国文化和日本文化的不同认知态度，以揭示在近代日本思想界拥有共性特征的思想特质和认知方式。

一、西田哲学和津田史学对文化的定位

西田几多郎在很多文章中都提到了文化的概念。在《日本文化的问题》中，西田指出：“所谓文化，作为绝对矛盾自己同一的世界的种，是形成自身的种的形成，即人类的形成。而人类的形成必须是历史的世界的自己形成，必须是创造。”[①] 这里的“种”，是指在相对固定的地域范围内，经历了一定的历史时期发展起来的相对独立的社会、民族。西田认为，斗争是“种”与“种”之间的基本关系，相互对立的“种”与“种”之间只有通过文化作用才能走向“同一”，新形成的“同一”的世界是在斗争中获得优势的“种”

① ［日］西田几多郎：《日本文化的问题》，岩波书店1982年版，第68、69页。

通过把世界纳入自己之中的方式确立的，这个“同一”的世界还将作为更高层次上的历史的“种”，面临其他“历史的”形成的“种”的挑战。这样，“种”之间的斗争与“同一”循环交替，构成了生生不息的世界。通过上述对世界文化形成过程的分析，西田最终把文化定义为人类社会形成的一种根本作用，并因此拥有“创造性”意义。

津田左右吉在《亚洲不是一体》中给文化下的定义是：“一个民族的文化是指作为该民族生活的全体的活动的状态，这种生活是不可分割的一个生活。在民族文化的形成中包含诸多要素，不过，这些要素通过相互作用、相互浸透，才形成了一个文化。”[①] 津田从历史的动态发展的角度出发，在文化定义中强调“一个文化”的“整体性”和“活动的状态”，为他接下来从与中国文化、印度文化和西方文化的区别中阐释日本文化的“独自性”作铺垫。

从文化定义上看，西田哲学和津田史学都试图以时间性的历史视角和空间性的民族地域视角解读文化，津田阐述文化的重点在于文化的对内不可分割，对外独立活动的特征，而西田则重点阐释了文化“创造性”和不同文化之间的斗争与同一关系。二者都将文化置于最广阔的历史和现实视野中，通过文化的“整体性”、“活动性”和“创造性”来探寻文化的真谛。这种对待文化的广阔性视野极大地拓展了近代日本思想界对文化问题的研究视阈，代表了当时文化研究的最高水平。然而，不可忽视的是，他们提出的文化定义都是为其接下来论证日本文化特征这一主题服务的，这种论证步骤的相似性表明二者文化观的重心都在于寻求日本文化在世界文化中的“恰当”定位，这也表明战时日本思想界普遍存在的问题意识是如何在历史上的中国文化和现实中的西方文化的双重笼罩下寻求日本文化的“独特性”和“创造性”。

西田哲学和津田史学都非常关注日本文化的特征，并试图在东西方文化构图中寻求日本文化的定位，于是，二者分别从史学和哲学角度定义日本文化，进而站在面向世界的立场上论证日本文化的“世界性意义”。西田哲学提出文化多元论，以对抗“欧洲文化至上主义”，寻找日本文化的特征，进而推导出“世界性文化”的方向。与西田不同的是，津田早在“满鲜历史地

---

① ［日］津田左右吉：《津田左右吉全集》第二十八卷，岩波书店1988年版，第429页。

理调查部”期间就开始了对中国古代思想文化的批判性研究，从此开始直至战后，津田在构筑其史学研究体系的同时，一直在论证日本文化与中国文化的关系问题，“东洋文化”是否真正存在的问题，并论证在日本“民族生活的历史”中形成的日本文化的“独特性”。如果说西田哲学的文化观是建立在其哲学原理基础上的实际应用的话，那么津田史学的文化观则是构成其史学体系的基础性理念。值得注意的是，二者在从不同视角论证文化观时都试图首先定位中国文化，其目标无疑是以中国文化作为映衬日本文化特征的参照系。

二、西田哲学和津田史学对中国文化的态度

西田哲学一直努力地从“世界性”的视角构筑其文化观，因此，西田是从定位东西方文化的角度评价中国文化的。西田把当时的世界文化大致分为来源于希腊的西方文化和来源于印度、中国的东方文化。他从西田哲学特有的“绝对无”的“场所逻辑”出发，指出希腊文化和基督教文化是“有”的文化，印度佛教文化是否定一切的“虚无”的文化，中国文化则既不同于“哲学的”希腊文化，又不同于“宗教的”印度文化，而是礼俗发达的文化。西田认为，儒家以具有道德性的“天”为教义根源，道家以幽玄的“无”为思考前提。在中国文化的根基处存在着关于天、道、自然的思考，西田发现了中国文化“天人合一”的特征，但他断言中国文化中“无”的思想是“行为性的”，而不是彻底的“绝对无”。

津田左右吉的中国文化观是在其老师白鸟库吉的直接影响下形成的，白鸟库吉把中国古代文化定位在“物神崇拜”阶段，把中国文化视为一种低级的、原始的文化。[①] 这种对中国文化整体上的蔑视构成了以白鸟库吉为首的日本“东洋史学”研究者的共同理论基础。津田在白鸟库吉的中国文化观的基础上，通过对儒家思想和道家思想的批判性研究，细致地总结出中国文化的特征。他分别在1929年发表的《中国思潮》和1933年发表的《上古时代中国人的世界观》中详细论证了中国文化的内容。从西田哲学和津田史学关

① 严绍璗：《日本中国学史》第一卷，江西人民出版社1991年版。

于中国文化评析中，可以总结出如下大致相似的结论。

首先，突出强调中国文化具有的“政治性”和远离“宗教性”的特征。津田认为中国文化在本质上是“政治万能主义，即帝王万能主义”的文化。他强调中国文化具有政治、道德思想远离宗教的特性。他发现在中国文化中，统御世界、主宰人生的不是宗教上的神，而是政治上的帝王。由于礼乐教化都是帝王的责任，那么民众就被当做没有任何独立意志或思考的存在，因此，中国文化不承认民众存在任何“道义性人格”。他认为这种脱离宗教的、不为民众所有的政治性文化导致“在中国人中不存在现代性意义上的国民的观念”，“民众只是单纯意义上的多数人，而不是作为一个组织体的国民。”① 津田对中国政治文化的辛辣批判是建立在对被儒家文化奉为理想的“唐虞三代”的怀疑和批判的基础上的，其认识来源无疑是白鸟库吉主张的“尧舜禹抹杀论”。

关于中国文化的政治性特征，西田也做过大致相同的表述，他认为中国文化是“以支那民族的社会组织，即所谓礼教为中心发展形成的文化，具有政治性和道德性特征”②。在中国文化中，既没有关于人格的思考，也缺乏自己否定的“生生发展”。③ 津田史学和西田哲学都从文化的“人格”意义上指出中国文化的缺陷——由于不承认民众的“人格”而导致文化上的“人格”的丧失。与西田相比，细致批判了儒家和道家思想的津田的上述主张更加鲜明具体，他对中国文化的批判也更多地带有蔑视情绪。值得注意的是，从津田充满对照意义的批判性思索中可以看到其政治文化观的某些主张，例如，他以宗教上的神对世界人生的主宰来对照政治上的帝王对世界人生的主宰；他以民众拥有的宗教性的“道义性人格”来对照“单纯意义上的多数人”。在与中国文化比较的对照系那里，津田意图强调的是“宗教性的神”的主宰意义，这种强调文化的宗教性意义的理念也是西田哲学一贯推崇的，西田哲学将这种理念表述为“神的摄理”，西田哲学中的“神”并非基督教中体现先知与主宰的神，而是历史社会的终极目的与归宿，是“宇宙的根本”④。西

① ［日］津田左右吉：《津田左右吉全集》第二十八卷，岩波书店 1988 年版，第 320—324 页。

② ［日］西田几多郎：《日本文化的问题》，岩波书店 1982 年版，第 102 页。

③ ［日］西田几多郎：《日本文化的问题》，岩波书店 1982 年版，第 102 页。

④ ［日］西田几多郎：《西田几多郎全集》第一卷，岩波书店 1987 年版，第 173 页。

田哲学是以“神”作为“日本精神”与皇室的结合点来发挥其独特的文化观的。

其次，西田和津田在解读中国文化时，都表露出对中国文化的厌倦和蔑视情绪。津田认为中国文化是“利己主义的文化”。他指出，历史上的帝王为了抢夺民众的利益而征收租税，众多的庶民为了远离盘剥而归顺“圣王仁君”，因此，在中国人中间不会产生出以“公共为目的的公共事业”，不仅君主与臣民的关系是利己主义的，就连看透世间鄙陋而避世独处的隐遁思想也是消极的利己主义。于是，“依附强者便是凌虐弱者的观念成为中国文化的常态”。津田甚至认为，这种利己主义导致“中国人的生活是极端物质主义和肉欲本位的”。[①] 在津田关于中国文化“利己主义”特征的论述中充斥着对中国历史文化表象的否定性情绪，这种对研究对象的负面情绪早在“满鲜历史地理调查部”期间就在他的日记中表露出来。他在1911年8月9日的《鼠日记》中记述道：“权谋与术数、贪欲与暴戾、在虚礼包裹下的残忍行径、巧言矫饰下的冷酷内心，这些都侵蚀在这数以千卷的史册的每一枚书页当中。……这些都出自于中国人的头脑，我的头被这些经中国人的手撰写的书中散发的污浊空气压迫，感到无法忍受的厌恶。”[②] 在津田关于中国文化的所有著述中，几乎都可以体味到这种在最先接触中国文化时便已经抱有的厌恶情绪。这种情绪是在近代日本民族主义的文化氛围中孕育而成的，在此后的史学研究中，津田对中国历史的整体性判断始终掺杂了这种情绪。在1936年发表的《中国哲学》一文中，津田总结了上自战国诸子，下至清朝考据学的中国思想史脉络，得出“中国哲学缺乏哲学性思索”的结论，并认为：“在原本重视实利的中国人的思考中，不承认作为（哲学）思考的价值。然而，并不是说因此中国思想就毫无意义，而是说它作为中国特殊的生活及其民族性的体现而拥有重要意义。”[③] 很显然，在这样的分析性语言中潜藏着对中国文化与民族性的否定倾向。

与津田在学术史上表现出的对中国文化的强烈负面情绪相比，西田则从宏大的历史文化进程入手论证中国文化的特征。尽管在西田对中国文化的解

① ［日］津田左右吉：《津田左右吉全集》第二十八卷，岩波书店1988年版，第324—326页。
② ［日］津田左右吉：《津田左右吉全集》第二十八卷，岩波书店1988年版，第480—481页。
③ ［日］津田左右吉：《津田左右吉全集》第二十八卷，岩波书店1988年版，第523页。

读中并没有诸如“利己主义”的措辞，但是，在对中国文化分析和定位的基础上，西田也得出了对中国文化的冷峻批评，他指出：由于在中国文化的周边不存在与之对立摩擦的强大文化，因此，中国文化中没有自我否定因素，缺乏积极进取的科学精神，中国文化是“僵化的、固定化的文化”。①

再次，津田史学和西田哲学通过解析中国文化中的自然观，把中国文化判定为“否定个人意志的文化”。津田史学认为，道家的“无为无欲”也好，儒家的“克己复礼”也罢，二者都以取法自然为最终道德规范。“中国人道德思想的根本是所有学派通用的‘复归于自然’一词，这么说毫不过分，他们把自然中的‘存在’当作人的‘当为’”。② 然而，由于在这种“复归于自然”思想的根基处承认人和自然相背离的事实，而中国文化却丝毫没有解释为什么作为自然的生灵的人类却背离自然的问题。因此，中国文化的自然观是不彻底的，它只能主张自然无欲无求，而人类拥有意志和欲求，所以人类与自然相背离。于是，津田得出结论说：中国文化否定人的意志欲望，“在中国人的道德观念中，把道义看做固定性的东西，将合乎道义者与不合乎道义者截然区分为是与非，从而展现出轻视在生活中实现道义理想的意志、努力及其过程的倾向。”③ 津田把“存天理灭人欲”的理学观点看做中国文化的根基所在，简单地将“天理”与自然混同起来判断中国文化的特征，并据此将中国文化批判为“否定个人意志的文化”。

西田在《日本文化的问题》中从历史的角度列举出中国文化中“天命观”的发展沿革，他指出，构成中国历史的中心的是天的思想，“天子受命于天故称天子。中国古代民族相信，由于人类由天而生，故应遵从天的意志。”到了汉代的儒教那里，主张“人类之道便是天之道”，到了宋代，主张“理乃天人合一之理”。西田认为，中国文化并不深刻考量诸如西洋文化中的人类与自然的对立矛盾，中国文化的自然“是主体性的自然，是人类性的自然，而不是到任何时候都是作为从被创造者到创造者的历史性的形成作用，也不是到任何地方都作为从被创造者到创造者的历史性的自然。”④ “中国的

① ［日］西田几多郎：《日本文化的问题》，岩波书店 1982 年版，第 103 页。
② ［日］津田左右吉：《津田左右吉全集》第二十八卷，岩波书店 1988 年版，第 328 页。
③ ［日］津田左右吉：《津田左右吉全集》第二十八卷，岩波书店 1988 年版，第 329 页。
④ ［日］西田几多郎：《日本文化的问题》，岩波书店 1982 年版，第 79 页。

所谓天命是思想而不是事实，是理而不是事。”[①] 西田批判中国文化的目的是试图通过否认“天命观”的“创造性意义”来突出日本文化的“创造性”，他把中国文化中的自然定位为“主体性的自然”，是为了与日本文化中的“非主体的主体的自然”相区分。与津田一样，西田一方面发现中国文化并不深刻思考人类与自然的对立矛盾的倾向，因此，西田认同津田提出的中国文化的自然观“不彻底”的观点；另一方面，西田也认为中国文化中的自然并不关照人类意志的创造性作用，从而也指出中国文化具有的“否定个人意志”的特性。

最后，津田史学从批判中国文化的宇宙观出发，指陈了中国人“理智性”、“逻辑性”的内心生活，并进一步诠释了中国文化中的“实用主义”的政治道德理念。津田认为中国文化中的宇宙观是“机械性的”，在阴阳说和五行说中主张“日月星辰的运行、春夏秋冬的循环、所有万象的变化都是必然的理数，”[②] 认为天地有“生生之德”，这种宇宙观应用于政治当中就是“德政论”，有为的帝王能够改变天体运行和四时变化，但这绝不是因帝王的能动作用而做出的改变，而是因帝王的德政感应了天地。这种宇宙观应用于人生当中就是“定命论”，“它在把人生视为机械的同时，不承认人的情意，同时也不能容忍任何理智以上的东西。”[③] “由于支配天地和人生的是理法，所以理法便成为知识的对象”，在理法那里，没有人的智力所不能及者，这构成了中国人的逻辑与理智。在批判中国人的上述逻辑与理智时，津田指出在中国人的内心生活中没有冥想性的或神秘性的思维，没有对待事物的直观性的态度，所有的一切都要依据烦琐的逻辑之路。他进一步批判道：中国人的初衷并不是依据理智之力来探明事物的真实，而是正相反，其学问、理智是为求得利禄、出人头地的实用主义目的服务的。因此，在中国人中间因为不尊重知识导致没有真正的学问，在政治和道德中却充满着违反事实的空虚的知识。

津田上述对中国文化宇宙观的构图可以分为理论原理和实际应用两部分，在理论上，津田批判了“阴阳五行说”的朴素唯物主义认识论，他认为阴阳

---

① ［日］西田几多郎：《日本文化的问题》，岩波书店 1982 年版，第 81 页。

② ［日］津田左右吉：《津田左右吉全集》第二十八卷，岩波书店 1988 年版，第 329 页。

③ ［日］津田左右吉：《津田左右吉全集》第二十八卷，岩波书店 1988 年版，第 330 页。

五行的变化推移并不出自于任何意志，所以中国文化中的宇宙拥有的“生生之德”不承认内在于宇宙中的目的性。也就是说，津田认为宇宙是拥有目的和意志的“有机存在”，而不是“阴阳五行说”中认为的“机械性”的存在，这与西田哲学的宇宙观有一定的相似性。西田哲学认为宇宙间有个一定不变之理，它“既是万物的统一力，又是意识内部的统一力。”“理本身是创造性的，我们能完全没入其中，并且按照它来进行活动，”① 人类不可能通过智力活动来认知理，却可以通过认识自我心中的理来体会宇宙之理。西田最终将这个拥有目的和意志的“情意化”的“理”描绘为“神”。“神是宇宙的根本，同时又必须是我们人类的根本，我们皈依神就是皈依于我们的根本。”② 因此可以说，对宇宙的情意化的认知是西田哲学和津田史学共同拥有的思索方向。

在实际应用上，津田史学批判了中国文化政治上的“德政论”和人生观中的“定命论”，指出二者最终都将为实用主义目的服务。津田把这种实用主义具体化为“对生存的极端执著”，并把中国人的“权势欲、名利欲、实利主义的或利己主义的生活，时而被激发出的残忍性，或者默默地安守与世、与人无关的生活”等欲念都看作是直接、间接地与这种“对生存的极端执著”相关。③ 这种对中国文化充满蔑视的语言的背后蕴涵着对日本文化独特价值观、生死观的情感认同。尽管西田哲学并未展开对中国历史文化现象的具体分析，却可以从其对中国文化的判断性结论中看出：西田哲学解读中国文化特征的目标也在于突出日本文化的“创造性”特征。

综上所述，津田史学把中国文化思想的基本倾向概括为“政治万能主义的文化”，“利己主义的文化”，否定人的意志欲望的自然观和“机械性的”宇宙观等。津田史学对中国文化的上述认知与西田哲学的中国文化观虽然视角不同，却体现出了在评判原则和认识角度上的相似性。津田史学与西田哲学在定位中国文化时都表现出了明确的目的性。津田从中国上古时代的思想发展入手，运用理性与蔑视相杂糅的文化表述体系，言辞激烈地辨析中国文化的“落后”与“僵化”，西田从哲学上的世界形成原理出发得出中国文化

---

① ［日］西田几多郎：《善的研究》，何倩译，商务印书馆 1997 年版，第 56 页。

② ［日］西田几多郎：《善的研究》，何倩译，商务印书馆 1997 年版，第 130 页。

③ ［日］津田左右吉：《津田左右吉全集》第二十八卷，岩波书店 1988 年版，第 371 页。

不是“从被创造者到创造者的创造性文化”的结论。从二者对中国文化的解释中透露出在事实上把丰富的中国文化史简单化、概念化的倾向。[①] 二者论述中国文化特征的作品都发表于20世纪30—40年代，他们对中国文化的定位反映出战时日本思想界试图通过对中国文化的重新解读与审视，寻求日本文化的“纯粹性”、“独立性”和“现代性”的思考原则。可以说，津田史学和西田哲学评判中国文化的目的都在于“提纯”日本文化。

三、提升日本文化的位相

在面对强势的近代西方文化这个对照系时，西田哲学通过把日本文化嵌入东方文化范畴的方式论证东方文化和日本文化的独特性，并以多元文化观对抗西方文化中心论。不过，我们在西田哲学文化观中不难发现一个奇特的双重话语体系，即在论证世界文化的方向问题时，他往往把日本文化与东方文化“同一”起来，强调东方文化即日本文化的“世界性意义”；在论证东方文化的具体内涵时，他又明确区分日本文化、中国文化、印度文化，突出论证日本文化的“独特性”，揭示中国文化和印度文化的缺点。这导致在西田的著作中，时而将东方文化混同为日本文化，时而将二者明确区分。西田的这种关于东方文化和日本文化的双重话语体系无疑在试图论证一个命题：在世界文化和东方文化中突出日本文化的“独特性”和“优越性”。

在《从形而上学的立场看待东西方古代文化形态》中，西田就指出：“位于东洋一端，实现了几千年独自发展的日本民族的文化不用说是东洋式的。毋庸赘言，我们从中国文化那里受到很大影响，从印度文化那里受到很大影响。但是，在此之前，日本民族就作为日本民族形成了，可以说，被认为是作为日本民族而拥有特殊民族性的我们民族，形成了同化中国、印度文化的，特殊的、独自的文化。”[②] 西田在这里强调的是受到中印文化影响之前的日本文化的“独特性”与“原初性”，并认为这种“原初性”的日本文化

---

① 刘萍在《津田左右吉研究》中认为：“由于津田左右吉对‘道家思想’的研究其着眼点在于获得最终的关于社会实践价值的判断，因此，他在事实上把中国丰富的思想史简化了。”见刘萍：《津田左右吉研究》，中华书局2004年版，第230页。

② ［日］西田几多郎：《西田几多郎全集》第六卷，岩波书店2003年版，第344页。

具有“同化”中国文化、印度文化的功能。西田指出，在日本文化当中不存在根本对立的双方，只有在日本文化中，才能以主客合一、物我相忘的“无心的境界”达至“天地与我的矛盾自己同一”。日本文化中的这种消弭矛盾对立的特征被西田称为“身心脱落落身心的柔软心”的文化。[①] 西田还把日本文化的本质概括为“无形之形、无声之声”。西田提出的“无形之形、无声之声”无疑采纳了佛教“空”、“无”的宗教认识论，然而，他的文化观一直在脱离佛教消极遁世的非现实原则，体现出鲜明的、进取的时代特性。西田声称：“我不认为日本民族是厌世的”，“我认为，（我们的祖先）在孤岛中立国，于内没有大规模的种族间的倾轧，于外亦没有与他民族间的对立，在美丽的自然中孕育，自己养成了这种纯情的性格。而这种纯情的性格促使拥有上述文化意义的我国文化的发展。”[②] 在西田看来，日本文化对佛教和儒教的吸收，实质上是使佛教和儒教“纯情化”，即日本化。

与西田不同的是，津田在论证文化问题时始终不承认东方文化这个概念范畴的存在，这使得津田史学的文化观具有鲜明的“脱亚入欧”倾向。津田在1931年发表的《东洋文化、东洋思想、东洋史》中认为，“尽管有印度的文化，中国的文化，日本的文化，但所谓东洋文化是在哪里都不存在的。尽管有日本的历史，中国的历史，但所谓东洋史是不成立的。”[③] 津田是在分析中国、印度、日本的各自独立的历史发展过程之后得出上述结论的。他认为，历史上的中国和印度基本上位于互相隔离的两个地区，印度文化在历史上并未对中国文化造成影响，因此，“在完全位于不同的世界，没有共同的生活、共同的历史的印度和中国的文化中不存在共通性的东西，这是理所当然的。”[④] 中国与日本的关系也是一样，两个民族各自拥有各自的世界和各自的历史，日本人的道德生活、精神生活与中国人完全不同。“在日本，由于经历了独自的历史，因此养成了独自的文化、独自的生活”。[⑤] 尽管在对待东方文化这个概念问题上的观点相反，但是，与西田一样，津田在论述日本文化

---

① ［日］西田几多郎：《日本文化的问题》，岩波书店1982年版，第92页。
② ［日］西田几多郎：《西田几多郎全集》第六卷，岩波书店2003年版，第352—353页。
③ ［日］津田左右吉：《津田左右吉全集》第二十八卷，岩波书店1988年版，第364页。
④ ［日］津田左右吉：《津田左右吉全集》第二十八卷，岩波书店1988年版，第362页。
⑤ ［日］津田左右吉：《津田左右吉全集》第二十八卷，岩波书店1988年版，第364页。

与中国文化、印度文化的关系时，着力强调的也是日本文化的“独自发展”。

既然不承认东方文化的存在，那么津田在面对西方文化的概念范畴时，就必须分别定位日本文化、中国文化和印度文化。他认为：现代的西方文化与古代的希腊罗马文化完全不同，是在罗马帝国分裂后的“新欧洲”发展起来的新文化。印度文化和中国文化是在古代集大成之后毫无变化的文化，是停滞的文化。而日本文化是“在独特的历史步伐当中，经历了新世界的逐次展开，平安朝和镰仓、室町、德川时代都拥有各自特殊的时代特征，其社会组织、政治形态，以及各个时代的生活都显著不同。尽管在文化的复杂性、深度和变化的程度上存在差异，但是，日本民族拥有可以与欧洲的历史相媲美的历史。”① 他由此推断，在随着历史的发展而不断进步的日本文化中孕育的现代性因素必然与欧洲文化中的现代性因素相通，这样，原本源自西方的近代文化成为了日本文化中的固有因素，日本文化便成功地脱离了中国文化、印度文化的荫庇。津田指出：“现代日本与中国和印度完全没有关系，而是通过日本独自的历史发展，进入了西方发达的现代文化的世界。因此，日本自发地产生出与现代西方共通的思想，这绝不是外来思想。”② 津田通过对西方历史和日本历史的分析，得出了日本文化与西方文化在内在思想上的“共通性”。而这个结论是在与“停滞的”中国文化和印度文化进行鲜明对照的前提下得出的。津田在定位日本文化与中国文化、印度文化、西方文化的关系上，运用的是“脱亚入欧”的思维，其目的与西田一样，试图把日本文化从中国的儒家文化、印度的佛教文化的影响中完全剥离出来。在二者不懈地提纯日本文化的学术构建中隐含着近代日本普遍存在的文化民族主义情怀。

津田史学和西田哲学的文化观的核心观点在于论证日本文化“质朴”、“纯粹”的“历史底蕴”。在1940年发表的《日本历史的特性》中，津田列举出了日本历史的特性：“日本历史是通过日本民族全体的创造发展而来的。”“在其根本上，可以被称为人性的东西没有受到政治性的、社会性的，以及宗教性的权威的压抑。”③ 正是基于这种自然的“人性”，日本文化没有真正吸收儒教“礼”的思想，武士的道义是由社会风尚培养形成的，尽管武

① ［日］津田左右吉：《津田左右吉全集》第二十八卷，岩波书店1988年版，第366页。
② ［日］津田左右吉：《津田左右吉全集》第二十八卷，岩波书店1988年版，第366—367页。
③ ［日］津田左右吉：《津田左右吉全集》第二十八卷，岩波书店1988年版，第95—108页。

士的生活欠缺教养，却拥有质朴、率真、自由的“人性”。津田突出日本人的道义观不是“被规定的”，而是在历史上形成的。这种在历史上形成的充满“人性”的道义观不仅与通过政治性的“礼”的说教来压抑人性的儒教的道义观相比是优越的，甚至与曾经通过宗教来压抑人性的基督教文化相比也是优越的。津田指出，在日本历史上之所以没有发生诸如西欧历史上的文艺复兴那样的思想运动，是因为在日本历史上不存在欧洲中世纪那样的压抑人性的时代。

津田眼中的“人性”与西田哲学中的日本文化的“情意化”特征颇为相似。西田认为日本文化是在时间中活动的、“情意”的、律动的文化。这种“情意化”的文化既不是从外部约束人们的诸如圣王礼教的道德准则，也不是宗教性的神的律法，而是在“无限的连续性”中历史地形成的。不过，与津田不同的是，西田把日本文化的特性归结为拥有“肇国的事实”①，把日本历史和文化的形成原理归结为皇道。西田认为，与中国历史上的易姓革命传统不同，日本历史上虽然出现了诸如苏我氏、藤原氏和幕府将军等“权力主体”，但是“万世不易”的皇室始终存在于这些“权力主体”的背后，并“超越于这些主体性的东西之上，作为主体的一与个体的多之间的矛盾的自己同一，位于这个限定自己自身的世界之中”，日本历史上的权力转换都是以皇权复兴的方式完结的。“在我国，所谓复古总是被称作维新，并不是单纯地回归到过去，而是作为永远的现在的自己限定，一步步地向前迈进。”②因此，与中国、西欧历史上的掌权者相比，只有日本的皇室是超越于权力主体之上的“矛盾自己同一的世界”，西田认为，日本历史上的皇室的这种独特的“超越性”成为日本文化有别于中国文化和西欧文化的突出特征。

津田提出的日本文化中的“自由的人性”和西田提出的“情意化的日本文化”，都从历史发展的角度论证日本文化的特殊性，他们认为，这种特殊性不仅与中国文化、印度文化相比拥有优越性，而且与在当时世界处于绝对强势的西方文化相比也具有突出的优越性，这种优越性是通过日本文化的“世界性”展现出来的。

---

① ［日］西田几多郎：《日本文化的问题》，岩波书店1982年版，第80页。

② ［日］西田几多郎：《日本文化的问题》，岩波书店1982年版，第75页。

四、日本文化“世界性意义”的自赞

西田哲学在论证日本文化的“世界性”时，自始至终都在质疑西方文化中的理性和科学精神。西田认为，科学的发达、机械工业的勃兴，以及资本主义经济的发展等原因使“今天的世界已经在环境上成为了一个世界”。[①] 由此也带来了世界的烦恼，即“世界越在环境上趋向于一体，越容易从横向的世界迈向纵向的世界，主体与主体之间的斗争就越难以避免。”[②] 一个主体要想成为世界，就必将萌生帝国主义倾向和发动奴役他族的战争，结果将招致人类文化的灭亡。在这个人类文化行将灭亡的时刻，西田哲学指出了世界文化的发展方向：东方和西方两种文化形态“必将在创造性的人类形态中合而为一，可以认为，作为纵向的世界的自己形成，被认为在东方具有创造性的我国文化将成为二者的媒介。”[③] 西田哲学主张当时世界上的两大文化体系将在兼具东西方文化优点的日本文化的引领下走向同一，这既是“世界性文化”的形成途径，又是日本文化走向世界的过程。他认为，新的“世界性”文化必须是包容的、创造性的“绝对无”的文化，日本文化就具备了这样的特质。他提出，在多种文化形态并存的现在，“日本不再是东方孤岛上的日本，不再是封闭的社会，而是世界性的日本，是面向世界立足的日本，日本的形成原理必须是世界的形成原理。”[④] 日本文化理应肩负起创造新的“历史的世界”的“使命”：将世界纳入以皇室为核心的“日本精神”——“绝对矛盾自己同一”的日本文化的精髓——之中去，将日本的皇道播布世界。至此，西田哲学精心构筑的日本文化的“世界性意义”最终完成。

与西田一样，津田也是在指出现代西方文化存在缺陷的前提下提出日本文化的特性和“超越性”的。津田指出：“现代文化并非至高无上，现代文化自身存在诸多缺陷，实际上是弊害百出的。毋庸讳言，它应当被超越，应当在其中创造出崭新的文化。（中略）在与欧洲截然不同的环境中经历了不

① ［日］西田几多郎：《日本文化的问题》，岩波书店1982年版，第101页。
② ［日］西田几多郎：《日本文化的问题》，岩波书店1982年版，第125页。
③ ［日］西田几多郎：《日本文化的问题》，岩波书店1982年版，第127页。
④ ［日］西田几多郎：《日本文化的问题》，岩波书店1982年版，第82页。

同生活的日本人位于超越发源于欧洲的现代文化的最好的地位上。"[①] 津田认为日本文化具备的这种超越现代文化的力量源于日本人的现实生活，"民族性和民族精神都不是固定的，而是不断更新的，他们不论何时都是从现实生活中产生出来的。"[②] 津田认为在日本文化中蕴藏着与中国、印度文化的"僵化"和"停滞"不同的"不断更新"的力量，他认为这种源自于日本民族现实生活的力量将成为超越西方现代文化的源泉。

津田的上述主张体现出他对"九一八事变"后日本政府宣扬日本和中国"同文同种"，以"日、满、华一体化"抵抗英美的观点的批判，这种大胆的批判立场展现出了一名试图摆脱政治羁绊的史学者的良知。然而，他否认东洋文化的存在，简单、冷峻地批判中国文化、印度文化，模糊地提升日本文化"超越性"力量的主张不仅在文化上支持了日本对中国的侵略行为，而且为日本后来试图称霸世界的行动提供了文化支持。日本战败后，津田重新将上述日本文化论作了细致解读，指出了日本人的传统生活中存在的救助现代文化弊病的力量。他在 1955 年发表的《亚洲并非一体》中指出，随着日本民族对现代文化的吸收，在日本也出现了现代文化的弊病，在这些弊病面前，"传统性的生活氛围、生活状态是与现代文化并存的日本人独自拥有的，它拥有纠正这些弊病的力量。"这些力量具体包括："知性、能力、人类的情意；依靠自己的力量经营自己的生活，和以依赖他人为耻、以谦让为美德的道德观念；感受恩义的气质；勤勉的风俗；以及深深植根于日本风貌的特殊的美的感觉。这些都内在于日本人的传统生活当中。"[③] 津田认为，这些传统日本文化的特有品质不仅可以救助现代文化的弊病，阻止其浸染，而且在其中包含着西方发达的现代文化要素。也就是说，这种拯救既是对受到西方现代文化弊病传染的现代日本文化的救助，更是日本文化中的传统性因素对西方现代文化的救助，因为在日本文化中包含着西方现代文化。津田的上述逻辑与西田哲学中的"内在即超越"理念是一致的，西田在战时对日本文化的"世界性"的论述也是运用"内在即超越"的理论论证日本皇室的"绝对无"的特性的。

---

① ［日］津田左右吉：《津田左右吉全集》第二十八卷，岩波书店 1988 年版，第 367 页。
② ［日］津田左右吉：《津田左右吉全集》第二十八卷，岩波书店 1988 年版，第 368 页。
③ ［日］津田左右吉：《津田左右吉全集》第二十八卷，岩波书店 1988 年版，第 434 页。

在《亚洲并非一体》的最后，津田指出，在当前很多日本人心中存在着在中国面前的劣等感觉，为了消除这种劣等感，津田依然主张日本文化的“独特性”，否认亚洲文化的存在。他提出：“日本人应当熟知共产主义国家中国的实际状况，透彻地体察中国人的心理，完全抹去对中国应当抱有愧疚心的劣等感觉，毅然面对中国”。在面向世界时，日本更要以“独自的国策”存在于世界当中。[①] 与西田为了与战时称霸世界的西方文明对抗而强调日本文化的独特性一样，尽管时代迥异，但二者对日本文化的期待是一致的，他们都以批判其他强势文化的视角审视日本文化在世界文化中的定位，体现出试图重振日本民族文化信心的决心。并且，在对日本文化独特性的具体解读中，二者都把日本传统文化中偏向情意化的感性体验作为构成日本文化“独特性”和“超越性”的重要因素，不仅以此提纯日本文化，而且以此论证日本文化的“世界意义”。

作为拥有时代影响力的思想体系，西田哲学和津田史学准确地捕捉到日本文化中的某些特殊因素，并将这些特殊因素最大化地展现出来，热忱地论证其“世界性意义”，展现出不同时代的日本文化论的共性特征。西田哲学文化观的开放性和津田史学文化观的批判现实性与当时日本思想界盛行的诸多文化观相比，拥有鲜明的进步意义。然而，作为杰出的思想家，他们在对待问题对象时也体现出了较多的情意倾向，使他们在对待中国文化和日本文化时，不自觉地采取了截然不同的感情，由于只把批判的矛头对准了前者，便自然堕入本民族文化自赞主义的时代情怀中了。

① ［日］津田左右吉：《津田左右吉全集》第二十八卷，岩波书店1988年版，第437页。

海外专稿

武士道概念的历史沿革①

[日] 笠谷和比古（国际日本文化研究中心）

一、前　言

关于武士道的研究，分布在很多领域，其争论点也涉及很多方面。笔者以近世武家社会研究为专门研究领域，到目前为止也曾写过一些关于武士道的论著。在研究过程中让我最感意外的是，在专门研究人员中对新渡户《武士道》的评价与其说很低，不如说更多的是对该书的批判，即认为该书所记载的不过是近代明治时期编造出来的假象。

这些批判观点认为，新渡户稻造在该书中描绘的武士道，事实上在前近代的日本社会根本不存在，新渡户为了向欧美各国宣扬日本社会的文明、道德的高尚，创造了与西欧中世纪的骑士道相提并论的“武士道”这一词汇及概念。

由于新渡户在晚年曾说过，自己在以前的文献中并没有见过“武士道”一词的用例，该词也许是自造词汇，使上述批判成为具有一定说服力的提法。

自新渡户的《武士道》出版的明治三十年代起，武士道唤起了一个热潮，人们对其展开了热烈的讨论，出版了杂志《武士道》、《武士道丛书》等大批相关著述。但也有人对这一倾向提出批判议论。以下两种类型的议论很

---

① 本文根据笠谷和比古教授在南开大学日本研究院的系列讲座整理而成。笠谷和比古(1949—)，京都大学文学博士，国际日本文化研究中心教授，日本史学研究会评议员，关西乐剧祭典协议会事务局长。主要著作有《近世武家文书之研究》、《关原合战与近世之国制》、《武士道与日本型能力主义》、《传统文化与国际化》等。

重要，可以说其构成了现在新渡户《武士道》批判的原型。

其一是英国著名的日本研究者张伯伦对武士道的批判。① 关于日本社会流行的武士道，他认为所谓的“武士道”是明治时代创造的词汇，在前近代的日本社会并不存在。他甚至说，关于武士道的轶事仅仅是为了给外国人看而编造出来的虚构的故事。

因为张伯伦的权威性很高，即便是现在的外国人研究者中，仍有不少人相信武士道是明治时代以后的近代所创造出来的词汇及概念。

对武士道进行批判的另一位重要人物是津田左右吉。津田的大作《文学中体现的国民思想研究》② 将武士道问题作为主要题目，该书以五章的篇幅对其进行详细论述。

津田的论述极为周密详尽，时至今日在人们谈及或研究武士道之际，仍发挥着参照基准的作用。可以说对当今众多的武士道论仍具有相当的影响力。

津田对明治大正时期盛极一时的武士道赞扬论持强烈的批判态度，力主武士道并不像世人所宣扬的那么美好，而是发动背叛、以下犯上的暴力行动。该书强调了武士道的非道德性、暴力的一面，甚至厌恶地称其为“变态”、“强盗”，其批判的口吻甚至带着偏执的意味。

总之，张伯伦提出的前近代的日本不存在“武士道”这一词汇、思想，以及津田提出的所谓武士道并不像新渡户所描写的那样充满道德性品格，而是与背叛、暴力同义，这两种类型的指责似乎至今仍在不断被重复、翻新。

当然，随着研究的不断深入，这些批判意见也在得到修正或者变得更加慎重。首先是关于前近代日本社会不存在“武士道”这一词汇这一点，《甲阳军鉴》、《叶隐》、《武道初心集》等书中均明确记载有“武士道”一词，这些在本文中也有列举，因此该观点已经不适用了。

这一类型的论述现在基本修正为如下形式：首先《叶隐》中虽出现了“武士道”这一词汇，但该书在江户时代被列为禁书，并未在社会上流传开来，故无异等同于不存在。其次，作为江户时代武士的思想，以具有儒学系统的德义论内容的“士道”的表达方式占绝对优势，而采用“武士道”这种

① B. H. Chamberlain：The inventon of a new religion，Watts &Co.，1912

② ［日］津田左右吉：《文学体现的国民思想研究》1—5，《津田左右吉全集》第4—8卷，岩波书店1964年版。

表达方式的只不过是极为罕见的例子。①

此外，关于津田的武士道非道德性的论说现在仍有继承，并且某种程度上与前一种议论交织在一起，认为江户时代偶尔可见的“武士道”也仅仅是战国时代的余风——即暴力的、非道德行动，在此意义上与新渡户《武士道》的描绘是大相径庭的。②

鉴于目前武士道研究的盛行与上述对武士道的否定论并存的研究状况，本文再度严密探讨武士道概念，对该历史概念的存续状态进行实证考察。

可是，对武士道思想乃至其实施规范问题进行概念分析，本身就有诸多混乱，很难避免流于思辨之论的弊病。很多武士道的研究人员设定各自理想的武士道形象，基于此来展开武士道论述，从而不得不陷入同义反复之中。

如果要将这一概念问题首尾一致地贯穿下来，必须以“武士道”这一表现该概念的词汇为中心展开。在明治以前的前近代社会“武士道”这一词汇是怎样存在的，在何种意义上被使用，本人希望伴随时代的推移以及应用地域的延展来对此加以考察。

当然，如果说只要不存在武士道这一词汇，武士道的概念及武士道的实践就不存在，这也许过于武断。但是“武士道”作为一个词汇出现，事实上应该是武士道的概念、武士道的实践行动的表象。

因此，本文打算彻底沿着“武士道”词汇出现的实例来展开论述。这也许会变成在一个在相对狭窄的范围内对武士道展开的论述，但如果抛开这个限定将会使武士道的概念无限扩大，结果可能使得论述变得毫无效果。为了使这一概念问题做到客观实证，这样的限定是必不可少的。

---

① ［日］《国史大辞典》中相良亨执笔的“武士道”条目等。古川哲史《武士道思想及其周边》“第一章 绪论”（福村书店，1957）。谷口真子《武士道考》（角川选书，2007）等。关于这一问题古川哲史的论断很重要，可以感觉到他论述的意图在于劝诫明治时代以来社会上以及学界对武士道这一词汇的无限定地乱用。实际上阅读此书便可知晓德川时代“武士道”字样的出现是非常多的，本文的论述很多也借重于该书的研究。不过尽管如此，他仍然提出“武士道”“这一用语在这个时代仅仅是被一小部分人使用”（该书第 4 页）。而本文不得不清楚地指出其错误所在。博学多识的古川不经意的一句话成为后来导致武士道研究论说陷入混沌的绊脚石。

② ［日］佐伯真一《战场的精神史——武士道的幻影》（NHK 丛书，2004）菅野觉明《武士道的逆袭》（讲谈社现代新书，2004）等。

二、"武士道"一词的登场

讨论本问题，需要首先确定"武士道"一词的出现时期及首次的出处。"武士道"这一名称在文献中的出现是进入近世、即江户时代以后，在中世并未出现该名词，迄今为止武士道研究者对此见解基本一致。①

桥本实《武士道历史研究》中举出如下两个"武士道"的初期用例。第一个用例是加藤清正传记《清正记》收录的清正的掟书中的一条：

"学文之事，可入精，应读兵书，心系忠孝，（中略）既生于武士之家，持刀赴死之道乃为本意，若非常有武士道之吟味，便难慷慨赴死，务须将心意铭刻于武事，方为紧要。"②

第二个用例是近世前半期（一说庆长时期）问世的武道类书籍的代表作《武功杂记》中，记载了关白丰臣秀次的谋反事件：

"秀次公自杀之时，太阁对某人（伊达政宗）产生怀疑，遣人二十余骑，使石田、富田与施药院三御使前来"，对政宗进行讯问。政宗答道，自己与秀次关系亲密确为事实，如果太阁为此降罪我亦无奈，请将我项上人头取下。于是施药院说："若汝如此作答实属无礼，汝目光炯炯瞪视吾施药院，则汝托病乃是巧言，汝岂不知武士道，务如实招来。"③

辻善之助也在《日本文化史》中探讨了"武士道"用语示例。虽然辻认为《清正记》是后人的伪作予以摒弃，但是作为在近世"武士道"及"武士道之吟味"的词语已经开始被使用的例证仍然还是有效的。

辻认为"武士道"一语在中世未见使用，主要是由于有"勇士之法"（《源平盛衰记》）、"弓马之道"（《吾妻镜》）、"弓箭之道"（《砂石集》）、"弓矢之道"（《太平记》）、"武士之道"（《风雅和歌集》）等其他形式。并

① ［日］桥本实《武士道历史研究》第一章"武士道名称及意义"（雄山阁，1934年）；三田村鸢鱼"武士道之话"（《三田村鸢鱼全集》第二卷，中央公论社，1975年）；石田文四郎《日本武士道史体系研究》序论三"武士及武士道名称"（教文社，1944年）；辻善之助《日本文化史Ⅲ》第三十章"武家社会的道德"（春秋社，1950年）；古川哲史前揭书第二章"'武士道'之始论"。

② ［日］史籍集览（近藤瓶城，1881年）。

③ ［日］续史籍集览（近藤活版所，1894年）。

且指出作为“武士道”初期用例可举出《甲阳军鉴》（品十七、品四十七），此外山鹿素行的《武教全书》中也出现过“武士道”一语（该书“选将”条目、“三臣”条目等。）①

石田文四郎的《日本武士道史体系研究》大体也持同样的见解，认为“武士道”初出于《甲阳军鉴》。因为该书被认为是高坂弹正所写，所以可以认为这一用语在天正年间开始登场。②

古川哲史的《武士道思想及其周边》一书展示了对此问题最为翔实的研究。③ 古川介绍了鹿儿岛市旧方限会文舍保存的带有庆长元（1596）年正月日期的《二才咄格式定目》中出现的“武士道”是较为初期的用例。二才咄即指十四五岁到二十三四岁的尚未进入娶妻阶段的萨摩藩青年武士，《二才咄格式定目》就是组织这个年龄段的青年武士相互学习历练的规章制度。其中有如下文字：

“忠孝之道，应留意莫使其有此类情形，但若有无可遁避之事，则务必立时起而作为，不可迟疑，此乃武士道应为之本意。”

由此可知该书记载的庆长初年就已经开始使用“武士道”一词了。古川为了确定这一用语到底可以追溯到哪个时期，对“武士道”一词迭出的《甲阳军鉴》的写作时期以及作者进行了探讨。该书被认为是天正年间高坂弹正所写，但古川通过仔细研究该书流传下来的各种版本之后，摒弃了高坂自撰说，认为应该是由将该书流转给后世的近世武田派兵学家小幡勘兵卫景宪编纂而成的。

也就是说，他推断《甲阳军鉴》是由小幡景宪根据高坂的遗记、军师山本勘助姻亲关山派僧人的记载、门客之说以及自己的见闻编纂而成。④

经过以上对以前诸说的检证，说明“武士道”这一用语并非是中世战国时代的产物，而是在进入近世德川时代以后才出现的。并且该用语首次登场

---

① ［日］辻善之助《日本文化史 Ⅲ》第三十章“武家社会的道德”（春秋社，1950年）。

② ［日］石田文四郎《日本武士道史体系研究》序论三“武士及武士道名称”（教文社，1944年）。

③ ［日］古川前揭书，第二章“‘武士道’一词之始”。

④ ［日］古川前揭书。对此酒井宪二不同意小幡编纂说，认为是能演员大臧彦十郎根据高唱坂信的口述所记构成了《甲阳军鉴》的主干（酒井宪二编著：《甲阳军鉴大成》第四卷研究篇，汲古书院1995年版）。

的《甲阳军鉴》并不是天正年间完成的，而是在进入德川时代后由小幡景宪汇总而成，由此可以进一步加深“武士道”一词是近世产物的认识。

下面，本文分前期、中期、后期三个时期探讨“武士道”一词在近世德川时代以何种形式登场，其概念内容涉及哪些方面，经过了怎样的变迁。这三个时期按西历划分则大体分别对应17、18、19三个世纪，本人将按照这三个时期的划分展开论述。

三、近世前期的“武士道”用例

下面探讨近世前期即17世纪“武士道”一词的用例。

1. 小幡景宪编《甲阳军鉴》①

“武士道”一词最早出现于前述《甲阳军鉴》一书，该书被一致认为是武士道研究中不可缺少的书籍。《甲阳军鉴》在德川时代得到广泛的阅读，可以说在武士社会是拥有最为众多的读者的书籍之一，堪与儒学的“四书”比齐。

该书最初以手抄本流传，明历2（1656）年，京都的书肆村上平乐寺制成最初的雕版印刷本。此后出现的版本还有：万治2（1959）年（安田十兵卫版）、宽文年间（1661—1672）年（“信玄全集本”）、宽文年间（出云寺版）、天和年间（1681—1683）（制版处不详）、元禄12（1699）年（江户骏河屋版）、元禄12年（村上勘兵卫版）以及出版年代不详的版本等，历时多年，各种版本不断。

“武士道”在《甲阳军鉴》全卷中共出现30次（元禄12年江户骏河屋版中出现34次），可见“武士道”一词在该书中拥有稳定的地位。以下列举的是其具体用例。

“虽然时有町人模仿武士，却不失商人本性，一旦有事，惜财物而退却，于武士道毫无益处。”（品第十二、一八六页）

以上是说，虽然有时町人外表好像武士一样，但是商人的本性并不会改

① ［日］矶贝正义、服部治则校注：《改订甲阳军鉴》，新人物往来社1965年版。该书以《甲阳军鉴》最早的版本、明历2年版为底本。

变，一旦发生战事则会担心财产的损失而临阵退缩，这对武士道没有任何益处。武士道的独特性在这里通过与町人、商人举止的对比被强调出来。也就是说武士道指的是超越利益得失，勇敢地冲锋在战场与敌人进行战斗的英勇行为。

“所谓用人不当，如前日所述，（中略）赋于有益于武士道之人以管理米、钱、木材、山林等之责。”（品三十）

委任对武士道有用者以管理米钱的勘定奉行、木材奉行或山林奉行等与军事无关的职位，此乃用人不当。因此，武士道在这里也是指在战场上的活跃状态。

“人以修饰为长与女人无异，女人之道于武士道无益。”（品四十）

过于修饰外表之举等同于女人行为，对武士道是无用的。这里的武士道也指的是男性勇猛的行为。

“与敌人对阵之时，（中略）不懂得军法以及所有利弊者，无法领会武士道，陷于粗暴鲁莽之中，毫无征服对手之心，为无虑之辈。”（品四十三）

作者在部分记述中逐条记载了在战场上不能列入自家军队的武士的几种类型。军阵中的不懂军法及利弊规范的人，必将疏于武士道，只会采取粗暴行动，根本不思考如何打倒敌人，实属鲁莽轻率。这里的“武士道”是指要严格执行阵中军法，采取合乎纪律的行动。

“报父母兄弟之仇者（中略）有仇不报则废武士道，弃武士道者即使头被击亦一味忍让，而头被击仍忍让者，于主君何益之有。”（品四十七）

这一点与发布禁止争执口角令相对，经常成为讨论的对象。而此处是在关于报仇的行文中提到的。其中指出，在自己的头部被别人敲打之时，一味地忍受而不采取任何反击的毫无气概的人，对主君来讲是毫无用途的人。在这里武士道是武士作为战斗者的名誉规则。

《甲阳军鉴》中武士道的概念正如所列举的，可以说基本上以武功为主要内容，指的是战场上的勇敢行为以及足以在战场上建功杀敌的武人之雄风。“武士道”又被称之为“男道”或“侍道”，由此可见它是建立在对女人气、优柔寡断、唯恐丢失性命的怯懦进行否定基础上的精神态度。

所谓的武士道正是作为战场上毫无懦弱、卑怯的勇猛善战的理想规范而登场的，所以才被称为战国遗风。

2. 小笠原昨云的《诸家评定》[①]

《诸家评定》是兵法学者小笠原昨云于元和七（1621）年编纂而成的兵书，全书共二十卷。明历四（1658）年出版了20册。小笠原昨云的生平不详，据鱼住孝至的缜密考证，其大概是小笠原氏隆流的著名兵法学家，是与武田家关系甚深的军师之一[②]。

《诸家评定》详细记述了战国时代诸家大将、家臣、武士等的言行、战场上的攻守之法，将作者的评论以“评曰”的形式加在各条目之后。该书举例翔实，并将事件涉及人物真实姓名、发生时间隐去，将其作为一般事例加以记述。从而使得该书与《甲阳军鉴》及其他武道相关书籍相比，理论抽象度更高，体现近世兵学发展方向，从而使得该书的地位非常重要。

该书中“武士道”使用频率并不是很高，但也出现数次。卷十五“军监之卷”，卷十六“同前”、卷二十“智鉴之卷”都曾出现过“武士道”一词。其用例如下：

“身为武士，无意地之人为弱兵，意地强者必然深思熟虑。无意地者决无忠功。（中略）无意地者于不应动摇之时，抑或因贪图利益、或因畏惧权力而变，今日为友、明日为敌，如此于世俗之间左右动摇之举，只因无意地之由也。此为武士道之大忌。”（卷十五、六品）

坚强意志对武士来说是很重要的。拥有坚定意志的人作为武士在品格方面完美无缺，缺乏坚强意志的人将无法保持忠节，因为没有操守时而会被恩赏的物质利诱所蛊惑，时而会因为对权力者的恐惧而表里不一，摇摆不定。此为武士道之大忌。

“作为武士一味忍所不当忍，定因无意地而遭受耻辱。而当忍不忍则为邪道之意地，其罪更重。分清二者至关紧要。盖年轻者往往一意逞邪道之意地，于父母兄弟使遭灾祸，于朋友使遭痛苦，自身亦受耻辱，此类事多矣。另，过于软弱亦非武士道。由是当向富于经验之武士讨教，以知武法，此为

① ［日］古川哲史、鱼住孝至、羽贺久人“《诸家评定》的研究”（1）—（8）（<武道、体育科学研究所年报>第七号，“国际武道大学纪要”第十八号至第二十一号，2001—2005）。该书“武士道”的用例在卷四、十一品中也有一处（二例），有“诛事望要用心，武士道不见弱于人”之句，同样这里的“武士道”也不是勇武的意思。

② ［日］鱼住孝至“《诸家评定》解题”（《武道、体育科学研究所年报》第七号，2001）。

紧要。”（同上）

当武士受到别人侮辱，如果在不应忍耐的时候唯恐避之不及，就会被认为是懦弱的人受人耻笑；而在应该忍让的时候不能做到忍让被叫做邪道之意的，罪过更甚。但是过于软弱也不是武士道。因此重要的是求教于经验老到的武士，分辨什么时候当忍，什么时候不当忍。

在此令人感到兴味的是，“武士道”和“武法”这两个词的使用范围略有不同。后者主要用于武士行为规范中应该做的、不必做的、不可以做的等内容，均是遵循先例的一些不成文法。而武士道主要用于表现武士应有的形象、举止等与品格相关的概念。

“武士之道，要在言出无违。（中略）故此话不可轻率出口，若非深思熟虑、反复推敲、了如指掌之事切不可出口。”（同上）

在这里用的是“武士之道”一词，其内容是武士言出无违的态度十分重要。因此要谨言慎行，要在心底完全揣摩清楚时再发言。所谓的“武士无二言”的精神是指从不反悔前言，信守承诺的规范。

“修养武士道者，一言亦不可逊于人，即便是微小之事亦要心中有威。故此先要磨炼自身，保持清明之心，毫无偏颇，凡事行正道，不可怀私，如此则有正路之意地，少有打斗争执。若因情势遇如上事宜之时，则可凭其果敢之举获完全之胜利也。”（同上）

武士道在此处指修养自身的精神，意味着保持清明、公平、正直，坚持走无私正道，努力实践道德正义的行为方式乃至精神态度。保持如此的精神态度，就不会惹起无谓的争执，即便是陷入相互争执的状况中，也会凭借其勇武痛快淋漓地获得彻底的胜利。

由此可知，武士道的概念在此并不仅仅是指勇武的举止，还包括通过精神修养向道德高尚的人格理想迈进。只不过那是按照如何使武士具有避免陷入打斗争执的危险状况的智慧这样的脉络展开论说的。

“如果有修养武士道之意志，则不应有如是草率之行动。有如此者，武士道之心不坚之故也。”（同上）

如果有志于修习武士道，就不会有如此轻率行为（指打斗的样子），有这样的行为是因自己心中没有确立坚定的武士道的缘故。

“谱代以主君为敌，无论有如何之怨恨，亦为武士道之重罪，万勿行此

举。”（卷十六、一品）

谱代家臣对主君绝对不可以采取敌对的态度，否则便是那是武士道上的重罪。显而易见，此处是将君臣间的忠义规范作为武士道的内容来阐释。

“若君臣嫌隙，虽有怨恨，亦应遵循武士道尽忠义，非常时刻应战死效忠。”（卷二十、三品）

该书中假定君主无道不肯纳谏时，武士有被驱除出一直伴随的主君之家的可能，这里阐释的是即便如此亦不肯离去之时的心得。

该书提及的“君臣”指主君和家老级别的大臣”，一般的家臣被称为“诸士”。那么，对这样的主君即便是家老们有怨恨，每个家臣也要践行武士道，信守君臣之义，战乱发生时也应战死沙场。

这里的武士道与前面的事例相同，阐释的依然是君臣间忠义的绝对性。

“武士道的本意不仅在于努力、刚健、尽力，只以诚实行动为善。虽读遍日汉军书，皆以诚意为善也。（中略）故专以忠而非专以勇为善也。”（同前）

“武士道”不能仅靠勇武的作用，诚实且表里如一的奋斗状态方可称为善。也就是说保持诚实是武士道中最受尊重的。

《诸家评定》中“武士道”一词的用例并不多。可以说“武道”一词的使用占绝对多数。这种情况下，这些条目中使用“武士道”似乎多少是作者有意识地加以区别运用。

即“武道”仅用于表现作为该书主题的战场上武士所应有的形象，而“武士道”是作为“意地”这一与武士基本精神状态相关的道德规范被定位的。

实际上在“武士道”一词频出的该书卷十五、六品的论述中，从正面阐释了“正路之意地”、“邪道之意地”之类的武士内心伦理。作者将真正的武士的觉悟、精神状态称为“意地”后，对“正路之意地”作了如下规定。

“正路之意地是指不悖仁义，深省自身，恶纵小亦耻之，采纳贤明之言，决不行奸佞事，虽千金万宝亦不取不义之财，虽粉身碎骨亦不忘恪尽职守，虽困苦难耐亦不行短虑之事也。”（卷十五、六品）

也就是将重仁义之德、以恶事为耻、不纳不义之财、忍耐困苦恪尽职守的这种坚强的觉悟、伦理上的洁癖理解为“正路之意地”。与此相对所谓

“邪道之意地”虽然不是指做坏事，也是指一种不良的心性，“无论何事皆是我行我素”，固执己见不纳忠言，结果使他人痛苦，自己受责，死于非状，从而连子孙后代都蒙受耻辱。

应该注意的是，在论述具备如此伦理内容的武士的觉悟、精神准备的各条目中，作者小笠原昨云并没有使用常用的“武道”一词，而是特殊地使用了“武士道”一词。“武士道”在此之后逐渐脱离了单纯的战场上勇武行为的意义，逐渐增强了作为普通伦理的性格，《诸家评定》的意义也许就在于为此提供了一个发展的开端。

3. 如儡子《可笑记》①

近世前期登场书籍中，在武士道概念历史中留有重要痕迹的是宽永年间出版的《可笑记》。

《可笑记》属武士训诫书，共计五卷，宽永 19（1642）年刊行。该书模仿《徒然草》的随笔体例，讥讽世事，训诫当时武士的不知觉悟。该书一经刊行便博得世人好评，在宽永 19 年版之后于万治 3（1660）年又刊行新版，此后又几经再版，直到元禄时代仍有相当多的读者②。

此外，该书在构成近世小说的原型方面占有重要地位，其后有井原西鹤的《新可笑记》之作，又出版了很多以《一休可笑记》、《备前可笑记》为题的浮世草子，直到后世仍受瞩目。

作者如儡子在文中称东禅寺右马头（酒田城主）为母亲的公公，大江右近（直江山城主的家臣）是自己的岳父，因此可以判断他出身于东北地区的较有权势的武士家系，属名门末裔③。其父效力于地方大名家，后沦为浪人，于举家辗转颠沛的途中病死，作者由母亲一手带大。此后随母亲来到江户寻求仕途，未果，便隐身于市井。

作者一生颠沛流离，但其身为武士极富自豪感，精通诸学诸道，学识修

---

① ［日］《德川文艺类聚》第二（国书刊行会，1914 年）。该书基本上依据宽永十九年版《可笑记》（只有卷一为无刊记本），另外关于《可笑记》的材料可以参照深泽秋男“关于《可笑记》的各种版本”（“文学研究”第二十八号，1968 年）。

② ［日］秋泽秋男“‘可笑记’的读者”（“文学研究”第二十六号，1967 年）。

③ 关于《可笑记》的作者有各种说法，有人主张应将其视为元和 8（1622 年）年被改易的最上家旧臣（野间光辰“如儡子系传考”《近世作家传考》中央公论社，1985 年）。如儡子被认为是最上家旧臣斋藤亲盛。

养水平之高，实在令人惊叹。此外也许是为了糊口，他在本草、医道方面的知识也很值得关注。尽管该书是出自有着如此经历武士之手的训诫读物，并且其中“武士道”一词频出，但也许因为它不是所谓的武士道书，迄今为止在武士道研究方面还没有就该书作过很深入的探讨①。

但该书在考察近世武士道论的历史方面仍占有重要地位。因此本文将用一定的篇幅对此书进行分析。该书中“武士道”出现的用例如下表所示，其用例之多竟达十三条（十四例），此外还频繁出现近义词“侍道”。

虽然该书中此类用例的出现次数远不及《甲阳军鉴》，但考虑到《甲阳军鉴》是二十部的大部头书籍，《可笑记》中的“武士道”用例在包括专门的武士道书籍在内的所有典籍当中还是值得关注的。

《可笑记》中“武士道”用例表

1. “武士道”不言而喻，即便是诸艺万能天下第一，亦不可有丝毫骄傲。”（卷二）

2. “为侍者唯应用心武士道，意志刚强。”（卷二）

3. “便如武士道无双之甲州信玄家中，亦是唯有利用铁炮，方可成诸君之功也。”（卷二）

4. “为上者若肯抛欲心，怀慈悲，守义理，彰显武士道之吟味，则为下者亦能薄私欲，赴仁义，看重侍道之吟味。”（卷三）

5. “应对诸侍施恩惠，定军法，加强武士道之吟味，信守仁义。”（卷三）

6. “过于沉湎和歌、连歌，（中略）即便受人赞誉，亦是轻慢于武士道。”（卷三）

7. “学文，于人虽乃无上之物，毕竟可致不奉公之举，于武士道亦有偏离之嫌。”

8. “武士虽两三度立功者，如不穿凿武士道，则不可称之为好武士。”（卷三）

9. “不谙武士道之卑怯者，对其处罚或驱逐，则可写诉状呈交信玄公，不穿凿侍道者，即使三五度立过功勋，亦与怯懦者同。”（卷三）

10. “直至五十年前，日本举国战乱，少年不习文化、艺能，唯以武士道为重，因而其心自正，虑事周详，亦少有愚昧者，此故老之言也。”（卷四）

11. 甲州信玄之处亦设监视之职，（中略）勘查武士道之吟味如何，众人之忧喜如何，可酿国家富贵或衰弱之事，奉行官吏徇私之有无，贪婪无道者之行为，由是（中略）家中万事澄明而合乎道理，武士道之吟味愈强。”（卷四）

① 关于《可笑记》中的武士道论三田村鸢鱼早有论述（前揭“武士道之话”）。

续表

12. “如今对年轻之侍说起吟味武士道，磨练刚强意志，便误认为是在朋辈中粗犷，些微小事亦逞霸道，瞪眼挥拳，恶语相加，大打出手，直如鸡、犬、猫儿之类。”（卷五） 13. “所谓武士道之吟味，不虚言、不轻浮、不奸猾、不诡辩、不贪欲、不无礼、不自满、不骄奢、不诽谤、不渎职、睦朋辈、气量宽宏、关心提携旁人、深怀慈悲、谙通义理，切记唯此为重，仅不惜生命者非好侍也。”（卷五）

［参考］“侍道”用例

“居于饮茶雅室之隅，尽弃长刀短刃，耽于一己嗜好，此为侍道之大敌，不应如此。”（卷一）

“为人所仇者，多少应存几分怯意，行事留心，（中略）然云怯懦者，犹云侍道不穿凿，但无论如何，不为仇家所讨，方是大功，古之定法也。”（卷二）

“侍道应强于战技，口角打斗乃不应有之为。”（卷二）

“所谓侍道不穿凿者，心无慈悲，不知义理，骄傲自大，对人贬损嘲笑，恶意揣度，且强词夺理，贪婪无道者也。”（卷三）

“虽不喜马，然不好马者便废侍道，如中间足轻一般，枉其为侍。”（卷三）

“古时有是人，于是时，忽然而来，对某人抒异见，嘲他背离侍道，行仪不堪也。”（卷四）

“所谓大将之城郭者，守五常，立法度，定军法，彰显褒扬侍道之吟味，施恩重情，举贤良任家老、出头、役人职，慈心怀众。”（卷五）

“所谓军法者，当今人皆以为只合战事为军法，其实绝非如此。主君于诸侍重情施恩，体恤下情，不惜身命，且有侍道之吟味，乃首要之军法。”（卷五）

上表中列出的“武士道”语义以及概念，可以总结出以下几点：首先，“武士道”与“侍道”的关系如用例4所示：

“为上者若肯抛欲心，怀慈悲，守义理，彰显武士道之吟味，则为下者

亦能薄私欲，赴仁义，看重侍道之吟味”（卷三）

这条讲述的是应有的君臣形象。如其所示，前半段指的是主君形象“抛欲心”、“怀慈悲”、“守义理”，后半段讲述的是理想家臣形象“薄私欲”、“赴仁义”。从这一对照来看，前半段的“武士道”和后半段的“侍道”是等价的。

在此，还有必要注意，这里产生了“武士道之吟味”这一常用词。该书中反复出现了这一表达形式。它在前述《加藤清正掟书》、《叶隐》等近世武士道论中是屡见不鲜的关于武士道的基本用语。

于是下面的问题是，所谓的“武士道之吟味”是什么，包含怎样的意义。以用例5中“定军法，加强武士道之吟味”来看，它的意思正如字面所示是指战斗者面临战斗的精神准备。

用例8、用例9中有“不穿凿武士道”一句，可以将其视为对“武士道之吟味”的否定。此句是《甲阳军鉴》中所引（品四十上），出自武田信玄麾下有名的大将山县三郎兵卫之口。山县的“寄骑”中有大熊备前和平野久介两个人，二人均在参加对上州箕轮城的攻击中立下战功，受到嘉奖。但信玄对大熊的赏识更胜一筹，平野对此心生嫉妒，嘲讽诽谤大熊，为此遭受流放。该句便是对此事的评论。

当然这是一个军事话题，但是应当注意的是，这里“不穿凿武士道”指出了嫉妒他人功劳、进行中伤诽谤的扭曲心态，将问题聚焦在对超军事的普遍的人性、道德性。这里对于武士道概念被局限于武力、勇武、战阵等军事、战斗场景的情况来说是一种超越，从而构成了这一概念向更为广阔的一般性道德发展的契机。

实际上，《可笑记》作者继此之后大大拓展了自己的武士道观，正如其指出的那样：“所谓侍道不穿凿者，心无慈悲，不知义理，骄傲自大，对人贬损嘲笑，恶意揣度，且强词夺理，贪婪无道者也。”（卷三）

也就是说，对于作者而言，武士应该践行之道不仅仅是战场上屡立战功，更要怀慈悲、知义理、举止谨慎，保持不嫉妒他人、不仇恨别人、不妄吐虚言、不贪婪无忌的心态。“穿凿武士道”是指努力争取最终达到这一精神境界。

［《可笑记》中武士道概念］

作者在用例13中似乎在对武士道观进行了总结，认为武士道的内容即“武士道之吟味”是一种不虚言、不轻浮、不奸猾、不诡辩、不贪欲、不无礼、不自满、不骄奢、不诽谤、不渎职、睦朋辈、气量宽宏、与人和睦并称扬他人、深怀慈悲、严守义理的精神态度，徒有不惜性命的勇猛并不是最好的武士。卷三中关于“侍道”穿凿的表述亦基本相同。

这是《可笑记》的“武士道”内容，与战国时代充满血腥味“武士道”相比显示出很大不同。“武士道”明显发生了变化，在持续的和平中，它发展成一种充斥着道义论的表述。《可笑记》在武士道概念发展史中的作用是重要的。

该书历经出版再版，直至德川时代仍广为捧读。而且，对于后文将提及的近世武士道的代表性书籍大道寺友山的《武道初心集》，该书在思想上给予了极大的影响。从以上两方面也可看出该书在武士道概念发展史上的地位。

[《可笑记》中教养的背景]

《可笑记》中是如此发展武士道概念的，我们也有必要注意一下作者文化背景。这是因为，历来的武士道研究都认为该种含有道义性内容的武士道论，是受儒教系统的士道论影响的士道型武士道论，与《甲阳军鉴》、《叶隐》等原始武士道属于不同的体系。但是，必须指出《可笑记》的论述从根本上质疑了这样的划分方式。

作者虽然在《可笑记》中展开了上述具有浓厚道义性的武士道论，但作者本身并不是儒学者，他仅仅是一个武士（当时他是个浪人）。通过该书中如下有趣的记载，我们可以了解其文化修养的情况。

“东国之侍识佛道、儒道、歌、连歌、诗作等者，百人中至少七八十人。”（卷二）

这是关于关东武士文化修养的条目，使人略感意外的是，该条体现出，在《可笑记》记录的宽永年间，一百人中就有七八十人具备佛教、连歌乃至儒学这样基础性的文化修养。

再如，在招待客人时，房间里装饰物是“四书、七书、假名书写的养生论、徒然草、甲阳军鉴、砚台、纸张”（卷三），说明儒教的“四书”、《孙子》、《吴子》、《六韬》、《三略》等五经七书、养生书等已经被认为是武士文化修养的象征了。

还有，作者认为“侍者应通晓仁义二字，仁为慈悲，义为义理”（卷三）。体恤家臣、恪尽军役、善待朋辈都是武士应该做到的，但根本是切记仁义二字，仁就是慈悲，义就是义理。

这里提出了“仁义”这一儒学的核心概念，但重要的是，这并不是专业儒学者的儒学式说教。因为用佛的慈悲来解释“仁”是专业儒学者所厌恶的，把“义”看做武士社会习俗概念的义理，也被认为是极其低俗之论，不为儒学者所用。

故此应该这样理解：虽然该书的论述中使用了儒学的核心概念，但却不等同于专门的儒学性说教。应该将其理解为武士社会中自然形成的武士通俗道德，可以说它反映了武士道概念在近世武士社会中向前发展的一个阶段①。

也就是说应该理解为：实际上并不存在非儒教式武士道和士道式武士道这两种类型，而是武士道概念自身经历了这样一个过程，脱离原本的战场上勇武行为的观点，援用了近世武士一般具备的佛教、儒学相关的基础文化修养，同时为适应日常生活中持续和平的社会向德义论的武士道发展演变。并且在极致之时，竟达到下文所述的“为磨练武士道的格物致知的学问”这一境地。

4. 石田一鼎《武士道用鉴抄》②

石田一鼎名宣之，通称开始为神左右卫门，后改为安左右卫门，号下田处士，晚年称一鼎。宽永6年（1729年），生于佐贺藩锅岛家家臣（俸禄200石）之家。自幼勤奋好学，废寝忘食，励于修身，其学问可谓通百家之书。十七岁时继承家督，被任以藩主锅岛光茂的近侍，信任尤厚。

明历3年（1657年），藩主锅岛光茂去世时遗命其做世子纲茂的侍讲。一鼎更加尽心尽力辅佐纲茂，但也许是由于一鼎的直言不讳，于宽文2年（1662年）因顶撞纲茂而获罪，被迫蛰居于松浦郡山代乡。

八年后获释移居佐贺郡梅野邑下田，自称下田处士，悠然于风月诗文，培育子弟。四方为其精神所感，远近子弟多来求学。《叶隐》的作者山本常朝受一鼎影响最为深刻。被世人称为叶隐武士道的源流正是在于石田一鼎的

① ［日］秋泽秋男“‘可笑记’和儒教思想”（“文学研究”第十九号，1964年）。

② ［日］中村郁一编《叶隐全集》（五月书房，1978）所收。

武士道精神。①

一鼎于元禄6年（1693年）去世，享年65岁。《武士道用鉴抄》便是下田时代的著作，篇末落款记载着“宽文十二壬子岁中秋于下田草堂书也”，由此可知该书成于宽文12年（1672年）。该书正如书名所示，以武士道的精神状态为主题展开论述，序言之后接着是“武士道”、“先祖名字”、“毕竟御用”、“或问”、“士艺”、“奉公之故实”六个部分，卷尾附名为“忠敬目录”的武士道纲要。

“武士道中浮躁不可取”（“序”）

该书在此初条之后设立的两条分别是“一、先祖名姓切不可绝”与“一、毕竟为主君所御用”，并且以此三条为武士要谛。毫无疑问《叶隐》开篇著名的四条誓言的渊源便在于此，显然《叶隐》成书是受一鼎武士道论影响的。

“虽言道无两条，实应遵守，然世俗各异。若论武士道则有三段。一为士之意地，二为如睦，三为甲胄也”（“武士道”）

武士道要谛有三。第一所谓的士之意地是指以忠孝为根本。一鼎的忠孝论独特，意味着天地万物一体超越生死的意境。第二所谓如睦指的是君臣和、父子亲、朋辈熟、妻子眷属和睦的和顺状态，最为重要的是击败有损武士意志的内心之敌人。第三所谓的甲胄是指包括己身在内治国安邦。在此以仁义礼智信五常为基本，此五法具备则必蒙天道冥加，命运强悍内外敌均不可破。

“神道以不可思议为宗旨，彰显脱离佛法三界的不可思议之体，亦显儒道治国平天下之不可思议之要，（中略）此皆与武士道相应”。（“或问”）

上文是对究竟是佛教还是儒教与“士之道”相应这一设问的回答。“外行仁义，内归三宝，此为神国之法”，神道、佛教、儒教三教一体为神国日本之原理，武士道与这一思想有着相通的关系。

或许将一鼎的武士道称之为“神儒佛三教一体的武士道”更为合适。

① ［日］前揭《叶隐全集》解题。

四、近世中期即18世纪的武士道用例

1. 山本常朝的《叶隐》①

论及德川时代的武士道，《叶隐》无疑是不可或缺的书目之一。尤其本文的课题是以“武士道”一词为核心探索武士道概念史，因而发人深省地指出“武士道即寻死所也”的《叶隐》无疑具有极其重要的意义。

《叶隐》中“武士道”一词的用例不胜枚举。首先该书的开篇便列出山本常朝平日所信奉的四条誓言，第一条就是“奉行武士道者绝不迟疑”。武士道对他而言是比第二条“应为主君所御用”还要优先的行动原则。

就是说，“武士道即对死的狂热，（中略）若行动时尚有思虑辨别，便成迟缓。无需虑及忠孝，武士道中只有死狂，由是自然内涵忠孝”。就武士道而言，如果能够毫不迟疑地采取行动，忠孝德目亦会自然实现，由此可以看出山本自身将武士道的实践绝对化了。

可以说，《叶隐》中以如此强烈的精神能动性和行动主义构成了武士道精华的一个方面。不过本文不准备对该书的武士道论做深入研究，而是想继续往下论述。

因为《叶隐》在德川时代并不很公开，只有部分人知晓，② 本文是以研究“武士道”一词及其概念的社会性扩展、变迁为课题的，所以姑且将《叶隐》放在一旁。

《叶隐》在本文论述中具有的是如下意义：即《叶隐》作为武士道著述也许并未对同时代或后代的产生影响，但是它作为一种记录，可以证明武士道这一词汇和概念已经着实渗透到了九州佐贺地方，并且当地已经确立了首尾一致的行动规范说教。这一记录不仅有效，而且是极为重要的证据之一。可以说，《叶隐》证明了在18世纪的日本社会武士道一词和概念出现了全国性的普及。

---

① ［日］和辻哲郎、古川哲史校订《叶隐》（岩波文库，1940年）。

② 但是，有人就该书指出，幕末时在佐贺藩内，以“叶隐会”为名的读书会在藩士们之间展开，藩内渗透着该书的精神（前揭《叶隐全集》解题）。

2. 大道寺友山和《武道初心集》[1]

大道寺友山于宽永16（1639）年生于京都伏见，名重祐，通称孙九郎，号友山、知足庵。其父效力于家康第六子松平忠辉，在忠辉被改易后沦为浪人。友山长大后来到江户先后师从小藩景宪、北条氏长、山鹿素行等修习兵学，并学习儒学。

友山讲授兵学，游历于诸侯之间，曾在会津松平家寄寓一时，离开后居于武藏国岩渊闭门不出，晚年被召请于越前松平家，极受恩遇。享保15（1730）年，死于江户，享年92岁。

大道寺友山著述甚丰，其中有《岩渊夜话》、《骏河土产》、《落穗集》等。以武士道为题的著作是其在晚年即享保年间汇总的《武道初心集》。该书用五十六条的篇幅论述武士精神，开篇即是"身为武士，自正月元旦清晨举箸欲食杂煮年糕之时始，直至其年除夕之夜，日日夜夜将死常挂心中，以之为本意。"令人印象深刻。

其实《武道初心集》除了这五十六条的原本外，还有三卷四十四条的版本[2]。这是天保5（1834）年在信州松代印制发行的版本，被称作是松代版《武道初心集》的改编本。关于这一版本将在下一节涉及，这里就原本《武道初心集》探讨其中的武士道论。

"武士道知本末，以妥善处事为重"（第四条）

这是阐述武士首先应孝亲长的训诫。作者说，即便是天资聪颖才能过人，如不孝敬长辈则一无可用，正所谓"忠臣求于孝子之门"，武士道的根本在于孝。在此是以武士的人伦体系来阐释武士道的。

"身为武士，应心中深明义与不义之分，专门行义，戒行不义，武士道云者，义与不义即为善恶二事，义即善，不义即恶（中略），违背义理行不义非武士之意地"。（第五条）

义与不义被友山规定为善恶的概念，并将武士践行义的内心态度称为"意地"。"意地"一语是在《甲阳军鉴》及前述小笠原昨云的《诸家评定》频繁出现的武士道核心概念之一。

---

① ［日］古川哲史校订《武道初心集》（岩波文库，1943）。这个"原本、武道初心集"的底本是传到松代的抄本，文政11（1828）年，由松代藩士高田法古（通称几多）所抄录。

② 同上，解题。

“所谓武士道之学文，于内要心中修道，于外要行动守法，此外无他。所谓心中修道，虑事之际遵从武士道正义正法之理，不可有丝毫不义邪道之念。（中略）所谓行动守法，则有二法四段之详。二法者一为常法，一为变法，常法内又有士法、兵法，变法内亦有军法、战法，如是四段。”（第六条）

这是武士道的下位分类概念，武士道的概念按照日常的平时和特殊的战时分为二法四段。二法之中首先是常法，由士法和兵法构成。所谓士法指士君子的礼法规矩，包括注重仪表和待人接物，勤于读书习字，熟悉武家古来的典制章法等。兵法是指习练剑术、长枪术、骑射、火器等。

变法是指从平日里就要具备的防备特殊事态发生的心态。其中军法是指脱去日常礼服披挂临阵的行动规范和心态。所谓战法是指战阵中“备”的配置方法，人数分派等遇到具体情况时应变方法。

《武道初心集》的特色在于将世人所称的儒学武士道定位为武士道的下位概念。大道寺友山身为山鹿素行的弟子，当然熟知素行的士道论，但是，他的观点不同于其师偏离武士道重于士道论的观点，而是将素行的士道论作为武士道的下位概念融合进来，明确坚持武士道的固有立场，可以说这才是友山武士道论最重要的观点。

这个观点将融合了士道论，整合了武术、战法在内的行动规范体系称为“武士道”，并赋予能够完美地实践此道者“上品武士”的最高地位。

“于武士道，无论心中如何守忠孝之道，若行动不尽礼仪，则全不合忠孝之道。主君之事自不必言，于亲长之前失礼怠慢亦非行武士道者可为。”（第八条）

上文为礼仪论。在践行忠孝这一点，武士与士农工商并无区别，但作为三民之师立于其上，仅仅践行忠孝是不够的，必须将其以具体的形态表现出来，即必须严格地遵守礼仪。严守礼仪亦成为武士道概念的内容。

“武士道以刚强意地为首要，此乃必须之义，然过于强调坚强则为乡野村夫之体，位于乡间小民之上之武士不应效此。学问和歌茶道虽说皆非武艺，稍许知晓亦是雅事。”（第十六条）

这里奖励文雅，武士道如果只强调刚强则容易过于粗野，不适合武士的身份。学问自不必说，闲暇之余咏歌品茶亦是好事。当然，如果沉迷于歌道、茶道，醉心于收集名物、古董，则被认为“有失于武士道之正义。”

“武士道中最为重要的是忠义勇三项，兼具忠义勇三德之武士为上品之侍。”（第二十七条）

此为大道寺友山武士道的总论。对主君的忠勤、节义的操守、坚强勇武的意志品格，此三者为武士的根本道德，三德兼备者并认为是最高级的武士。将忠义勇三德作为武士的行为规范首先重视起来，这是继承了《甲阳军鉴》的思想，在这一点上可以说《武道初心集》占据了武士道精神正统继承者的地位。

“即使蒙受无理申斥，亦当承上意，（中略）虽说如是，若关武士道事，则当特别申述缘由。”（第四十五条）

上文虽然陈述了对主君之命的绝对尊重，指出顶撞主君实属大逆不道之大罪，但同时指出，如果事关武士道之根本，则必须遵照适当的程序如实禀明。武士道在这里是关系到“一身荣辱”的名誉的规范。

以上就《武道初心集》中出现的“武士道”主要用例探讨了该书的武士道论。此外本人还想指出若干在思考友山武士道论方面比较重要的地方。

其一，前面所述的开篇句，从“身为武士，自正月元旦清晨”开始到“日日夜夜将死常挂心中，以之为本意”这一段。这里是在宣告身为武士者应时常在心底深处做好面对死亡的准备，以此为第一要务。

但是，《武道初心集》所述的死亡的意义绝不是以死作为武士的最终目标。该书无非是在表明，如果做好如此的心理准备就自然可以“实践忠孝之道”，同时可以“摆脱一切恶事灾难，其身无病息灾，寿命长久，品行高尚，其德甚多”（第一条）。

其实，这种思维方式和《叶隐》遵循着同样的轨迹。《叶隐》中的名言“武士道即寻死所也”亦是在说明只要具有这样的精神准备，便会“于武道得自由”，可以“一生无过，恪尽家职”，也就是说将武士道职责在整个人生中完美无缺地实现。《叶隐》的真正意义是在于说明如何才能实现武士完美的人生。①

所谓武士道是死亡的说教，抑或是在死亡中成就武士道，这样的理解只不过是脱离了书中语句任意编造空想的产物，这是很明显的了。

---

① 拙作《武士道　其名誉规定》，教育出版社第2001年版第44页。

接着是大道寺友山在思考武士道论的性格方面让人颇感兴趣的是其独特的殉死论。殉死被幕府禁止由来已久，并且仅就伴随主君一点考虑，死亡也不是一件有意义的事。

但是，如果御家、藩中有专横跋扈的奸佞之臣，“全家均以为恶者”、“十人中九人以为恶者”，友山提出，一个好武士应杀死奸人，并当场自行切腹。

因为出现此类奸臣会使家中混乱，甚至发展为御家骚动，导致受到公仪裁判。到时候主家会蒙受灾祸，有可能遭到绝家的惩罚。考虑到这样的后果，杀死佞臣而后切腹而死的做法就是将御家危难防患于未然的牺牲精神的体现。友山提出，比起单纯地追随主君身后切腹而亡，这是一种意义深远的自我牺牲的行动。

这种想法是现代人很难接受的，但无论好坏，我们应该理解，这也是武士道思维方式一个独特的侧面。

并且该书还作如下阐述：

“为武士者，以信为武道之正义，（中略）既受人之托，便一身承担，不辞辛苦，事有急时，为主君父母兄弟可抛之性命，亦可抛与此也。”（第三十七条）

这里指出，作为武士只有具有可以信赖的气概才是武士道上的正义。“委托——承诺”这一情谊式的呼应才是武士道中规范人际关系的基本要素。[①]作者断言，一旦接受他人的请托就有可能出现不顾主君、父母兄弟而为此放弃生命的情形。与忠君、孝亲相比，武士间相互的承诺更为优先，甚至可以毫不犹豫地为其舍弃自己的生命，这就是友山武士道论的主旨。我们应该说，这也证明了他的武士道论作为战斗者的规范承载着武士道的正统。

基于“委托－承诺”这一情谊式的呼应而展开的武士道的世界，在近世中期，18 世纪的武士社会是真实存在的，下文所讲述的“武家宅院奔入习惯”可以表明这一点。

---

① ［日］相良亨《武士道》（塙新书，塙书房，1968 年）。

3. 武士道的武家宅院奔入习惯[①]

德川时代的武士社会存在这样的惯例，如果一个武士在争执决斗当中杀死对手，跑进附近任意一家武家宅邸寻求保护时，该宅邸的主人将把这个武士藏匿起来并拒绝交给追赶的一方。这是基于武士道的行为习惯。笔者姑且将其命名为“武家宅院奔入习惯”并于1980年公布于学界。

通常，在争斗中杀死对手受到追赶的一方在奔入附近的武家宅院寻求保护的时候，作为宅院主人的武士确认此人在该场争斗中没有胆小怯懦的表现后会藏匿这个投奔者。这大概是因为投奔者作为决斗的胜利者应该受到尊敬，这样的勇敢者请求庇护时，把他从困窘中解救出来并加以藏匿被看作是基于武士道的当然的义务。

自然，这一武家宅院奔入习惯被幕府以及诸藩的法令所禁止。尽管如此，它仍然作为近世武家社会的一种独特行为习惯一直延续到幕末。在处于持续和平状态的近世武家社会，争执决斗和武家宅院奔入习惯以及作为其必然归结的斩杀敌人这一系列过程是武士作为战斗者的本性得以充分发挥的机会，正因如此，虽然以幕府为首的公共权力试图进行禁止和压制，最终却不能实现。[②]

就本文议题来说，重要的是，作为近世武家社会普遍现象的武家宅院奔入习惯，是在武士道的名义下被谈论、被认知的。

例如下面的柏崎永以的随笔《古老茶话》[③] 的记事所述。

德川家老中、若老中、大目付、三奉行、十人目付等人宅院，若有杀人奔入者，或有他事求庇而奔入者，要将出了结事端，不可以武士道藏匿之。此乃大法，与诸家不同。

德川家的老中、若年寄、大目付、三奉行（寺社、町、勘定三奉行）、十人目付等担任幕府要职、监察职的武士，如果有人杀了人投奔到宅邸或因其他事情投奔请求藏匿，务必将其送出了结事端。不以武士道而藏匿，此乃大法。作者解释说这与诸家情况不同。

---

① 拙作《近世武家社会的政治构造》第三章附论“近世武家宅院奔入习惯”（吉川弘文馆，1993年）。

② 同上。

③ ［日］《日本随笔大成》第1期11（吉川弘文馆，1975年）。

该书的成书时间不详，但国学者柏崎永以死于永安元年（1772 年），另外该书记载的年代最晚到元文 5 年（1740 年），因此成书应该是在 1740 年之后不久的事。

上述史料表明，这个时代奔入习惯是普遍存在的，它的性质与幕府的公共权力并不相容，而且一般的武家社会中在武士道的名义下保持着这一惯例。

津藩的幕末儒学者齐藤拙堂所著《士道要论》[①] 中也有说法证明这一点。

近世武士之家，有所谓自然武士道者，谓即使不知定法，亦可自然合道，其实多不能免于私心偏见。试论一二者，以追随主君殉死为忠，以藏匿亡命之人为义之类，此皆孟子所谓不义之义也。（六、士道）

在这里，作者谈到武士世界中被称为“武士道”的行动方式，举出殉死之风和武家宅院奔入习惯作为显著例子。可以说，武家宅院奔入习惯在德川时代的武家社会是代表武士道（作为战斗者的精神侧面）的行为。

4. 石丸东山的《武学启蒙》[②]

石丸东山名正之，又称弹正。追溯其家系，原本是越前松平家的家臣，因故失去藩藉后，石丸家代代以浪人的身份住在越前。东山自幼勤奋好学，长大后来到京都，在朝臣伏原宣条门下习古学，并在那波鲁堂修习朱子学。同时东山还倾力钻研家学武学，研究中国和日本的兵法战略，可以说是文武兼备。[③]

《武学启蒙》是东山晚年所著，开始是“武士心得二十一条”，以下提出“武士所耻十七条”，此后又论述了万事应立根本、心系恩义奉公、学习礼仪典制、致力学问修养、钻研军学兵法等大约十五项。

据东山在开篇自序中说，该书是以其父鎗莽（十郎左卫门武英）为其所写的关于武学的笔记为基础，加上了体现作者思想按文而写就的。成书目的是为东山之子大吉郎以及门人提供一些经验教训。

该书的成书时间根据东山的自序判断应该是享和元年（1801 年）正月。但该书的刊行流传根据其门人所付序文可知是文化 3 年（1806 年）。

该书关于武士道做如下阐释：

---

① ［日］《武士道全书》第 6 卷（时代社，1943 年）。

② ［日］《武士道全书》第 5 卷（时代社，1943 年）。

③ 同上，解题。

“第五，当忍而不忍，不当忍而忍。

武士道不吟味则无心之守，处世荒唐，应以为耻”。

这“武士所耻十七条”训诫中的第五条。前半段关于忍的论说是其父鎗葊所作，“武士道”一词是在东山的评说解释中出现的。他认为，不能分辨什么该忍，什么不该忍，是由于平日疏于对武士道的体会钻研，懈怠于内心之防备，对事物的处理过于草率。“武士道”在这里指的是武士社会中被认可或否定的具体的社会规范的总体，可以理解为武士社会的不成文法。

“第十七，稍有时运则骄，稍不如意则馁。

为一时之势而惶急，无坚固之武士道所成之心之守，应以为耻。”

同样，这是“武士所耻十七条”中的最后一条，其中的“武士道”也是出自东山的评说解释。并且，接下来与“心之守”的表达相对，与前面第五条如出一辙。由此可知，对于东山而言，“武士道”概念与武士内面的“心”紧密相连。从第十七条原文中对随波逐流无定见的批判来看，可以将“武士道”理解为武士自身牢固的信念。

“唐如何虽不可知，但日本的武士行为坐卧，如有片刻遗忘武士道，则如鱼儿离水，士之规格崩坏，其身难立。”

这是其父鎗葊的训诫文中所见的言论。文中指出万事有“方”，古有古“方”，今有今“方”，中国、日本各有其“方”，是自然的道理。也就是说这里的“武士道”，是与中国文事优先的国家特征相对照而言的，它的内容是以尊重武艺、充实武备的用心。

“心性不正直方为胆怯之大要。一，处事失策；二，精神颓丧；（中略）六，疏于钻研，不知武士道。”

上文是鎗葊训诫正文中的一节。日本因其为神国，故而具有崇尚正直，厌恶不具慈悲、心灵污秽的国家特征。心性正直者因其知耻，所以万事皆践正道（“正路”）而行，无谄媚、轻薄之事，此于武功亦是关键之处。

与此相对，不正直为胆怯之重大关键。上述引文即关于这一点的论述。这里的“武士道”可以看作是狭义的关于武功之内容。但同时我们也应该注意，《武学启蒙》书中所展开广义的武士道论，是上文所述神道的正直、清明之心等德义论以及儒教、佛教德目中所包含的、并以其为依据的人格规范。

“第七，若行正道，关系不睦之人有好行为亦加赞赏，此为武士道之所强，令人畏服。不正直者，以己心度人，如此。”

上文也是继前条之后对不诚实者的责难。这里出现了“武士道之所强”这一令人印象深刻的表达形式。即便是平日里关系不好的人，如果做了好事，也能够对其加以称赞，此为“武士道之所强”。这是因为，作者将武士道理解为不被外界的情况或条件所左右的、判断是非善恶的内在信念；因为，能够公平地赞扬关系不好的人所做的善行，是一个武士内心信念牢固的客观佐证。

“有云，一身清明则志气如神。虽不能及大小、上下、时运叙位之别，亦不能及利世安民之大业，然义之所在，自此清明之中来也。（中略）故此于物少疑，卓然公行。岂非堂堂之武士道乎？”

这是该书接近末尾所论述的结论部分，是东山承接上述其父鎗莽的正直、不正直之论的解释评说。前文也有这样的论述，看了此处的论说便会更加清楚，该书中的武士道是以高尚的神道清明论为基础的。可以说，该书所论的武士道一直专注于探究内心的形态，将武士道作为内在规范进行论述，这一点也与此相关。

五、近世后期即19世纪的“武士道”用例

1. 中村元恒的《尚武论》①

这指的就是中村元恒的武国论。元恒是信州高远藩的儒学者，通称中书，号中倧。安永7年（1778年）生于信州伊那郡本乡村，上京后师从猪饲敬所等人，文正7年（1824年）应高远藩主内藤侯所招赴高远。此后永嘉2年（1849年）因藩士所为而连坐获罪，永嘉4年九月去世，享年七十四岁。

题为《尚武论》一书是于嘉永三年由元恒之弟沼津藩医师中村元敬刊行问世。元敬在说明中指出“该书为家兄所著，昔日曾见示于吾”，由此可知该书的成书年代距该年十分久远。该书中记载“近闻有外贼来者”，由此判断外国船只出没日本海大约是在19世纪前半期。

该书为汉文体，开篇以“吾邦乃武国也，西土文国也，文国尚文，武国

① ［日］《武士道全书》第6卷（时代社，1943年）。

尚武（中略），我邦有武，我邦自然之道也”始，提出我国的特点是自神代始即以武为首，力陈与中国重视文治不同之缘故。该书积极地称扬“武士道”，作为专门的儒学者之言是难得一见的。

“我邦武国，自有武士道，此不及儒道、不用佛意，我邦自然之道也，文国尚孝，武国尚忠。”

我国为武国，自然有武士道。武士道不是出自儒教、佛教，而是我国固有之“自然之道”。以文治为根本的中国、朝鲜重视孝亲，武国日本则重视对主君的忠义。

“夫真田幸纲叛父事君，九鬼守隆助君攻父（中略）。未闻有以斁天伦谤之者，此则我邦武士道也。”

真田幸纲（或曰真田新幸）背叛父亲跟随主君，九鬼守隆帮助主君进攻父亲（关原之战）。虽然他们背叛亲长犯下大不孝，但从未听人批判他们蔑视天之伦理。究其原因是因为我国以武士道为人伦之根本。

“他如妇人女子、杀身立节操者，渠等初非学道者，我邦自然武士道，自然而识之也。”

连妇人女子都能够在万一之时杀身保持节操，这并不是因为学习了儒学伦理，而是因为我国有武士道作为自然之道，他们能够自然而然地认识到这一伦理。

“徂徕曰武士道创于战国，恶习也，闇斋曰，我邦有异端所谓武士道是也，云云，此皆僻之于儒言也。”

荻生徂徕认为武士道是创始于战国时代的恶习，山崎闇斋认为武士道是日本社会出现的异端说教，此皆为儒者之流的偏见。作者对徂徕、闇斋等儒教纯粹主义者对武士道的批判提出反论。

“我邦苟无武士道，则武士不武士也。”

我国如果不存在武士道，那么武士将不再是武士。

“我邦之武，以弓马为重，故武士曰弓执、弓马家（中略）。又邦人称武士道曰弓矢礼。”

我国的武术最为重视弓马之技。故此称武士成为“弓执”（持弓者）或“弓马之家”。武士道亦称为“弓矢之礼”。

“近代大石良雄者，躬干，国家之令，为其主能报其仇，而俟罪阙下，此私则存忠，公则重法，可谓两得也，武士道自当如此耳。”

在近代，大石良雄的作为才称得上是杰出。即便违反幕府法令，也要为其主人诛杀敌人，之后等待幕府处置。这是在与主君的私人关系中贯彻了忠义，于公共政治的观点尊重了国家的法律，两方的大义均得以保全，所谓的武士道正是如此。

“国家之法，固重于泰山，则虽愍其忠志，而不能枉法行私，侍以武士道，而赐死，重法恤忠，而新天下之耳目。兴起武士道。”

这也是关于赤穗事件的评价。国法重于泰山，即便是武士对主君尽忠义之志亦不能枉法徇私。但是，幕府赐予他与武士相配的、基于武士道的切腹这一死亡形式。这便是重法护忠之故。如此使天下人耳目一新，武士道得以弘扬。

中村的武士道如上所述。虽未儒者，但却一反世间一般儒者流于中国之风、尊文事、篾武事之常态，提倡日本本来的“自然之道”在于武士道，应该基于育人治国。

中村的武士道论非常气宇轩昂，但是却令人感到，该议论正是反映了现实社会中武士道论的衰退之势。17、18 世纪的武士道论是以武士道的一般存在为前提，一方面围绕武士道论的轶事论说武士应有的精神状态，一方面指出武士道仅仅勇武尚且不足，还必须兼备德义内容。与此相对，中村的武士道论主张武士道才是我国自然之道，从而成为一种武士道复权论式的观点。

而且，中村没有公开发表自己的论说，大概是因为清楚自己的观点不会为世人所接受吧。应该说，这一论说在幕末日本面临外来国家危机的状况下，在人们广泛认识到国防重要性的时候，其意义终于变得鲜明起来。

2. 松代版《武道初心集》①

前文提到的大道寺友山的《武道初心集》曾以抄本流传于世，幕末时该书得到由书肆出版的机会，发挥了提倡武士道思想的幕末中坚力量的作用。

信州松代藩的家老恩田贯实（赖母，号公准，是因《日暮砚》而为人知的恩田民亲的曾孙），藏有《武道初心集》的抄本，该藩的儒学者小林德方得知此事，劝恩田出版该书，结果经小林之手编排顺序并编辑的松代版《武

① ［日］古川前揭《武道初心集》所收。

道初心集》于天保5（1834）年刊行。由此，之前仅能见到抄本的该书开始以印刷版本普及于世。

近世后期，儒学体系的士道论占据优势，“武士道”的提法已经开始逐渐收敛，在这样的情况下，松代版的《武道初心集》作为传播正统武士道论的刊行本，在武士道思想史中有着重要的意义。

松代版的《武道初心集》受到德川御三家之一的水户藩主、被认为是尊王攘夷派主帅的德川齐昭的高度评价，为此水户城中各处衙门均备有此书。[①]

考虑到德川齐昭作为尊王攘夷的领导人在幕末的武家社会具有相当的影响力，由此可以推测《武道初心集》在德川齐昭的影响下在尊攘派武士之中得到普及。例如吉田松阴的著作中也可以看到“武士道”一词，似乎有必要考虑与该书的关联。实际上在后文提到的松阴的《武教全书讲录》就可以见到“为武士者当自元旦之日直至除夕之夜，无论昼夜、动静语默，常将死亡置于心上”这样的句子，令人联想起《武道初心集》开篇所述。

齐昭还向越前藩主松平庆永推荐此书。庆永继承了藩主之位，向齐昭询问作为一藩之长应该有什么样的精神准备时，齐昭劝其阅读《武道初心集》。[②]

不用说，在向世人送出《武道初心集》印刷版本的松代藩，该书得到了广泛的阅读。该藩的孩童们都能背诵该书“身为武士，自正月元旦清晨举箸欲食杂煮年糕之时始”的开篇名句。[③] 由此亦可看出松代版的《武道初心集》在幕末武士道思想的历史中所起作用之大。

松代版的《武道初心集》经过编者之手，逐条加入子题目。列举如下：

上卷 总论 教育 孝行 士法 不忘胜负 出家士 义不义 勇者 礼敬 马术 军法 战术

中卷 治家 亲族 俭啬 家作 备武 从仆着具 武士 廉耻 择友 友谊 绝交 名誉 大口恶口 旅行 戒背语 阵代 临终

下卷 奉公 臣职 武使 谨慎 言辞 谱牒 陪从 有司 假威窃威 聚敛 头支配 懈惰 处变 述怀 忠死 文雅

---

① ［日］古川前揭《武士道思想及其周边》第200页。

② 同上。

③ ［日］古川前揭《武道初心集》解题。

松代版《武道初心集》删掉了原稿中丰富的故事实例，整理归纳为论点、德目为主体的抽象议论。但包含“武士道”这一用语的原稿中的主要文章、立论为松代版所继承，并未受到破坏。

例如，前文所述的《原本武道初心集》第六条的议论被整理为“武士道有二法四段之详。二法者一为常法，一为变法，常法内又有士法、兵法，变法内亦有军法、战法，如是四段。”议论主旨更加简洁明快。

该版本的《武道初心集》在“武士道”的行动方式方面也分为“变法、常法”二法和“士法、兵法、军法、战法”四个层次，在德义内容方面也最为重视“忠勤、节义、勇刚”三德，在此之上又加入了“孝行、礼仪、廉耻、朴素、名誉、信义”等德目。

3. 吉田松阴的《武教全书讲录》①

吉田松阴在安政三（1856）年8月至10月间，为亲戚子弟讲述山鹿素行《武教全书》，他的讲义草稿《武教全书讲录》中屡屡使用了“武士道”。

首先在讲义开篇中提出“你我皆生于高贵皇国，特别是我等既然身为武门武士，理当精勤武道职分，回报皇国之大恩”，由此表明了讲义之目的。该书中“武士道”前后共出现八次，下文将列举其一二：

“因明伦馆再兴而初知翁（中谷章贞）（中略），理官事，事毕一睡，即起束装，仅以坐睡（中略），仅以此当于官事。然则此非独为官戒，武士道之磨练亦在于兹。（“夙起夜寝”）。

长州藩明伦馆再兴之时，藩士中谷市左卫门章贞作为武士道的榜样也是应该注意的，他兢兢业业，恪尽职守，余人不及，晚上休息也不过两个小时。这是出于身为武士不能授人可乘之机在熟睡时偷袭杀害自己的想法。该书将此评为“武士道之磨练”，其所谓的武士道是指中谷老人富有古代武士风貌的行为，可以说是指常处战阵一般的精神准备。

“敬字注为主一无适，道学先生以为高上之事，然敬即备，武士道中称之为觉悟云。”

“敬”字在朱子学中更受重视，但作者认为敬的本意为备，武士道中称之为觉悟。这里的武士道指精于武备不可疏忽的战士规范。

---

① ［日］山口县教育委员会《吉田松阴全集》第一卷（岩波书店，1986）。

“先师在北条氏宅中蒙受蛰居赤穗之令，262”

上文讲述的是先师山鹿素行平生觉悟的著名轶闻。素行曾经获罪被其师幕府大目付北条氏长给以寄居赤穗藩的处分，北条氏告诉他有什么想说的可以留话，并提供了笔墨纸砚，素行谢绝道，既出于外便忘其内事，自从前即有此觉悟。松阴对此极为赞赏，称其“实为武士道之楷模”。

这本《武教全书讲录》是一份兵学的讲义录，因此其中使用的“武士道”一词的意义应该归结为“常处战阵的觉悟”。但总之能够确认“武士道”一词在幕末长州藩是通用的。

4. 山冈铁舟的修养论①

山冈铁舟于天保7（1836）年出生在幕臣御藏奉行小野朝右卫门高福家，家中排行第四，通称铁太郎，名高步。父亲出任飞弹高山郡代时，铁舟与之同行，在此跟随北辰一刀流的井上清虎学剑。此后安政2（1855）年继承山冈静山家，此外还进入幕府的讲武所，师从千叶周作等学习剑术。

山冈铁舟的武士道论有其独特的意趣。作者在安政到元治期间即二十多岁时写的修养论中对武士道展开了论述。

“夙夜习武士道之要，为事君父，睦亲戚兄弟，取信于人。”（安政五年七月十六日“修身要领”）

学习武士道为的是侍奉主君与父亲，与兄弟亲戚和睦相处，并与他人建立信赖关系。

“世人往往将动辄轻死之行为视为武士道，然吾不作如是之思。一心怕死为卑怯之至，此毋庸赘言，然急于求死亦是不得其要。（中略）此等行为于我邦之武士道本应无存。然战国时代肆意杀戮之事恒有，世人谓一长一短自然之数，难于免除，此一方面带来卓越武士道之发达，另一方面亦衍生难堪之恶习。”（安政六年三月三日“生死何为重”）

山冈也将武士道联系死亡问题加以论述。并且他也对社会上将轻视死亡、急于求死视为武士道的风潮予以告诫。他认为，这种轻视死亡的想法在我国武士道中本来并不存在，由于战国时代杀伐横行遂衍生出这一倾向。

“我邦之人有一微妙道念，非在神道，非在儒道，非在佛道，而在于神

① ［日］山冈铁舟原著，高野澄编《剑禅话》（德间书店，1971年）。

儒佛三道之融合的道念，中古以来尤现于武门。铁太郎称之为武士道，但尚未见之于文书所传。盖为随着人事变迁加之种种经验由吾人所感的一种道德（中略）”（万延元年三月二十日“武士道”）

最成为问题的就是上述的一段引文。在此“武士道”一词被视为铁舟自身之命名。认为“武士道”一词在江户时代并不存在，是进入明治时代后创造出来的意见，也许是受到了铁舟这样的文字的影响。

但是看前文的铁舟在此之前的安政年间写下的文字中对“武士道”一词的运用，似乎该词是之前就已经存在的词汇、概念。

对他而言“武士道”这一词汇或概念都是作为“微妙的道念”以一种不经意的形态浮现于眼前。由“未尝见之于书、经所传”一句可以表明大概铁舟并未读过《甲阳军鉴》、《武道初心集》。或许仅仅是在不经意地与人的交谈中无意识地谈及“武士道”。

“此间，有世间称为人杰而闻其名者，学通和汉洋，武士道亦有心得。”（元治元年十二月“与某人杰问答始末”）

该段中的“武士道”的用法是极其自然的。

“既委身于武门，便蒙严训，道忠孝之志夜寐皆不能忘。父曰，如欲尽斯道，第一要紧事乃于形修武艺，于心修禅理。故余此后将此二道深藏于心。（中略）余二十岁前后与某僧会面，讲论武士道及理论禅理，颇感其意。”（元治元年正月十日“立志于父母训诫、剑、禅）

父亲教诲称，武士不可忘忠孝之志，如果要极尽其道，重要的是作为外在的表现需修习武艺，作为内在的心的问题要修行禅之哲理。故此我一直将此二道铭记于心。并且二十岁时与某僧会面，谈话中涉及到武士道及禅理，该僧人的话让我深有感悟。

该段中武士道的用法也是自然的，令人感到与其说是铁舟向对方提出自己独特的思想，不如说对于铁舟和僧侣二者而言，“武士道”这一词语、概念均为已经存在的前提。

5. 川路圣谟的《遗书》[①]

川路圣谟是丰后国日田永山代官所之手代（江户时代杂务小吏）的长

① ［日］日本史籍协会编《川路圣谟文书》第8卷（日本史籍协会丛书65，东京大学出版社1967年版）。

子。后在幕府勘定所任官，连续晋升，嘉永5（1854）年出任勘定奉行，家禄500石。川路第二年兼任海防负责人、俄国使臣接待人，在下田与俄国使臣普贾森进行谈判，缔结了日俄友好条约，此外总体负责与美国公使哈里斯交涉并最终签订日美通商条约，在这些活动中留下了重要的足迹。

川路于安政5（1858）年卷入将军继嗣问题，被贬为西丸留守居，当时58岁。川路有感于自己作为幕府官吏走到了漫长人生路的终端，遂于第二年九月以致亲孙川路太郎的形式，回顾了自己的人生道路，阐述了身为幕臣的心得、觉悟，以及为将其付诸实践而勤于治学、锻炼身心的方法，分为八十项进行了详细叙述。这便是川路圣谟的《遗书》。①

“研究朱子学和陆象山、王阳明之学之良莠，为大儒者另当别论，汝切不可为之。（中略）【旁注】［既定朱子学，不可顽固偏执，为收弟子教授之学与为磨练武士道之格物致知之学或有差别，故此应择行仪端正、注重实用之儒者，诚恳学之。］”（“三、学问”）

对朱子学和王阳明学优劣之研究，如为专门大儒学者则另当别论，你千万不要这样做。学问既然确定为朱子学，就不要偏执于朱子学陷于固陋。以收弟子教授为目的的专门儒者的学问，与为让每个武士各自磨练武士道而教授“格物致知”即探求真实的方法的学问也许是有区别的。故此应该选择行为端正、重视实用的儒者，诚恳地向对方学习。

在此出现了“为磨练武士道之儒学（朱子学）”这一令人印象深刻的表达方式。并且“格物致知”这一《大学》中著名认识论方法也被视作磨练武士道的方法。与接下来的“行仪端正、注重实用之儒者”的提法呼应，令人感到作者对“实用”一词的重视。

川路想说的是，不应该修习仅仅穿凿字义的学问（儒学），而应修习有助于磨练武士道、正确的实践，并能够具体教授认识外界事物道理的方法的学问。

对川路而言武士道虽然与儒学（朱子学）紧密相连，但更是一种与之明显相区别的固有的实践道德。川路认为正确地实践武士道是身为武士的本分，

① ［日］竹村英二“川路圣谟和佐藤一斋之学—以考察川路《遗书》为中心”（无穷会“东洋文化”复刊第96卷，2006）。

是真正的课题，儒学（朱子学）被定位在为磨练武士道、正确进行实践的方法手段。

“职分者应服膺之事也（中略），职分如同猫捕鼠、鹈捕鱼，武士立武士道乃理所当然（中略），不思职分而以些微小忠矜夸于人前，实为可耻之极”（“六、御奉公之心得”）

这里将践行武士道规定为武士理所应当的职分。但武士道是什么，又被看作一个当然的前提，因此并没有对其内容加以说明。

“之所以常言应俭约，如前所记，武士有军役也。（中略）此事系吾朝夕赘言，汝未必就忘，但此乃关乎家之盛衰，关乎武士道之修养，故记之。”（“二十四、常于太郎道俭约故”）

这里将武士道与“军役”这一概念联系在一起进行阐述。俭约是训诫的主题，其主旨在于说明为了顺利地履行作为武士道修养的“军役”应该在日常生活中注意俭约。“军役”是幕府规定的在有事态发生时武士各自相应的军事负担。关于“军役”在《川路遗书》的第一条中做了详细的阐释。按川路自身的知行500石计，首先其本人自然是骑马武士，随从人员中侍（若党）2人、持甲胄者1人、持弓箭1人、持枪者1人、持草履者1人、持衣箱者1人、牵马者1人、负责粮草器械者2人，由此根据法令须承担11名的军役量。①

川路认为，得到“富国强兵”的结果才是“武士之学问”的要谛，提倡“以富国强兵为主学习格物致知之学问”（十四、专武）。这是川路作为幕臣在幕末的外来危机中一身承当海防、外交事务，从现实政治中引发的感悟。就川路而言，所谓的“武士道”是指实现武士职责即作为战斗者的本分，而作为一名官吏就应该义不容辞地向实现富国强兵的目标迈进。学习朱子学及其他一切学问，都应该有助于这一目标的实现。

川路无论是在以朱子学为首的儒学方面还是在国学方面均颇有造诣，他自觉于身为幕臣之应为之事，常常采取重“武”轻“文”的态度，有意识地使用“武士”这一表现形式。此外还对由于儒学普及造成的一般用词中汉风

---

① ［日］石井良助校订《德川禁令考》前集第1、199号（创文社，1959年）。另外幕末时期适用于幕臣的军役令不是宽永10年所作，而是军事学者制定的试行方案——庆安军役令。

弥漫的情形发出警告，竭力主张应尊重日本传统的措辞方式。但同时他也批评过于偏重、热衷国学的情况。

川路没有采用当时社会中占支配地位的儒学式的“士道”一词，而采用“武士道”这一日本式的表达方式，大概是源于这种基本的姿态吧。

六、结　语

以上论述了德川时代的武士社会中，“武士道”一词出现的用例以及其概念内容的变迁，最后本文以从中得出的认识为基础，整理武士道概念，总结其历史的变迁。

一、17 世纪和 18 世纪是武士道兴盛的时代，“武士道”一词频频出现于各种读物。就连以力主提倡“士道”而闻名的山鹿素行的著作中也出现了“武士道”一词。

此外在当时的武士绘本中也出现了以《古今武士道绘大全》命名的画册。这是菱川师宣的作品，插图由 19 幅图 19 张构成，贞享二（1685）年在江户出版。其内容是以源平之战、牛若丸故事、源三位赖政射怪兽等为题材，面向一般平民的武士绘本。连这样勇武故事集萃的通俗绘本的名字中都使用了“武士道”一词，可见该词在德川时代的社会中流传之广。从某种意义上讲，可以说该词是作为当时的流行语受到大众追捧的。

另外就地域普及性这一点看，《甲阳军鉴》、《武道初心集》流传的江户、东北自不必说，《二才咄格式定目》出现于萨摩地区，《武士道用鉴》、《叶隐》的创作地在肥前佐贺，还有《可笑记》作者出身于东北，在江户执笔，出版于大阪，直至后世历经数版广为阅读，在全国流传，不论从哪个方面看，都不能否定武士道思想以及“武士道”一词在德川时代的社会中已经在全国普及开来。

二、对武士道思想及“武士道”一词的普及影响最大的当属兵学巨著《甲阳军鉴》。无论是《叶隐》、《武道初心集》还是《可笑记》，大凡论述武士道之书莫不受到该书的影响。从时代的延续性、全国性的普及两个方面来说该书的影响力都是无法比及的。

三、武士道思想及“武士道”一词的普及亦可从对其进行非难的反对阵营的非难攻击的情形得到证明。荻生徂徕在《政谈》、《答问书》中指出“世存武士道”，将武士道定为战国时代的余习，并展开了否定的论述。山崎闇斋亦将武士道批判攻击为异端之说。徂徕、闇斋都是因为立场不同，二人都是儒学的纯粹主义者才不能容忍武士道的存在。

四、武家宅院奔入习惯在近世社会作为武士道的典型行为而存在。这是支撑着武士道世界的争斗——诛杀——奔入、庇护——远逃——诛敌这一过程的核心现象。① 在息兵偃武的、持续和平的德川社会中，争斗——奔入——诛敌这一过程正是武士发挥其本来的战斗者姿态的舞台。实际上这一系列的行为，在当时的社会中是作为武士道来阐释并被实践的。

争斗、决斗为幕府法令所禁止，另外也禁止在争斗中杀死对手的人投奔其他武士宅院，并禁止宅院主人庇护他。尽管如此，该行为还是被冠以“武士之法”（《叶隐》）、“武士道”之名，作为近世武家社会衍生出独特的习惯做法而广为行之。

五、“武士道”一词的普及如上所述，从武士道概念内容的观点来看则如下所述：

前述争斗——奔入——诛敌这一系列的行为反映了武士道的原本战斗者的侧面，与此相对，武士道同时在探究着适应持续和平的社会的武士生存方式，在这一过程中逐渐融入了德义论的内容。在武士道概念的演变过程中发挥了重要作用的是《可笑记》一书。

该书出版于宽永末年并几经再版，其作为近世训诫小说的源流在国文学领域早已获得高度评价，但遗憾的是武士道研究方面未曾对此加以充分研究，为此本文对该书予以一定篇幅的评论。

该书在“武士道之吟味”之下，对武士道的概念内容加以明确界定。其内容包括不虚言、不轻浮、不奸猾、不诡辩、不贪欲、不无礼、不自满、不骄奢、不诽谤、不渎职、睦朋辈、气量宽宏、与人和睦并称扬他人、深怀慈悲、严守义理是重要的精神态度，徒有不惜性命的勇猛并不是最好的武士。

虽然小笠原昨云的《诸家评定》亦有此萌芽，但武士道还是因为《可笑记》的出现在提倡勇武精神的同时具备了浓厚的德义论性格。此时正值17世

① 拙作《武士道 其名誉规定》第84页及以下。

纪中期，岛原之乱终结，历经二百年既无内乱又无外战持续和平时代即将开始。

武士一边保持作为战士的性格，同时还要涉足持续和平时代的行政管理领域，这就要求其具备作为管理者官吏的性格。武士道适应当时的情况，引进了适合该时代武士的新生存方式的德义论内容，实现了概念上的进化。

六、迄今为止的武士道研究中存在这样一种倾向，只要在论述武士道的著作中出现儒教德义论的内容，就认为这不是原本的武士道，而将其区别为另外体系的儒教式士道论。这种先入为主的认识，实际上正是妨碍人们正确认识近代武士道的原因。

尽管《可笑记》等书中出现很多儒教式言论，但那并不是专门儒者的儒学式教训，而是当时一般的武士所掌握的以儒教教养为基础的通俗道德。他们并没有因此而偏离武士道，而是从事着一种思想上的艰难运营，即援用儒教教养对武士道加以改造，使之进化，使其适应持续和平的局势。

这种立场与山鹿素行对武士道敬而远之，提倡以儒教士大夫行为方式为理想的士道论的立场，以及荻生徂徕（以及山崎闇斋）等从纯粹儒学的视角抨击武士道的的立场相比，都有着很大的不同。

或者不如说，这种一方面摄取通俗的儒学教养，一方面又通过引入神道的神明论、佛教的慈悲论、禅的修养论来实现自我改造的，“神佛儒三教一体的德义论武士道”，才是近世社会占主导地位的思想潮流。

七、应该关注支撑武士道德义论进化的、当时武士社会普遍的文化修养水平。

《可笑记》的作者就他所生活的宽永时代关东武士的文化修养程度指出，“佛道、儒道、歌、连歌、诗作等”基础的教养，百人中有七八十人掌握。此外还指出儒教的“四书”、《孙子》、《吴子》、《六韬》、《三略》等武经七书、《甲阳军鉴》、养生书等被装饰在接待客人的房间中，人们认为这是武士爱好文化的象征。

《武道初心集》的大道寺友山也阐述道“为武士者立于三民之上，凡事有职分之义，致学，如不能广为分辨物之道理，则谓之义未实现”（教育），从而体现出对于立于三民之上，执掌政治、军事的武士来说学问不可或缺的认识。

他还主张“至七八岁龄，应使阅读四书五经七书等”，劝告学习儒学四书五经、武教七书，这与《可笑记》的作者见解一致。当然也许友山从《可笑记》中学来了这种注重文化教育的武士道论。

二人将歌学、和歌之心得强调为武士喜好这一点的意见也基本一致。只是对于茶道方面，友山将其列为与歌学并列的武士的爱好，而《可笑记》的作者对此厌恶，甚至痛骂“茶锅岂能当头盔”。

八、武士道具备了这样德义论性格，便感觉不到其与儒教士道论的太大差别。这带来了武士道论与士道论互换的现象，也可以认为，这为近世后期武士道论合并到士道论中提供了条件。即便是在这样的情况中，依然有人提出“为修习武士道的格物致知的学文”（川路圣谟），认为历练修习武士道是最终的目标，而将儒学、朱子学及格物致知的认识方法定位为实现这一目的手段，这表明原本意义上的武士道依然存在。

如果要举出一种德川时代武士道的代表性书籍的话，那应该是大道寺友山的《武道初心集》，通过本文的论证可以明确这一点。其师山鹿素行偏离武士道展开儒教色彩浓厚的士道论，与此相对，友山可以被评价为坚持武士道正统，并通过引入儒教德义论推动武士道概念的进化、发展，使其适应处在持续和平当中的德川社会。

九、我们必须考虑近世后期社会中武士道论衰退的现象，这一点前文中也曾作过论述。进入近代的明治时期时，外国人似乎感觉不到之前的时代存在“武士道”一词，甚至新渡户也认为“武士道”可能是自己创造的词汇，这种情况大半是由19世纪以来武士道论衰退现象造成的。

看山冈铁舟的武士道论，他也认为“武士道”一词是其自身的命名。这显示出“武士道”一词并未成为幕末社会中通用的日常用语。这一时期应用广泛的不是“武士道”而是“士道”。

这是由于从18世纪后半期开始，藩校、包括怀德堂等在内的民间学校广泛设立，以及在这些场所的儒教教育渗透的缘故。直到18世纪中期，武士道一直与儒教分庭抗礼。或者可以说，武家宅院奔入习惯等所代表的、作为武家习惯法的武士道，对于武士们而言是再普通不过的常识，在这个意义上说其广泛性是儒学式教说无法比及的。

但是，随着社会向幕末迈进，武家宅院奔入习惯也渐趋衰落，兵学失势，儒学占据了武士教育的全部，武士道亦被吸收到儒学的说教中，“武士道”一词被儒教的“士道”所取代。

中村元恒著《尚武论》论述武士道，却一直将其深藏箱底不肯公之于世，这也说明他生活的19世纪前半期的社会被忌武重文的儒教氛围所笼罩。

十、“武士道”一词在幕末时期也许失去了作为日常用语的地位，但在书籍层次上还是广为存在的，松代版的《武道初心集》是其代表。在有文化修养的人当中，无论是吉田松阴还是川路圣谟，都是将“武士道”作为当然的心得来掌握的。但是如果没有机会接触到那些书籍，即便是武士也不会使用“武士道”为日常用语，这就是幕末的实际情况。

十一、即便“武士道”一词被忘却，被“士道”所取代，也并不意味着武士道精神遭到遗或走向衰落。武士道概念所体现的武人勇武、敢于战斗的精神与所谓的德义论内容在“士道”中融为一体，而一直得以延续到幕末。

在戊辰战争进入尾声的函馆五稜郭激战的最后局面中，朝廷方面军对困守在五稜郭顽强抵抗的旧幕府势力发出劝降书，其中这样写道：

“五稜郭并弁天台上奋战之事，于士道感服之至。”①

五稜郭一战直到最后仍未失英勇作战精神的旧幕府军和称赞其精神谋求讲和的朝廷军队，在攻守双方的进退之中采用了“士道”这一表达，也明确体现出武士道精神的存在。

本人对日本前近代，德川时代的社会中的“武士道”词句的普及实态以及武士道概念的深化、发展的理解如上。

（周志国　杨士敏译）

① ［日］丸山真男：《忠诚与叛逆》，筑摩书房1992年版，第32页。

海外专稿

韩国的日本研究[①]

[韩] 崔　官（高丽大学）

各位老师、同学，大家好。我是韩国高丽大学的教授，我叫崔官。很高兴能在这里和大家见面。

今天我主要向大家介绍一下韩国的日本研究的状况。我想主要通过对韩国大学的日本相关专业、从事日本研究的学会和研究所等几个方面进行介绍。最后，再介绍一下我所在的高丽大学日本研究中心的情况。

首先是韩国大学中的日本研究。在韩国，主要是20世纪70、80年代以后，在对日交流，尤其是经济交流日益频繁的基础上，对日语的需要也逐渐增多。特别是日韩关系正常化之后，日韩两国之间开展了多种交流。因此，最初出于有利于经济交往的目的，大学中开始设立日语专业。而进入80、90年代，在这大约二十年的时间里，有近百所大学相继设立了日语专业。我所属的高丽大学日本语言文学专业就设立于1983年。

现在，在韩国，英语专业位居第一，中文专业和日语专业分别列第二、第三位。韩国的大学，大多数都是私立大学。名牌大学中，仅有一所是国立大学。同样，在设有日本研究相关招生专业的学校中，私立大学有99所，占压倒性多数；国立大学仅仅有16所。韩国最有名的国立大学是首尔大学，但遗憾的是，首尔大学没有设立日本研究相关招生专业。在私立大学中，作为

① 本文是崔官教授在南开大学日本研究院进行的讲演，根据录音整理，未经本人审阅。崔官，东京大学文学博士，韩国高丽大学教授，该校日本研究中心主任，人文韩国（HK）海外地域研究事业团长，韩国日本学会会长。主要著作有《文禄·庆长之役——文学中所描述的战争》、《日本文化的理解》、《日本与壬辰倭乱》等。

传统名校的延世大学、梨花女子大学、西江大学、成均馆大学，也同样没有设立日本研究相关招生专业。也就是说，在韩国的名牌大学中，几乎都没有设立日本研究相关招生专业。我认为这也是韩国人对日认识的一种表现。在韩国的名校中，高丽大学是唯一设立了日本语言文学专业的学校。1983 年高丽大学日语专业设立的时候，在学校内部，也遇到了相当强烈的反对。学校中有人认为，高丽大学是一所民族大学，作为民族大学，没有必要进行什么日本研究。类似这种感情化的反对声音，还是很多的。当时，高丽大学校长，力排众议，认为正因为高丽大学是民族大学，所以才必须研究日本这个曾经统治过我们民族的国家，从而最终设立了日本语言文学专业。

关于韩国大学中设立的与日本研究相关专业的名称和数量，大致如下：

日本语言文学系（或日语文学系）42 所

日本语系（或日本语学科、日语学科）30 所

日本学系（日本地域学系）18 所

日语教育学系 6 所

其他还有日本语言文化、观光日本语、观光日本语翻译学系等。

也就是说，居于中心地位的是日本语言和日本文学。而最近在日本语言文学之外，社会上产生了对日本政治、经济、社会方面研究的需要，因此研究日本政治、经济、社会的学科也相继设立。在和日本研究有关的大学教员中，80%以上，是从事日本语言文学专业的教师。而研究日本政治、经济、社会的教师，大都不属于日语系或日本学系，而分别属于一般的政治外交学系、经济学系和社会学系。而这些科系，又大多以美国研究为主。这也是现状。

刚才，我向大家简要介绍了韩国大学中日本研究的状况，接下来，我将介绍一下研究生院的日本研究。

在韩国，研究所并不承担对研究生的教育。研究生教育主要由隶属于各学科的研究生院进行。现在，韩国设有与日本研究相关的博士点的大学有 22 所。这类博士点，最先是由韩国外国语大学日语系于 1983 年设立，其后 1989 年中央大学、1992 年汉阳大学、1996 年同德女子大学、1997 年高丽大学相继开设日本研究相关的博士点，到 2002 年，就已经有 17 所大学设立了这类博士点。博士点数量急剧增加，但其是否能正常运营，是否能招收到足

够的学生呢？现实并非如此。一般说来，进入研究生院的大多是有志从事科研，或者希望成为大学教师的学生，而打算从事日本研究的学生，主要是去日本留学。而且实际上，在日本取得博士学位的学生，在就任大学教师时，比在韩国大学取得博士学位的学生更受重视。因此进入韩国大学研究生院从事日本研究的学生很少。所以，在韩国只有高丽大学等少数几所大学的日本研究生院在正常运营。2010 年高丽大学日本语言文学系的录取比例为 7:1，竞争相当激烈。之所以如此，是因为高丽大学的日本研究入选了 BK（Brain Korea）21 事业团。所谓 BK（Brain Korea）21 事业团，是通过选择和集中来培养学术继承人的国家事业。包括了文科和理科多个专业。政府每年给予大量的资金支持。高丽大学日本研究中心是入选 BK（Brain Korea）21 事业团的唯一研究机构。

接下来，我介绍一下韩国的日本研究相关学会的情况。所谓学会，就是学者的集会。韩国的日本研究相关学会的发展大致可分成 4 个阶段。第一个阶段是 20 世纪 70、80 年代的两大学会时代。1973 年，韩国第一个日本研究的学会——韩国日本学会成立。韩国日本学会是由日本语言、文学、思想、政治等各个研究领域的学者组成的。其后是 1978 年成立的日本语日本文学会。70、80 年代主要是以这两个学会为中心，代表了韩国的日本研究水平。进入 90 年代后，由于大学改革，论文发表成为评价大学教师研究业绩的重要标准，因而受到重视。地方大学的教师也需要很多发表论文的场所，所以出现了地域性的学会，这是第 2 阶段。这些学会的名字都很相似，有时连韩国人也搞不清楚，这些名字是怎么起的。

大韩日语日本文学会（1991 年，釜山）

日本语文学会（1995 年，大邱）

大韩日本语文学会（1995 年，全罗道）

韩国日本文化学会（1996 年，忠清道、大田）

从 20 世纪 90 年代末开始，留学日本的学者逐渐回国。他们在日本感受到日本的专门学会很多，所以回国后也效仿日本，建立了很多专业性学会，这是第 3 阶段。

韩国日本语学会（1999 年）

东亚日本学会（1999 年）

韩国日本近代学会（1999 年）

韩国日本语言文化学会（2001 年）

从名字可以看出，它们是各个不同专业的学会。不过事实上并不是这么严格区分的。各种论文都可以发表，不是很受专业限制。此后，进入 21 世纪，又出现了更多学会。在韩国研究财团（原韩国学术振兴财团，统管所有学会）登记在册的进行日本研究的学会就有 29 个，涉及日本政治、韩日关系、日本历史等多个领域。目前所有学会中，中心性、有代表性的包括现代日本语学会（1978 年）、韩日关系史学会（1992 年）、日本历史学会（1994 年）等。现在，韩国的日本研究学会数量激增，能发行学术机关杂志的就有 25 所，我们高丽大学的日本研究中心中心也每年 2 次发行《日本研究》。所以，我称目前的状态为学会乱立。

其次，还要介绍一下各个日本研究所的情况。

韩国大学的研究所和中国不太一样，研究员只从事研究，而不进行教学活动，研究所成员也都分属各个学部。目前共有 10 所日本研究所。

中央大学日本研究所（1979）

东国大学日本研究所（1979）

国外国语大学日本研究所（1990）

翰林大学日本研究所（1994）：学术振兴财团重点研究所

高丽大学日本研究中心（1999）

檀国大学日本研究所（2002）

国民大学日本研究所（2002）：学术振兴财团重点研究所

东西大学日本研究中心（2003）

首尔大学日本研究所（2004）

全南大学日本研究中心（2004）

以上就韩国的大学、学会和研究所等机构的日本研究进行了简单的介绍。在韩国，各种日本研究学会和研究所都很多，并且多数都在发行机关刊物。几乎所有学会每年都会发行 2 到 4 期学术杂志，不然就得不到国家的认可。所以研究活动非常活跃，每年发表的文章累计超过 1000 篇。但是，数量增加了，和日本的论文相比，质量如何？这是问题。在数量的激增中，质量的探索也很重要。研究领域也呈现多样化的趋势。以前以日本语言文学为中心，如今出现政治、经济等多领域融合的趋势，也就是整体日本学的趋势。今后的研究，要强化与各国学者的交流，发挥作为与日本有复杂关系的邻国这一优势，开辟一条韩国日本研究的新道路。

最后，我还想介绍一下高丽大学和高丽大学日本研究中心。高丽大学成立于1905年。南开大学是哪年呢？

（台下回答："1919年"。）

提到1919年，是中国"五四爱国运动"发生的那一年。而在韩国则是发生了"独立万岁运动"。我以前曾去过上海的复旦大学。复旦大学应该也是1905年成立的。说到1905年，日本人会想起日俄战争。在欧洲，这一年爱因斯坦发表了《相对论》。而在韩国，则是高丽大学的建立。不过，也是在这一年，日本建立了朝鲜统监府，伊藤博文出任首任朝鲜统监。到了1905年，朝鲜的殖民地化已经无法避免了。面对这一现实，一部分爱国知识分子本着教育救国的信念，建立了高丽大学。后来，由韩国有名报社《东亚日报》的创始人金性洙接手，高丽大学迎来了第二次发展。在高丽大学的正门，有金性洙先生的塑像，就像南开大学的周恩来总理像那样。

高丽大学日本研究中心成立于1999年，由3院6室组成：韩日交流教育院、日本翻译院、日本信息资料院；日本文学文化研究室、日本语学教育研究室、日本历史研究室、日本思想宗教研究室、日本政治经济研究室、在日韩国朝鲜人及在韩日本人研究室。并拥有自己的独立研究场馆，新建成的青山MK会馆。

高丽大学日本研究中心成立之初，是要在强调韩国主体性的基础上进行日本研究。但随着研究的深入，逐渐意识到过分强调一国的主体性并不好，不利于研究的客观性。所以改变了研究的目标。现在正向着下述目标努力：

1. 构筑与国际化时代相适应的、面向未来的、成体系的研究方法；
2. 构筑与信息化时代相适应的硬件环境；
3. 培育具有国际视角的人才。

2010年，是韩日合并100周年，对韩国的日本研究界也是有比较特别意义的一年。今后，我们将会与世界各国的日本研究者进行密切合作，把韩国的日本研究推向新的境界。

今天，感谢南开大学日本研究院为我提供了这样一个和大家交流的机会。

谢谢。

提问与回答

问：韩国曾长期受到日本的殖民统治，在国民当中，难免有一种强烈的反日的民族感情。那么，这种民族感情，或者说这种民族主义的氛围，是否会对韩国学者的日本研究的客观性产生一定影响？或者，当学者的研究和这种民族感情发生不一致的时候，学者们是否会受到社会舆论等的质疑、责难，甚至被称为“韩奸”呢？

答：这是个比较敏感的问题。的确，如您所说，学者作为生活于社会中的一员，置身于整个社会的大环境中，确实并不完全自由。特别是像韩国这样一个长期遭受日本殖民统治的国家，肯定会对日本抱有某种特别的情绪，这不能否认。但是，我认为，作为学者，很重要的是如何超越克服这种主观的情绪。在韩国学者中，作为个人，对日本持批判、反感态度的人肯定有，不过，在学术上，单纯出于个人情绪而对日本进行批判的情况，几乎是不存在的。而且，韩国社会，对那种纯粹主观情绪性的发言，也是不认可的。韩国国民具有较高的知识水平，比较追求客观的东西。学者的职责也正在于此。而且，在韩国，对于日本也并不是仅限于单纯地批判。比如韩国的三星电子，最初学习的是日本的技术，但现在三星的营业额已经超过了日本的松下、东芝等企业。所以说，韩国人在批判对手的同时，也会进行自身的反思。同样，韩国的日本研究也必须采取这样的态度。现在在韩国，和其他领域比起来，日本研究者的作用似乎越来越小。所以，今后韩国日本研究者要更加积极地发挥自己的作用。不然就得不到社会的认可了，研究者也会失去自己的立身之地。我觉得，包括中国的日本研究者在内，我们大家今后应充分发挥我们作为日本邻国的优势，引领日本研究走向更高的阶段。谢谢。

问：崔老师您好，我想请教您两个问题，一个是：韩国的日本研究者是为了怎样的目的来研究日本的呢？是为了单纯的学术兴趣还是其他？另一个问题是：您刚才介绍了 HK 事业团的情况，我想请问一下，韩国的日本研究和政府是否有密切的关系？韩国日本研究者的研究成果，是否被政府采用？就是这两个问题，谢谢。

答：我先回答你的第一个问题，韩国学者是为了怎样的目的进行日本研究的。在韩国，不同年龄段的学者之间，是存在差别的。像我这代 50 岁左右的学者，普遍有一种使命感在里面。为了有益于自己的国家而研究日本，为了韩中日三国的友好发展，为了不再重演过去的悲剧历史，而带着使命感去研究日本。而最近的年轻人，可能是由于对日本的游戏电玩、漫画、小说感兴趣，也开始研究日本，比如有的人，会觉得，啊，村上春树的小说很好，去学学日语吧。类似这样的情况不少。不过这只是研究的起点，而不是研究的终点。我觉得，起点的话，从哪里开始不是都可以吗？第二个问题，HK事业团从政府接受资金援助，所以存在着研究成果是否为政府采用的问题。HK 事业基本是人文学科，而人文学科的研究成果，大多不是能被政府直接运用的东西。一个人的精神、价值观、社会秩序，是比较纯粹的学术问题，一般不会被政府在很大程度采用。但是人文学科的价值，不在于立竿见影的实效，而是在于对社会的间接作用和影响，这也是很重要的。

问：崔老师，您好。我想就两个具体问题，请教您的意见。一个是靖国神社问题，一个是北朝鲜绑架日本人质的问题。

答：你提到的靖国神社的问题，我觉得，它至少是一个象征。象征着现代日本对过去所犯下的罪行的态度。我们一直都在关注日本首相等政府官员是否会参拜。其实，靖国神社中还祭祀着韩国人，是当年在日本的殖民占领下，被强征入伍，最后战死的韩国士兵。这些人他们生前连名字都被迫改成日本名字，死后，又不问他们自己或家属的意志，被祭祀在靖国神社里。对这样的事情，韩国人感到义愤。日本政府对靖国神社的态度也比较复杂。这次日本政权更迭，民主党政权对靖国神社问题是有认识的，我们也还要继续关注。

关于人质绑架问题。小泉时代日本政府也曾努力解决。绑架人质本身肯定是不对的，是反人道的。也可以理解日本政府对北朝鲜绑架人质的反对和声讨。不过，与此同时，他们是不是也要好好反思一下他们自己过去对韩国、中国乃至东亚人民犯下的罪行呢。在为被绑架的日本人流泪的同时，是不是也应该为日本军国主义过去的罪行流下忏悔的眼泪呢。

（李飞宏 翻译、整理）

海外专稿

近代日本的天皇制度①

——以其制度性特征为中心

[日] 岛善高（早稻田大学社会科学综合学术院）

我是早稻田大学社会科学综合学术院教授，我叫岛善高，我在这数年中，致力于日本近代法制史的研究，并且对中日关系也很感兴趣。以前我以“副岛种臣与李鸿章——近代中日关系史的开端”② 为题，发表过文章。这次为了参观与李鸿章相关的遗迹而来到天津。当我接受日本研究院演讲的邀请时，我想就李鸿章来讲一讲。但是，李卓院长说，在中国，人们对日本天皇非常感兴趣，所以非常想让我就天皇为题目来做一个演讲。于是我就匆忙地把题目定为近代日本的天皇制度——以其制度性特征为中心。

在中国，关于天皇以及皇室的研究进行到何种程度，我不是十分了解。我是在读了最近出版的解晓东的学位论文《日本天皇制研究》③ 之后，才得知近十年来，在中国发表了很多关于天皇和皇室制度的研究。解氏在论文中提到，关于这一课题的研究在各个方面都有不小的进展，这是值得庆幸的事情，但他也指出了以下的三点不足：第一，在研究方法上，受中国共产党历史观的影响，有着机械历史唯物主义和学术政治化的倾向；第二，在研究内

① 本文根据岛善高教授在南开大学日本研究院的讲演整理而成。岛善高（1952—），京都大学法学博士，早稻田大学社会科学综合学术院教授。主要著作有《大限重信》、《从律令制到立宪制、《副岛种臣全集》（主编）等。

② [日] 岛善高：《副岛种臣与李鸿章——近代中日关系史的开端》，《书法汉学研究》2008 年第 2 期。

③ 解晓东：《日本天皇制研究》，学位论文，吉林大学，2009 年。

容上，关于天皇的研究很多而关于天皇制的研究却很少，与近代天皇制的研究相比其他时期的天皇制的研究较少；第三，在研究态度上，相对来说批判性的东西比较多，冷静和理性的分析则不够充分。并且，他还指出，在中国对于这一课题的研究还远远不够。①

的确，解晓东的论文也仍然存在着政治意识形态的色彩，其所引用的日语参考文献，在日本人眼中看来也不是十分全面。进一步说，这也反映了在中国关于日本研究的现状，即第一手的历史资料几乎都没有引用。就像解氏在论文中所提及的那样，进行“冷静和理性的分析”这一点上，还有必要继续努力。

在日本，对于这一课题的研究现状是怎样的呢？与中国相比的确发表了很多缜密和实证性的研究。但是，日本也与中国一样，在研究天皇和皇室问题时，也存在带有政治色彩的研究。感觉上“冷静和理性分析”的研究意外地少。

如上所述，关于天皇和皇室制度的“冷静和理性的分析”的研究在中日双方都很少。这是由于天皇和皇室的存在，在漫长的历史岁月中对各个方面都产生了深刻的影响。因此，从各个方面都有可能进行研究，仅仅从一个角度或者一个领域考察，是远远不能把握天皇和皇室的整体面貌的。我认为应该以大势、现存的分析角度或特定的历史观为依据来研究天皇和皇室问题。

我是法学出身的研究者，因此在分析问题时难免要多从法学的角度着眼。我的演讲中，对于法律不很了解的听众也许会感觉有些费解枯燥，请各位谅解。

对于大家比较期待的“天皇的战争责任”这一话题，在本次的演讲中将予以回避，还请各位谅解。

另外，无论在中国或是在日本，经常使用“天皇制”这一词语，这一词语原本是与特定的意识形态有着密切关联的词语，请允许我使用“天皇及天皇制度”和“天皇制度”这样的词语。

① 解晓东：《日本天皇制研究》，学位论文，吉林大学，2009 年，第 12 页。

一、明治宪法中天皇“统治”的意义

1868年，统治长达260年的江户幕府被推翻，这也被称作明治维新。这时新政府方面以“王土王民”作为讨伐幕府的口号，其意即“普天之下，莫非王土；率土之滨，莫非王臣”。这句话出自《诗经》，在各种古典中被广泛引用，各位对这句话应该是很熟悉吧。

这个“王土王民”论，在古代制定律令时，就已经模仿唐朝的制度予以采用。到了中世纪随着武士政权的出现，这种想法渐渐被遗忘在京都的某个角落里。直至幕府末期，作为讨伐幕府的理论依据，这种思想又得以复苏。由于在近代的日本，江户幕府统治着日本全国，所以只有提倡“王土王民”论，才能够颠覆江户幕府统治的正统性。

明治维新后，政府顺势标榜这一口号。但是，1871年（明治4年）以后，政府发行“地券”，承认国民的土地所有权，这与明治政府的口号“王土王民”出现了矛盾。作为天皇侍讲的副岛种臣，在明治15年7月给右大臣岩仓具视的建议《地券改正之议》①中这样提道：

我国的国土，与海外各国的交替变革，易君移主的土地制度有天壤之别，天祖以来，一姓君临，并拥有王土。这是史上确凿之事，明治维新为契机，各藩地将土地和人民返还给朝廷，这都是由于国土绝不是国民的私有地。可是，“地券”授予制度被指定，这是非常失策的，导致天子的土地将一无所有。因此，出现了不得不为天皇而设定“皇有地”的意见。本来，日本全国的土地无一不是天皇所有，不改变地券授予这一使用文字的话，终究不能达到其实际目的。全国王土这一主张将不能复出。因此，眼下改“地券授与”为“地券借与”。如果明示只有土地的产物、土地上的建筑是人民则名正言顺。皇室的财富也能得到永久的维持，自由民权的说法也会顺势消失，天皇

---

① ［日］国立国会图书馆宪政资料室所藏《元田永孚关系文书》。斋藤洋子：《副岛种臣与明治国家》，学位论文，2008年。

也能高枕无忧。

对于这样的意见，明治政府内最初是模仿英国，提出了土地所有权的多层化。以英国为例，所有权里包括下级所有权、中级所有权和上级所有权。即耕种土地的农民享有下级所有权，支配农民的地方豪族享有中级所有权，国王享有上级所有权这一理论。

根据这一理论，国家根据需要在农民耕种的土地上，以修路、建筑、修水坝等理由，从农民手中征收土地，由于那些土地的所有权是属于国王，以此为依据，征收土地便成为可能。实际上在英国至今也仍然采用这种办法。的确，按照这样的理论就能说明“王土王民”理论与“地券借与”的办法大致上是没有矛盾的。

但是，萨摩、长州的政治家们希望组建一个像德国那样的行政权强有力的国家，于是把标榜英国模式的议院内阁制的大隈重信从政坛上驱逐了出去，这就是所谓的“明治 14 年政变”。从此，政府在法理学上也采用了德国的理论。

根据德国的理论，近代法应明确地分为公法和私法。在把德国的法理学导入到日本的问题上，在政府内最为尽力的要数井上毅。他引用德国学者 Hermann Schulze 在《国宪论》[①] 中“君主之权不能看做是国权的私有，与私法上的权利构成有本质上的不同。其源于邦国，因而是与邦国共同的公权”的论述，并以此为依据，主张把国法大致区分为公法和私法，君主的权利不是私法的权利而是公法上的权利。

另外井上还引用 J. C. Bluntschli《国法泛论》[②] 中的这样一段话：

国法的根据是国家，即制定公权的规章；私法，其基础在于人民，是制定人民私权的规章。(中略) 国法其基础是国家，在订立时本应为国家全体所设，人民不能肆意取舍。私法则与之相反，它基于人民的秉性情体或意思，

① Hermann Schulze：《国宪论》，［日］木下周一译，独逸学协会 1882 年版。

② J. C. Bluntschli：《国法泛论》，［日］加藤弘之译，文部省 1872—1873 年版。

本是为人民所设立的。人民可以相互议论，双方取得一致的时候，可以取舍和改变其内容。（中略）制定国法时的权利，不只是公共权利，还兼顾公共义务。所以拥有公共权利并行使它的人，也可以说兼有行使它的公共义务。比如说国君，不只有统治其国民的权利，也有统治他们的义务；法官不只有诉讼的权利，也同样有这样的义务。但是制定司法的权利则不然，是否行使其权利，要看其持有者的意愿。这两个权利相差如此悬殊的原因，在于制定它的意愿是相反的。私权利，只是为了人民而设立，属于人民；公权利是为国家整体设立，属于国家全体。这也就他们不同的所在。（中略）公权利不只是权利，也兼有公义务。所以有公权利的人，一个人必须兼顾权利和义务两件事，然而，兼顾这两件事，只有不把公权利与私权利混同的人才可以。应知道公权利优于私权利。公权利不只是权利，还兼有公义务。其中兼有道义，拥有独自私有权的人的利益。公权利的品级越高，行使其的义务也越与之结合紧密。不会分离。如果认为君主的权利是私有的，认为其权利的兴废是由君主任意的，这样的想法，可以说是严重地侮辱国法。君主的权利绝对不是自己的权利，是一种对国家必须履行的义务。这一点不能忘记。

这段引文告诉我们，天皇地位、皇位继承以及其他的权限都是公共的，即使是天皇也不能用个人意志将其左右。

按照井上的说法，“全国王土”中的“王土”，不是指土地私有，而是指公共的土地管理。如采用这样的理论，“王土王民”与“地券付与”就可以毫无矛盾的并存了。

这样1889年（明治22年）2月制定了明治宪法，其第一条规定“大日本帝国受万世一系的天皇统治”。这里的“统治”意味着完全意义上的管理公共的国土。Hermann Schulze 和 J. C. Bluntschli 的见解成为其有力的证据。[①]

原本，欧洲的近代宪法是为了限制君主的权限而制定的。明治宪法也是如此。其第5条规定“天皇是国家的元首，总揽统治权，遵照宪法条规，并执行”。可以看出，天皇仅仅能行使宪法中所列举的国务事项。在宪法制定

① ［日］岛善高：《从律令制到立宪制》，成文堂2009年版。

时召开的枢密院会议中，甚至有人认为限制天皇大权是不恰当的。①

该宪法中所列举的大权包括：①批准法律，并颁布和实施；②召集议会、开会、闭会、停会，解散众议院；③发布紧急敕令；④发布命令；⑤任免文武官员；⑥统帅陆海军；⑦制定陆海军的编制及常备兵额；⑧宣战、媾和、缔结条约；⑨宣布戒严令；⑩授与爵位、勋章和荣誉；⑪大赦、特赦、减刑和复权等条款。

天皇在行使大权的时候，大体上由相关大臣或议会以某种方式进行干预。天皇按自己的意愿行使大权的事例几乎没有。

但是关于“制定陆海军编制及常备军额”（第 12 条），是不受议会干涉的。只有陆海军大臣和参谋总长才能干预。这就成为战前军部不受议会控制，单独行动的一个间接原因。

二、近代日本国法的二元体系

1889 年明治宪法制定，日本成为了一个近代立宪制国家。近代日本立宪制和现代立宪制的主要区别在于，近代立宪制是国法的二元体制。它由以皇室典范为顶点的皇室关系的法律体系和以大日本宪法为顶点的法律体系组成。两者之间不能相互干涉，而能够同时干预两者的只有一人，那就是皇室的一家之长并担任国权统揽者的天皇。②

一般国民是在宪法及其附属法令的约束下生活，而天皇和皇族是在皇室典范及其附属法令的约束下生活。

因此，与天皇及皇族相关的事项，在国会上不能讨论。一般国民适用的刑法、民法，以及税金的相关法律，在天皇和皇族那里也不适用。

按照明治宪法和皇室典范的规定，政府每年支付给皇室固定的费用，其他还有如葬礼的费用、即位的费用、皇太子欧洲访问的旅费、皇太子住所的建设费等，是由国库临时支出的。

---

① ［日］岛海靖：《日本近代史讲义》，东京大学出版会 1989 年版。

② ［日］酒卷芳男：《皇室制度讲话》，岩波书店 1934 年版，第二讲《国务法和宫务法》。

另外皇室还有叫做“世传御料”的土地，除皇居以外大约有 30 个地方。这些皇室经费和世传御料由仅适用于皇室的“皇室会计法”的法律来管理，当然是不用纳税的。

那么明治政府为何要采取这种国法二元制的法律体系呢？其原因可以是多方面的。曾担任参议的大木乔任于 1881 年（明治 14 年）5 月提出的《乞定国体之疏》① 这本意见书中曾提到这样一个理由。由于原文较长，这里我仅作概括性介绍。大木提到，日本的国情与欧洲国家的国情不同，在政治制度和法律制度上与欧洲国家存在不一致也是合理的。在欧洲的宪法中有事无巨细的规定，他认为没有必要一定要全盘模仿。

此外，大木还提出根据日本的实际国情，应该把“帝宪”和“政体”区分考虑。

明治初年以来，为了制定宪法召开了很多次会议。对于在宪法中天皇和皇室究竟处于一个什么样的位置而煞费苦心。对此，大木认为索性把两者分开规定。

日本在古代曾仿照唐朝制定律令。即使在那时，除了律令之外，《古事记》、《日本书记》中提到的“天壤无穷的神敕”、“万世一系的天皇存在”等都有效地发挥了作用。大木认为“天壤无穷的神敕”、“万世一系的天皇存在”等，有史以来不变的国情叫做“国体”，与之相对应，随着时代而不断变化的政治制度叫做“政体”，以此来区分两者。

欧洲国家的宪法中规定了王位继承、官员制度以及国家的诸制度。也就是说，欧洲国家把“国体”和“政体”规定在同一宪法中。这样的话，由于宪法是在国会上讨论的，所以按照国会议员的意见，连“国体”也是可以改变的。所谓的宪法是随着时代的变化而改变的。大木认为那样在宪法中规定以皇位继承为开头的“国体”不能说是上策。

大木就此发表了如下的意见：

方今欲制定国家的基础，应该制定帝宪和政体。再由陛下策划召开国会

① ［日］多田好问：《岩仓公实记》下卷，原书房 1968 年版，第 689 页及以下。

的日期，整备法律制度，应将其日期昭示于天下。帝宪是皇邦国础及天皇人民安居的根源，其他帝室的宪章内容应该明确。政体中应明确三权的分别和设官的要点、其他议会的纲领。帝宪是金石一样不朽的，而政体则是需要临时变革的。虽然将二者合起来就是外邦的国宪，但立意是不同的。并且外邦在制定国宪时需和国民讨论，而后制定。因为国宪是其国家的建国基础，所以没有国宪的话，国家基础无从谈起。由此，改变国宪的话无异于改变国家基础。我皇邦的国家基础已定且不朽地存在，如今不应胡乱效仿别国，因此制定帝宪及政体的人无需从新制定它们。

这里提到的“帝宪”相当于后来的皇室典范，“政体”可以看做后来的宪法。至于大木的主张对于后来产生了怎样的影响，需要另作研究，但直接担当宪法起草的伊藤博文也持有几乎同样的想法。研究德国宪法后归国的伊藤在明治16年9月16日，对天皇进言：“我国古来万世一系的天皇，统揽万机。这是万邦无比的国体。以此国体为基础提出经国大纲，明确君民名义的方针”。他阐述了宪法起草的根本方针。也就是说伊藤也是把“国体”和“政体”（宪法）区分开来考虑的。①

这样，1889年（明治22年）2月11日，皇室典范和宪法出台。②

三、GHQ（驻日盟军总司令部）和皇室财产解体

天皇在“政体”方面只能行使宪法规定的大权，即天皇是受到宪法约束的。但是在“国体”方面。他却是皇室的一家之长，统领皇族。明治皇室典范的56条里规定“天皇亲临皇族会议，又是皇族中的一名议长”。在皇室中，除了天皇一家以外还有13个宫家。所谓的宫家就是天皇的亲戚。

天皇和皇族的世界与一般国民不同，连议会也不能干涉。刚才提到，每年从国库中支出皇室费用是预付的，议会不能核查账目，即使积蓄剩余金，

① ［日］春亩公追颂会，《伊藤博文传》，中卷，1940年，365页。

② ［日］岛善高：《近代皇室制度的行程——到明治皇室典范的制定》，成文堂1994年版。

也不用纳税。当然每年都有相当数额的积蓄，1945年战争结束时皇室的财产达到近16亿日元。提供以下几个数据仅作参考，当时的财阀如三井有3.9000亿日元，岩崎有1.7500亿日元，住友有3.1500亿日元。①

即便如此，对于如此巨额的皇室财产，几乎所有的国民没有任何的怨言。其理由在于皇室费用除了通常的必要经费以外还被应用于各种表彰、灾害赈济、孤儿、贫穷者、老者、病者的赈恤恩惠、社会事业的嘉奖、战病死者的吊唁、出征者的慰劳、高官死去时下赐的祭资等。酒卷芳男氏作过如下的介绍：

宫中的祭祀是原本就有的，神宫的祭祀、官国币社在神前的献币等等祭典、陵墓相关的陵墓费、大演习、阅兵等的费用，四大节（四方拜、纪元节、天长节、明知节的总称——译者注）观樱花、菊花会等时文武官、有爵位的人、功劳者的优待费、与外国的交际费、产业奖励费等是直接关系国务的。为奖励文明开化的帝室博物馆、奖励歌道（作“和歌”的技巧、方法——译者注）的场所及其他的费用、保存古乐的雅乐部费、保存古书的图书寮费、保存古技和与外国交际的经费、为皇族华族教育的男女两学习院的经费、奖励产马的牧场费等等，尽管很难说是直接关系国务的，但是为国家公共事业的御用费用。还有宫殿的修缮、调度费、像仪仗队那样在关系帝国威严的问题上不可欠缺。皇室御用经费诸端实际上是不可推察的。不仅如此，其仁慈的年友忠臣、功臣、孝子、节妇的表彰、奖励对天神地神崇拜、灾害赈济、孤儿、贫穷者、老者、病者的赈恤恩惠、社会事业的奖励、战病死者的吊唁、出征者的慰劳、高官死去时赐予的祭资等下赐的金额非常之多，超出世人的传闻。拜受巨额的下赐，惶恐荣耀至极。②

皇室用地也根据情况转让给地方，如明治28年，将226万町步（1町步

① 但是美术品和宝石类不在其列。［日］黑田久太：《天皇家的财产》，三一新书1966年版，第139页。

② ［日］酒卷芳男：《皇室制度讲话》。

约为9917平方米——译者注）下赐给北海道，在明治44年将7万9322町步下赐给山梨县。所以对于大多数的国民来说，对此是非常感激的。

但是，日本战败后，开始了被盟军占领的时代。GHQ（盟军总司令部）在分析日本积极投身战争的背景时，认为这不仅与军队、国家神道有关，与日本国民对天皇的绝对信仰也是密不可分的。因此，决定彻底地改变天皇及皇室相关的制度。摆在第一位的就是巨额皇室财产的解体，GHQ把皇室看成是最大的财阀（the greatest of the Money Gang）。①

美国在占领日本以前就对皇室财产作过详细的调查，所以在占领后马上命令GHQ冻结了皇室财产。并且对明治以来蓄积的广大的皇室用地和皇室所有的有价证券类等进行了彻底的调查，把这些全部收回国库。皇族的全部财产也被调查和课税。据《梨本宫伊都子日记》记载：

此次，宫内省传出美司令官要求调查宫内省的全部财产，各个宫家也要书面提交出全部财产清单一事，顿时陷入混乱。银行里的，据实提交，并且土地、房屋及其评估、房屋的占地面积、所有物品的估价等等都进行书面提交。日用品、宝石类、衣服等也要调查。存放在三井信托的宝石，一度回收，调查后交给宫内省保管（昭和20年10月28日）。②

另举例来说，闲院宫家的财产有568.1万日元，课税财产税419.5万日元。梨本宫家的财产是368.6万日元，交财产税256万日元。财产越多税率也越高。③ 为了交这个高额的税金，皇族们除了卖掉别墅、美术品、家具、车等之外，还不得不解雇雇员。这样一来，除了在宫家之中天皇兄弟的秩父宫、三笠宫、高松宫之外，其他的13家宫家脱离了皇族。为了保持皇族的体面，是需要巨额的资金的，而交了如此巨额的税金，皇族的体面则很难保存。

天皇也是同样，1947年（昭和22年）1月，制定了皇族经济法，皇室

① ［日］黑天久太：《天皇家的财产》，第138页。

② ［日］小田部雄次编：《梨本宫伊都子日记》，小学馆1991年版，第314页。

③ ［日］芦部信喜、高见胜利编著：《日本立法资料全集7·皇室经济法》，信山社1992年版，第519页。

财产成为国有财产。皇室必不可少的东西，作为国有财产中“皇室用财产”对待。这其中包含的有皇居、离宫、皇室用地、正仓院宝库、“与皇位流传有来源的物品”（三种神器）等。

但是，当然天皇也要进行各种各样的活动，都是需要花钱的。因此，按照皇室经济法把皇室费用分为内廷费、宫廷费、皇族费三种。每年按照预算由国库支出。

现在，内廷费 3.2400 亿日元，宫廷费 62.5400 亿日元，皇族费一共 2.8091 亿日元。在皇族中，秋筱宫家有 5490 万日元。

内廷费（天皇皇太子一家）和皇族费（各个宫家）和我们今天的薪水是一样的，是属于私人的东西。只是与我们不同的是，它不用纳税。

内廷费是对公的，进讲酬金、正仓院宝物调查等酬金、嘉奖费、外国旅费、宫殿管理费、修缮费、文化财产管理费、招待宴会费、汽车重量税等由宫内厅管理。①

四、国法的一元化

1945 年（昭和 20 年）开始占领日本的 GHQ 认为日本战前的二元体系是引导日本走向战争的一个原因。为了改变这一点，GHQ 决定把皇室典范也放在国会的控制之下，即国法一元化。1946 年 2 月 GHQ 制定的宪法草案第二条是这样规定的：

皇位世袭，按照国会制定的皇室典范继承。

看到这个规定的日本政府大吃一惊，国务大臣松本烝治向 GHQ 询问这样的问题“皇室典范应由国会制定这一项是其本质的部分吗？”宪法制定的负责人 Courtney Whitney 将军这样回答“皇室典范必须得到国民代表者的承认”、“国民至上”、“必须由国会制定皇室典范”。皇室典范被置于国会的控制之下。

日本政府认为 GHQ 的指示与传统的做法相去甚远，因而做了种种的反

① 森畅平：《天皇家的花销》，新潮社 2003 年版。

抗，但都被 GHQ 拒绝。①

原本 GHQ 的司令长官麦克阿瑟来日时，即 1945 年 9 月 6 日，美国杜鲁门总统曾向麦克阿瑟做出如下的指示：

> 天皇及日本政府的国家统治的权限，从属于联合国最高司令官。阁下的使命就是按照阁下认为适当的事情来行使阁下的权利。我们和日本的关系，并不是立足于契约，而是以无条件投降为基础。阁下的权限是最高的，阁下的权利范围不受日本方面的任何制约。②

日本方面的抵抗没有丝毫的效果，日方没有办法只好按照 GHQ 的指示于 1947 年（昭和 22 年）1 月实施了新宪法和新皇室典范。其结果使宪法成为最高法规，并制定了新的法律体系。

在新宪法中规定，天皇"是日本的象征，其地位基于拥有主权的日本国民"（第 1 条）。并在第 7 条中列举天皇的权利：①任命内阁总理大臣；②任命最高裁判所长官；③改正宪法、法律、政令和公布条约；④召开国会；⑤解散众议院；⑥公示总选举的实施；⑦任免国务大臣和官员，认证全权责任状及大使公使的信任状；⑧大赦、特赦、减刑、行刑的免除及复权的认证；⑨授予荣誉；⑩认证批准书及外交文书；⑪接见外国大使及公使；⑫举行仪式等。而且任何一项都需要得到"内阁的建议和承认"，天皇自己没有决定权。

其他方面，皇室典范也发生了很大的变化。共 62 条的明治皇室典范被缩减到了 37 条。内容也减为关于国务的一般内容，皇室内部的事项也被省略。前面提到战前皇室典范中有天皇亲临和主宰"皇族会议"的规定，而在新的皇室典范中规定，"皇族会议"的议长是内阁总理大臣，其外皇族两人、众参两院的议长副议长、宫内厅长官、最高裁判所长官和一名裁判官计 10 名构

---

① ［日］芦部信喜、高见胜利编著：《日本立法资料全集 1 · 皇室典范》，信山社 1990 年版，第 4 页及以下。

② ［日］《占领日本重要文书》第 1 卷，基本篇，日本图书中心 1989 年版。

成。也就是说天皇被排除在外。在皇室会议上，讨论皇位继承位次的变换、立皇后及皇族男子的婚姻、皇族身份的脱离、设置摄政等。这些重要的会议天皇也不能参加了。

五、今后应该探讨的课题

以上，我介绍了近代天皇制度的几个法典上的特征。最后，再介绍一下现代天皇制度的几点问题来结束我的演讲。

第一，关于天皇的行为。天皇除行使宪法赋予的国事行为以外，都是个人行为。但是国事行为和个人行为以外，比如出席国会的开幕式并致辞、接待外国元首、出国访问、就任国际大会名誉总裁、出席国家性活动、主持天皇生日祝贺仪式等、实施社交活动、举办新年年初的诗会、举办和主持新年年初的讲课会、出行地方、福利活动、灾区慰问、嘉奖文化产业等，实际上有多种多样的活动。这样的现象又该怎样解释呢？实际上不甚明了。有人认为应把它们看成是介于国事行为和个人行为中间的“公事行为”，也有人认为个人行为中应分为“社会性行为”和“皇室行为”。

2009 年 12 月 15 日，中国国家副主席习近平和天皇举行了会见。这在宪法上不是国事行为，但是也不能说是个人行为。一般把这样的行为解释为“公事行为”，但是所谓的“公事行为”在法律上没有规定。从法律上仅能作这样的解释，对于这个问题今后还有必要进行进一步的详细规定。

第二，宫中祭祀的问题。我认为天皇之所以称为天皇，不是行使国事行为，而是行使宫中祭祀。皇宫中现在也有宫中三殿，即贤所、皇灵殿和神殿。

贤所里供奉着天皇的祖神、天照大神并安放着神镜。皇灵殿里供奉着历代天皇及皇族的灵位。在神殿里供奉着天神地祇。现在一年中要举行 24 次左右的祭祀，这些祭祀中并不都是皇室的私事，也有为国家国民祈求繁荣的活动。[①]

战前天皇有祭祀大权，也有作为国务来对待的祭祀。由于是国务，官僚

① ［日］详见内厅编《宫内厅要览》。

们也必须要参加。[①] 但是在战后 GHQ 发布了所谓的“神道指令”，认为日本积极投入战争的背景中存在国家神道，所以规定政府不能与国家神道有任何的关系。因此，现在把宫中祭祀当成了皇室的私事，宫中有关祭祀的费用，都由内廷费中支出。

但是宫中祭祀中如祈求五谷丰登、神恩感谢等是有着悠久历史的祭祀，这些都是日本文化的真髓。我认为今后宫中祭祀中有几项应被看做天皇的“公事行为”。

第三，皇位继承问题。众所周知，现在皇室中男子的数量越来越少，正在威胁着皇位继承的稳定性。其原因是，现在的皇室典范中只承认男性有皇位继承权，庶子不被承认，养子也不被承认。因此，近年为了稳定皇位的继承，出现了承认女性天皇的建议。的确，历史上存在过女性天皇，这也可以说是一个解决办法。

但是，假使承认女性天皇的话，之后又会怎样呢？那个女性天皇和皇族以外的人结婚，婚后所生的孩子应继承皇位。那样的话，持续长年的男系继承的传统就会崩溃，而成为女系天皇。这按照日本人的传统想法，相当于王朝的交替。我认为，历代持续下来的男性继承传统，应该最大限度地保持下去。

按照现在的皇室典范，内亲王结婚后要脱离皇籍。我认为可以考虑改变这条，内亲王结婚后仍留在皇室并创设宫家。另外皇室典范第 9 条规定“天皇及皇族不能收养子”。我认为一般国民拥有收养子的权利，这一点在皇室是否也可以被承认。女婿养子是最好的。当然，选择什么样的人做养子，需要皇室会议慎重的审议。我觉得如果可以从战后被半强迫而离开皇籍的宫家中选择合适的人选作为女婿养子，也是一个很好的办法。[②] 让他和内亲王通婚，生下的男子来继承皇位。战后脱离皇籍的人们是与先祖天皇有着血统关系的，所以从大处着眼，可以说是保住了男系继承的传统。

我不知道我的想法究竟能发挥多大程度的作用。我只是一个研究者，没

---

① ［日］酒卷芳男：《皇室制度讲话》，第 68 页及以下。

② ［日］岛善高：《为了皇统永续》，《CAMPUS NOW》第 148 号，2005 年。

有什么政治权力。但是，我觉得天皇的存在是日本国家的真髓。在日本国内存在着不要天皇制度的呼声，对持有这种主张的人的想法我也不是不能理解。但是，有史以来长年延续的天皇制度，已经与日本文化各个方面都有着千丝万缕的联系，是不能简简单单地破坏的。

我认为与其在废除天皇制度上闹得沸沸扬扬，不如把与时代不相符的地方加以修正，使之适应时代，使之为国民国家有效地活用，这才具有建设性的意义。

今天，我以“近代日本的天皇制度——以其制度性特征为中心”为题，发表了自己的意见。有些偏重于法律方面，也许听起来有一些难了。谢谢各位！

（附记：在讲演结束后，听众们提了各种各样的问题，其中有“不可以有女性天皇吗?”这样的深入问题。对于这个问题，我的回答如下。如果只是行使国事行为的话，女性天皇也是完全可以的。但是在宫中祭祀这一点上，有点儿让人担心。祭祀时尊崇清净是多年来的传统，即使是现在，女性月经时被拒绝参加祭祀也是事实。当然这种场合，找别人代替是可以解决的。重要的祭祀屡次要找人代替这种事情最好还是避免。如果可以改变祭祀中这样的风俗则另当别论，但在不改变它的情况下，还是男性天皇最理想。）

（白春岩　翻译）

专集：近代以来日本的对华认识

近世：日本知识界的中国观①

赵德宇（南开大学日本研究院）

内容提要 进入江户时代，历来颇受尊重的中国文化受到日本知识界的质疑和挑战。朱子学之外的儒家各派，或为复兴中国先秦孔孟之道，或致力于儒家思想的实学化和日本化，都对朱子学的理气之辨等命题提出了质疑。国学家出于狭隘的民族主义，以日本为世界中心，对中国进行了全面否定。兰学家以西方科学和思想为依据，出于实用主义，提出了中国思想已经不合时宜。“江户三学”对中国的认知虽然不尽相同，但都不同程度地否定了中国及中国文化，并对近代日本人的中国观产生了不同的影响。

关键词 江户时代 中国观 儒学 国学 兰学

---

① 本文以及本专集中的其他论文均为教育部重大攻关项目（06JZD0023）“近代以来日本对华认识及行动选择”的阶段性成果。

自古以来日本曾长期折服于中国的文治武功，仿效中国灿烂的精神文化和辉煌的物质文明，不乏憧憬之情。然而到江户时代（1603—1867），随着满清入主中国、日本民族意识形成、西洋文化传入等变局的出现，日本知识界对中国的认识开始发生变化。由于江户时代中日之间并无国交关系，也缺乏近代以后那样的大规模的人员交流，日本对中国的了解主要依赖于中国书籍和一些缺乏直观的情报资料，对中国的认知也基本局限在知识界。因而，知识界的中国认识基本反映了江户时代日本人中国观的方向，这集中反映在“江户三学”，即儒学、国学、兰学三大学问板块之中。由于“三学”的性质、研究对象以及所倡精神各异，因而对中国的认识也表现为三种不同的话语。当然，江户时代日本人的中国认识并非仅限于“三学”，但是，知此可以基本掌握近代以来日本人中国观的根脉。本文旨在对这些线索进行梳理、分析，并提出若干管见，或有谬误，谨请批判。

一、儒学家的中国观

自古以来直到江户时代出现国学和兰学之前，日本的所谓学问主要是来自中国的儒、佛之学，尤其是儒家思想，通过推古改革、大化改新，几乎等同于日本国家的意识形态。虽然平安后期至战国时代武士阶级主宰着日本社会，儒家思想似乎趋于式微，但丰臣秀吉侵朝夺华梦的破灭，使日本认识到自己在东亚地区还难以称霸，在文化上也还是个中华文化中的小兄弟，那么按照日本人对待中国文化的传统态度就只能是继续学习。随着德川幕府统治趋于稳定，统治策略也逐渐转向“文治”，宋儒朱子之学如日初升，迅即成为由幕府支持的显学，并顺势取代了佛教思想。朱子学家们在参与政治的同时，也占据了江户时代思想的中枢，宋儒理念统驭着日本人的伦理道德意识与学问艺术等广泛的领域。到17世纪中后期，出现了诸多以儒家思想为母胎而又从不同角度批评朱子学的儒家流派，呈现出日本思想史上罕见的争鸣景观。这一过程也正反映了日本的儒者们因社会地位的不同，对中国儒家思想所作的多角度的生发，其间对中华文化的认识也成为一个重要的主题。

江户时代朱子学鼻祖藤原惺窝（1561—1619）从相国寺还俗而专攻朱子

学，将五山禅僧用作修行的理学从禅学中独立出来并加以系统化，创立了京都朱子学派。惺窝易缁衣为儒服，以示脱佛归儒，并反戈一击对佛教的空虚之学进行批判：“我久事释氏，然有疑于心，读圣贤之书信而不疑，道果在兹，岂人伦之外哉。释氏既绝仁种又灭义理，是以为异端。”① 藤原惺窝还曾说：“自谓汉唐儒者，不过记诵辞章之间……绝无圣学诚实之见识矣……若无宋儒，岂续圣学之绝绪哉。”② 惺窝既抨击了禅中儒的空谈虚无，又反省了汉唐旧派儒者们埋头注疏之小学的无用，并试图建立植根于社会人伦的新儒学。这种学问观的实质是去虚就实，可以说是江户时代思想学问区别于中世的一大特征。

德川幕府与朱子学的联姻是从1603年德川幕府建立开始的。是年还是建仁寺的僧人林罗山（1583—1657）在京都公开设讲坛讲解朱熹的《论语集注》，而当时没有朝廷准许是不能公开讲授儒家经典的。据此，明经博士清原秀贤向德川家康告发了林罗山，德川家康非但没有惩罚林罗山，反而承认了公开讲学的形式。由此，原本只在公家、僧侣等特殊身份的人群之间传承的儒学，开始对社会开放，开创了江户时代公开讲学的先河，而朱子学也旋即成为江户时代之显学。林罗山由其师藤原惺窝推荐给幕府，深受德川家康礼遇，1607年开始出任幕府的政治顾问，并先后担当德川家康至德川家纲四代将军的侍讲，颇得重用。“罗山于国家创业之际，大受宠任，起朝仪、定律令、大府所需文书，无不经其手。”③ 林罗山还担当着幕府文教政策的规划、武士教育理念的制定等方面的指导者，并在古书收集出版、史书编纂等方面做了大量的工作。从意识形态而言，林罗山主张的朱子学旨在论证当时日本社会的合理性，从君主到士农工商的存在都是基于天道而产生的人道，并要求社会各阶层的人们都各安其位，以维持社会的稳定。这种思想受到幕府统治者的激赏也自然是顺理成章了。可见林罗山在幕府创业之初，修订祖法过程中，发挥了重要的作用。也正因如此，林罗山所崇尚的朱子学占据了

① ［日］《惺窝先生行状》，载国民精神文化研究所编：《藤原惺窝集》卷上，思文阁1978年版。
② 朱谦之：《日本的朱子学》，人民出版社2000年版，第176页。
③ ［日］丸山真男著、王中江译：《日本政治思想史研究》，三联书店2000年版，第8页。

意识形态的统治地位，并贯穿了德川幕府的始终，成为幕府的统治原则，这也说明朱子学是符合幕府的需要才得到重视的。然而，另一方面也应该看到朱子学者们摒弃了佛教空无的宿命论，而且也向统治者提出了政治上的要求，即要秉承天意，以苍生和“天下利益”为重，这就在客观上使统治者的权威相对化，实际上也为统治者在社会政治领域作了定位。而在此之前的日本：“儒教在古代和中世纪，盖为训诂注疏之学，思想性稀薄。”① 由于儒家思想在日本的升级换代，提高了德川初期朱子学的地位，客观上形成了以中国政治为榜样，视儒家思想为偶像的印象。这种意识尤其在居统治地位的武士阶层中根深蒂固的：“这个时代的武士基本教养是儒教，这意味着在国学和兰学出现之前，对他们来说儒教不是多元文化之一，而是文化就等于儒教。”② 可见，此一时代作为中国文化根基的儒家文化规范着日本上层社会的价值观念。

此外，由于中国明清交替，一批中国文人留居日本，他们的学问和人格颇受日本知识界的尊重，从而树立了中国文人的君子形象。其中对日本思想文化影响最大者当属被称为畸儒的朱舜水。朱舜水（1600—1682）于1659年定居长崎（此前曾六次到过日本），并终老于日本。舜水尊实学，践实事，他在《答安东守约问八条》中明确表示：“学问之道，贵在实行，圣贤之道，俱在践履。”③ “德川光圀（水户藩主，德川家康的直系孙，时任将军德川家纲的叔父）尊朱舜水为师，在从其学习中国优秀传统文化的同时，还经常询问有关国家施政大计、礼乐典章制度以及学术文化问题。”④ 舜水也殚精竭虑将所学所思传授给邻国知己，“日本所谓‘水户学’者，所得于舜水精神者至多。”⑤ 舜水还与日本政界、学术界交往密切，弟子众多，日本知识层对舜水“如七十子之服孔子”。诸如，主张对朱子学采取扬弃态度的安东省庵、

---

① ［日］家永三郎等校注：《近世思想家文集》，岩波书店1978年版，第5页。

② ［日］小岛晋治：《日本人的中国观的变化——以幕末维新为中心》，载神奈川大学人文学研究所编：《日中文化论集》，劲草书房2002年版。

③ 《朱舜水集》上册，中华书局1981年版，第369页。

④ 覃启勋：《朱舜水东瀛授业研究》，人民出版社2005年版，第7—8页。

⑤ 梁容若：《中日文化交流史稿》，商务印书馆1985年版，第213页。

反对坐而论道的木下顺庵、古学派的山鹿素行、伊藤仁斋等人都从不同层次吸收了朱舜水的实学思想，从而促进了江户时代日本儒学研究进入新的阶段。梁启超曾言："德川日本二百年，日本整个变成儒教的国民，最大的动力实在舜水。"① 水户学者们不仅从朱舜水领受了中国儒学思想，并体认了中国文人的学识风骨，从而对中国儒学和儒者尊重有加。这种尊重几乎是江户时代初期日本知识界对华认识的共识。

到17世纪后期，随着儒学研究的不断深入，儒家内部各流派相继登场。其中，古学派提倡回归到孔孟的原始经典，显示出要恢复自然秩序和肯定人性的自然主义，为此将批评的矛头指向程朱理学。他们为证实官方朱子学虚理虚义的谬误，极力通过考证来确立经世致用的学问体系，兴起了一股实学思潮。

古义学派创始人伊藤仁斋（1627—1705）否定了正统朱子学"理在气先"的唯心主义命题。伊藤仁斋认为："盖天地一大匣也，阴阳匣中之气也……有匣则有气，无匣则无气。故知天地之间只是此一元气而已矣。非有理而后生斯气，所谓理者，反是气中之条理而已。"② 他又说："圣人曰天道、曰人道，而未尝以理字命之。易曰，穷理尽性以至于命。盖穷理以物言，尽性以人言，至命以天言。自物而人、而天，其措辞自有次第。以理字属之事物，而不系之天与人。"③在此，伊藤仁斋将"理"限定于"物之理"。古文辞学派的荻生徂徕（1666—1728）提出："盖先王之教，以物不以理。教以物者，必有事焉，教以理者，言语详焉，物者众理所聚也。"④ 可见，在古学派眼里，朱子学中观念思辨的"理"已经转义为自然界的客观规律。也就是说，古学派对理学之"理"作了颠覆式的重新定义，这大概也是日本知识界正面对中国哲学思想提出质疑的开端。如果说古学派设定了"理"的内容，

① 梁启超：《中国近三百年学术史》，东方出版社1996年版，第101页。

② ［日］伊藤仁斋：《语孟字义卷之上》，载《日本思想大系》33，岩波书店1980年版，第116页。

③ ［日］伊藤仁斋：《语孟字义卷之上》，载《日本思想大系》33，岩波书店1980年版，第124页。

④ ［日］荻生徂徕：《辨道》，载《日本思想大系》36，岩波书店1980年版，第205页。

那么怀德堂学派[①]的合理主义儒学家们则进一步明确了“格物穷理”的目的和途径。五井兰州直言：“真、实二字乃穷理之神明也。”[②] 中井履轩更提出：“格物谓往践其地、莅其事、执其劳也……此知行并进之方也。”[③] 本来在正统朱子学中，“格物致知”、“即物穷理”的目的在于“穷天理、明人伦、讲圣言、通世故”，从属于道德伦理范畴。上述日本儒学各派将“格物穷理”改造为以事物之理为核心的科学认识论。用日本学者的话说“日本的儒教文明，其学问之表现虽然经历了不同的过程，但最终结晶为实学这一点是不容否定的。”[④]但是，古学派并非是对儒学的背叛，恰恰相反，他们要纯洁孔孟之道，而且仍然对中国抱有一种憧憬的态度。获生徂徕甚至分别将京都、东海道称为洛阳、长安道[⑤]，显示出对中国的倾慕之情。不过，古学派等儒学家对朱子学的质疑和批判，还是在很大程度上削弱了中国在日本人心目中的先生形象。

还有一条线索值得注意，即随着满清王朝的建立，也使中国的形象在日本儒学家的心目中大打折扣。早在南北朝时代，北畠亲房在《神皇正统记》中就曾运用中国的正统观念，糅合伊势神道，试图将神国思想理论化，开篇即云：“大日本者神国也。天祖始开基，日神永传统。唯我国有此事，异朝皆无此类，故云神国。”[⑥]该书对后世日本的历史观和国体论影响殊深。江户时代一些儒学家就以《神皇正统记》为依据，认为日本自天照大神以来，天皇万世一系，而中国历史上易性革命不断，甚至被周围少数民族夺取国家，满清王朝就是少数民族建立的政权，因而认为日本应该是更优越的国家。换言之，江户时期日本的一些儒者们在尊崇孔孟儒学的同时，也形成一种强烈

① 开明的儒学学派，提倡实学，重视合理的穷理精神，反映了当时町人阶层的需要。

② ［日］五井兰州：《兰州茗话》，转引自奈良本辰也编：《近世日本思想史研究》，河出书房新社 1965 年版，第 108—109 页。

③ ［日］中井履轩：《大学杂议》，转引自朱谦之：《日本的朱子学》，三联书店 1958 年版，第 317 页。

④ ［日］源了圆：《近世初期实学思想史研究》，第 9 页。

⑤ ［日］小岛晋治：《日本人的中国观的变化——以幕末维新为中心》，载神奈川大学人文学研究所编：《日中文化论集》，劲草书房 2002 年版。

⑥ ［日］岩佐正、时枝诚记等校注：《日本古典文学大系》87，岩波书店 1978 年版，第 41 页。

的日本民族意识。山崎暗斋（1618—1682）的“生擒孔孟的孔孟之道”可谓典型，他的一番自问自答的“孔孟论”绝妙地映照出儒家文化日本民族化的实用主义。问：如果孔孟率军进攻日本，日本的孔孟之徒该怎么办？答案是：“身披甲，手执锐，与之一战，以报国恩，此即（日本人的）孔孟之道。”①

江户时代日本的儒者群虽然对中国和中国思想提出种种质疑，但有一点是清楚的，那就是他们仍然承认中日两国在价值观念上的共性，尤其是在面对西洋世界的时候。水户学派尤其是以藤田幽谷、藤田东湖父子和会泽正志斋为中心的后期水户学派，可谓是杂糅儒家学统与神皇一统思想的典型思想形态。这一派虽受国学家复古神道论的影响而宣扬日本的皇国史观，但受朱舜水影响颇深，因而又融入儒家的大义名分论和尊王攘夷思想，因而主张神儒合一。这是与竭力诋毁中国思想的国学家们最关键的区别。会泽正志斋（1782—1863）提出：中日两国位于东方沐浴太阳之正气，自然风土宜人，人民正直，尤其是有儒家经典的教化，符合天照大神之教。同为水户学派的藤田东湖也认为：中国与日本相近，风景也相似，而且作为伦理价值意义上的‘道’也是通用的，中国推奖忠孝，日本忠于君上孝敬父母；中国有先王，日本有神皇；中国尊上帝，日本尊天照大神。有中国学者认为：水户学派在提倡日本皇室中心主义的同时，保持着儒家中心主义。②山崎暗斋也认为，中日两国都是以儒学为教化标准，而西洋各国不懂儒学，是未开化的野蛮人。从水户学派和山崎暗斋的话语中可以窥见，中国虽然不再被视作崇敬的对象，但中日两国的文化同根性，依然不经意中支配着日本儒者们的思想意识。甚至普通庶民也对将前来叩关的佩里一行称为“唐人”大不以为然：“唐土应作为日本的师国予以敬重，而竟然把逆贼美国人指为唐人，何其愚蠢。”③

总之，在江户时代日本儒学家的头脑中，崇敬中国的意识遭到一定程度上的否定，但是，仍然保持着对中国文化的情感，尤其在护守正统儒学这一

① 武安隆：《文化的抉择与发展》，天津人民出版社 1993 年版，第 215 页。

② 参见朱谦之：《日本哲学史》，人民出版社 2002 年版，第 53—63 页。

③ ［日］芝原拓自：《日本的历史·23·锁国》，小学馆 1975 年版，第 17 页。

点上，仍然保持着一种共识。可以认为这是一种对宋儒的修正。

二、兰学家的中国观

1639年德川幕府为彻底驱逐天主教而严厉禁止葡萄牙人来日本，之后西方国家中只有荷兰与日本保持着贸易关系。到江户时代中后期，在日本知识阶层中出现了研究、摄取西方近代学术的兰学。所谓兰学，虽然以荷兰语为媒介①，但并非仅指荷兰之学，它以研究西方近代科学为开端，逐渐扩展到西方社会思想等领域，成为江户时代日本人了解外部世界的平台。随着兰学研究的不断深入与扩展，最终与儒学和国学并称，成为江户时代三大学问体系之一。

由杉田玄白（1733—1817）、前野良泽（1723—1803）等人于1774年完成的欧洲解剖学著作《解体新书》的日文译稿是兰学真正诞生的标志。西方近代科学的方法是通过实验和观察，推导出科学理论，这种方法论正是兰学研究的根基。通过《解体新书》的翻译，证明了传统中医学中的一些错误，并且从理论上说明了人体各器官的作用，从而达到了对人体结构的科学认识，使日本人认识到欧洲近代医学，特别是解剖学的科学性。不久，在西医的眼科、产科、儿科等专科领域也都出现了译、著书籍。之后西方科学的主要学科在日本不断扩散、深化，天文学、物理学、化学、植物学、舆地学等领域都出现了大批译、著成果，基本反映了当时西方近代科学主要学科成果的概貌②。

在研习西方自然科学的过程中，兰学家们继承了古学派对理学之“理”的解释，把观念形态的“理”改造成与西洋科学中实验、实证原则对接的方法论。这种意识在翻译《解体新书》的兰学同人之间已显露端倪。杉田玄白提倡的“实测穷理”，即实践与理论相结合的科学方法，不仅为医学界，也

① 日本是幸运的，当时荷兰重视学术，出版业也很发达，因而欧洲大部分学术成果都有荷兰语译本，这些书籍就成为日本兰学的基本资料。

② 参阅赵德宇：《西学东渐与中日两国的对应——中日西学比较研究》，世界知识出版社，2001年版，相关章节。

为兰学的其他领域确立了近代的科学研究方法，显示了兰学研究客观实用性的特征。前野良泽就提出要以西洋基本物质构成要素的地、水、火、空（气）四元之说，取代中国观念形态的以木火土金水解释宇宙天体和社会人事的五行说，因为："五行之说，仅支那一国之私言"，而四元之说才是"浑天浑地（宇宙）之公言"。[①]前野良泽还以西方地圆说否定中国的天圆地方说："支那自古不知地之本形，称地方如棋局，或云地之下有四柱等虚说。至后世传欧罗巴天地之学始称地球。"[②] 杉田玄白提出："腐儒庸医不知天地之大，只闻东洋二三国之事，以支那为万国之冠……所谓道，并非支那圣人所立，乃天地之道……地为一大球，万国居之，皆为中央，然任何一国都非中土，支那亦仅东海一隅之小国。"[③]显而易见，这些议论已经"将中国文明的绝对权威相对化了"[④]。之后的大槻玄泽等著名兰学家都曾不断地对儒家理念提出质疑。

兰学家们通过提倡西洋实学，以西洋科学技术和社会原理为参照系，将儒家学说中的"人道"转换为"自然之道"，并用经他们改造过的"理"为方法论，重新审视中国、质疑儒学等中国道德学问。随着兰学的不断扩展，研究领域超出了自然科学的范围，最终产生了社会批判意识。而这种批判不仅针对当时的日本现状，也波及儒家思想。以下选取几位典型人物以窥其要。

山片蟠桃（1746—1821）的思想集中表现在其代表作《梦之代》(1820)[⑤] 中。山片蟠桃首先认为："欧罗巴之精于天学，古今万国无双"，"西洋之说，天地之大尽论于此，非梵、汉、日本之管见所能及"。促发蟠桃如此崇信欧洲科学的根本原因是，西方人"往来海外诸国以测量而言天文，舣大舶抵万国以正天文地理，故无梵、汉、我国虚妄之说"，并"以是信其说"。山片蟠桃的自然科学知识，促发了他先进的社会思想。针对神代史中

---

① ［日］前野良泽：《管蠡秘言》，载《日本思想大系》64，岩波书店1976年版，第135页。

② ［日］前野良泽：《管蠡秘言》，载《日本思想大系》64，岩波书店1976年版，第142页。

③ ［日］杉田玄白：《狂医之言》，载《日本思想大系》64，岩波书店1976年版，第229—230页。

④ ［日］清水教好：《华夷思想与十九世纪——兰学家的儒学思想及其向世界认识的转变》，载《江户的思想》7，鹈鹕社1997年版。

⑤ ［日］山片蟠桃：《梦之代》，载《日本思想大系》43，岩波书店1979年版。

"先有君而后造民"的传统谬说，山片蟠桃直截了当地指出："有天后有地，有地后有人，有人后有仁义礼智忠信孝悌"，"有庶民后立君，一旦君立，万民皆为其役"。山片蟠桃合理地解释了人类社会发展史，达成了他唯物的世界观，而这种世界观直接否定了朱子学"未有天地之先，毕竟也只是理，有此理，便有此天地"[①] 的论断。有日本学者作过如下评价："如果说蟠桃通过把朱子学的穷理精神同发展了的科学思想结合起来而构成新的世界观的话，那么这种世界观必然是对朱子学体系的扬弃，必然是意味着儒学观念在认识论乃至自然哲学领域的败退。"[②]

司马江汉（1738—1818）也是独树一帜的兰学家，一生著述颇丰。主要著作有：《和兰天说》、《刻白尔天文图解》、《天地理谭》、《春波楼笔记》等，在普及西方近代天文地理学，尤其是地动说方面作出了杰出的贡献。他的上述著作"流布海内以来使我国人粗知地转之新说"。[③] 如果说山片蟠桃从西方近代科学中发现了唯物论，那么司马江汉思想的特点则是从近代科学中引申出社会平等观。司马江汉针对江户时代以儒家上下有序为依据的严格的等级制度，提出："上自天子将军，下至士农工商非人乞丐，皆人也。"[④] 司马江汉还以其丰富的天文地理知识否定了当时流行的中国中心论和日本中心论思想，他说："如支那称中华，吾邦称苇原之中津邦，则无不为中央之邦矣"，然"若由天定之，则云赤道线下之邦为中央。"[⑤] 此外，司马江汉还指出了"彼诸国以穷理治国"[⑥]，而"我日本技术不及欧罗巴人"的根源就在于"吾国之人不好穷万物之理，不好天文、地理"，"虚构文章以为文雅，不述信实"[⑦]，尖刻地批判了当时日本儒学中的空理空论。这似乎就是司马江汉研

① 《朱子语类·卷一·理气上》。

② ［日］永田广志著、陈应年等译：《日本哲学思想史》，商务印书馆1983年版，第189页。

③ ［日］高桥碵一：《洋学论》，三笠书房1939年版，第133页。

④ ［日］司马江汉：《春波楼笔记》，载《日本随笔大成》第一期第二卷，吉川弘文馆1975年版。

⑤ ［日］司马江汉：《和兰天说》，载《日本思想大系》64，岩波书店1976年版，第449页。

⑥ ［日］司马江汉：《天地理谭》，转引自有坂隆道编：《日本洋学史的研究》Ⅵ，创元社1975年版，第146页。

⑦ ［日］司马江汉：《春波楼笔记》，载《日本随笔大成》第一期第二卷。

究兰学的基点。

与山片蟠桃、司马江汉的社会思想形成的同时，出现了经世兰学家本多利明（1744—1821）。本多利明目睹“天明大饥馑”的惨状，深受俄国南下的“北方之警”的刺激，为此他运用兰学知识于宽政年间（1789—1801）撰写了《经世秘策》和《西域物语》两部有关经世学问的经典之作。本多利明根据“西流之理”，提出了富国之四大急务，即焰硝（用于矿山开发）、蓄金（增加国富）、船舶（用于海外贸易）及开发属岛（北海道殖民等）。其中最引人注目的是，他针对“贸易是以国内有用之物换取外国无用之物”的陈旧观点，提出：“日本乃海国，渡海运送交易本为国君之天职，乃第一国务。因之遣船舶出万国，集国用必需之产物及金银铜输入日本，雄厚国力，乃海国具足之法。”否则“若图以本国之力为治，则国力日衰，其弱皆积于农民，农民连年耗减乃自然之势”。[①] 本多利明还指出：“交易在海洋涉渡，海洋涉渡在天文地理，天文地理在算数。此则兴国家之大端也。”[②] 在本多利明看来，要使日本富强，就不能继续指望儒家的“圣人之法”，因而就要以“大西洋人”为榜样，摒弃传统的“汉法”，开展海外贸易，而开展海外贸易又必须研究自然科学。从本多利明的思想脉络中不难看出，他试图以兰学知识，即“大西洋人”的原则来解决日本的具体社会问题，确是一位“接受兰学影响的重商主义者”。这种重商主义彻底颠覆了来自中国传统的重农抑商的理念，以至于在“取西法而弃汉法”的过程中完成了“去中国而就西洋”的观念的转换。

田原藩家老[③]渡边华山（1793—1841）的议论进入了更深的层次。他认为：“西夷皆专于物理之学，审度天地四方，不以一国为天下，而以天下为天下，因而颇具广张规模之风气。”[④]因而，渡边华山要引照西洋经验，提出：“彼犀兕之革可以作铠，波斯之草可以活人……若夫当路重任读之，审其俗

① ［日］本多利明：《经世秘策》，载《日本思想大系》44，岩波书店1976年版，第32页。

② ［日］本多利明：《西域物语》，载《日本思想大系》44，岩波书店1976年版，第160页。

③ 家老：江户时代协助藩主、代行藩政的职衔，一般从藩主家族和重臣中间选拔。

④ ［日］渡边华山：《外国事情书》，载佐藤昌介校注：《华山·长英论集》，岩波书店1999年版，第63页。

而知其变，防其微而杜其渐……余望外之幸也。”[①] 渡边华山还提出了以西洋为榜样而改变日本的一系列愿望：古来华夷之辩的“井蛙之见”要变为“以天下为天下”；儒家“高明空虚之学”要变为“万事议论皆专务穷理”；面对西洋向东亚的攻势，“唐山御戎之论、我邦神风之说皆不足恃”[②]。在渡边华山看来，西洋强大的原因在于专念“物理之学”，而且视野遍及整个地球。而中国的学问和日本的传统对外观念，看不到世界在发生变化。因而，面对西力东渐，中国的圣人之道和日本传统的学问，都失去了效力。作为结论，渡边华山提出：为打开日本的困难局面，必须学习西洋的“物理之学”和“世界视野”。

不难发现，在兰学家的思想中，中国传统的本体论和自然观几乎解体，甚而生出去儒论的思想。兰学家们的学问特征是务实精神，由科学技术到思想文化、再由社会经济到对外观念，都发生了根本性的变化，从而在批判当时日本社会现状的过程中，对中国的学问、道德思想，以至于社会经济、政治理念提出全面的质疑。作为中华之国的中国被降到万国中之一国的地位。但是，也应该注意到，兰学家们对中国的认识既不同于儒学家，也不同于国学家。例如，在本多利明看来，历史上儒学的“圣人之法”不失为“善道”，但是日本的自然地理状况、风俗等与中国不同，而且近代西洋开创了新的社会发展理念，因而不能继续亦步亦趋地仿效中国。本多利明的认识在一定程度上反映了兰学家们中国观的特点，即它不是一种文化论，而是基于实用主义的思考。

三、国学家的中国观

国学的研究对象是日本古代语言、文学、习俗、制度等日本固有的古代文化，并以文献学为研究手段，通过对古代文献的“考辨”而将日本古代社

① ［日］渡边华山：《鴃舌或问》，载佐藤昌介校注：《华山・长英论集》，岩波书店 1999 年版，第 16 页。

② ［日］渡边华山：《再稿西洋事情书》，载佐藤昌介校注：《华山・长英论集》，岩波书店 1999 年版，第 91 页。

会理想化，并致力于寻求日本固有之“道”。一般认为国学是在古学派的刺激下发生的，就像古学要返回孔孟之道，国学则要发掘汉文化传入以前的纯日本的古典文化。然而与古学派回归孔孟相比，国学家的理论依据是以皇国史观为原点的复古神道，即源于“记纪”中的“建国神话”。国学的思考路径虽然是受到古学派的影响，但其目标却与古学派大相径庭，即试图剔除儒释道等所有外来思想和后世的所有学问，而回到《古事记》、《日本书纪》和《万叶集》等日本最初的古典，以复归“记纪”时代的“大和心”。国学“与追索中国古代理想社会的儒家的研究相对，要努力从日本自身古代社会中挖掘出更高的理想社会，这既是支撑国学运动的强烈的信念。”①国学的称呼本身也显示出与汉学相对抗的意识，因而又称“和学”、“皇朝学”等。国学家提出：日本乃神国，因而是世界万国中最伟大的国家。基于这个基本立场，在国学家看来，儒学无视与生俱来的人的自然感情，因而要摒弃“唐心”，复归信奉儒教之前的“大和心”。总之，国学家是要彻底否定日本历史上遵从儒家，仰慕中国的传统。

国学先驱契冲（1640—1701）还认为神儒佛三教之说可以融合于和歌之中，但其后继者荷田春满（1668—1736）则开始排斥儒佛：“今之讲神道者，皆阴阳五行家之说。世之谈和歌者……非唐宋诸儒之糟粕，则胎金两部②之余沥。非凿空钻穴之妄说，则无证不稽之私言。曰秘曰诀，古圣贤之真传何有？或蕴或奥，今人之伪造是多。臣子少无寝无食，以排异端为念。及长以学以思，欲复古道无止。”③客观地说，荷田春满的批判不无道理，但是从结果看，国学家们的神道研究在排斥外来影响之后，变得更加神秘，甚至到了完全迷信的程度。

荷田春满的弟子贺茂真渊（1697—1769）著《国意考》、《歌意考》、《文意考》、《语意考》、《书意考》，合称“五意”，将日本的“古道”、和歌、

---

① ［日］开国百年纪念文化事业会：《明治文化史》5，洋洋社1954年版，第480页。

② 胎金两部指真言宗两部神道理论中的胎藏界和金刚界，这两界既是世界万有的基本要素，又是真言宗理论中的一个范畴。胎藏界，指人生而具有悟性和佛性，只不过它隐藏在烦恼之后不显，没有觉悟而已，因而称为胎藏。金刚界，即“识”也就是智德、心智。

③ ［日］荷田春满：《创学校启》，载《荷田全集》第一卷，吉川弘文馆1928年版。

文章、语言、古文献等国学诸分支统合为一个最终的目标，即要彰显“神皇之道”。所谓“神皇之道”是日本之千代古道、皇国之古道，因而是最理想的“道”。并称：佛教、儒学传入日本后，破坏了日本的“古道”，因而要通过排除外来影响来复归“古道”。贺茂真渊基于这种神国之说，极端地认为只有《古事记》才是纯粹的古书古义，以至于不惜否定用汉文书写、以“汉意”为主的日本第一部正史《日本书纪》。贺茂真渊极力诋毁中国思想文化，甚至说：“（儒学）传入我国，说在唐国以此理治世，皆属无稽之谈。”①荷田春满和贺茂真渊师徒唱和，向日本自古以来遵从的儒家思想提出了激烈的挑战。

本居宣长（1730—1801）继承了贺茂真渊之说，认为皇家祖神相继相传之道是真实的“古道”，并进一步宣称天皇万世一系所统治的日本是世界万国之中最优秀的国家，因为：“高天原者，万国所同戴之高天原；天照大神者，乃治天之神，宇宙间无与伦比……其德光普照四海万国，无论何国，即使片时脱离天照大神的庇荫也不能生存。”②在本居宣长看来，因为日本国最优秀，所以理所当然地应该统治全世界，而且无论在时间上，还是空间上，日本都是永恒的统治者。相比之下，中国的“圣人之道为治国而作，却反成为乱国之因”，“释迦孔子虽亦为神，然其道仅为广义神道之末梢支脉。”③本居宣长为证明日本才是万国之主宰，极力贬低中国说：“中国等国亦有道之说，然并非道，本为子虚乌有，因而累世紊乱，终至国家完全被满清统治。”④而“我皇国之神道，始自皇祖神所传，此乃与汉籍之道绝无相同”，因此“惟有日本之神道乃真实之道，高于万国所有之道。”⑤

“日本精神”论的集大成者平田笃胤（1776—1843）自命为本居宣长的

---

① ［日］贺茂真渊：《国意考》，载鹫尾顺敬编纂：《日本思想斗争史料—国意考外九篇》，东方书院1930年版。

② ［日］本居宣长：《玉匣》，载本居清造校订：《增补本居宣长全集》第六卷，吉川弘文馆1927年版。

③ ［日］本居宣长：《玉茅百首》，载本居清造校订：《增补本居宣长全集》第十卷，吉川弘文馆1927年版。

④ ［日］本居宣长：《直毘灵》，载《本居宣长全集》第9卷，筑摩书房1968年版。

⑤ ［日］本居宣长：《直毘灵》，载《本居宣长全集》第9卷，筑摩书房1968年版。

弟子，进一步深化了神道的宗教迷信成分。平田神道学说的目的同样是要论证子虚乌有的日本神国史观。他依据《记纪》神话，从“造化三神”（天之御中主神和一对产灵神）开辟天地，一直讲到光格天皇（1779—1817年在位）与神代史一脉相承，杜撰出平田神道的神皇万世一系、国祚无穷的神创皇国史观。平田笃胤承继了本居宣长的日本至上主义，更提出“皇国即天地之根源，所有事物均较万国为优”[①]。平田和他的先辈们一样，为了证明日本在全人类中至高无上的地位，首先要贬低有史以来被日本人看作文明之母的中国。为此，他认为中国人的祖先都是《记纪》神话中日本神的化身：“以汉土为例，古称盘古氏、燧人氏，盘古氏实即皇产灵大神，燧人氏实即大国主命大神。”[②]平田笃胤还言之凿凿地提出：“汉土盘古氏之后有三皇五帝，三皇者，天皇氏即天皇大帝或天皇上帝，即日本神典的伊邪那岐神；地皇氏即伊邪那美神；人皇即速须佐之男命。又以伏羲氏为东王父，当神典的大国主命；女娲氏为西王母，当须势理毗卖命。”[③]对此我们只能说，平田的比附，恰如贺茂真渊评价儒道时所说的“无稽之谈”了。

可以看出，江户时代的一流国学家们一脉相承地对中国的批判，要比儒兰两家激烈得多。儒学家们是通过对中国崇敬观的批判，建立起中日文化同源平等的意识，兰学家们也不过是认为中国思想缺乏与时俱进的精神。而上述国学家们不仅要彻底否定中国文化，还要极力贬斥中国，并由此建立起日本式的不平等，也就是由日本来取代“中华”的地位，以建立起“日本型华夷秩序”和日本文化中心思想体系。这种思想体系在当时就遭到知识界的严厉批判，“近时所谓国学者流，其言奇僻而其内狭隘。每每罔道诬圣，无所忌惮矣”[④]。笔者并不想全盘否定国学，而且认为国学确实有尊重人性等反封建的因素，但仅就上述国学家们的言论而言，完全是日本版的排他的神秘神

---

① ［日］平田笃胤：《古道大意》，载《新修平田笃胤全集》第8卷，名著出版版1976年版。

② ［日］平田笃胤：《悟道辨》，转引自朱谦之：《日本哲学史》，人民出版社2002年版，第113页。

③ ［日］平田笃胤：《三五本国考》、《赤县太古传》等，转引自朱谦之：《日本哲学史》，人民出版社2002年版，第113页。

④ ［日］小松原：《国意考辨妄序》，载鹫尾顺敬编纂：《日本思想斗争史料——国意考外九篇》，东方书院1930年版。

学，是一种文化倒退，因为国学家的皇国史观和日本中心主义的理论体系，比他们批判的对象更原始、更落后。

国学家运用“严谨考证”的功夫，将神话迷信论证为“日本神皇一统真实之道”，可谓世之罕见。上述国学家们的中国观非常直白，他们在批判中国崇拜的基础上，不但要否定中国文化，而且要彻底诋毁作为国家的中国。国学家对中国和中华文化的态度是否定一切，因为只有将中华思想说得一文不值，才能够彰显“日本古道”之神圣。国学家们认定儒教是祸乱日本的根源，而近现代的历史告诉人们，事实恰恰相反，正是直接脱胎于国学家们创立的复古神道的近代国家神道思想，将近现代日本推向无休止的战争深渊，最终至1945年战败，彻底断送了明治以来的现代化成果。上述国学家们为民族认同而把中华文化作为他者进行批判，不惜矫枉过正，以至于失去理智，而无视史实的纯粹感情的研究，也只能是形同儿戏。国学建立起来的蔑视中国的理论骗术，对贬低中国发挥了恶劣的作用，可以说是日本有史以来的一次学术大溃败的开始，而且一直延续到昭和战败，甚至至今仍留有“余味”。不难得出结论，国学家们诋毁中国完全是出于一种极端狭隘的民族主义。

四、结　　语

从上述可见，江户时代日本知识界的对华认识表现出明显的多样化的趋势。三大学问板块都在对中国和中国文化进行重新认识，这是它们的共同之处，但同时也存在同中有异的现象。

第一，他们对中国尤其是儒家理念质疑的程度和排斥儒家思想的依据大不相同。来自儒学家的质疑基本上是缘于对朱子学的批判，并因而在一定程度上降低了当时中国和中国学术在日本知识人中的形象，使中国的形象失去了昔日的光彩。但是，他们对儒家思想只是作了有限度地分解，而在守护共同正统的儒学渊源上，对中国文化仍然抱有亲近感，并认为中日两国文化同源，显示出实现日中两国文化平等的诉求。国学家在树立日本文化中心主义的目标下，出于狭隘的民族主义心理，在感情上对中国文化进行了不讲道理的全盘否定。兰学家们的议论，具有与儒学家和国学家不同的特征。他们不但质疑中华文化观念，更对日本传统，尤其对毫无科学根据的复古神道进行了严厉的批判。兰学家们是在比照西洋社会原理的前提下，对中国传统进行批判的，这与主张日本中心主义的国学家正相对立，可称为“大西洋而小日本”的思考路径，即承认日本社会已经落后于西洋，并倡导在环视世界中为日本探讨出路。简而言之，儒学家和国学家对中国的质疑和诋毁，基本上是停留在观念的层面，而兰学家对中国的质疑则是立足于功利的实用主义。这些差异是三学分属不同的学问体系所致，研究对象的不同，规定了各自不同的学问目标，而目标的差异直接引发出各自对华认识的差异，或者说对中国和中国思想进行重新评价和定位，才能达到各自学问的目标。

第二，江户三学都把中国以及中国思想作为论证自己学问目标过程中的他者。儒家中朱子学以外的古学各派把朱子学作为他者；国学家把整体中国作为他者；兰学家的情况稍显复杂，他们是以西洋为样板、把中国作为不合时宜的他者，来反衬出日本应该选择的民族发展方向。他们在自他对照观察的比较中，生成了对中国及其思想学问的质疑甚至诋毁，最终否定了中国的中华地位，并得出整体中国和中国文化衰败的结论。

第三，还有一个值得玩味的奇妙现象，那就是日本人一面享受着中华文化的优越性，一面批判中国文化。他们把改造和升级过的中国文化，作为接受全新的西洋文化或阐释民族主义思想的工具。比如儒学在野各派和兰学家们注重的“事物之理”是对中国儒家重要范畴“理”的重新阐释，而国学家们通过诋毁中国以宣扬神皇之道中的“道”更是沿用了中国哲学的重要概念。用中国哲学思想否定中国文化，实在是世界文化史上的奇景。

第四，江户三学的中国观影响甚广。其实，江户时代日本人的中国观，是停留在书本上的，陈舜臣曾称这种现象是理念而非现实的①。换言之，江户时代的中国观基本是根据书籍和传闻所作的“隔海想象”，除江户时代初期朱舜水等个别中国文人，日本知识界尤其是后来兴起的国学和兰学并没有真正接触当时的中国社会和中国知识人。但是，它们却对近代日本人的中国认识发生着重要的影响。作为江户时期主流学问的儒学各派门生遍及日本，

---

① 参见［日］陈舜臣：《日本人于中国人》，刘玮译，广西师范大学出版社2009年版，第5页。

流布甚广，自不待言。兰学家的中国观也通过诸多兰学塾以及遍布日本各地的塾生们传递给民间，仅有史料可查的 34 所兰学塾就培养塾生近万人[①]。国学家的中国观的影响更不可小觑，贺茂真渊、本居宣长、平田笃胤被称为“国学三大人”，他们广收门徒，影响日甚：“加（贺）茂真渊、本居宣长等先唱，而庸愚之徒从和之，不啻举之其口，又笔之于书，其学日炽月多。”[②]江户三学各自的中国观对日本社会都具有一定的影响，而且一直延续到近代，或者可以说它们是近代日本人中国观的根脉。稍加留意，就会发现近代日本人的各种中国认识，都能在江户三学的中国观中找到原型。

① ［日］青木岁幸：《信浓兰学的展开状况》，载《实学史研究》Ⅰ，思文阁 1984 年版，第 138—139 页。

② ［日］小松原：《国意考辨妄序》，载鹫尾顺敬编纂：《日本思想斗争史料——国意考外九篇》，东方书院 1930 年版。

专集：近代以来日本的对华认识

幕末：中国观从臆测到实证的演变

刘岳兵（南开大学日本研究院）

内容提要　近代日本中国观的演变过程中，从鸦片战争前后到幕府“千岁丸”的上海之行这段时期具有重要的意义。在西方势力的不断进逼之下，各种殷鉴论、唇齿论、敌对论、亲善论的中国观形态都随着幕府官船的上海之旅而实现了从臆测到实证的转变，从而使日本的中国观从此不再只是纸上谈兵，而具有了现实的中日关系的复杂背景。

关键词　鸦片战争　中国观　日本　“千岁丸”

由于鸦片战争之后在西方威逼之下东亚国际形势的变化，这一时期日本中国观的变化机制也表现出了与近代之前不同的形式。其中最大的不同，在于西方因素作用的不断加强。而日本从学习西方到“脱亚入欧”的近代化发展方针的确立，使得鸦片战争之后到甲午战争期间日本中国观的变化，呈现出从视中国为“唇齿之国”到“东方恶友”、从将中国视为前车之鉴的反面教材来吸取经验教训到将侵略中国作为日本“万世独立”之根基的策略这种总体趋势。但是，在不同的历史时期，各种中国观类型也有共存与交错的现象，而且不同的中国观类型的形成又与当时日本的自我认识及西洋认识必不可分。

鸦片战争常常被看做是中国近代史的开端，它不仅是中国历史上的大事件，而且也是世界史上的大事件，特别是东亚史上的大事件。如有论者指出，日本也可以说是“以鸦片战争为契机转换了历史大方向”，鸦片战争中中国的败北所造成的危机意识以及西方的威胁，使得“幕府终于不得不踏上开国之路，从而决定了以后日本的方向”。[①] 周公孔子之国为什么会失败？日本应该如何应对？这可以说是鸦片战争之后日本朝野的有识之士最为关心的问题。这一问题的解决，与其对中国、西方以及日本自身的认识有密切的关系。从鸦片战争前夕以来，日本对中国的认识，也经历了从依靠书本、风闻的纸上言论、间接报告，以及由此而得出的主观推测，到直接派遣官船“千岁丸”踏上中国领土而获得实证的、客观的理性判断的过程。

一、鸦片战争前夕的“海防臆测”

在鸦片战争前夕，日本的有识之士已经感觉到西力东渐的紧迫感。古贺侗庵 1838 年所撰《海防臆测》最有代表性，而其所撰幕末日本最早报告鸦片战争情况的著作《鸦片酿变记》（1841 年）以及对东西“穷理”致思方向的不同等重大问题进行分析的《穷理说》（1843 年），都在幕末甚至明治时

---

① ［日］增田涉：《西学东渐与中国事情》，田其民、周启乾译，天津社会科学院出版社 1993 年版，第 36 页。

代产生了很大的影响。古贺侗庵自幼关心世界大势，具有国际视野，“遗著百余种，可窥其学识一斑者，其《海防臆测》乎？其书仅二卷，而议论精明，当时彼我情状，如秦镜照胆。”① 从其门人阪谷素的评论可以看出《海防臆测》乃其代表作。侗庵的相关思想有以下几点值得注意：

第一，与西洋诸国相比，日本与中国“政教之体，以使人知廉耻为至重”。“西洋人趋利，如鹰鹯之趋雀，万方必获然后已。故二国互市于他邦，则必蝎谮妨碍其一，使不得通，而已擅其利，与邻邦缔好，不啻胶漆之固。彼少有衅隙，直乘之以侵伐。不复顾齐盟。西洋所以富强，咸率由斯术。”② 在政教风尚、礼义廉耻方面，东西方价值取向不同，认为东方处于优位，因为“戎虏豺狼之性，饕餮之欲，唯利是竞，不顾信与义，吾洞视其肝肺”。③

第二，相信儒家的道德理义具有普遍性，对西方诸国同样具有约束力。他指出：“西洋诸国间有怀虎狼之志者，未必不欲侵加乎我。而我理正义直，无暇可指摘，则彼恧然内愧，无辞以使其下。”强调需要洞悉外夷实情，认真对待，严格自律。他说：“夷舶之出没海上者，不无挟奸藏匿之辈，然当审核其是非曲直而区处之。今一切以梗边袭塞之虏视之，欲猕薙以自快。其中未必无衔冤者，而适自处孱愞怯敌之甚，非策之上者也。本邦宽宏之政，鸠勇之俗，万方所曹仰，独于外夷情实，有所犹未晓悉。故注措间有刺谬，致使外夷目我邦为悍戾无道之邦。夫人思致死乎我，是可惧也已。”④

第三，对比中国与日本的差异，对中国的强弱情况作出分析。一方面“支那亦为宇内最大之邦，然其骄矜亶是大疵。观于其痛斥外国，不齿为人。评本邦政俗，极为矫诬而灼然矣。本邦风习之懿，万万度越支那。惟中古以还，与支那交通，故骄之一失，未免少为所汙染，不可不痛悛也。”⑤ 在他看来，日本“宽宏之政，鸠勇之俗，万方所曹仰”，是因为中古以来与中国交

---

① ［日］阪谷素：《书海防臆测后》，载［日］古贺侗庵：《海防臆测》，出版人：日高诚实，1880年。

② ［日］古贺侗庵：《海防臆测》（卷之下，其三十六），1838年撰，由日高诚实于1880年出版。

③ ［日］古贺侗庵《海防臆测》（卷之下，其四十五）。

④ ［日］古贺侗庵《海防臆测》（卷之下，其三十七）。

⑤ ［日］古贺侗庵：《海防臆测》（卷之上，其二十二）。

往而染上了骄奢这一不可不痛改的毛病，将中国看成了日本的“恶友”。从现实海防所必备的炮铳船舰来比较，他认为中国的技术也不如日本。他说："西土明季而来，凭城御敌，专赖炮铳以奏捷。然而其术之精巧，似不能尚于我焉。船舰之制，觉亦逊乎我。往岁清商之漂来，清水湊也，予门生某蒙县令嘱，护送达崎岙，尔时得谛观清舶之制，逈不如本邦所造之巧致。此贾舶耳，而战舰可推也。"尽管如此，他认为，由于中国的“国之形势”，[①]包括其国家的大小、强弱，也包括地理环境与日本不同，强调日本在海防上不可效法强大而且地理条件优越的中国，必须要高度重视。

第四，中国日本虽然眼下尚未招致外侮，但是同样面临着被西洋侵略的威胁。西洋“狼贪虎残，无有盈餍。侵削五大洲，渐逼支那本邦，其可畏恶为何如也。命诸侯守令，时时以斯意晓告士民，使朝野都鄙瞭焉咸悉泰西信可忿疾”。在具体对策上，他主张不可盲目攘夷排外，而是要有大国风范。“虏之来，谕以礼辞，必遭怀入寇之志者，然后大熕毙之。斯为大国之举动矣。”[②] 特别是在自己的力量尚未足够强大的时候，以和为贵尤其重要，这样可以为加强自己和了解对方争取时间。而对兰学者与传统的兵家，他也进行具体分析，“节取其长，而弃其短”，反对一味“推崇泰西国势之强”，也反对“军之胜败全决乎气”，而必须“洞敌之长，察敌之短，知悉敌之狡谋，严我防备，无少渗漏，上下一志，不萌丝发孱怯之心，则庶乎其可”。[③]

值得注意的是，在古贺侗庵看来，当今世界形势已经不同于往古，“近岁强胡如鄂罗斯如英机黎，船舰牢而钜，极长于水战，虽千里而外转眼可达。则吾邦犹之邻比然。乃欲以千载前专恃骑战之虏待之，胶柱极矣。”因此，他认为要真正成为大国，兼并扩张是更有效的防备。同时，他还积极为中国出谋划策，主张中国应该兼并、吞噬印度，才能够“免于杌陧之患”[④]。“异日清或为太西所并有”的预言在随后中国鸦片战争失败中得到了应验。而还未待鸦片战争最终结束，他便根据各种最新情报编写了《鸦片酿变记》，该

① ［日］古贺侗庵：《海防臆测》（卷之下，其三十八）。

② ［日］古贺侗庵：《海防臆测》（卷之下，其四十八）。

③ ［日］古贺侗庵：《海防臆测》（卷之上，其二十三）。

④ ［日］古贺侗庵：《海防臆测》（卷之下，其五十四）。

书被认为是“为幕末日本的鸦片战争观确立了方向”,[1] 其思想为幕末广为流传的斋藤竹堂（1815—1852）的《鸦片始末》（1843 年）、盐谷宕阴（1809—1867）的《阿芙蓉汇闻》（1847 年自序）所继承。

二、鸦片战争之后日本儒者及志士的中国观

鸦片战争之后，直到日本真正开国，与美国等西方列强签订不平等条约，中国在鸦片战争中的失败一直是日本朝野议论国际形势的重要话题。如上所述，斋藤竹堂的《鸦片始末》（1843 年）是鸦片战争结束之后日本较早对此事件始末进行的系统论述，而且以各种写本的形式、或被翻刻收录进各种资料集中，在当时知识界广为流行。其中他在此书结尾处所作的评论最为有名,[2] 这里有以下几点值得注意。

第一、在鸦片战争之前，清朝统治的时代是中国历史上最为强大的时代，为“堂堂仁义之大邦”。第二、他认为鸦片战争的起因，罪不在清朝而在英国。“鸦片之事，曲在英，直在清。”他批判英国说：“夫鸦片之为物，英夷既不自食，而嫁祸于清，清不知而买之尚可也。知而绝之，为英夷者固宜收函敛橐而补前日之愆。即不然，抗颜强请、唯贪利己而不顾他人之生死利害，是何不知礼义廉耻之甚也。吾自海外闻之，犹不能无唾弃骂斥之心，况当日立其朝之君臣乎？痛绝而极戮之，固其宜矣。”其义愤填膺，可见一斑。第三、他分析清朝失败的原因，断言乃“在平日不在鸦片之事也。”是清朝的骄横使英夷“有发愤思报之志”，而一旦战争爆发，“汉军皆辟易，如行无人之地。”清朝只好讲和，而使清朝“赂金割地”，“可以休兵一时而窥变异日”也正是英夷之所欲。清朝也只有改弦更张才能有所希望。

此《鸦片始末》被收入盐谷宕阴编辑的《阿芙蓉汇闻》，盐谷宕阴对鸦

---

① ［日］前田勉：《近世日本的儒学与兵学》，东京ぺりかん社 1996 年版，第 427 页。

② ［日］斋藤竹堂：《鸦片始末》（1843 年 5 月），载《历史认识——日本近代思想大系》13，岩波书店 1991 年版，第 3－4 页。原文为汉文，文字据龟山历史博物馆所藏、加藤家文书中的写本及早稻田大学图书馆所藏写本而定。

片祸害的源起进行了更加深入的探讨，其《阿芙蓉汇闻序》[①]中明确指出："鸦片之祸，自澳门居西洋诸夷始。"他从几个方面进行分析，首先，他认为"栖诸夷于澳门者，满清之履霜也。"因为诸夷之居澳门，使得其对清朝的情况，包括风土人情，"乃至文字言语、政治得失、官吏能否、戎备虚实，莫不洞悉。"相反，他分析了清朝对西洋存在着几种错误认识，特别是对其军备、技术方面，不知其"坚舰如山"，而在中国内部，不知其"汉奸如蝇"，总体形势他认为"洋夷知彼知己，而清人以华自高，不务索外蕃之情，及其交锋，毋怪乎如以铢称镒也。"最后以"微之不可不慎、渐之不可不防，如此哉。"的结论，来印证和说明《鸦片始末》中"清英之胜败利钝，在平日不在鸦片之事"这一观点。盐谷宕阴是幕末有名的汉学家，深谙中国历史，他编此书，不仅是发自其危机意识，同时他也认为这是最好的预防之策。好的意见得不到重视和推行，这正是他在《翻刊海国图志序》中对魏源的《海国图志》所发出的感叹："英主硕辅，能斟其意、择其策，举而施诸政事，则转祸为福、变凶为吉，无难也。"但可惜的是"忠智之士，忧国著书，不为其君之用，而反被琛于他邦，吾不独为默深悲焉，而并为清主悲之。"[②]盐谷宕阴将自己对中国的认识，特别是对在鸦片战争中清朝战败的原因及英国的狡诈的认识，在对旧作进行删改整理的基础上，撰成《论澳门居夷》、《论清十败》等十一篇文章，结集为《隔靴论》一书出版，在当时产生了广泛的影响。

吉田松阴在1858年6月28日给久坂玄瑞的信中说到："盐谷文《论澳门居夷》以下五六篇皆妙，实为海内之文宗。"[③]如上面已经提到，清朝的失败"汉奸如蝇"是一个重要原因。他在系统总结清朝失败的十条原因中，其中

---

① 此序收入《宕阴存稿》（刻于1867年11月，成于1870年5月）卷四，此《阿芙蓉汇闻序》（1847年正月）后来经过删节而改题为《论澳门居夷》，收入《隔靴论》（1859年快风堂藏梓，载［日］关仪一郎编：《日本儒林丛书》第四册论辨部，东洋图书刊行会1929年版）。《日本儒林丛书》的"例言"谓《隔靴论》为1857年著。

② 《宕阴存稿》卷四。

③ 《吉田松阴全集》第六卷，岩波书店1935年版，第45页。1851年吉田松阴在《复中村道太》中说"宕阴子（盐谷），仆亦尝钦其为人，顷闻笃疾，未得相见。"见《吉田松阴全集》第一卷，岩波书店1936年版，第395页。

的第七条再次提到："清发鞑兵，万里羁旅，久役思家；英夷深入意专，有汉奸为之主，或以为乡导，或以为探报，或以为因粮之计，或以为内应之策，是英转客为主，而清则主反为客。"① 而1850年吉田松阴在《西游日记》中记述了自己读《阿芙蓉汇闻》的情况，并在一篇随笔中写道："余观满清鸦片之乱，大患在汉奸自内勾引，盖由邻里乡党之制废，而伴助扶持之教荒耳矣。"② 其影响可以想见。

吉田松阴对中国的认识，特别是他对鸦片战争、太平天国的认识及其思想与孟子的关系，郭连友所著《吉田松阴与近代中国》一书有详细的论述，③ 这里仅就在当时的国际形势下，吉田松阴的相关思考作一简单介绍。

第一，在吉田松阴的知识结构和精神世界中，中国并非处于其中心的位置。他作为一个兵学者，一方面强调学习儒家经典的重要性，同时也打破了儒学内部的派系之争，把仁义作为最基本的要求。作为日本人，他更加强调学习日本国史的必要性。他说："明于汉事，而茫乎国事，学人通病，故宜先读国史。"④ 其《士规七则》中的第二条："凡生皇国，宜知吾所以尊于宇内，盖皇朝万叶一统，邦国士夫，世袭禄位，人君养民，以续祖业；臣民忠君，以继父志，君臣一体，忠孝一致，唯吾国为然。"⑤ 可见其日本优越意识非常明显。在这一前提下，他"亦有修洋学之志"，⑥ 认识到"天下之事，势之大者，理之精者，尚或可探索而言矣，而未必益于事实也。若求其益于事实者，技术之精是已，过此以往，非画饼则蛇足，无足言者矣。是吾邦学者之所短，而欧墨诸国之所长也。仆向有见于此，欲得欧墨书读之。"⑦ 在这种

① 《隔靴论·论清十败》，载［日］关仪一郎编：《日本儒林丛书》第四册论辨部《隔靴论》，东洋图书刊行会1929年版，第7页。此《论清十败》原题为1847年所作《书清兰鸦片单报后》。

② ［日］吉田松阴：《西游日记》，载《吉田松阴全集》第一卷，第357页。

③ 郭连友：《吉田松阴与近代中国》，中国社会科学出版社2007年版。

④ ［日］吉田松阴：《野山狱文稿·与从弟玉木彦介书》，载《吉田松阴全集》第二卷，岩波书店1934年版，第7—8页。

⑤ ［日］吉田松阴：《士规七则》，载《吉田松阴全集》第二卷，岩波书店1934年版，第12页。

⑥ ［日］吉田松阴：《送古助游学江户序》，载《吉田松阴全集》第二卷，岩波书店1934年版，第35页。

⑦ ［日］吉田松阴：《与医员青木研藏书》，载《吉田松阴全集》第二卷，岩波书店1934年版，第26页。

知识结构和精神状态下，他是如何看待现实的中国的呢？

第二，“有为支那人深悲者。”悲从何来？松阴在野山狱时，收到一封赤川淡水[①]的来信以及关于清朝太平天国的记事。淡水在信中感叹：“嘉永以来，夷蛮跋扈，官司不知驭之。遂革烈祖之大禁，以枉从其意，此正所谓嘉庆之祸源也。苟非发愤奋力，内以自治，外以惩创之，清其源口通其流，则闽浙之患，我将观之不远也。岂可不寒心耶。”[②] 松阴在回信《与赤川淡水书》[③] 中说道：“支那人常自尊为中华，贱外国为犬羊。而一变为蒙古、再变为满洲，所谓中华之人，盖不能平矣。然其俗以统一为大，丕炎以下，大义所不容，明教所不恕者，至于其统一寰区，则举以为天下不疑，况乃疑于蒙古与满洲乎？父之所以为贼者，子可以为君；子之所以为君者，孙可以为贼。忠孝之训，虽载诸空言，不能施于实事。凡如此者，彼皆习为常。”这里主要是批评中国的自大，批评中国的忠孝之道在易姓革命的历史中都是空言而不能实施。之所以如此，吉田松阴看到了中国的正统论与华夷之辨的矛盾，他认为洪秀全正是利用了这个矛盾，“如蒙古满洲，人心犹或知恶之，是洪钱（指洪秀全——引者注）之所以煽其民也。”但是他接着指出：“夫洪钱，中华人也，率中华人攻满洲贼，其名可谓正矣。满洲，一统天子也，奉王命，讨乱贼，其名可谓正矣。然则二京十八省之民，孰从为正、孰从为逆，是吾之所以为支那人深悲也。”正是因为中国的正统之争与华夷之辨的不一致，使得人民无所适从，这正是造成眼下中国内忧外患的“深悲”的根源。

第三，吉田松阴的老师佐久间象山曾称魏源为“海外同志”。吉田松阴同样深受《海国图志》的影响而有所批评，从他的批评中我们可以看出他对

---

① 赤川淡水（1833—1864），即佐久间佐兵卫，长门藩士，曾就学于会泽正志斋，1849 年为松阴兵学之弟子，因禁门之变失败后被捕而处死。松阴曾给高杉晋作说：“天下固多才矣，然唯一玄瑞不可失也，桂（小五郎，即木户孝允）、赤川（淡水）吾所重也。”（［日］吉田松阴：《送高杉畅夫叙》，载东行先生五十年祭记念会编：《东行先生遗文》“书翰”，民友社 1916 年版，第 8 页。）可见其在松阴心目中的位置。

② ［日］赤川淡水：《赤川淡水致吉田松阴》（1855 年 1 月 27 日以前），载《吉田松阴全集》第五卷，岩波书店 1935 年版，第 310 页。

③ ［日］吉田松阴：《与赤川淡水书》，载《吉田松阴全集》第二卷，岩波书店 1934 年版，第 10—11 页。

中国问题的看法。首先，对鸦片问题，他指出："唐国大衰之由，皆假鸦片之役。"而且"唐国争乱之基，其一阿片是也。当时用阿片者百余万人，其费用计二千五百万两。用阿片使体弱、使富贫、才气减、精神疲敝，如同非人倒于道路，由于贫困而出现盗贼等不少恶事。如此多的阿片皆英夷东印度所生产，成为唐国之大害，而英夷大获其利。英夷为了自己的利益而不顾损害唐国，因此言此阿片之大害，日本要防备英夷"。并且说："吾曾读魏源之《筹海篇》，阿片之交易，不仅仅是英夷，如墨夷亦不少。墨使之言，断然不可信。"① 那么外夷之侵略是不是中国问题的症结所在呢？他在《读筹海篇》(1855 年 5 月 4 日)② 中对此提出了疑问。他认为在治理国家的方略上，应该首先在国内问题上励精图治，通过"治内"而达到"制外"才行。如果"姑息以养夷谋、朘剥以竭民膏，未有不致内变外患者也。"因此他的结论是"清之所宜为虑，不在外夷，而在内民也。"

而即便是在对待外夷上，吉田松阴也感叹当时中国"不知彼亦太甚矣"。他举例说："清人魏源喜论外国事情，谓鲁（俄罗斯——引者注）与墨拂（美、法)，皆恶于暗（英国)，宜收以为水陆之援，援古事指今事，凿凿有据。然以吾视之，是知一而未知二者耳。凡夷狄之情，见利而不见义，苟利与，敌仇为同盟；苟害与，同盟为敌仇。是其常也。"他认为魏源没有认清夷狄的本质，夷狄都是受利益驱使，英俄可以交恶，英法也可以合谋。由此他总结说："汉土之习，于外国之事，茫然不问，反以臆断之，自古如此。如源者，汉土人之翘楚也，而未能免其习也欤。"在对夷狄没有清楚的了解的情况下，不能依靠其作为外援。因此他主张"立国之体"要做到"我无有待于人。苟使人待于我，则敌仇亦可以为我用也。我有待于人，则同盟亦将来啮我也。"③ 这归根结底还是强调自强的重要性。依靠外国的援助来维持国

① ［日］吉田松阴：《戊午幽室文稿·未定稿附和作》(1858 年)，载《吉田松阴全集》第四卷，岩波书店 1934 年版，第 143—144 页。

② ［日］吉田松阴：《读筹海篇》，载《吉田松阴全集》第二卷，岩波书店 1934 年版，第 23－24 页。

③ ［日］吉田松阴：《读甲寅犤顿评判记》(1855 年 7 月)，载《吉田松阴全集》第二卷，岩波书店 1934 年版，第 30 页。

政，或者如前所述“姑息以养夷谋”都是对国家的存亡非常危险的举措。这一点到“千岁丸”上海之行时日本人亲眼所见中国的状况，感受更加深刻。

第四，清朝是日本最好的借鉴。他在《清国咸丰乱记》“序文”（1855年）中说：“吾之所宜以为则者，莫若清国。清国治平日久，宴安日甚，视豺狼如猫狗、视苍赤如土芥。道光一危，咸丰再乱，吾苟能反其道，则天下宁有危与乱哉？”而且在此稿的“例言四则”的最后一则强调：“清国与我隔海相邻，土广民众、财富物阜。故其国之治乱，以至往往与我国有关。欧墨诸夷，荒陬不比我远者，昔天平宝字之时，唐土安禄山谋叛，天朝乃命筑紫，使严武备。古之朝廷率用心如斯，今人如何不察，读此记者，切勿忘此意。”[①] 在当时的国际形势下，他对待西洋与邻国的方略如何呢？1855年4月18日他在《与来原良三书》中吐露：“天下之势，日趋陵夷，（中略）为今之计，和亲以制二虏，乘间富国强兵。垦虾夷、夺满洲、来朝鲜、并南地，然后拉米折欧，则事无不克矣。”[②] 这与他同月24日《致兄杉梅太郎》中所言及的“分割征服易取的朝鲜、满洲、支那，交易中所失于鲁国者，可以鲜满之土地来补偿”的想法是完全一样的。

三、幕府“千岁丸”上海之行与实证的中国观的形成

关于幕府“千岁丸”上海之行，冯天瑜已经作了比较深入的研究[③]。实际上这次中国之旅的意义和目的，高杉晋作的《游清五录》中有明确记载，曰：“盖此行，幕府欲渡支那为贸易，宽永以前朱章船以来未尝有之事。官吏皆拙于商法，因使英人及兰人为其介，官吏惟观商法形势，为他日之谋而已。”又说：“我奉君命随从幕吏至支那上海港，且探索彼地之形势及北京之

① ［日］吉田松阴：《清国咸丰乱记》，载《吉田松阴全集》第二卷，岩波书店1934年版，第55、58页。

② ［日］吉田松阴：《与来原良三书》，载《吉田松阴全集》第二卷，岩波书店1934年版，第22页。

③ 冯天瑜：《“千岁丸”上海行——日本人1862年的中国观察》，商务印书馆2001年版。该书第305—465页为《附录：“千岁丸”乘员上海纪行文选辑》可以参考。以下引自此附录者，仅标注为“冯著附录”，本文所引，译文或有改动。

风说，如果我日本不速为攘夷之策，亦难料终将蹈支那之覆辙。”[①] 就是说此行的目的，一是进行贸易，为他日之谋；一是刺探形势，助攘夷之策。

据当时长崎奉行高桥美作守（高桥和贯，在职时间为1861年5月12日至1862年8月16日）的记载看，幕府官吏（主管外国事务的官员“外国挂”、主管财务的官员“勘定奉行”和监察官员“目付”）主张“本邦与唐国的关系是唇齿的关系，通商不用说，我们可否实现通信，也要通过某种方式调查一下他们官员的规章”，还有五个通商口岸的租税状况等，而且注意到“近来唐国与英法两国的战事，加上贼乱并起，国内一派衰乱，这种状况下能否开通信之端，关键是要向唐国官吏询问情况”。[②] 寡闻所及，日本的这次上海之行，幕府官员与中国官方之间的接触，只看到抄写的《道台府应接书》，中国方面的意见是，在与日本没有签订通商条约之前，按照与荷兰通商的规则办理同日本的相关事宜，具体活动一切委托荷兰领事进行。[③] 通过这次上海之行，幕府官员的对中国的认识，主要集中在以下几点。第一，对上海的见闻虽然各有不同，但是样子与日本并无不同。第二，上海的面积比长崎大三倍，但是其中1/3为夷国蛮夷的商馆。第三，地形是平地，附近没有高山，因此污水处理非常麻烦。第四，稻作、农业与日本无异；商法亦无特别之处。[④]

“千岁丸”的上海之行，高杉晋作的《游清五录》影响比较大。我们来看看吉田松阴的门人、一些真知灼见甚至令吉田松阴也自愧不如的高杉晋作对中国的观察。[⑤]

在乘“千岁丸”来上海之前，高杉晋作作为攘夷志士，思想已经很成熟了。“初米夷请通商与我，一言未发，而系军舰于码头；一戟未战，而轰大

① ［日］田中彰校注：《开国—日本近代思想大系》1，岩波书店1991年版，第269、226页。

② 《夷匪入港录 一》，日本史籍协会丛书16，东京大学出版会1967年重印本，第288—289页。

③ 《道台府应接书写》，收入《夷匪入港录 一》，《日本史籍协会丛书》16，东京大学出版会1967年重印本，第298页。

④ 《长崎书简写》，收入《夷匪入港录 一》，《日本史籍协会丛书》16，东京大学出版会1967年重印本，第301—302页。

⑤ 参见罗立东：《日本近代化的中国因素：以高杉晋作为例》，《南京社会科学》2006年第10期。

炮于内海；骂官吏、劫人民，其猖獗惨毒，虽天下愚夫愚妇，知其请通商也真非请通商，其志在并吞，而欲夺我神州矣。然而虽庙堂之士，固非不知彼志欲夺我神州也。而因循姑息，破锁国之禁，为开港之盟，遂使我神州陷于米夷之诡术，受千万年未受之耻辱，是果有深谋远虑然乎？抑或惧米夷之猖獗乎？予于此耶不能无恨矣。夫天运循环，虽神州元气之地，不能无盛衰。若使丰公、时赖生于今日，则岂忍受千万年未尝受之耻辱、陷于米夷之诡术也？予唯待豪杰之奋起而已矣。"① 他进而将当时日本的形势与中国进行比照，认为"夫丑虏之寇神州也，西入崎港，东袭虾夷岛，需薪水、掠人畜，遂至开互市于横滨，其猖獗蹂躏，视我国犹无人国，是我将践明清之覆辙"。因此主张"攘夷之第一策，则在一天下之人心。天下之人心一，则虽百万之丑虏，不足惧矣"。否则，他认为就会"祸患起内外，神州亦有如明人之失台湾、舟山，清人之受毒烟矣"。②

在这种思想背景之下，他看到的上海又如何呢？其《外情探索录》开篇的《上海总论》中写道："上海为支那南边之海隅僻地，尝为英夷所夺之地，虽津港繁盛，皆为外国人商船多之故。【眉注：上海形势，亦可谓大英属国也。其实稍有志之人，避于北京或西方之地，上海为贪利商人、日雇之人所居也。】城外城里皆外国人之商馆多，故而繁盛也。见支那人之居所，多为贫者。其不洁之事难以言表。或终年居于船中，唯有富者被役使于外国人之商馆。但城里城外及街市上也有很多富裕商人居住的样子。大概稍有学历、有志者，皆去北京方面，而留下的多为日雇以谋生计之人。"③ 他进一步指出："因熟观上海形势，支那人尽为外国人之便役，英法之人步行街市，清人皆避旁让道。实上海之地虽属支那，谓英佛属地，又可也。"他特别强调不可将这样的事情只是看做中国的事情，"虽我邦人，可不须心也。非支那

① ［日］东行先生五十年祭纪念会编：《东行先生遗文》"诗歌文章"，民友社 1916 年版，第 3—4 页。

② ［日］东行先生五十年祭纪念会编：《东行先生遗文》"东行遗稿"，民友社 1916 年版，第 49 页。

③ ［日］田中彰校注：《开国　日本近代思想大系》1，岩波书店 1991 年版，第 244 页。

之事也。”[①] 因此他认为上海的繁荣，只是一种虚幻的繁荣。其实质上是一种衰微的表现。为什么会如此呢？他说：“思考支那为何如此衰微，毕竟在于其不知将外夷防止于海外之道。其证据有：凌驾万里之海涛的军舰运用船、防敌于数十里之外的大炮等都没有制成，彼邦志士所译《海国图志》等也绝版，徒然以僻陋秉性而倡导固陋之说，因循苟且，虚度岁月。因为无断然而改太平之心、制造军舰大炮，而防敌于敌地之大策，所以至于如此衰微也。故而，我日本亦已有蹈覆辙之兆，迅速如蒸汽船【以下缺】。”[②] 可见，他观察中国，实际上也是看到日本本国的痛处，他思考中国衰微的原因，也是在寻找日本本国的对策。

具体而言，他的上海之行促使他进一步从官吏的因循、兵术之颓败、思想上需要重新认识圣人之言等方面来反思中日两国的处境。

在《游清五录》中，高杉对于日本人，特别是日本的官吏亦有所批评。出航之初的 4 月 28 日，他就感叹：“嗟，日本人因循苟且，乏果断，是所以招外国人之侮，可叹可愧。”[③] 5 月 9 日到达上海之后，他记载：“此日送行李及诸器物（品）于陆上，午后官吏上陆，寓居于宏记洋行，（中略）居室狭隘，官吏甚不平，议论纷纷，同局相骂，其丑体不堪笑杀也。”[④] 而在归国之际，《上海淹留录》记载 7 月 4 日的情况：“皆云：今朝必可解缆，而官吏因循不得解缆，终日匆匆。”[⑤] 对幕吏的不满，是后来使他从攘夷到倒幕转变的重要因素。对中国的情况，他也是从“君臣不得其道”[⑥] 来加以分析。

早在 1858 年高杉所写的《对策》中，他也是从日本自身来寻找不得不接受西洋帝国主义城下之盟的原因。他说：“顷者墨夷朵颐我神州，军舰泊伊豆，使节盟武城，岂非开辟以来之一大怪事耶？神州天地之正气所钟，而勇武卓绝于海内矣。故北条时宗歼蒙古十万于九州，加藤清正败明兵百万于

---

① 冯著附录，第 445 页。
② ［日］田中彰校注：《开国　日本近代思想大系》1，岩波书店 1991 年版，第 226—227 页。
③ 冯著附录，第 439 页。
④ 冯著附录，第 443 页。
⑤ 冯著附录，第 450 页。冯著附录此处写成“终日忽忽”，原文为“终日怱怱”。
⑥ 冯著附录，第 455 页。

朝鲜，织田信长放邪苏伴天连于海外。犬羊腥膻未能尝逞跳踉，非其勇武卓绝于海内，宁能如此耶？而方今升平三百年，上下文恬武嬉、兵革日衰，士人不精武技，陷花法；儒臣不读孙吴，而雕风月；黎民不视干戈。于是乎我勇武之卓绝，亦不足以恃也。”而当时幕府的状况他认为是“内忧兵革之不备，外恐诸侯之兴起”。[①]因此，中国国运陵替，并非天命使然，而是问题出在中国自身，是由于君臣不得其道。而在上海，通过观察中国人练兵，“看其兵法，似威南塘兵法而非者。铳队以金鼓为令，为操引操进，其余无变化。铳炮尽中国制，而甚不精巧，兵法与器械皆无西洋，唯阵屋用西洋。归路访南大门卫士阮松，寻练兵之事。笔话付别录。阮松云：向者请英法兵防长毛贼，近日又使我兵卒学西洋兵铳，因贼惧不能近。由此言，支那兵术不能及西洋铳队之强坚可知也。”[②]

高杉晋作留下的笔谈中还记录有一段与当时苏州司马温忠彦对中国传统儒家“格物穷理”理解的讨论，[③]被认为是关系到“中日两国士人不同文化观念的论争”。[④]这里，实际上是高杉面对西学东渐的强大压力，针对传统与西学的关系而提出一种重要的对策，即东西“取舍折中之道”。即要打破传统世界中义利完全隔绝（“为义为利天地隔绝”）的状况，而主张在“用”上以利为义，即所谓“以所为利之器械为义是用”，力图以此将西洋先进的航海炮术器械之理等囊括到圣人之道中来，如果不能与时俱进，就会导致“口虽唱圣人之言，身已为夷狄之所奴仆”的悲惨结局。我们看到上述笔谈中被高杉引为“海外知己”的陈汝钦就是赞佩高杉的言论的，而且在“千岁丸”来上海的前一年，即1861年，冯桂芬在所著《校邠庐抗议》中已经提

① ［日］东行先生五十年祭记念会编：《东行先生遗文》“书翰”，民友社1916年版，第20—21页。

② 冯著附录，第447—448页。峰洁《清国上海见闻录》中记载：“到上海兵营见其兵卒，士兵敝衣、垢面、徒跣、露头、无刀。皆如乞食，未见一人有勇者。如此我一人可敌其五人。若率一万骑兵而征之，可纵横清国。”见［日］小岛晋治监修：《幕末明治中国见闻录集成》第11卷，第30页。

③ 冯著附录，第457—458页。

④ 冯天瑜：《“千岁丸”上海行——日本人1862年的中国观察》，商务印书馆2001年版，第292页；郑匡民：《西学的中介：清末民初的中日文化交流》，四川人民出版社2008年版，第9页。

出“以中国之伦常名教为原本，辅以诸国富强之术”① 的观点，成为在近代中国流行了几十年的“中体西用”文化方针的滥觞。而且像温忠彦这样坚守儒学传统的知识分子在幕末日本也不乏其人，比如大桥讷庵的《辟邪小言》就是如此。而早在1854年，佐久间象山在《省諐录》也提出了著名的“东洋道德、西洋艺术，精粗不遗、表里兼该”② 的命题。由此可见，就此断定“高杉与温氏的辩论昭示了日中两国士人处在近代转型关键时刻的不同认识。而这种认识的歧异正是两国在此后的近代化历程中差别巨大的精神原因之一”，③ 显然有些笼统。近代中国并不乏富于远见卓识的先觉者，造成中日两国近代化历程的差异，固然有认识上、观念上的原因；而历史条件与实践差异或许更为根本。

关于这次上海之行的感受，高杉晋作本人后来也谈到。1865年他在一封书信中提道：“支那之行，在支那见闻外国之事情，预料无论如何必须发展海军，回到长崎，便独断地签订了购买一艘蒸汽船的条约。”④ 1864年4月7日他在野山狱中写道：“单身尝到支那邦，火舰飞走大东洋。交语汉魃与英佛，欲舍我短学彼长。”⑤ 而这次上海之行，对他的开国、锁国思想也无疑也产生了影响。比如在1866年正月他给友人的墨宝就写道：“识者谋航海，义人议锁邦。思之亦思是，我眼忽眬眬。”⑥ 这如实记录了他对航海（开国）和锁邦两者均持有肯定的态度，而自己正无所适从的困境。后来国内形势的变化，使他便将矛头对准了幕府。

“千岁丸”上海之行，日本方面除了达到了进行贸易和搜集情报的目的之外，中日两国士人通过交往还结下深厚的友谊。如名仓予何人“与侯仪

---

① 冯桂芬：《校邠庐抗议》，上海书店2002年版，第57页。

② ［日］佐久间象山：《省諐录》，载《日本思想大系》55，第413页。

③ 冯天瑜：《“千岁丸”上海行——日本人1862年的中国观察》，商务印书馆2001年版，第293页；郑匡民：《西学的中介：清末民初的中日文化交流》，四川人民出版社2008年版，第9页。

④ ［日］东行先生五十年祭纪念会编：《东行先生遗文》“书翰”，民友社1916年版，第155页。

⑤ ［日］东行先生五十年祭纪念会编：《东行先生遗文》“日记及手录”，民友社1916年版，第127页。

⑥ ［日］东行先生五十年祭纪念会编：《东行先生遗文》“诗歌文章”，民友社1916年版，第8页。

（为五品司马之职，曾为浙江之儒者）特相亲”，[1] 6 月 23 日记载名仓为侯仪的送别诗所作答书，可谓情真意切。其中写道：“弟将奉之归故国，为轴子悬之于座右，朝朝暮暮视之，以慰一日三秋之情焉。但一别万里，后会难期，奈何之恨不知绝期也。加之敝邦有禁不许通信问于异域，又不许受域外之信问也，犯禁之罪，受祸不测，是特以为憾。愿大兄为国自爱，以身报国，片言不尽意，头与泪共垂。”[2] 再如高杉晋作将陈汝钦（号勉生，天台人）视为“海外知己”，作有《留别陈汝钦》，诗曰：“临敌磨练（勉强）文与武，他年应有建功勋。孤生千里归乡后，每遇患难又思君。”[3] 并将自己常用之砚留给陈作纪念，在临别之际，对陈说：“看兄以勉生为号，弟亦以为，我又以默生为号矣，请兄，为弟被书默生二字，幸甚幸甚。”[4] 这种友谊可以说是建立在两国面临共同的国际形势下，相互勉励、各自报国、建功立业的基础之上的。这种珍贵的友谊，也是现实的健康的中国观形成的基础。

① 冯著附录，第 420 页。
② 冯著附录，第 432—433 页。
③ ［日］田中彰校注：《开国　日本近代思想大系》1，岩波书店 1991 年版，第 227 页。
④ 冯著附录，第 462 页。

专集：近代以来日本的对华认识

甲午战争后："中国亡国观"的形成与发展

王美平（天津大学马克思主义学院）

内容摘要　"中国亡国观"体现了近代日本对华观的显著特征，也是其发动十五年战争的思想鸦片。在甲午战争后的中国民族危机深化期，日本形成了以"蔑华观"、"东洋盟主观"、"中国终将亡国观"、"侵略客体观"为主要内容的"中国亡国观"。在辛亥革命后的民族民主革命中，日本不仅未能修正"中国亡国观"，而且在"封建王朝更替"论的基础上，普遍否定中国建立近代国家的前途。在国民大革命中，"中国亡国观"出现了较为显著的变动，日本围绕中国的统一问题除"不可统一论"外，还产生了"有限统一论"与"全面统一论"，然而前者成为其制定"武力侵华"方针的认识基础，日本据此发动了十五年战争。

关键词　"中国亡国观"　甲午战争　十五年战争

近代日本的对华认识及其侵略行动不仅梗阻了中国的近代化进程，还撬动了东亚传统的国际秩序，从而改变了中国的历史命运。甲午战争至“九一八事变”的36年间，对于日本的对华观及对华政策之演变具有重要意义。这是中日关系从战争走向相对缓和，又由相对缓和再次走向更大规模战争的过渡时期。在此期间，中国开始摸索以日本及欧美国家为楷模的近代民族国家建设道路，日本也在不断推进经济近代化与政治民主化进程，中日关系出现了和平、合作与战争等多种可能。然而，历史证明，日本在多种可能性中最终选择了对华侵略的道路，发动了十五年战争。

近代日本为何“以蛇吞象”式地对中国施以野蛮的蚕食与侵略政策？除此前被广为论及的国际环境、近代天皇制、国家战略、近代化缺陷、皇国观念、武士道精神及军国主义传统等原因之外，其畸形的对华观也是不可忽视的重要因素。近几年来国内学界也开始关注这一问题，但在资料的挖掘与充实、研究的视角与深度等方面均需进一步的拓展与提高。

所谓“畸形”是指该时期日本形成了“中国亡国观”并在长期内不能加以修正。当然，日本的对华观包罗万象，纷繁复杂，原本难以一言以蔽之，但鉴于该时期日本对华观与其他阶段相比，具有形成“中国亡国观”这一显著特征，故本文拟以“中国亡国观”的产生、发展与变化为线索展开论述，解析“中国亡国观”在各个阶段的内涵及其对当时日本对华政策的影响，从而揭示日本发动十五年战争的思想根源与内在理路。

一、“中国亡国观”的形成与大陆政策的强化

所谓“中国亡国观”是指日本在甲午战争后根据中国的内部状况及列强围绕中国展开的竞争局势而逐步形成的对华基本判断与认识。具体而言，中国经济落后、政治专制、军事孱弱、吏治腐败、社会动乱，边疆危机四伏、内地分崩离析、国家主权不独立、领土不完整，处于单靠本国力量就无法自立生存的状态。这样的中国在东亚格局中丧失了甲午战争前曾占据过的“竞争对手”的地位与实力；在国际政治中亦无资格被视为需要平等对待的合作伙伴，而只是一个可以被无视感情与主体性的侵略对象；在世界经济中由于

国土广阔、资源丰富、人口众多，是绝好的原料供应地与商品倾销市场，故而是列强激烈竞争的舞台；在中日关系中，则是应该服从日本领导与"旨意"的从属国。总之，中国失去了主体性，而只是被任意对待、处置乃至侵略的客体对象。

从甲午战争到"九一八"事变，日本的"中国亡国观"经历了形成、发展与变动三个阶段。甲午战争到日俄战争即1895—1905年的10年间，是"中国亡国观"的形成期。在该阶段，中国经历了甲午战争的惨败、被列强"瓜分豆剖"的民族危局、八国联军的"围剿"与掠夺、日俄战争的践踏，民族危机不断深化，陷入所谓"亡国灭种"的严峻困局。在此过程中，日本逐步形成、巩固了"中国亡国观"，其内涵包括以下几个方面。

首先，在对华态度方面，日本建立了"蔑视型对华观"。甲午战争在日本的对华观及对华政策变迁史上具有分水岭性的意义，通过在中日间规模空前的武力角逐中大获全胜，日本在对华态度上形成了"蔑视型对华观"。早在甲午战争前，日本精英阶层为引进西方文明进行近代化而对儒学进行了无情的批判，中国作为儒学的发源地自然遭到唾弃与鄙夷。但日本民众是在甲午战争后才形成"蔑视型对华观"的。甲午战争期间，以《朝日新闻》、《中央新闻》、《国民之友》为代表的日本各大报刊连篇累牍地刊登由从军记者发回的纪实性报道，其中有关中国不堪一击、连战连败、军纪涣散、贪污腐败、临阵脱逃等现象的刻画与宣传以及对中国卫生习惯的丑化，极大地助长了日本民众的自负心理，从而使其"对中国转为极其蔑视的心态"。[①] 这种蔑视甚至表露于日常生活。黄海海战后，儿童在玩耍奔跑竞赛、相扑游戏时，辱骂失败者是"支那"。在一种名叫"面子"的游戏中，"支那兵投降图"、"我国骑兵蹂躏豚军图"、"黄海击沉清舰图"等面具流行一时。即便在大人之间，撒谎者也会被谩骂为"支那政府"，吹牛者会被嘲讽为"李鸿章"。[②] 庆祝日军胜利的国民大会更是充斥于大街小巷。由此，日本民众形成了中国愚昧、落后、腐败、懦弱等认识，盲从地接受了政府及传媒所兜售的蔑视型对

---

① ［日］藤村道生：《日本亚洲观的变迁》，《上智史学》1977年11月。

② ［日］东京《朝日新闻》1894年10月7日第3版。

华观。故而在后来的中国学生留日大潮中，无数莘莘学子受到日本民众的歧视而被伤害到人格与品性，甚至影响到中日关系的正常发展。

战争期间，日本不乏政治家、从军记者、大陆浪人等著书立说，从思想、制度及国民性等层面深度挖掘中国战败的原因，其中以荒尾精的《对清意见》、尾崎行雄的《支那处分案》、竹越与三郎的《支那论》等著作为代表。日本将清政府固守妄自尊大的"华夷思想"而消极对待近代化改革、为维护本族统治而在军制上维护封建割据状态及国民无近代国家思想、无爱国观念、性情文弱等归结为中国战败的原因。[①] 此种分析不可不谓深入贴切，却也在促使日本蔑视型对华观定型固化的同时，给其对华政策带来了深远影响。上述诸种病症在此后中国展开的一系列近代化改革与革命中逐步得到改善，日本却为其侵华欲望蒙蔽了双眼，长期未能改变诸如中国人文弱、无爱国心等观念。这种观念误导日本深信可以轻易征服中国，成为诱使其进一步采取侵华行动的认识诱因。

其次，在东亚秩序方面，日本确立了"东洋盟主观"。甲午战争对日本确立妄自尊大的"东洋盟主观"发挥了关键性作用。早在19世纪80年代，日本即已兴起"东洋盟主"意识，但当时不论是在东亚国家还是在欧美列强看来，属于儒家文明圈的东亚地区，其盟主当属该文明的发源地且长期主导该地区国际秩序的中国。但是，甲午战争不仅打破了中国仅存的属国朝鲜与之长期维持的朝贡关系，而且扭转了欧美国家的对日、对华观。日本对中国及中华民族亦表现出极端否定与歧视的态度，而对大和民族的自豪、对天皇制的推崇及对武士道的盛赞却无以复加地充斥于各界，[②]"东洋盟主论"随之甚嚣尘上。自由党作为众议院第一大党在甲午战争期间就已公开表达了称霸东亚的野心："我国作为东洋文明之先导，为鼓吹亚细亚革命而奋起，即

① 参见王美平：《中国近代国民国家形成期日本的对华认识——从甲午战争到"九·一八"事变》，南开大学博士学位论文，2009年10月，第44—53页。

② 如自由党铃木充美宣称："日本确实拥有大和魂这种应受尊崇的优良特性……而支那具有何种特性呢？他们贪得无厌、唯利是图，不知羞耻。"（［日］铃木充美：《朝鲜改革论》，《自由党党报》第75号，1894年12月25日）

要……将旭日旗插上喜马拉雅山顶，称霸东洋，驰骋于世界强国之竞争舞台。"[①] 改进党作为众议院第二大党所显示的东亚盟主意识更为强烈，其喉舌《每日新闻》在开战前就鼓吹"日本实乃东洋之盟主也、先进也"，[②] 在战争过程中该报愈益狂妄，宣称"通过此次征服清国，东洋大局已定。值此之际，苟有阻碍我国前进者，就应断然排斥之，唯有贯彻独自之本领，方能掌握东洋之霸权，以与欧洲列强争雄。"[③]

1904—1905年间的日俄战争，进一步强化了日本的"东洋盟主观"。日本通过打败俄国，在政治及军事上确立了世界大国与东北亚霸权地位，要求中国归附其指挥的"东洋盟主观"进一步强化。这在与日俄战争之发动具有密切关系的户水宽仁、德富苏峰、内藤湖南等著名学者留下的相关著作中有清晰的表露[④]。更有以大限重信为代表的政要纷纷倡导"东西文明调和论"，宣扬世界只有日本调和了东西两大文明，[⑤] 故日本"于东洋是西洋文明的中介，于西洋是东洋文明的代表"，"在东西文明融合中，处于绝对主导地位。"[⑥] 日本民众亦在所谓"东洋盟主"的"天职"意识支配之下，奔赴中国大陆参与了清政府进行的改革运动。

再次，在中国前途方面，日本形成了"中国终将亡国观"。甲午战争对日本逐步建立"中国亡国观"起到了重要作用。甲午战争以前，尽管日本屡次挑战中国的东亚大国地位，但无论在朝鲜问题上，还是在国际权重上，中国于日本而言在客观上依然是一个强大的竞争对手。甲午战争以后，中国则从昔日的竞争对手沦为行将亡国的"破落户"。日本政界普遍认为中国会遭到列强瓜分与内部分裂的双重危机走向灭亡。改进党的尾崎行雄早在中法战争中就通过实地考察发现，清朝纲纪败坏、道德腐败、民族分裂，必定走向

---

① ［日］梅田又次郎：《论日清事件的结局》，《自由党党报》第67号，1894年8月25日，第11页。还可参考《朝鲜条约》（党论），《自由党党报》第67号，1894年8月25日。

② ［日］《国民思想的进步》，《每日新闻》1894年7月8日社论。

③ ［日］《英国的举动》，《每日新闻》1894年10月11日社论。

④ 参见王美平：《中国近代国民国家形成期日本的对华认识——从甲午战争到"九·一八"事变》第二章第三节，南开大学博士学位论文，2009年10月。

⑤ ［日］大限重信：《大限伯演说集》，早稻田大学出版部1907年版，第514－515页。

⑥ ［日］大限重信：《东西文明》，《新日本》1911年5月1日。

灭亡。他认为中法战争后中国之所以未亡，是列强不了解清朝真相所致，然甲午一战曝光了清朝的腐败无能，故“由列国之误解与救护而维持余生的清国，至此势必灭亡。”① 自由党也认为中国行将亡国，“惨败衰颓的清朝，只不过是一个空然拥有庞大国土却不能自立的国家。土崩瓦解之势已成，必然走向四分五裂。”② 伊藤博文系下的《东京日日新闻》在攻陷旅顺后旋即做出如此判断：“清国陆海军皆如此缺乏战斗力，其行政几乎不能统辖庶民，有土崩瓦解、四分五裂之势，欧洲列强必定乘机制造各种口实瓜分狮子。”③ 民间亦充斥着“中国亡国观”与侵华论调。吉野作造如是回忆：“维新后吾人停止了对最早引进文物制度的老师——支那的尊敬，唯有武力一点难以轻侮，但通过此次战争，就连这点体面也悲惨地剥落了。西洋人曰沉睡的雄狮是错误的，狮子已经疾死。”④ 文学家司马辽太郎在名著《坂上之云》中亦宣称：“支那，已经死了。既然死了，腐烂的肉体就当被食用。”⑤

1897—1898 年列强掀起瓜分中国的狂潮，进一步强化了日本的“中国亡国观”。列强对于中国的瓜分，在日本看来可谓是对“中国外部瓜分亡国论”的印证。1899 年 5 月，时任首相的山县有朋在向重臣发布的意见书中明确提出“中国终将亡国论”，并坚持对华采取长期扩张政策，即：“观清国形势，欧洲列强于清国版图内到处扩张利益线，显然，清国地图最终将被赤、橙、蓝分开，其国将如犹太人国亡而人种存。值此之际，我国将来亦当尽量扩张利益线。”⑥

1900 年八国联军出兵镇压义和团运动事件，促使日本在“中国亡国观”中增添了中国“无国家资格与独立命运”的判断。是年 6 月 13 日，德富苏峰经营的《国民新闻》发表文章称：“外兵镇压内乱，必将给清国之前途带

---

① ［日］尾崎行雄：《对清政策》，《太阳》第 1 号，第 41 - 42 页。

② ［日］《东洋的祸机》，《自由党党报》第 73 号，第 32 页。

③ ［日］《今后的对清策》，《东京日日新闻》1894 年 11 月 15 日，第 2 版。

④ ［日］吉野作造：《吉野作造博士民主主义论集》第 6 卷，东京：新纪元社 1947 年版，第 10 页。

⑤ ［日］司马辽太郎：《坂上之云》2，《文艺春秋》1971 年 10 月。

⑥ ［日］山县有朋致松方正义藏相、青木周藏外相意见书，载［日］大山梓编：《山县有朋意见书》，原书房 1966 年版，第 251—253 页。

来重大影响……清国不能镇压暴徒，表明其没有作为主权国家履行职责的能力；毫无保护外国人生命财产的诚意，则表明其缺乏自立于文明世界的资格。无论如何，一旦开启了外国干涉内政的先例，就难以维护国家的完整与独立。"① 同年8月20日，山县有朋也在《庚子事件善后策》中如此否定中国的"国家资格"："清国动乱并非成因于一朝一夕，而是由来于政府没有统治的实力、国民没有思国之心，已丧失了国家生存的条件。"②

最后，在对华政策方面，日本无视中国的主体性，建立了"侵略客体观"。

日本的对华观与自我观往往呈现出此消彼长的局面。1904年，日本正是在"中国无国家资格与独立能力"的认识基础上，"越俎代庖"式地发动了日俄战争。此战对于日本的对外观所发挥的最大影响，在于使其确立"世界一等国"观的同时，将中国彻底打入"劣等国"的行列，形成"侵略客体观"，即中国成为无须顾忌其主体性的"侵略客体对象"。主持日俄媾和及中日善后谈判的小村寿太郎在回忆中的狂妄态度鲜明地反映了这一点，即："日俄之间，首先谈好了满洲权利的处理问题，在这一点上，支那承认也好，不承认也罢，日本根本就未将之放在眼里……因为日本的提案超过了俄国原有的权利，方才有了与之商谈的必要，"③ 无视中国感情与主体性的态度跃然纸上。

日俄战争后，已经攫取南满权益的日本，并不满足现状。山县有朋、田中义一等军部势力在"中国亡国观"的基础上制定新的国家目标与战略，出台"攻势主义"的《日本帝国国防方针》，确定了极力强化大陆政策的根本指针。此后，执迷地扩大所谓"满洲权益"、贪婪地追逐大陆利益成为日本对华政策的紧要目的。

---

① ［日］《列国协同之必要》，《国民新闻》1900年6月13日第1版。

② ［日］山县有朋：《庚子事件善后策》。载［日］大山梓编：《山县有朋意见书》，原书房1966年版，第258页。

③ ［日］神田喜一郎等编：《内藤湖南全集》第4卷，筑摩书房1971年版，第507页。

二、“中国亡国观”的发展与“分裂满蒙”的企图

从 1911 年 10 月 10 日爆发武昌起义到 1924 年国民革命前夕，是日本“中国亡国观”的发展时期。该阶段中国主要经历了辛亥革命的洗礼。辛亥革命是中国面临来源于近代西方国家之侵略所导致的民族危机，要求推翻统治中国两千余年的封建帝制王朝，建立近代共和制民国的资产阶级民主革命，亦是中国从前近代社会向近代社会转型的近代化革命。① 然而，日本在中国的这场资产阶级民主革命中不仅未能修正“中国亡国观”，其内涵反而又有了新的发展。

首先，对于辛亥革命的性质及前途，多数日本人持有“封建王朝更替说”，否定“民族民主革命论”，认为中国不会由此建立近代统一的共和制国家。

辛亥革命之初，日本政界在对革命性质及前途无所预见的情况下就中国的政体问题发生争执。随着革命的曲折发展，日本开始探讨中国革命的性质问题。大批参与革命的浪人出于宣传、解析革命以向政府提出应有对策等目的，写下与中国革命相关的纪实、研究及提议性作品。亦有诸多知识分子关注革命爆发的原因、发展及其命运，掀起辛亥革命研究之高潮，相关著作纷呈百出。其中就辛亥革命的性质，大概有两种说法。其一，反对满族统治的对内民族主义革命说，即“封建王朝更替说”。其二，反对封建专制的民主革命说，同时兼具对外民族主义革命的一面，即“民族民主革命说”。

绝大多数日本人依据中国革命领袖“缺乏领导民主革命的资质与自觉”、政治家“沉沦于贪污腐败与利己主义之浊流”、革命军乃“扛枪的土匪毫无革命思想”、国民亦“因无近代国家思想的觉醒而毫无爱国心”等，将辛亥革命认定为“封建王朝更替”。川岛浪速是扶植清政府的大陆浪人代表，辛亥革命期间两次策划“满蒙独立运动”。1912 年 8 月，他口述了名为《对支那管见》的意见书提交政要，批判辛亥革命是“民族觉醒”之产物，由此可

① 俞辛焞：《辛亥革命时期中日外交史》前言，天津人民出版社 2000 年版，第 1 页。

创建"全新国家"的观点是"极大的谬误"。[1] 内田良平是出于国权主义援助革命派的大陆浪人代表，1913年写下《支那观》一书提交寺内正毅等政要。内田认为辛亥革命"形同昔日的英法革命"，然而西方革命是由于政治变革与人民利益休戚相关而由人民拉开序幕的，中国却是"政治社会与普通社会完全分离，形成二者风马牛不相及之关系"，故"若因其冠有革命之名而将之视若泰西革命，则是颠倒黑白"，[2] 从而否定了辛亥革命是旨在建立近代资产阶级民主国家的本义。大隈重信既是明治维新的功臣、又是追求英国式议会民主制的政治家，一生两度担任首相，是日本政府首脑的代表。1915年7月，时任首相的他写下由前后两编组成的《日支民族性论》，认为中国以三代及周朝政治为理想与典范，从而形成"尚古陋风"，[3] 导致不能吸收新文明，历次封建王朝更替均未带来思想与国民性的显著变化，[4] 辛亥革命亦"未能增添任何新文明要素"。[5] 总之，"封建王朝更替论"者认为中国革命党人、革命军及普通民众都未有近代民族主义与近代国家意识的觉醒，从而否定了辛亥革命是一场反对封建帝制、建立近代国家的民主革命。

与"封建王朝更替论"相对，日本也有一部分人因认同革命党人、承认中国民族主义的觉醒而认识到辛亥革命是一场民主革命，且洞察到这场革命具有针对帝国主义、争取中华民族独立的一面。大陆浪人中的宫崎滔天、北一辉，知识界的内藤湖南及吉野作造是其代表。

宫崎滔天在辛亥革命乃至近代中日关系史上都是一种特殊而大放异彩的存在。他反对包括日本在内的所有帝国主义，评价孙中山是"东亚珍宝"，[6] 从人脉、资金、武器及精神等方面为孙中山领导的辛亥革命作出重大贡献。1912年1月，宫崎在向日本介绍中国革命时谈到：辛亥革命"并非一时突发的事变，而是经过四十几次革命的实践与积累逐步发展而来的，是有深厚根

① ［日］川岛浪速：《对支那管见》，1912年6月，早稻田大学中央图书馆所藏，第21—23页。

② ［日］内田良平：《支那观》，黑龙会1913年版，第6—7页。

③ ［日］大隈重信：《日支民族性论》前编，公民同盟出版部1915年版，第33—34页。

④ ［日］大隈重信：《日支民族性论》后编，公民同盟出版部1915年版，第22—31页。

⑤ ［日］大隈重信：《日支民族性论》后编，公民同盟出版部1915年版，第31页。

⑥ ［日］宫崎滔天：《三十三年之梦》，载［日］宫崎龙介、小野川秀美编：《宫崎滔天全集》第1卷，平凡社1971年版，第120页。

基的革命，根本不同于流贼。他们具有冲天之气势，人民心向革命、同情革命党乃属当然。"①

北一辉是日本战前超国家主义理论的鼻祖，但由于投身中国革命10余年，② 对辛亥革命具有较为深入的了解。1916年，他鉴于日本朝野未能理解辛亥革命的本质而写下《支那革命外史》一书，分送于政要及社会名流，希望日本能够在把握中国革命性质的基础上采取合理对策。与大多否定中国民族主义觉醒的观点不同，北一辉盛赞辛亥革命是建立在中国国家主义、民族主义觉醒基础上的、旨在挽救祖国的爱国主义运动，承认中国民族资产阶级对于反封建、反帝国主义任务的自觉。他认为中国革命党人与日本维新革命党一样属于"兴国阶级"，尤其赞颂宋教仁是"刚毅热诚的爱国者"、"冷静不惑的国家主义者"，评价中国的爱国运动正是"随着他们这些先觉者不断抛头颅洒热血，国家、国民意识觉醒并席卷整个支那以后"而爆发的。③ 他还看到辛亥革命具有针对帝国主义的一面，认为革命党人"欲挽救因积弱而面临被瓜分亡国危机的祖国，故可称之为爱国党，对于欲趁机凌辱其国、瓜分其国的列强而言他们当然是排外党。"北一辉针对辛亥革命是"可笑的发火演习"而非革命的观点，提出"古今所有革命运动实际上皆为思想战争而非兵火战争"，从而否定了"封建王朝更替说"。他认定"国家意识的觉醒"才是中国革命的本质，"兴国阶级"通过扫除"亡国阶级"建设具有"近代组织的统一国家"则是中国革命的目标。④

内藤湖南是战前日本国策学科——"东洋史"的泰斗，在辛亥革命爆发不久后发表《革命军的将来》与《支那时局的发展》⑤ 两篇评论，同年11月

---

① ［日］宫崎滔天：《支那革命军谈》，法政大学出版局1967年版，第88页。

② 北一辉在早年加入中国革命同盟会援助革命，其间结识了宋教仁。辛亥革命爆发后不久，他应宋教仁邀请，并得到黑龙会的资助奔赴上海，担任宋教仁的顾问并负责革命党人与日本的联络工作。1913年宋教仁被暗杀后，北一辉与革命派的关系也相对淡化。

③ ［日］北一辉：《支那革命外史》，《北一辉著作集》第2卷，みすず书房1973年版，第31页。

④ ［日］北一辉：《支那革命外史》，《北一辉著作集》第2卷，みすず书房1973年版，第10页。

⑤ ［日］内藤湖南：《革命军的将来》，《支那时局的发展》，《大阪朝日新闻》1911年10月17—20日、1911年11月11—14日。

末至12月初，在京都帝国大学进行了三次题为"清朝的过去及现在"的特别讲演，并发行了讲演记录《清朝衰亡论》（1912年3月刊行），1914年、1924年又分别写下《支那论》与《新支那论》两部专著，皆论及辛亥革命。[①] 在革命爆发之初，内藤提出"清朝必灭、革命思想必胜论"，反对日本政府推行的援助清廷政策。[②] 他看到中国兴起"二重种族观念"，一是整个中国对于外国人的种族观念，二是汉族对于满族的种族观念。[③] 但内藤对于辛亥革命具有对外民族主义革命之一面并未进行更为深入的分析。只是日本学者池田诚通过研究认为在内藤看来，由于二重种族观念的存在，汉人在"灭满兴汉"、打倒清朝之后，并不是要恢复汉族的封建帝国，而是要否定传统的独裁君主统治，建立近代国民国家。[④]

吉野作造作为日本民主主义的斗士在1915年大隈重信提出"二十一条"期间，对于日本提出的帝国主义要求持有赞同态度。1917年，他接受头山满、寺尾亨等人的委托研究辛亥革命，其间得到北一辉《支那革命外史》的赠书深受感动而登门拜访。[⑤] 北一辉承认中国民族主义觉醒的观点显著地影响了吉野作造。吉野亦承认辛亥革命具有反对封建专制的民主革命意义，旨在建设近代国家，认为"近代支那革命运动的根本思想是'改革弊政'，复兴新支那"。[⑥] 他还发现三民主义中"民族主义"之内涵随着革命成功而发生了变化。革命前它是汉人对于满人的主张，是从满人之专制统治中实现汉人的民族自治要求，但革命成功后，革命党人发现无需对满族进行极端迫害，于是"灭满兴汉"的旗帜变为"五族共和"。中华民国由汉、满、回、蒙、藏五族组成，五族的和衷共济成为民国的理想，"五族共和"形成一个"中华民族"。那么此后的民族自治就必须指向其他民族，这就是要求在国际关

---

① 日本关于内藤湖南的辛亥革命认识研究有［日］池田诚：《内藤湖南的辛亥革命论》，《立命馆法学》第36号，1961年。

② ［日］内藤湖南：《清朝衰亡论》，《内藤湖南全集》第5卷，筑摩书房1972年版，第249—260页。

③ ［日］内藤湖南：《内藤湖南全集》第5卷，筑摩书房1972年版，第240—241页。

④ ［日］池田诚：《内藤湖南的辛亥革命论》，《立命馆法学》第36号，1961年。

⑤ ［日］冈本幸治：《北一辉——转换期的思想构造》，密涅瓦书房1996年版，第四章。

⑥ ［日］吉野作造：《中国革命史论》，新纪元社1947年版，第5页。

系上的平等，确保关税自主权、废除不平等条约。[①] 1917 年，吉野作造在中国革命的复杂局势中评价“支那最近二十年的革命运动，是与所谓新支那诞生相伴随的痛苦”,[②] 对辛亥革命构筑新国家之意义给予了正面而积极的理解，并对此寄予了高度期望。

日本对辛亥革命性质的认识与对中国前途命运的判断息息相关。“封建王朝更替论”者多否定中国建成近代国家的前途，内田良平、酒卷贞一郎、川岛浪速等人都认为中国实现真正的共和政治、建立近代国家如同“缘木求鱼”。[③] 即便在“民主民族革命论”者当中，也并非所有人都能像吉野作造那样认为中国最终在民族主义觉醒的基础上走向统一，诸如内藤湖南之辈便随着革命的曲折发展而最终倒向否定中国前途，并提出中国应放弃对满、蒙、藏等边疆地区的统治、废弃国防将本国主权委托于列强、“东洋文化移动说”等奇谈怪论，为日本实施侵华政策提供理论依据。

中国无法建成近代国家的看法，即便在“五四”运动以后也没有发生根本改变。中国民族主义作为构筑近代统一国家的动力，在“五四”运动及以后的一系列工人运动中有了普遍觉醒。但是，日本执政者却固执地否定中国的统一前途。在 1918—1922 年间担任首相的政友会总裁原敬不仅否定中国民族主义运动的自觉性，甚至认为中国革命是“利己主义的争夺”,[④] 怀疑革命派的“爱国热忱”,[⑤] 否定新青年是新中国的建设者与承担者。[⑥] 首席元老山县有朋与原敬一样，认为中国将长期内乱、难以独立，只能在英、美、日的长期干涉下生存。[⑦] 宪政会亦未能预测到中国最终将走向统一。1923 年，其成员田中善立在进行实地考察后，戴着有色眼镜从中国人的精神风貌与民族性角度阐释中国的“不可统一性”，宣扬中国的将来只能由国际共管或由某

---

① ［日］吉野作造：《日华国交论》，新纪元社 1947 年版，第 102 页。

② ［日］吉野作造：《中国革命史论》序，新纪元社 1947 年版，第 2 页。

③ ［日］内田良平：《支那观》，第 38—41 页。

④ ［日］原奎一郎编：《原敬日记》第 7 卷，乾元社 1951 年版。

⑤ 1919 年 9 月 30 日，原奎一郎编：《原敬日记》第 8 卷，乾元社 1950 年版。

⑥ ［日］外务省编：《日本外交年表并主要文书》上，外务省 1972 年版，第 504—505 页。［日］野原四郎：《五四运动与日本人》，载《亚洲的历史与思想》，弘文堂，第 93 页。

⑦ ［日］增田毅：《原敬的中国观》，《神户法学杂志》1969 年 3 月。

一个强国进行统治。[①] 军部亦然，参谋次长田中义一在1917年考察中国后，提出了中国"无国家观念"、"无统辖本国的能力"、"无独立国的方针"等看法。[②] 其亲信佐藤安之助亦于1924年断言中国无望统一。[③]正是有基于上述看法，日本政府在一战期间"趁火打劫"，对华提出"二十一条"，侵占山东。

其次，在对华政策提案方面，由于既存的"内部崩溃论"与"外部瓜分狂潮论"得到了进一步的"印证"与强化，故以军部及右翼为代表的"中国分割论"者主张出兵解决所谓"满蒙悬案"。辛亥革命期间，中国南北对峙，各省在财政、军事上的"独立"倾向趋重。欧美列强不仅利用中国的"借款"加大了对华经济渗透，而且趁中国边疆局势不稳而纷纷介入，图谋进一步扩张。尤其是俄、英两国分别煽动外蒙、西藏进行所谓"独立"运动，导致中国的统一局势受到严峻威胁。这一系列事态促使日本多数政见及舆论不仅否定中国建设近代国家的能力，而且大张旗鼓地宣扬中国"内部崩溃论"及"外部瓜分亡国论"。就内部问题而言，川岛浪速宣扬"中国一盘散沙论"，谩骂"利己心的膨胀"，致使国家处于"砂石林立"的状态。即使在强权的袁世凯拼命地"注水炼砂"之下出现"皮相上的统合"，但也只不过是"貌合神离"，一旦利益之水干涸就会分散为单颗砂石。[④]就外来危机而言，内田良平分析列强在义和团运动后就"保全中国"达成一致，却"借保全之名行分割之实，或借用割让、租借之名侵占领土，进行政治蚕食；或利用铁道、借款等垄断特殊利益，进行经济蚕食。"[⑤] 中岛端将列强对中国领土的瓜分，称为"形式上的分割"，将对债权、财政权、铁道铺设权、矿山采掘权、投资权等竞争称为"内在的分割"。后者会促进中国内部分裂，当实业利益均被外国资本家占据后，满、蒙、藏等"外藩"会尽入列强管辖之下，十八本

---

① ［日］田中善立：《支那的过去现在未来》，《宪政》1923年7月。

② ［日］田中义一传记刊行会：《田中义一传记》上，原书房1981年版，第656—657页。

③ ［日］佐藤安之助：《对支外交的基础观念》，《民政》1924年4月。

④ ［日］川岛浪速：《对支那管见》，第25—29页。

⑤ ［日］内田良平：《支那观》，第45页。

省亦会以列强为后盾，相互为敌而无法制伏对方，从而形成独立割据之势。[①]故“封建王朝更替论”者纷纷主张趁机瓜分中国，制造“满蒙独立”。参谋本部与川岛浪速等人更是将此付诸实践，相互勾结掀起两次所谓“满蒙独立运动”。

再次，部分学者提出“中国非国论”，为日本政府实施侵华政策大造舆论。

1933年，日本外相松冈洋右在发表退出国联的演说中使用了如下措辞：在支那本土以外，支那的主权在很久以前就消失了。即使在支那本土之内，也不存在足以担当统治之责的具有权威和效能的政府。[②]这是日本官方在国际场合公开表达的“中国非国论”，成为日本走向国际孤立的宣言与全面发动侵华战争的先声。其实，“中国非国论”是“中国亡国观”的一种重要体现，早在辛亥革命期间该论调就已有相当影响。

东洋史学者矢野仁一、稻叶君山以及《外交时报》主编半泽玉城是“中国非国论”的重要代表。他们利用自己的学术地位与舆论影响，对“中国非国论”进行了系统的理论诠释。以京都帝国大学教授矢野仁一为例，他在1921年末到1922年9月间发表的4篇论文中，大肆鼓吹“中国非国论”，宣扬“中国不仅没有国境，而且还因为无国境而不成为国家”，[③]胡诌“满洲、蒙古、西藏是假国境，并非中国领土”，[④]认为“中国如果不放弃满族及其他少数民族聚居区，就不能实现国民国家与民族革命”，[⑤]而且“以和平主义立国”的中国，本身就不可能实现统一的近代国家。[⑥]“中国非国论”是“中国亡国观”的一种典型表现，其核心内容是中国“无法统一”、“难以建立近代国家”，实质是为日本扩大对华侵略提供理论依据。

---

① ［日］中岛端：《支那分割的命运》，政教社1912年版，第155—160页。

② ［日］松冈洋右：《松冈代表在国际联盟大会上的演说》，载［日］外务省编《日本外交年表与主要文书（1840—1945）》下卷，第264页。

③ ［日］矢野仁一：《支那无国境论》，《大阪朝日新闻》1921年12月25日。

④ ［日］矢野仁一：《论西藏、蒙古、满洲原非中国固有领土》，《外交时报》第412号，1922年1月1日。

⑤ ［日］矢野仁一：《中国非国论》，《外交时报》第417号，1922年3月15日。

⑥ ［日］矢野仁一：《中国的国家及社会》，《太阳》1922年9月号。

总之，辛亥革命至国民革命前夕，中国为挽救列强侵华所导致的亡国危机，要求结束延续了两千多年的封建帝制国家，建设近代国民国家而掀起了一系列民主革命运动。日本虽然就中国革命性质问题出现了"封建王朝更替论"与"民族民主革命论"的对立，就中国前途问题产生了"中国亡国观"与"中国终将统一观"的分歧，但堪称真知灼见的"民族民主革命论"及"中国终将统一观"未能左右日本政府的对华决策，反而是"封建王朝更替论"与"中国亡国观"的荒诞谬论与执政者臭味相投，成为诱使日本政府乘隙解决所谓"满蒙问题"并不断推行侵华政策的认识基础。

三、"中国亡国观"的变动与武力侵华方针的出台

从1924年开始的第一次国共合作到1931年日本发动"九一八"事变，中国主要经历了由国共两党以"打倒列强除军阀"为主要目标而携手发动的反帝反封建的民族民主革命运动，即国民革命。1926年7月4日，国民政府发动北伐战争，以工农群众为依托，实现了推翻北洋军阀、初步统一中国的目标，并沉重地打击了帝国主义。该阶段，日本的"中国亡国观"有所变动，这主要体现于围绕中国的统一问题出现了"中国有限统一论"、"中国不可统一论"与"中国全面统一论"三种较为显著的不同意见。

以宪政会为代表的资产阶级民主政党持有"中国有限统一论"，认同中国内地的统一，但反对中国将东北地区纳入统一范围。

1924年6月，随着山县有朋等重量级元老的相继逝世，日本建立起以加藤高明为首的护宪三派联合内阁，① 进入真正的政党政治时代。此后，宪政会②内阁实施"民本政治"，③ 在内政上实现普选，在外交上由币原喜重郎④

① 1924年1月18日，护宪三派政友会、宪政会、革新俱乐部三大政党党首高桥是清、加藤高明、犬养毅会谈，决定三派联合，6月11日三派联合组建以加藤高明为首相的政党内阁。同年8月，护宪三派联合内阁破裂，由宪政会单独组建第二次加藤高明内阁。1926年1月3日，加藤高明内阁总辞职，宪政会新党首若槻礼次郎组阁。

② 1927年6月后与宪政本党合并为民政党。

③ ［日］坂野润治：《近代日本政治史》，岩波书店2006年版，第134页。

④ 币原与宪政会总裁加藤高明都是三菱财团的女婿。

主导“国际协调”路线、实施对华“不干涉外交”。该内阁之所以实施“不干涉外交”，与其对国民革命的认识具有一定关系。

宪政会在北伐前后开始逐步承认中国的民族主义觉醒与统一趋势。其机关报《民政》连载众议院议员神田正雄的《支那民族运动概观》一文，内称“支那民族是极其不愿被其他民族统治的”，且“对于他们构建起来的支那文化怀有强烈的骄傲感。”中国的这种民族意识会导致其即使能够一时隐忍其他民族的压迫，但一旦时机来临就会奋起反抗，彻底追求自己的民族意识。[①]神田还关注到中国新青年对于家族主义、结婚、贞操、女性地位、父子关系等封建礼教的反抗与破坏，判断“学生们对于启蒙运动所倾注的热情，是孙文广为宣传的爱国运动的延伸。因此，支那学生的启蒙运动，……除人道主义之外，还具有民族主义、爱国主义这一强烈的动机。”[②]

时任宪政会内阁外相的币原喜重郎自身也意识到中国的统一大势。币原在国民革命军开始北伐后，认识到不断发生的“军阀混战”是中国统一过程中不可避免的“阵痛”，但中国民族主义却“是不可逆转的潮流”。1927年1月，他在第51次帝国议会上谈道：“仔细观察支那时局的变动，则会发现近年来支那国民表现出了政治觉醒。旧支那步步远去而新支那渐渐兴起……军事方面的权威人物，也许会因战乱而有人兴起有人衰落。然而，国民性自觉一旦发生就不但不会泯灭，反而会随着外部压力的增强而日益增长。”[③]同年1月27日，币原派遣亲信佐分利贞男考察中国并与孙传芳会谈，就南京事件探听其对于有可能发生的英国出兵的态度，孙表示届时北方也会采取反英政策。[④] 孙传芳是蒋介石的北伐对象，但在对外问题上却表现出对蒋协同政策，这不得不令币原感到中国的统一大势。而且，他还敏锐地认识到中国的民族主义运动与统一趋势难以用武力镇压。1927年6月，币原在致日本驻比利时大使安达峰一郎的私人信件中谈道：“支那国民在世界大战后之普遍思

① ［日］神田正雄：《支那民族运动概观》7，《民政》1927年6月1日。

② ［日］神田正雄：《支那民族运动概观》7，《民政》1927年6月1日。

③ ［日］《帝国议会众议院议事速记录》第47卷，东京大学出版社1982年版，第12页。

④ 1927年2月2日币原外务大臣致驻美大使松平电：《关于孙传芳对于英国出兵的态度》，载［日］外务省编《日本外交文书》昭和期Ⅰ第1部第1卷，外务省1989年版，第435页。

潮的影响下，特别是鉴于土耳其、埃及等实例，近年来不断表现出政治上的觉醒，要求废除不平等条约、打倒帝国主义，这反映了真正的国民性觉醒。此际，来自外部的压力不仅无法阻挠之，反而会引发危机。"①正是有基于此，币原对于南京事件基本采取了"不干涉"政策。

币原之所以认同中国的统一是出于维护日本资本主义经济的考虑。大藏省参与官山口义一的一段讲话透露了这种意图：中国人的购买力是左右日本产业命运的伟大力量与关键。日本产业是否能够得到振兴，关键在于四亿中国人的购买力，故"世间有些眼界狭窄者认为维持支那的混乱局势对我国极其有利，毋庸赘言这是根本错误的。"②

需要强调的是，币原所代表的"认同统一派"对于中国统一范围的认识是有限的。维护既有权益尤其是"满洲权益"是币原推行"不干涉外交"的底线，因此他对中国内地与东北地区的统一实际上是持反对态度的。重视经济主义的币原着眼于中国全局的利益，倡导"满蒙权益"相对化，③并基本"尊重"北京善后条约及华盛顿体制有关"东北主权归中国所有"的规定，但他并不放弃帝国主义。币原将华盛顿体制作为维护日本在华既得权益的武器，批判中国收复国权、废除不平等条约等争取民族独立的反帝运动"太过激进"，认为"若支那国民以为使用暴力即可胁迫列国屈服，从而可以无视义务单纯行使权力，则会犯下重大错误。"④可见，币原亦未能真正地理解被压迫国家的民族主义要求。1925 年 11 月，对于有可能促进东北与内地统一的郭松龄倒戈事件，币原大动干戈采取增兵干涉政策。1928 年 11 月，对于张学良与国民政府之间就"东北易帜"问题进行谈判，币原亦采取否定态度，主张"无论东三省的政治组织有何变化，（满蒙特殊权益）都是具有俨然不可侵犯的基础的。若支那官宪提出何等无理要求，我国则当断然拒绝。

---

① 币原致安达书简，1927 年 6 月 7 日，《安达峰一郎关系文书》书简部分，第 302 页，国立国会图书馆宪政资料室所藏。

② ［日］山口义一：《人口问题的一大考察——我国的生存与支那的和平》，《政友》第 324 号，1927 年 12 月。

③ ［日］关静雄：《币原喜重郎的"对支外交"》，载冈本幸治编《近代日本的亚洲观》，第 125 页。

④ ［日］币原喜重郎：《支那问题概观》，《外交时报》第 560 号，1928 年。

若支那单方面废弃条约，无视我国之努力与牺牲，威胁我国之生存，则当毅然举国一致速下决心。”[①]其所谓“速下决心”，无疑就是动用武力。因此，当皇姑屯事件爆发时，早已得知事件真相的民政党总裁滨口雄幸以“此乃超出党派关系的重大问题”为由，决定不公开事件真相，[②]自动放弃了对军部独裁的抑制权力，从而纵容了军部的专横跋扈，为日后军部独裁打开了闸门。

如果说币原及宪政会对中国统一走势的理解，因其固守在华权益而带有局限性，那么政友会及军部则对中国统一大势持有彻底的否定态度，主张“中国不可统一论”。

1920 年代后半期，与宪政会走向民主化路线相反，政友会却沿着保守化路线走去。1927 年 4 月，军部出身的田中义一率领政友会借助南京事件推倒宪政会内阁组建新政府，在内政上强化皇权主义并严厉管制工人运动与社会主义思潮，在外交上倡导“积极”、“强硬”、“自主”外交，对华采取强硬政策。该内阁之所以对华采取强硬政策，与其对国民革命的认识亦有密切关系。

田中内阁否定国民革命的民主革命性质，敌视中国的统一大势。外务参与官植原悦二郎拒绝承认中国的民族主义觉醒，认为南京政府凭借军阀势力的均衡方才得以维系，各个首脑只不过是这种军阀的傀儡而已。中华民国虽然美其名曰“三民主义共和制”，然而国民政府并无规定中央政府之组织及权限的宪法，国民亦无民主政治素养，100 人中有 99 人不理解三民主义，所谓“共和制”实质上“只不过是一种类似封建制度的专制政治而已”，故南京政府“不可能在青天白日旗之下通过三民主义来统一中国”。[③]他认为共和制国家必须建立在国民具有国家观念、并能以理智的判断制定宪法、以自治能力组织政党的基础之上，而中国尚无明确的国境，其国土庞大但交通、通信设施却极不完备，甚至尚未普及培养国家与国民观念的义务教育。因此，

---

① ［日］币原喜重郎：《关于对支外交》，《民政》第 2 卷，1928 年 11 月号。

② ［日］松村谦三：《三代回顾录》，东洋经济新报社 1963 年版，第 125 页。

③ ［日］植原悦二郎：《日本与支那》，《国际知识》1928 年 10 月。

在中国建设共和政治简直就是"缘木求鱼",[①] 中国与民主政治相去甚远。[②]

北伐既是一场对内统一的民主革命运动，也是一场对外争取独立的民族革命运动。对于北伐所具有的民族主义与反帝性质，田中内阁要求以武力予以镇压。1927 年 5 月，政友会机关报刊登了众议院议员松本君平在帝国议会中所做的演讲，其中将北伐军进攻上海视为日本与列强的"严峻危机"，渲染革命军不用武力而依靠民众的力量即可夺取汉口租界，指责"币原外交"对于中国收回汉口、九江租界采取的旁观政策必定导致"兔死狗烹"的结局，并预测革命会影响波及东三省。[③] 植原亦批判"币原外交"对中国采取"暴力"手段的"放置"与"纵容"会导致东三省及山东等日本帝国的"特殊权益"难以得到保障,[④] 强调日本若不出兵"自卫"，就必须要"下定决心放弃在支一切既得权益"，而一旦放弃此等权益，日本就不得不做好放弃"满蒙特殊权益"乃至台湾与朝鲜的觉悟与准备。[⑤]

事实上，政友会内阁并非未能察觉中国民族主义的觉醒与建设独立国家的努力，而是对此采取敌视政策，企图维持中国现状以维护日本的既得权益并进一步扩大对华侵略。1927 年 2 月，政友会总裁田中义一授意干事长山本条太郎、森恪、松冈洋右等要人一行考察中国。他们从 2 月 22 日离开东京，在华逗留 35 天，游历了上海、汉口、九江、南昌等中心城市以及青岛、天津、北京、奉天等地。其考察的重点在长江流域，会见了蒋介石、苏联顾问鲍罗廷、孙科、陈友仁、冯玉祥等政要。外务政务次官森恪在考察回国后，谈到中国的统一问题称：单个中国什么都不算，因此仅靠中国的力量是无法统一全国的。然而，如果中国 + X，即中国加上一个列强，在二者的合作之下，举国在数年内就会"恢复秩序，统一在某种形式之下"。他预测中国在苏俄的援助下会取得形式上的"统一"，但这样的中国必然成为苏俄的势力

---

① ［日］植原悦二郎：《日本与支那》，《国际知识》1928 年 10 月。
② ［日］植原悦二郎：《币原及其对支外交》，《改造》1928 年 11 月。
③ ［日］松本君平：《直面支那的大动乱》，《政友》第 315 号，1927 年 5 月。
④ ［日］植原悦二郎：《令人担忧的支那现状与币原外交》，《中央公论》1927 年 3 月。
⑤ ［日］植原悦二郎：《我的对支政策基本观念》，《外交时报》第 565 号。

范围，故日本应对此进行极力阻挠。[①]

1927 年 6 月 27 日，日本第一次出兵山东告一段落，田中内阁在森恪的极力推动与主持下召集驻华各地公使、领事、关东军长官等相关人员召开东方会议。与会人员纷纷发表了否定中国统一大势的报告，其中上海总领事矢田七太郎所做的题为《南京政府与支那政情》的汇报颇具代表性。他说："考虑支那问题必须综合其完全相反的两点。其一，名义上是共和国，实质上是通过武力争夺权力，无异于中世纪的封建时代。其二，在广东新出现的特殊分子，既无统一亦无节度，只不过是在空想乌托邦，是极为混沌的存在。"[②]可见他不仅否定北伐所具有的民主革命性，而且对国民党及国民革命军本身亦持否定态度。田中义一在东方会议上作了《对支政策纲领》的训示，其中谈道：中国国内政局的安定与秩序的恢复，需要依靠巩固的中央政府才能实现，然而"从眼下的政局来看，这样的政府是难以确立的"。[③]

可见，田中内阁决策体制内部是彻底否定中国统一的。这种错误的把握，反过来又促使其对华贪欲的进一步膨胀，并为此不惜极力阻挠中国的统一进程。1927 年 10 月，田中在与蒋介石进行的会谈中反复暗示不要越过长江继续北伐。[④] 东方会议制定的《对支政策纲要》中针对北伐确定了如下方针："当帝国在支权益以及在留邦人的生命财产有受到不法侵害的可能时，在必要的场合，只能采取断然的自卫措施加以保护。"[⑤]其所谓的"自卫"，就是出兵政策。此后，田中内阁借口"自卫"两次出兵山东，引发济南惨案，在客观上阻挠了北伐的进程、阻碍了中国的统一事业。

东北问题在政友会及军部认识、应对中国统一问题过程中占有举足轻重的地位。东北作为中国的固有领土，在历史、经济、地缘、文化、民族等方面都与内地具有密不可分的关系，故它自然地被纳入中国的统一进程。两次

① ［日］森恪：《谈视察动乱中的支那》，载山浦贯一编《森恪》，原书房 1982 年版，第539 页。

② ［日］田中义一传记刊行会：《田中义一传记》下，原书房 1981 年版，第 635 页。

③ ［日］外务省编：《日本外交文书》昭和期 I 第 1 部第 1 卷，外务省 1989 年版，第 35—36 页。

④ ［日］田中义一传记刊行会：《田中义一传记》下，原书房 1981 年版，第 741 页。

⑤ 《田中外务大臣的训示》，外务省编：《日本外交文书》昭和期 I 第 1 部第 1 卷，外务省 1989 年版，第 36 页。

直奉战争、郭松龄倒戈以及北伐等一系列重大事件，都让日本感到东北地区与中国内地的关系在不断加强，其"满蒙特殊权益"受到"威胁"。对此，田中义一领导下的政友会内阁及军部，强调"满蒙生命线论"，突破北京善后条约以及华盛顿体制确定的"东北主权归中国所有"以及"尊重中国主权独立与领土完整"的规定，明确抛出"满蒙领有论"。政友会成员小川平吉在1926年1月召开的帝国议会上，批判币原外相以"满蒙主权属于中国"为前提制定有关郭松龄倒戈事件的政策。他提出东北对于日本来说"绝非单纯的外国领土"，维护东北秩序是"日本帝国政府的责任"。①森恪宣扬东三省与中国本土是一个本质迥异的特殊地区，日本在该地区的特殊地位与权益是绝对的存在，中日关系如何则是次要的问题。②田中义一在东方会议上发表的《对支政策纲领》中确定了如下对华根本方针："鉴于日本在远东的特殊地位，对于支那本土与满蒙，不得不采取不同的主旨，"其实质就是要将东北从中国分离出去。关于北伐与东北之关系问题，东方会议制定了如下具体政策：

六、关于满蒙特别是东三省地区，（对于我国）在国防及国民生产上具有重大的利益关系，故，我国不仅需要加以特殊考虑，而且，对于该地区和平的维护、经济的发展以及内外人士的安居之保障，作为接壤的邻邦不得不感到有特殊的责任与义务。

七、关于东三省的政局稳定问题，由东三省人自身的努力来维护是最好的方策，而对于尊重我国的满蒙特殊利益并致力于该地区的政局稳定者，帝国政府应该适当加以支持。

八、万一动乱波及满蒙，扰乱治安，我国在该地区的特殊地位与权益有恐受到侵犯时，不论威胁来自何方，都要加以阻止，且为保障内外人士之安居发展，要不失时机地采取适当措施。③

上述第六条实际上暗示了日本可以无视中国主权、介入东北地区的治安

---

① 下述币原外相的演说与小川的质疑均引自《帝国议会众议院议事速记录》，1926年。

② ［日］山浦贯一编：《森恪》，高山书店1943年版，第595—597页。

③ ［日］山浦贯一编：《森恪》，高山书店1943年版，第591—593页。

维护；第七条，暗示了日本在东北地区可以采取干涉内政政策，扶植有利于日本之东北统治的政权；第八条则强调了日本在关键时刻可以出兵“保护”其所谓的“满蒙权益”。上述三项政策可被视作日本确定使用武力将东北地区从中国本土分离出去的纲领性文件。

总之，田中内阁在东方会议上不仅确定了武力阻挠北伐统一的方针，而且还确立了日本“领有满蒙”、占领中国东北的目标。东方会议制定的武力扩大侵华政策并未因政府的换届而终止，它成为日本对华政策的根本方针，为关东军制造“九一八”事变、发动十五年战争提供了政策依据。

日本知识界则有以石桥湛山、吉野作造为代表的极少数民主主义者认识到中国的统一大势，并从对华经济利益角度出发，倡导“放弃满蒙权益”，主张“中国全面统一论”。

石桥湛山在 20 世纪初便开始倡导“满蒙放弃论”。[①] 北伐后，他看到“南方政府的统一是否能够得到巩固发展，是今后的问题”，但即便南京的国民政府倒台了，“那也毕竟只是一个诞生更为强大的统一政府的过程而已。”[②]他还预测到东三省也将被纳入到中国的统一进程，“从我国传统的对支外交来说，很不幸南方政府的北伐成功了。而满洲也由于汉族占居民的 8 成以上，而希望统一在南方政府之下追随三民主义。”[③]石桥认为，“满蒙没有能够独立于该统一政府之外的空间”，一旦东三省被纳入中国统一政权，就会与日本传统的“满蒙特殊权益”发生冲突。日本若固执“满蒙特殊权益”，则在整个中国的经济利益就会受损。因此，日本应该放弃东北。吉野作造亦有类似主张。1927 年 4 月，吉野发文称：中国在南京国民政府的努力之下终于逐渐建立了新体制，日本已无须固守“满蒙特殊权益”[④]。1928 年 8 月皇姑屯事件爆发后，吉野又谈道：“从南方国民军征服北支看到汉土统一端绪者，毫

① ［日］《石桥湛山全集》第 1 卷，东京：东洋经济新报社 1971 年版，第 410—411、第 406—407 页。

② ［日］《石桥湛山全集》第 5 卷，第 151 页。

③ ［日］石桥湛山：《所谓的对支强硬为何——危险的满蒙独立论》，《石桥湛山全集》第 6 卷，第 236 页。

④ ［日］吉野作造：《代无产政党告支那南方政府代表》，《中央公论》卷首语，1927 年 4 月。

不怀疑满蒙在不久的将来亦会成为统一之民国的一部分……不论谁取代张作霖成为霸主，他的使命只不过是暂时控制满蒙的混乱局势，等待时机成熟逐渐完成投向中央政府怀抱的使命。"①总之，石桥湛山与吉野作造在20世纪20年代都从中国民族主义的发展动向中把握中国，预感到中国统一的新时代即将来临，并在此基础上主张"满蒙放弃论"。然而，他们的声音即使在民间也只是一种支流，未能影响日本的对华决策。

总之，甲午战争以后，日本在中国不断深化的民族危机中逐步形成、巩固了"中国亡国观"，对于中国面临亡国危机先后掀起的戊戌变法、义和团运动、清末新政、辛亥革命、国民革命等救亡图存的改革与革命运动，日本政界、军界乃至知识界的主流对其积极意义均予否定，甚至以表象为据反向理解各种革新运动会促使中国更为迅速地走向分裂与崩溃，坚持中国无法建立近代统一国家以得重生的陈腐观念。由于持有此种认识的主体或直接位于决策地位制定政策；或处于决策周边提出议案；或置身于驻华使馆及军事机构提供相关情报；或活跃于言论界主导舆论，故上述对华认识通过各种渠道融入日本对华战略及决策的制度框架。当观念被嵌入制度却又缺乏"新陈代谢"时，就会规定政策的方向，并排斥其他的政策选择②。因此，甲午战争后日本逐步形成的"中国亡国观"，是导致其在近代不断推行侵华政策、进而发动十五年战争的认识根源与思想鸦片。

（本文得到天津大学"自主创新项目"的资助）

① ［日］吉野作造：《支那的形势》，《吉野作造选集》第9卷，岩波书店1995年版，第352—353页。

② 朱迪斯·戈尔茨坦、罗伯特·O·基欧汉编，刘东国、于军译，《观念与外交政策：信念、制度与政治变迁》，北京大学出版社2005年版，第13页。

专集：近代以来日本的对华认识

从“九一八事变”到“七七事变”：日本军方的对华认识与侵华战争

宋志勇（南开大学日本研究院）

内容提要 1931年，日本发动“九一八事变”，进行了长达14年对中国的侵略战争。日本的侵华战争虽然每个阶段都具有不同的特点，但都与近代日本整体的和阶段性的对华认识密切相关。长期推行大陆政策、对中国近代化发展的蔑视，是导致日本发动侵华战争并最终走向失败的主要原因。“满蒙特殊权益论”、“有家无国”等所谓的中国人认识、否定中国统一和国民党政府的正统性、分裂华北、“对华一击”构成了“九一八事变”到“七七事变”日本对华认识与行动选择的主要内容。

关 键 词 对华认识 满蒙特殊权益 国民党政权 对华一击

从“九一八事变”到“七七事变”：日本军方的对华认识与侵华战争

1931年9月，日本发动“九一八事变”，进行了长达14年对中国的侵略战争。战争是国家对外政策的形式之一，而任何一种对外政策无不建立在某种对外认识的基础之上，这种认识的产生和存在应该是导致国家发动战争的第一步，日本也不例外。发动侵华战争源于日本长期形成的对华认识。因为日本侵华战争最终以失败告终，在学界或社会上，大多认为是日本的对华判断出现了问题，特别是对中国的抵抗能力估计不足，但实际上认识与行动之间的关系并不是单纯的，而是错纵复杂的，日本的对华认识并非都是错误的或不准确的，它发动对外侵略战争有时是疯狂、赌博式的蛮干，如发动太平洋战争；但有时却不尽然，例如发动侵华战争，既有它基于对中国抵抗力做出的误判，也有对中国发展的准确认识，是日本多种对华认识及对外认识合力的结果。考虑到进入昭和时期后，日本军方势力急剧扩大，逐渐主导日本政治，其对华认识成为决定日本对华行动选择的主要因素，下面将以日本军方为主要考察对象，探讨日本对华认识及其与日本侵华战争的关系。

一

明治维新后，日本“脱亚入欧”，走上了发展资本主义的道路，成为亚洲最早实现近代化的国家。近代殖民主义、资本主义伦理和传统的大陆扩张主义相结合，使日本在19世纪80年代末逐渐形成了侵略扩张的“大陆政策”，矛头直指朝鲜和中国东北。于是有了甲午战争、日俄战争的爆发。两次战争的胜利，为日本最后侵占中国东北打下了基础。

对于中国东北，日本觊觎已久，并已下过几次手，远的如1894年的甲午战争，近的如1928年的皇姑屯炸死张作霖事件。由于国内外形势的限制，日本未能如愿将东北弄到手，但一刻也未放弃这一企图。日俄战争以后，经过20多年的“满洲经营”，日本已经对中国东北有了更“深刻”的认识和侵占的理由。“九一八事变”爆发前的1929年10月，在第三届太平洋学会讨论会上，原日本“满铁”理事松冈洋右系统地提出了日本对中国东北的认识和日本在此扩张的理由：（1）满洲自古以来就独立于中国其他地域；（2）因为中国无力驱逐俄国于领土之外，日本为了自己的生存，也为了中国，进行了日俄战争，付出了巨大牺牲，因而在满洲拥有经济、军事、政治上的“特殊权益”；(3) 日本在满洲的开发经营，有助于满洲的发展；(4) 因为中国无法抵御外敌，在中国有充分实力足以防止外敌入侵以前，日本应保持在满洲的军事力量。① 此后，松冈成为国会议员，又进一步提出“满蒙是日本的生命线”的口号，并成为日本国家和社会占主导地位的“满蒙观”。

最终把“满蒙观”发展为侵华行动的是日本政府和军部，而起到重大作用的是关东军，其推动者则是关东军的中坚军官作战参谋石原莞尔和高级参谋板垣征四郎，他们的对华认识颇具代表性，也是其发动“九一八事变”的思想基础。

石原莞尔认为，中国虽有进步，但中华民族尚缺乏建立近代国家的能力，满洲应由日本拥有和“治理”。他竟提出“满蒙不是汉民族的领土，其关系与我国更加密切”，满族与蒙古族人“更接近大和民族”。就全国看，连年军阀混战，“犹如我国的政争”，“无休无止”，“难以形成真正的国家武装力量，主权的确立完全无望”。如果日本仅与“这样的支那人”为对手开战的话，就可以采用“歼灭战而迅速屈服之”。②

石原还以提出“世界最终战论”理论而著称。他从更广域的视角看待“满洲问题”。他认为世界东西文明将通过战争走向统一，而当今的世界分为四个国家集团，即苏联、欧洲、美洲和东亚，这四个国家集团之间的战争是决战性的战争。在准决战性的战争中，苏联和欧洲集团将会被削弱，退出世界范围内的竞争，只有美洲和东亚两个国家集团存在下来。于是这两个集团之间的战争就是决战性的战争。而在美洲集团中，美国是首领，在东亚集团中，日本是当然的首领，这两大集团的战争，实际就是日本代表的东方文明与美国为代表的西方文明之间的战争，而战争的最后胜利者无疑将成为世界的中心。石原莞尔称这一最终战争将决定“是由日本的天皇当世界的天皇，

---

① ［日］《太平洋调查会相关资料》第三卷，日本外务省史料馆藏。

② ［日］稻叶正夫、小林龙夫等编：《走向太平洋战争之路》（别卷资料编），朝日新闻社 1988 年版，第 78 页。

还是由西洋的总统成为世界的领导者”，是人类历史上“空前绝后”战争。①

石原认为，为了保证日本在世界最终战争中取胜，日本应当举全国之力，不惜一切投入战争。但是，由于日本国土面积小，资源匮乏，如果与美国抗衡，必须“开发”满蒙，这是日本取得世界最终战争胜利的根本、也是唯一的途径。从这个意义上，满蒙就是日本的“生命线”。他认为，“满蒙的农产品足以解决我国民的粮食问题；鞍山的铁、抚顺的煤等资源，足以确立我国重工业的基础；满蒙的产业，可以帮助我解决失业，走出萧条。”② 石原的“满蒙生命线论”与日本军部分离满蒙，侵略东北的方针相一致，所以大受军部欢迎，很快成为其向中国东北扩张的主要理论依据。

另一个“九一八事变”的策划者关东军参谋板垣征四郎与石原莞尔的对华认识和对策上几近一致。他认为“纵观中国四千年的历史，易姓革命不断，几乎就是一部战乱的历史”。老百姓只热衷于自然的部落经济共同体，只希望“安居乐业”，政治、军事“只是支配阶级的一种职业而已”；“与近代国家相去甚远”。不仅一般老百姓缺乏国家意识，就连支配阶级也是“国家意识淡薄”、只是热衷于“为了自己利益的权力争夺”。作为国家，“支那的将来……令人悲观。”③

板垣认为，满蒙对日本来说意义重大，是日本在大陆的“战略据点”。它退而可以保卫朝鲜，进而可以牵制俄国向东发展，还可以利用其“丰富的资源”。板垣宣称：“满蒙问题”的最终解决目标就是把满蒙“变为日本的领土”，并使其对整个中国“能立于制其于死命的地位”。满蒙问题，事关日本的生死存亡，“彻底解决满蒙问题，并将其纳入我领土，乃当前第一的紧迫任务”。④

石原和板垣上述对中国的认识有客观准确的一面，也有主观误判的一面。

---

① ［日］角田顺编：《石原莞尔资料（增补版）国防论策篇》，原书房 1994 年版，第 302—303 页；石原莞尔：《最终战争论·战争史大观》，中央公论新社 1995 年版，第 73 页。

② ［日］角田顺编：《石原莞尔资料（增补版）国防论策篇》，原书房 1994 年版，第 77 页。

③ ［日］稻叶正夫、小林龙夫等编：《走向太平洋战争之路》（别卷资料编），朝日新闻社 1988 年版，第 103—104 页。

④ ［日］稻叶正夫、小林龙夫等编：《走向太平洋战争之路》（别卷资料编），朝日新闻社 1988 年版，第 102 页。

他们只注重中国半封建半殖民地的落后的一面，轻视了中国虽然缓慢却也在逐展开的近代化进程，轻视了中国人民民族意识的增强和国家意识的增长。这种对华认识是引导他们发动“九一八事变”的重要动机和思想根源之一。同时我们也应看到，石原和板垣并非先知先觉，他们对华认识的形成是源于当时的国际国内形势以及近代以来日本对中国认识的积累。以石原和板垣为首的关东军的对华认识一方面影响了日本军部、政府和舆论；另一方面，日本军部、政府及舆论的对华认识及“满蒙生命线”的鼓吹，也影响到了石原和板垣以及关东军的对华认识和行动选择，两者是呈现一种互动关系。

二

“九一八事变”之后，日本的侵略步伐并没有止步，而是将侵略矛头伸向关内华北。但此时的国民党政府已经无路可退，竭尽力量阻止日本对华北的侵略。对此，日本以军方为主，策划华北“自治运动”，驱逐国民党势力出华北，削弱南京政府对华北的控制，意欲把华北纳入到日本的掌控之下。

本来，国民党成立后，由于孙中山等国民党创立者与日本密切的关系，日本政府认为有利用的价值，故对国民党并不排斥。但 1924 年国民党“一大”对国民党进行大改组，实行国共合作，提出反帝施政纲领，① 特别是 1928 年国民党政权再次发动统一中国的北伐战争，并将青天白日旗插到东北，实现了中国形式上的统一后，日本认为这威胁到日本的“满蒙权益”和在中国北方的“影响力”，日本政府特别是军部与国民党的关系开始恶化。日本政府特别是日本军方认为国民党的对外政策与日本的对华政策是背道而驰的，国民党政权的存在阻碍日本对华侵略政策的实现。故南京国民政府成

---

① 国民党的施政纲领中“对外政策”中宣布：（一）一切不平等条约，如外人租借地、领事裁判权、外人管理关税权，以及外人在中国境内行使一切的权力，侵害中国主权者，皆当取消，重订双方平等互尊主权之条约。（三）中国与列强所订其他条约，有损中国之利益者，须重新审定，务以不害双方主权为原则。（四）中国所借外债，当在使中国上、实业上不受损失之范围内，保证并偿还之。（六）中国境内不负责任之政府，如贿选窃僭之北京政府，其所借外债，非以增进人民之幸福乃为维持军阀之地位，俾得行使贿买，侵吞盗用，此等债款，中国人民不负偿还之责任。

立之后，日本先是不愿承认，其后与南京政府的关系也一直不顺畅。而军方还在寻找一切机会推倒国民党及其政权。这也是日本发动全面侵华战争后宣布“不以国民政府为对手”声明的历史根源。

1933 年，陆军省调查班编写了一本《中国国民党的概观》的调查报告，发给军官们参考。该书是这样认识国民党的：“国民党的北伐以同当时的军阀的妥协、拉拢而告结束。由此，一旦北伐完成，国民党就失去了目标，革命元气大为衰退。党堕落，党员腐败，官吏以卖官兼职为能事，财政混乱无序，苛政滥行与军阀时代无异，国民党不过是取代旧军阀现身的新军阀而已。而且国民党真正的统治，实质上仅限于江苏、浙江、安徽、江西四省，并未能实现全国的统一。政客和新旧军阀依然争权夺势，热衷于争夺地盘，内乱依然连绵不断，根据利害关系‘合纵连横’这一‘支那国民性’仍被发挥得淋漓尽致”。[①] 该报告代表了日本陆军界基本是对国民党及其政权的认识。

这一时期日本军方的一些“中国通”也持有这种观点。陆军大将松井石根 1935 年视察中国后认为：“同领土广大、民情自然不同，——支那现在立刻由南京政府国民党政权实现完全统一，建立中央集权国家是非常艰难的。——作为支那统一的过渡，最好是将北、中、南、外部分为四种地方，采取联省自治、中央统制的形式比较自然。”[②] 另一名陆军高官参谋本部第二部长矶谷廉介少将（1935 年春转任驻华武官）也认为，妨碍日中关系安定及造成中国内乱的根本原因在于南京国民党政府的“指导精神”。他认为国民党领导层在第三国际的引导下，把纯粹的“国民革命”“诱导”成“共产革命”。只要国民党领导层的这一“指导精神”不改变，中日关系和中国内乱就不会得到“根本的解决”。[③]

华北分裂活动的主要策划者和实施者关东军参谋土肥原贤二也认为，“过去日支亲善政策的失败，是因为将全体支那作为统一的一个国家对待造

---

① ［日］户部良一：《日本陆军和中国——“支那通”的幻想和破灭》，讲谈社 1999 年版，第 178 页。

② ［日］东京《日日新闻》1935 年 12 月 12 日。

③ ［日］波多野澄雄：《日本陆军的中国认识——从 1920 年代到 1930 年代》，载井上清等编《日中战争与日中关系》，原书房 1988 年版，第 233 页。

成的。与各个政权合作，并让各个政权进行适当的调和，才是向着最为实际的合作之途迈进的方法。”[①] 而另一个跟军部关系密切，被尊为军方“智库”的大川周明，也认为南京政府只代表国民党的私利，领导排日，与军阀并无两样，只能是一个过渡政权，在完成破坏任务后走向没落。为此，1935 年他指导他掌控的《东亚》杂志，将编辑方针确定为“打倒蒋政权”。[②]

总之，直到“七七事变”前，日本军方仍不愿承认国民党政权的正统地位，并策划各种阴谋，意在推翻国民党南京政权。此后日本实施的分裂华北活动就是建立在这一认识基础上的。应该说，日本军方对国民党南京政府的认识有些是“误解”，但更多的是认识到国民党政权是日本侵略中国的障碍，故罗织罪名，将其打倒。所以，反对国民党政权与分裂华北是一致的，相辅相成的。

上述对华观对日本的对华政策的制定产生了重要影响。1934 年 12 月，日本三省（外务省、陆军省、海军省）会议制定了《关于对华政策的文件》。它规定了日本对华政策的原则是：（1）“使中国追随帝国，通过以帝国为中心的日、满、华三国的提携共助，确保东亚和平；”（2）“扩张我国在中国的商权。”[③] 该文件具体提出了对南京国民政府和对华北的政策。该文件认为，国民政府的指导原则与日本的对华政策根本不相容。为此提出了分裂华北的政策，目标是使该地区“出现南京政权政令不达的局面”，在该地区建立“日满华的特殊关系”。同时，该文件还决定进行分化南京政府地方势力关系的活动，以牵制南京政府的对日态度。这份全面而系统的文件，成为日本新的对华政策的纲领性文献，较全面地反映了日本军政各派的对华方针。

根据《关于对华政策的文件》的精神，关东军和中国驻屯军从 1935 年春开始具体策划侵占华北的计划，即先把南京政府及国民党的势力驱逐出华北，然后扶植亲日的傀儡政府，把华北变为日本控制下的第二个伪满洲国。

---

① ［日］东京《日日新闻》1936 年 4 月 14 日。

② ［日］吴怀中：《大川周明与近代中国——对中日关系的认识与行动》，日本桥报社 2007 年版，第 161 页。

③ ［日］岛田俊彦等编：《现代史资料 8　日中战争（一）》，美玲书房 1964 年版，第 22—24 页。

5、6月，日军强迫中方承认“何梅协定”和“秦土协定”，国民党党部及中央势力被迫从河北、察哈尔撤出，为日本操纵地方军阀脱离南京国民政府搞“自治”创造了条件。

9月24日，中国驻屯军新任司令官多田骏向新闻界发表谈话，公开宣扬分裂华北。他宣称：为了把华北建成“日满支”合作之基础，不惜以武力排除国民党及蒋介石政权。多田还提出了中国驻屯军关于华北问题的三项要求：“（1）把反满抗日分子彻底地驱逐出北支；（2）北支经济圈独立；（3）北支五省开展军事合作，防止赤化。”为实现上述要求，多田提出“必须改变并确立北支政治机构，当前须指导组织北支五省联合自治体”。[①] 多田的谈话，实际成为日本推行“华北自治运动”的前奏。

军部对在华日军分裂华北的活动给予了大力支持和指导。10月4日，川岛陆相提出的《鼓励华北自治案》在内阁会议上被通过。这使关东军与中国驻屯军分裂华北的气焰更为嚣张。11月11日，日军方代表土肥原向华北的实力人物宋哲元提出了“华北高度自治方案”，要求成立以宋哲元为委员长、以土肥原为总顾问的“华北共同防赤委员会”，在华北实行军事、政治、经济的高度自治，与日满结为一体，仅保留南京政府的宗主权。土肥原还以武力相胁迫，要求宋哲元以11月20日为最后通牒期限，按日本的要求实行华北“自治”[②]。为策应土肥原的分裂活动，关东军出兵一个师团兵陈长城一线，中国驻屯军也诉诸武力恫吓。华北陷入了危急之中。虽然最后中日双方达成妥协，成立了以宋哲元为首的“冀察政务委员会”，并聘用日本人担任顾问，但华北的危局并没有消除。1936年，日本政府和军部先后制定了两期《处理华北纲要》，把分裂华北确定为国策。

三

“九一八事变”后，片面地轻视中国的对华认识占据了主流。但日本还

---

① ［日］江口圭一：《十五年战争小史》，青木书店1992年版，第88页。

② 李云汉编：《抗战前华北政局史料》，台北，中正书局1982年版，第613页。

是有些有识之士不仅看到了中国国力的发展，还意识到了中国民族主义的成长和国家统一的大势。特别是1936年12月发生震惊中外的“西安事变”，对日本的对华认识产生了重大影响。“西安事变”的和平解决，国共停止内战、一致抗日的共识，抗日民族统一战线的形成不仅对中国的内政产生了巨大影响，也在日本引发了一场“对华再认识”的讨论。

面对中国形势的变化，日本最为恐惧的是中国实现国共合作后联苏对日，那样日本苦心经营的“满蒙”将腹背受敌，日本推行大陆政策获取的“权益”将受到巨大威胁。为此，一部分日本高层人物希望放松对中国的强压政策，改善日中关系，避免中苏联手。在此形势下，在对华关系上走进死胡同的广田内阁倒台，1937年3月，“佐藤外交”登场，倡导对华“平等外交”，还提出停止华北分裂政策。中日关系出现一丝改善的“景象”。

部分军界中的“中国通”也开始重新审视中国的统一，重新认识国民党政府的正统地位。参谋本部派驻驻华大使馆的大佐楠木实隆在1937年2月与日本驻华海军武官本田忠雄会谈后，达成如下“对支政策意见”并向军部谈了他的对华认识：

“纵观中国现状，反中央各派虽尚存，但无论哪派都无法彻底地颠覆现中央政府，各派在现任政府组织机构内安插自己一派的势力。因此，我方若徒劳缚于推翻蒋介石、推翻国民党或分裂华北五省等旧观念，势必适得其反。深信应迅速改变旧式观念，堂堂正正地以中央政府为对象进行邦交。不以南京政府为对象，通过威逼利诱地方政权搭建日支邦交的外交政策，是只知日清、日俄战争时代的支那，而不知中国现状的表现。”①

另一名有过驻华经历的陆军省新闻班军官雨宫巽中佐也感慨地说：“很遗憾，现在的南京政府已经不是我们曾经想象的那样的贫弱，无论是统制力还是军备都已不可忽视，而且这种状况还在日渐强化中，——蒋介石的人气也一天比一天增长。”日本“靠恫吓或口头威胁已经几乎不能胁迫南京

① ［日］岛田俊彦等编：《现代史资料8　日中战争（一）》，第389页。

政府”。①

楠木实隆和雨宫巽的对华认识代表了一部分军部中坚军官及部分社会上的有识之士对华认识或对华认识的转变，但这种比较客观的对华认识没有形成日本对华认识的主流，“政界、财界和军界的主流”对华认识并未根本改变，他们“否认中国的民族统一，否认以当时的南京国民政府为中心的统一，以分割中国或者将中国完全殖民地化为目标”。这种主流的对华认识是日本对华认识的“坚硬根基”。②

中国的统一发展和国力的增强，客观上是对日本维护并扩大侵华权益的威胁，是日本不能接受的。“佐藤外交”在表面上使中日关系有所改善，但中日本质矛盾问题并没有得到解决。日本希望在维护日本现有对华侵略权益的基础上对华“亲善”，而中国则要求日本在恢复中国的领土完整和主权不受侵犯的基础上谈中日“亲善”，如先行撤销塘沽、上海停战协定，日本停止对华北主权的侵害等。但中国的这些维护国家主权的基本要求在日本看来是“排日政策”，日本断不能接受。所以，“中国再认识论”也好，“佐藤外交”也好，都不可能使中日关系得到根本的改善。在中国抗日民族统一战线进一步加强，国民政府不再对日本的侵华行动逆来顺受的局面下，日本国内特别是军方高调“教训一下支那（对华一击论）”的观点很快就占据主流地位。

作为第三者的英美人在分析日本的对华认识和对策时也认为：“如果支那取得了与日本同样的进步，日本将一触即溃。深知这一点的日本，不可等闲视之。要么在支那进步之前尽快将其击溃，否则就必须尽量防止其进步，将其始终放置在从属自己的劣等国的地位上。”③ 应该说，英美人的这种观察是一针见血，揭示出了日本军方、政府及部分民众面对中国发展的一种心态。上述各种对华认识很大程度上影响了日本政府特别是军方的对华行动选择，

---

① ［日］雨宫巽：《赤裸裸地看日支关系》（1937 年 4 月），外务省外交史料馆藏，日本亚洲历史史料中心网站（http：//www. jacar. go. jp/）公开。

② ［日］西村成雄：《“中国统一化论争”的历史认识》，《日本学论坛》2002 年第 3 期。

③ ［日］日本外交协会：《对支外交问题讨论摘要》（1937 年 3 月 25 日），外务省外交史料馆藏，日本亚洲历史史料中心网站（http：//www. jacar. go. jp/）公开。

并使日本最终走上了“对华一击论”，发动了全面侵华战争的道路。

1937年7月7日，“卢沟桥事变”爆发。事变发生后，围绕对事变的处理方针，日本统治集团内部发生了分歧，即出现了所谓“扩大派”和“不扩大派”。争论的结果，暂时达成妥协，“不扩大事态，就地解决”。但“不扩大”的局面没有维持几天，日本军政当局就统一为“扩大派”，把中日军队的一场小的冲突，扩大为全面侵华战争。

2005年即日本战败60年之际，日本《读卖新闻》组织专门班子，对从“九一八”到太平洋战争日本的战争责任进行了“检证”。其中对“卢沟桥事变”扩大化的原因的“检证”结果是：“发动日中战争的目的，除了‘膺惩支那军的暴戾’（1937年8月15日的政府声明）之外，都不甚明确。”① 纵观日本方面的大量著述，确有此印象。但实际上有一关键点是早就明确的，那就是把华北变为第二个“满洲国”或直接占领。这一点是很明确的，一点也不含糊。卢沟桥的几下枪声之所以能够演变为全民侵华战争，关键点就在于此。卢沟桥事变虽然源自日中两军的一场小的冲突，但“它是满洲事变的延长”。② 而“九一八事变”表明的是“支那的恢复国权、收复失地的民族运动，与日本发展大陆政策的冲突”，也就是“大和民族与支那民族的民族抗争”。③

“七七事变”具有必然性与偶发性并存的特征。说其必然性，是日本“九一八事变”以后对华政策的基调，就是不满足于对东北的侵占，寻求继续扩大对华侵略，其首要目标便是华北。虽然1933年5月中日军方签订了《塘沽协定》，日军退回到了长城以北，但日本并未就此停止侵略中国的脚步。实际上，从当年开始，日本驻屯军每年都在制订侵占华北并进行统治的计划④；关东军从1934年底开始，又酝酿新的侵入华北的计划；日本军部、

① ［日］读卖新闻战争责任检证委员会编：《检证　战争责任》Ⅰ，中央公论新社2006年版，第10页。

② ［日］武藤章：《军务局长武藤章回忆录》，芙蓉书房1982年版，第91页。

③ ［日］武藤章：《军务局长武藤章回忆录》，芙蓉书房1982年版，第91页。

④ 参见［日］《陆军省大日记·昭和13年“陆满机密大日记”》第2册2，日本亚洲历史史料中心网站（http：//www. jacar. go. jp/）。

政府也从1935年春开始，制定了分裂华北的一系列政策。掌控或侵占华北，成为日本的国策和对华政策的首要目标。无论通过什么手段，日本一定要达到这一目的。事变发生后，海军方面就认定：“非常明显，陆军此次发动事变的真正目的，——在于把华北变成第二个满洲国。”[①] 大量的事实证明，日本对华北的侵略政策是引发“卢沟桥事变”的根本原因，它体现了事变的必然性。

在日本继续扩大对华侵略政策的大背景下，“卢沟桥事变”又有一定的偶然性。迄今为止，我们还没有发现日本蓄谋发动“卢沟桥事变”的确切证据，这也是“卢沟桥事变”与“九一八事变”形式上的不同之点。正是由于事变的必然性和偶然性的并存，造成日本军部和政府在处理事变时出现了“扩大”和“不扩大”的不同主张。

“扩大派”和“不扩大派”的产生，实际上反映了不同的对华认识。“不扩大派”的代表人物是手握重要军权的参谋本部作战部长石原莞尔。这位“九一八事变”的主要策划者，对卢沟桥事变采取了与“九一八事变”迥然不同的做法。他担心出兵有陷入战争泥潭的危险，同时顾虑苏联出兵，使日本腹背受敌，故主张“不扩大”事态。他的部下回忆说，“卢沟桥事变”发生后，石原莞尔“竭尽全力”向他的上级、同僚、部下解释不应扩大事态的原因：“现在的支那不是以前的支那，国民党的革命取得了成功，国家实现了统一，国民的国家意识正在觉醒。如果走向日支全面战争，支那就会利用辽阔的领土进行持久战，而日本的力量是不能将其降伏的，日本会陷入战争泥潭动弹不得。日本的国力和军事力量都还贫弱，当前应绝对避免战争，努力增强国力和军事力量，以期国防国策的完成。”[②]

但军部不扩大的势力“非常弱小，极端而言，只有石原少将自己那样主张”。军部绝大多数人的主张与石原正相反，认为“支那是一个不可能统一的分裂的弱国，日本如果表现出强硬的态度，它立刻就会屈服。此时需要屈

① ［日］岛田俊彦：《有关船津工作》，载日本国际政治学会编《国际政治》第47号，第106页。

② ［日］武藤章：《军务局长武藤章回忆录》，芙蓉书房1982年版，第96—97页。

服支那，把华北五省基本上纳入到日本的势力之下，与满洲相结合，强化对苏战略态势。而卢沟桥事件带来了实现这一目的求之不得的好时机”。而上述思维是“满洲事变以来陆军领导层不变的对支观、对支方策”。①

参谋本部总务部长中岛铁臧也回忆到，当时陆军“扩大派”主张：“日本的敌人是苏联和中国。现在正是各个击破、先打垮中国的最佳时机，此时务必要给中国以痛击。现在中国还没有像样的抵抗能力，只要拿下天津、北平，中国基本上就认输。如果再进一步拿下上海的话，本年12月间蒋介石就会倒台。”②

陆军的“支那通”铃木贞一（陆军中将，企划院总裁）战后回顾导致日本发动对华战争时反思道：“日本太轻视支那的军队了，而轻视的结果就导致了支那事变的发生。”“支那事变……一言以蔽之，就是日本人小看支那的表现。”③

应该说，这些当年参与侵华战争决策的军人的回忆和反思基本上是正确的。的确，除了既定的掌控或侵占华北的国策外，轻视、蔑视中国和中国人民正是导致日本把“卢沟桥事变”扩大为全民侵华战争的另一主要原因。从甲午战争开始，日本军队还没有输过一场对华战争，特别是“九一八事变”以来，日本侵占东北、进攻上海、分裂华北，中国都是步步退让，签订了一系列丧权辱国的城下之盟，甚至默认了伪满洲国的存在。由此，中日关系形成了一种惯性，就是只要日本付诸军事压力，中国就一定屈服，答应日本的一切要求。所以，“卢沟桥事变”发生后，日本军部及政府在处理事变方针上也沿袭了这一“惯性”。陆相杉山元和参谋总长闲院宫在向天皇汇报时声称，“只要在天津一击，事件一个月内就会结束。”④ 日本的国家统治阶层，正是做着这种美梦，放弃不扩大方针，向华北大规模增兵，进而酿成了长达

① ［日］武藤章：《军务局长武藤章回忆录》，芙蓉书房1982年版，第97页。

② ［日］《中岛铁臧中将回忆录》，见秦郁彦：《卢沟桥事件研究》，东京大学出版会1996年版，第298页。

③ ［日］木户日记研究会、日本近代史料研究会编：《铃木贞一谈话速记》（下），1974年，第232、241页。

④ ［日］《昭和天皇独白录》，《文艺春秋》1990年12月号。

八年的侵华战争，最终搬起石头砸自己的脚，以战败投降结束了自己的近代历史。

甲午战争以后，东亚的国际格局发生了巨变。维系东亚国际秩序的华夷体系走向瓦解，近代日本政府把侵略扩展的大陆政策奉为国策，走上了独霸东亚的道路。华衰日强也成为近代中日关系的新的特征。但另一方面，甲午战争之后，中国人民知耻而后勇，积极进行近代化国家建设，人民的民族主义意识和国家观念日益提高，国防能力也逐渐加强。特别是“九一八事变”之后，日本的侵略激发起了中国人民从未有过的民族凝聚力，集全国之力抗日成为全国官民的共识。但日本的统治阶层特别是军方，近视眼看中国，只看到中国人某些有“家”无“国”的社会意识和军阀混战的国内政局，忽视了中国人民民族意识的日益提高和国家缓慢却是不断地进步和发展，进而长期轻视甚至蔑视中国。虽然有些日本的有识之士看到了中国的发展变化，呼吁改变对华认识，但始终没有成为日本对华认识主流。在上述两大背景下，日本不断发动对华侵略战争，进而陷入了战争泥潭，难以自拔，最终以战败投降结束了自己的近代历史。这段惨痛的历史教训，至今具有现实的意义，值得汲取。

专集：近代以来日本的对华认识

邦交正常化之前：日本政府的对华认识与行动

王振锁（南开大学日本研究院）

内容提要 本文以日本政府的对华认识为考察对象，论述了中日邦交正常化之前日本敌华态势的形成、发展及其背后的自民党政权的敌华共识，揭示在这种对华认识的基础上的所谓“政经分离”的对华政策的本质。尽管日本政府的对华主流认知基本上是敌视的，但在日本执政的自民党内，也出现了处于非主流地位的“知华派”，始终坚持以改善执政党的对华政策为其开展对外活动的旗帜和政策目标，在一定程度上起到了在内部动摇执政党改变对华政策的作用。

关 键 词 对华认识 敌对态势 台湾问题 知华派

邦交正常化之前：日本政府的对华认识与行动

战后初期，吉田内阁时期签订的“日台条约”把中日关系推向敌对态势，在其后长达20多年的时间里，日本历届政府对中华人民共和国继续采取敌视政策。美日共谋的“台湾问题”是横亘在中日两国之间的最大障碍，而“政经分离”的对华政策，则是日本历届政府一面开展中日经贸活动，一面从政治上坚持其敌华政策的口实。

随着国际形势和中国国内局势的变化以及中国国际地位的提高，日本政府的敌华政策走进死胡同，不得不从敌视走向正视，最终恢复了与中国的邦交。1972年中日邦交的恢复，就日本政府而言，一方面有赖于“知华派”人士的长期努力，同时也取决于田中政权的“决断”，这显然是一个迟到却还明智的选择。

本文所及，仅限于此间日本政府体系内的对华认识与行动选择。

一、敌华态势的形成与延续

1. 吉田茂的中国观与“台湾问题”的纠结

从1945年日本战败投降，到1972年中日邦交正常化，历经整整27年。鉴于战后的最初几年，日本尚处于美国单独占领时期，基本上无“外交”可言，所以本文所说的日本政府的“从敌视到正视”的对华认识与行动选择，主要是针对中华人民共和国而言，而核心问题则是围绕“台湾问题”的纠结。

众所周知，中日关系正常化之前，横亘在两国之间的最大障碍是台湾问题，而台湾问题的形成，又与日本被美国占领密不可分。在对日媾和问题上，日本首相吉田茂认为，要想在冷战下通过全面媾和来调和东西两个阵营的关系，不过是一种理想主义的国际政治论，如作为对外政策加以实施，必无果而终，只会招致使美军占领延长而推迟日本独立这个最为不利的结局。[①] 并且，从长远的国家利益考虑，日本除了与政治经济实力最强的美国保持高度

① ［日］吉田茂：《世界和日本》，中央公论社1992年版，第154页。

的一致以外，其实根本就不存在其他的选择。[①]

早在新中国成立前夕，即1949年8月9日，吉田茂写信给美国占领军最高司令官麦克阿瑟说，“邻国（指中国）实现共产化，日本也将岌岌可危”，因此，日本在“政治上必须阻止现今席卷亚洲大陆的共产主义潮流”，“从日本的地理位置和国民性来说，这个国家将成为共产主义的防波堤和东方的稳定力量”。[②] 朝鲜战争爆发后，吉田茂极力倡导所有资本主义国家实行合作，共同对付中国。慑于美国的压力及基于意识形态的考虑，吉田政府最终选择与台湾当局缔结和约，而且吉田还声称：“只要中共不改变目前的做法，就不能建立条约关系。”

在《旧金山对日媾和条约》签订之前，吉田茂就中国问题写给美国总统特使杜勒斯的所谓《吉田书简》，对“日台条约”的签订起了决定性的作用。《吉田书简》实际上是杜勒斯以日本首相吉田茂的名义拟好后发给吉田茂，然后吉田再转发给杜勒斯的。显然，所谓《吉田书简》既代表了美国的意愿，也符合吉田政府的诉求。所以，《吉田书简》实际上是美日双方“有谋而合”的产物。

《吉田书简》包含了如下内容：一、日本政府很愿意与中国大陆在政治上和平相处，并且通商；但目前则希望与台湾当局建立这种关系，因为它在联合国中占有席位、发言权和投票权，并和联合国大多数成员国保持着外交关系；二、日本政府准备待法律允许就与台湾当局缔结条约，重建双方政府间的正常关系，而这个双边条约的条件将适用于现在、或以后可能属于台湾当局管辖的全部领土；三、中国共产党政府已被联合国谴责为“侵略者”，联合国因此已经对它采取了某些措施，日本现也正在协助执行这些措施；四、1950年的《中苏友好同盟互助条约》实际上是针对日本的一个军事同盟条约，有许多理由可以认为中国共产党政府正在支持日本共产党进行旨在以暴力推翻日本的立宪制度和现政府的计划，故日本政府无意与中国共产党政府

---

① ［日］猪木正道：《评传吉田茂4——山巅卷》，筑摩书房1995年版，第332页。

② ［日］猪木正道：《吉田茂的执政生涯》，江培柱等译，中国对外翻译出版公司1986年版，第314页。

缔结双边条约。①

《吉田书简》的核心内容，是日本政府向美国保证不与中华人民共和国政府缔结条约，而只与台湾的国民政府缔结条约。显然，《吉田书简》已经确定了日本与中国大陆及台湾关系的基本构架与路径，随后签署的《旧金山对日和约》、《日美安全保障条约》和“日台条约”，则是以法律条文的形式确定了美、日、台三方关系。从此，日本政府以台湾问题为口实，坚持与中华人民共和国为敌，这种关系一直持续到1972年。

但是，在中华人民共和国成立、国民党政权隅居台湾的形势下，吉田内阁在日台“和约”问题上最初采取了比较谨慎的态度。因为，面对这一事实，吉田茂也希望在外交上留有余地。他在后来的回忆录中也说，日本政府一贯希望同台湾搞好关系，但也不愿采取过分加深同台湾的关系而否认北京政府的立场。②

吉田茂的基本想法是，既要与同属资本主义阵营的台湾当局“建交”，以符合美国的意图，但又不想得罪英国及其承认的中华人民共和国，以失去中国大陆这个诱人的大市场。同时，还有向中国大陆进行渗透的想法。在吉田茂看来，中华人民共和国虽然与苏联关系密切，“但中华民族在本质上与苏联人是水火不相容的。文明相异、国民性有别、加之政情亦不同的中苏两国，总有一天会产生隔阂的”。③

但是，“权衡利弊取其轻”，美国主导的旧金山媾和会议是日本获得独立的绝好机会。对当时的日本来说，与世界上大多数国家实现媾和，使日本获得独立，才是最紧迫、最重要的“国益”。所以，在旧金山对日媾和以及日台签约问题上，日本必然遵从美国的旨意。于是，美国的对华政策就成了吉田内阁制定对华政策的主要依据。仅1951年，吉田茂就中国问题给美国总统特使杜勒斯写过4封信。内容分别是：日本希望在对华政策上，与英美达成一致；保证不与中华人民共和国签订和约；表明愿与台湾的国民党政权签订

① ［日］吉田茂：《吉田茂致杜勒斯的信》，载田桓主编《战后中日关系文献集（1945—1970）》，中国社会科学出版社1996年版，第117页。

② ［日］吉田茂：《激动的百年史》，白川书院1978年版，第159—164页。

③ ［日］吉田茂：《回想十年》第三卷，新潮社1957年版，第72页。

和约等。[1] 其中，写于1951年12月24日的上述《吉田书简》，对日台签约起了决定性的作用。1952年4月28日，即旧金山对日和约、日美安全保障条约和日美行政协定生效的同一天，日本和台湾当局签订了《日本国和中华民国之间的和平条约》(即“日台条约”)。

关于签约时的心境，吉田茂在回忆录中曾说道：“当时日本政府和台湾加深友好关系和经济关系，固然出于本意，但同时也不愿因此而要到否认北京政府的地步。然而，事实上，国民政府是日本最初的交战对象，且其在联合国所占地位亦极重要，况且在日本投降时，国民政府又有使日本军民平安撤退回国的恩谊，日本自不能否认其为一媾和对象国家。更何况美国上院担心日本与中国大陆之关系，若因此而导致和约批准受到影响，则更不堪设想。当时，因有迅速表明态度之必要，所以，为了立即决定媾和对象，日本遂不得不选上了国民政府。”[2]

“日台条约”的出笼，意味着日本政府将中日关系正式上升到敌对状态的台阶，从而拉开了敌视新中国的帷幕，在其后的20余年里，日本政府始终以“日台条约”为挡箭牌，阻止中日邦交正常化的实现。

2. 自民党政权的敌华共识

1955年以后，随着左右两派社会党的统一和自由、民主两党合并为自由民主党，日本进入“五五年体制”时代，也是自民党长期政权的开始。自民党长期政权对外政策的核心是“以日美关系为基轴”，无论是20世纪50年代的鸠山内阁和岸信介内阁，还是20世纪60年代的池田内阁和佐藤政权，在对华关系上，都是恪守着吉田时期规定的框架，延续着对华敌视政策，区别只在于柔和一些或强硬一些而已。

自民党政权的敌华政策，是由其政权性质所决定的。自民党党章开宗明义规定：“我党是一个捍卫基本人权和民主、积极贡献于世界和平和人类繁荣、并与国民一道面向未来不断推进改革的自由主义政党。”显然，这样一

---

① 陈肇斌：《战后日本的中国政策》，东京大学出版会2000年版，第7页。

② ［日］吉田茂：《十年回忆》，转引自司马桑敦著《中日关系二十五年》，台北，联经出版事业有限公司1988年版，第4页。

个资产阶级政党与以“无产阶级专政”为宗旨的中国共产党政权在理念上是势不两立的，是敌对的。这不是政治家个人的对华观问题，而是执政党的基本理念、阶级立场的不同。而且，政治家即使有自己的想法，也必须受其党规、国法的约束，说话要为党和国家利益负责。这种不同的政治体制，就注定彼此视对方为敌人。这一立场和意识形态的不同，当时是被视为“不可调和的”，是“你死我活的”，从而导致彼此之间的不可沟通性和不可相容性。当然，这种状况在当时并不仅限于中日之间。

继吉田政府之后的鸠山内阁是自民党政权的起始内阁，鸠山政权的最大业绩是不顾党内反对，毅然实现日苏邦交正常化。中国政府看到这一变化，便通过各种渠道试探日本政府的对华政策，并表示出希望中日邦交正常化的极大诚意。但鸠山内阁对中国政府三番五次的积极呼吁置若罔闻，甚至公开否认中国政府的努力。外务大臣重光葵在1956年2月3日的众议院外务委员会会议上说，“日本政府从来没有从共产党中国接到任何要求恢复外交关系的正式建议”。[①] 就连时任经济审议厅长官、中国视为“朋友”的高碕达之助，在1955年万隆会议期间与周恩来总理密谈时也认为，“日本已经和台湾方面缔结了和约，建立了外交关系。日本不能单方面废除这一和约”，所以“这是一个很大的障碍”。[②]

20世纪50年代中后期，中国进入“反右运动”和“大跃进”时代，对内对外政策急速“左转”。恰逢此时，战前对中国犯下种种罪行的日本战犯岸信介取代鸠山一郎上台。岸信介上台不久便访问台湾，并在国会声称，“由于国际信义的关系，要始终尊重台湾政府，这是日本的外交路线”，并且说，“为了日本的安全，台湾不落入共产党之手是绝对必要的”。[③]

面对新中国在亚洲的影响不断扩大的情况，岸信介说：“亚洲处于混乱状态，从自由主义各国来说，如果受到共产主义的侵略，这将是个严重的问题”，同时对日本来说，由于日本人对中国有亲近感，所以“共产主义对日

① ［日］《众议院外务委员会记录》，1956年2月3日。

② ［日］冈田晃：《水鸟外交秘话——某外交官的证言》，中央公论社1983年版，第50—53页。

③ 《人民日报》1959年2月16日。

本的渗透，来自中国的比来自苏联更可怕”。[①] 1957年6月，岸信介访美时又说，“中共要向整个亚洲渗透”，中国已成为世界和亚洲的“威胁”。[②] 充分暴露出其反共敌华的本来面目。“长崎国旗事件”[③] 就是在这一背景下发生的。

其实，“长崎国旗事件”只不过是一个导火线。在此前的一年间，中国方面已经蒙受了不少屈辱。先是预定在名古屋、福冈举办中国展览会的先遣人员因指印问题而被阻滞香港，随后在代表机构问题上日本政府又吹毛求疵进行阻挠。在这种情况下，又发生了侮辱国旗的事件，正如外交部长陈毅所说，“岸信介政府敌视中国的态度已经到了令人不能容忍的地步。”[④]

岸信介内阁因修改日美安保条约而被迫下台，有“岸亚流”之称的池田勇人取而代之。池田内阁一改岸政权“政治主义”的强硬路线，一方面以“宽容与忍让”的低姿态，修复国内政治关系，一方面推行颇得民心的“国民收入倍增计划”，从而使日本经济驶入高速增长的快车道。与此同时，中国国内也开始实行“调整、巩固、充实、提高”的八字方针，停止了给人民带来重大灾难的“大跃进”运动，国民经济开始好转。在此背景下，中日两国的民间经济交流逐渐恢复，并最终确立了“LT贸易”[⑤]，两国的经贸关系有了较大发展。

但是，池田内阁的对华政策在政治上是消极的，与岸信介时代并没有本质区别，只是手段较岸柔和而已。池田上台伊始，谈及对华政策时说：“对华政策不一定与美国采取同样的态度。……但是，外交首先必须提高自由主

① ［日］富森睿儿：《战后日本保守党史》，中译本，上海译文出版社1984年版，第127页。

② ［日］日中友协中央本部（正统）：《日中友好运动史》，中译本，商务印书馆1978年版，第58页。

③ 1958年4、5月间，日中友好协会长崎支部主办中国邮票剪纸展览会。其间，两个日本人闯入展览会场，扯下悬挂着的中国国旗，长崎市警察局以没有损坏器物（非国旗）为由，将肇事者释放。中国认为这是损害中国国家尊严的严重政治事件，乃向日本政府提出严重抗议。日本政府则认为，损坏无外交关系国家的国旗不适用“侮辱国旗罪”，只能以弃损器物罪论，未接受中国的主张。这就是酿成令舆论大哗并导致中日关系急剧恶化的“长崎国旗事件”。

④ 田桓主编：《战后中日关系文献集1945—1970》，中国社会科学出版社1996年版，第370页。

⑤ 1962年，廖承志和高碕达之助签署了“LT贸易”，即“中日备忘录贸易”，开拓了20世纪60年代中日经贸关系的新途径。中日双方通过“LT贸易”，互设了常驻事务所，并互派记者，从而打破了当时互不来往的不正常局面。

义国家间的信赖，而不仅仅是对华政策。……既要被自由主义国家信任，又要不被中共愚弄和操纵。像中共那样时不时诽谤别国首相的行为，对和平推进外交有害无益。”① 在对华关系问题上，池田的基本想法是，“必须从调整东西方关系的角度来对待，而不能仅作为日中关系来处理”。② 所以，在1960年秋季的联合国大会上，对中国代表权问题，池田内阁与岸内阁一样，同美国一道同意采取“搁置方式”处理，目的在于阻止中国恢复在联合国的合法席位。

所以，正如周恩来总理说，池田内阁的对华政策，“与岸政府没有本质的区别，但量上有所不同”。③《人民日报》也指出，“池田政府所采取的追随美国、敌视中国、企图复活军国主义的政策，与岸信介政府没有任何本质的区别”。④

佐藤荣作长期政权（1964.11.9—1972.7.7）是中日两国敌对时期的最后一任政府，其任内的大部分时间与中国“文化大革命”的前半期相重合。

佐藤荣作在中日关系方面，与吉田茂、其兄岸信介一脉相承，上台伊始，便拒绝了以彭真为团长的中国共产党代表团入境去参加“日共九大”。1964年10月，中国成功爆炸了第一颗原子弹，日本对此反应极为强烈，1965年1月，佐藤在访美时指出：“我们对来自中国的侵略威胁，与美国一样，或者说比美国还感到不安。中国进行核试验，使我们对中国的政策更加不安。”⑤ 随后在中国恢复联合国合法席位问题上“维持既往态度”，与美国一道投了反对票。

3.“政经分离”的吊诡

纵观中日复交前日本历届政府的对华政策，其特点是，并非采取直出直入、咄咄逼人的敌视态度和行动，而是往往以守势和辩解的姿态出现，看似审慎实则固执地坚守着对华政策的“底线”，这条底线就是始终恪守吉田时

---

① ［日］古川万太郎：《日中战后关系史》，原书房1988年版，第187页。
② ［日］古川万太郎：《日中战后关系史》，原书房1988年版，第188页。
③ ［日］古川万太郎：《日中战后关系史》，原书房1988年版，第189页。
④ ［日］古川万太郎：《日中战后关系史》，原书房1988年版，第199页。
⑤ ［日］古川万太郎：《日中战后关系史》，原书房1988年版，第239页。

期规定的框架，这一框架的基本点就是："希望同台湾搞好关系，但也不愿采取过分加深同台湾的关系而否认北京政府的立场。"① 也就是在"与国民政府保持外交关系的前提下，和中国大陆发展经贸关系"这一"政经分离"的对华政策。

本来，"政经分离"并不是日本政府首先提出来的一种政策，而是日本经济界一些人的一种想法。其意思是说，在当时情况下，日本与中国从事经济交往，与政治无关。不管日本在政治上与中国关系如何，都应该与中国开展贸易。民间经济界的这种想法既符合当时日本民间希望与新中国展开经济交流的愿望，也得到了中国方面的认可。因为美国政府和吉田内阁最初不赞成这种做法，他们正在对中国实行禁运封锁，而中国则希望通过政经分离来打破西方国家的禁运封锁。

日本政府将政经分离作为一种对华政策的方针起源于何时尚不可考，但从吉田内阁到佐藤内阁，日本政府在处理对华关系时，基本上都是遵从了这一方针。从1952年4月日本与台湾当局缔结了"日台条约"之后，吉田内阁开始以政经分离作为处理对华关系的基本方针。吉田茂的意思是，日本在政治上坚持《日华和平条约》，与台湾保持稳定的政治外交关系的前提下，对日本民间经济团体与中国大陆的贸易活动，政府一般采取不干涉、不过问的态度。也可以说，日本政府在暂不考虑邦交正常化的前提下，准许开展对华经济贸易。

1954年9月，由吉田茂任总裁的执政的自由党新外交方针予以公布。其中关于对华关系，新外交方针提出：1. 现阶段不承认中国共产党政府；2. 在各领域设置特殊机构，与中共保持接触，作为交涉贸易、渔业等问题的窗口；3. 在与美国和巴黎统筹委员会②保持协调的基础上，积极发展日本和中国大陆的贸易。自由党的这一对华政策实际上包含两个基本点：一是在政治上不承认中国共产党政府；二是不拒绝与中国大陆进行贸易等经济活动，明确了

① ［日］吉田茂：《激动的百年史》，白川书院1978年版，第159—164页。

② 巴黎统筹委员会（Coordinating Committee for Export to Communist Countries），是对社会主义国家实行禁运和贸易限制的国际组织。正式名称输出管制统筹委员会。

“政经分离”的对华政策。

后来，由于岸信介政府的对华敌视态度变本加厉，在长崎国旗事件之后，针对日本政府所主张的政经分离这一方针，中国政府提出了“政经不可分原则”，1959年以后，中国政府在对日交往中一直坚持“政经不可分”的原则。

但事实上，无论是鸠山一郎、岸信介，还是池田勇人和佐藤荣作，在对华关系上，日本历届政府都没有实质性突破吉田茂确立的这一基本框架和认知。

鸠山一郎上台后虽然声称，“日本愿在不损害自由国家基本合作的情况下和在彼此可以接受的条件下，恢复与苏联和中国的关系。”① 但在实际行动上却区别对待，对苏恢复了正常外交关系，而对中国则仅限于“促进对中共的贸易”。② 鸠山内阁时期在促进中日经贸关系方面的实际行动，有诸如支持和默认签订第三次中日民间贸易协定，举办中日物产展览会，在中日双方互设贸易代表部等。③

但是，鸠山内阁成立伊始的1954年12月10日，鸠山的如下谈话，反映了其与中国开展贸易的真正意图和心迹：“为避免目前世界人类所恐惧的第三次世界大战，最好多与共产圈从事有无相通的交通与贸易。将共产主义一概视为敌人而不跟他们交通或贸易，反而会诱发战争，若要彼此相安无事，最好是加强彼此的交通与贸易。美国要是能了解我的想法，一定不会发生误解。”④ 这也可以说是日本政府推行“政经分离”政策的真正用意所在。

岸信介内阁时期是中日关系交恶最深的时期，但在“政经分离”的前提下推进对华贸易方面岸信介并不消极，他上台后在参议院外务委员会回答社会党议员提问时，关于中日恢复邦交和贸易问题阐述了以下基本立场：1. 日本政府没有放弃和中国建交的信念，但现阶段条件尚未具备，“所以应当以积累方式沿着邦交正常化方向前进”；2. “日本作为联合国成员国，应以联

① ［日］《朝日新闻》（晚刊），1954年2月11日。

② ［日］古川万太郎：《日中战后关系史》，原书房1988年版，第76、77页。

③ ［日］村田省藏：《和周恩来会见》，《世界》1955年4月。

④ 施嘉明编译：《战后日本政治外交简史——战败至越战》，1979年版，第115页。

合国为中心，为增进世界和平竭尽全力，而现实是至今中共尚未被允许加入联合国，不但没有代表权，而且，联合国还曾把中共视为所谓侵略国”；3. 因日本和台湾的关系，随意处理与大陆的邦交问题会引发严重事态，“根据日华基本条约，与台湾中华民国这个政府之间，我们有正常的邦交”，“从国际信义上来说，我们也必须对此予以尊重”；4. 与中国之间的贸易应该积极予以考虑，“贸易协定不应只停留在民间，应在政府间的层次上协商并缔结协定”，日本政府希望第四次中日民间贸易协定能够签订，但目前只能这样在民间层次推进贸易关系。①

岸信介在解释同中国发展经贸关系时表示：“日本需确保在不损害自由世界安全的前提下，扩展对中共的贸易。日本作为自由世界的忠实一员，历来遵守对中共战略物资出口所实施的国际制裁，将来也会同样地忠实执行。日本增加同中共的贸易，除经济因素的考虑外没有其他理由。”② 这反映了日本对中国推行“政经分离”政策的真实意图，岸信介的中国观是基于意识形态因素考量，而又注重现实主义的结合物，这从其既主张亲美反共、又力图从与中国的贸易中捞取实惠的举动中可以窥见一斑。

由此可见，岸信介内阁成立之初对华政策的基本立场是以“日台和约”的存在和大陆还未被联合国接纳为理由，一方面拒绝立即和中华人民共和国政府发展邦交关系，而另一方面则对中日贸易关系持比较积极的态度，并愿意于将来把民间贸易协定发展为更高层次的政府间协定。

对第四次中日民间贸易协定的签订，岸信介在他的自传中是这样记述的：“日本政府如同意这个协定和备忘录，实际上就等于承认中国共产党政府，因为中方的国际贸易促进委员会虽称民间团体，实际是政府机构的一部分，日本既然还没有在外交上承认中国大陆，就不能给予其政府的职员及其家属外交特权，也不能允许在建筑物上悬挂其国旗。可是，发展对华贸易不仅有经济上的好处，而且也有助于亚洲地区的稳定，为使拥有 7 亿人口的大国所

① ［日］岸信介：《岸信介首相在参议院外务委员会上关于日中贸易、恢复邦交的答辩》，载田桓主编《战后中日关系文献集 1945—1970》，中国社会科学出版社 1996 年版，第 308—309 页。

② ［日］古川万太郎：《日中战后关系史》，原书房 1988 年版，第 105 页。

具的能量不致于‘搅乱亚洲’，我主张以‘政经分离’的原则作为处理这个问题的最大公约数。而那时自民党内多数意见也对第四次中日民间贸易协定持默认态度。”①

事实上，岸内阁在与美国反复协调的基础上，默认和支持了日本财界与中国签订的第四次中日民间贸易协定。1958 年 3 月中旬，日本已就民间贸易协定的处理召开了主要阁僚参加的政府首脑会议，最后议决的结果是政府基本上同意该协定，但公开时则称政府对此予以“协助或支持”，除了明确不给予通商代表部成员以外交特权之外，其他则由日本政府根据情况“妥善处理”②。

一般认为，池田内阁时期，中日之间开展了“半官半民”的“LT 贸易”，较之过去前进了一步。但是，实际上池田内阁的对华政策仍然始终恪守着“政经分离”的原则。“政府认为，继续维持与国民政府间的正常外交关系，同中国大陆在‘政经分离’的原则下，维持贸易等事实关系是最切合实际，可以维护日本国利益的政策。”③

佐藤荣作与吉田茂一脉相承，在中日关系方面，声称“政府历来是在维持与中华民国政府之间的正规外交关系的同时，与中国大陆之间，以‘政经分离’的原则，继续进行着民间的贸易以及其他事实上的接触”。④“日中间的贸易、人事交流等，并不应该像现在这样仅仅依靠民间，政府也有必要扩大与中国接触的渠道展开对话。”⑤

总之，敌对时期自民党政权的对华政策，基本上没有实质上的变化，始终都是遵循着在“与国民政府保持外交关系的前提下，和中国大陆发展经贸关系”这一“政经分离”的原则。

---

① ［日］岸信介：《岸信介回忆录——保守合同和安保改订》，第 410—411 页。

② ［日］《日中贸易协定，政府事实上趋于同意》，《朝日新闻》1958 年 3 月 13 日。

③ ［日］《日本外务省关于中国问题的统一见解》（1964 年 3 月 5 日），载田桓主编《战后中日关系文献集（1945—1970）》，中国社会科学出版社 1996 年版，第 715 页。

④ ［日］《第四十七届国会（临时国会）信念表明演说》，载［日］内阁资料保存会编《历代总理大臣与内阁》，内阁资料保存会 1980 年版，第 598 页。

⑤ ［日］黑柳明：《公明党的中国政策》，《亚洲季刊》1970 年 4 月。

二、从敌视走向正视

1. “知华派”的对华认识与行动

如前所述，日本政府的对华主流认知基本上是敌视的，但在日本执政的自民党内，“知华派”政治家也不乏其人。所谓“知华派”，是指对中国有比较客观、理性的理解，相对比较友好的日本保守党体系内的政界人士，而不是指吉田茂和岸信介等战前久居旧中国的“支那通”，也不包括日本社会党和日本共产党等革新政党的亲华派人士。“知华派”在日本执政党内虽处于非主流地位，但一般都在政府或执政党内任过要职，有一定的社会地位和发言权，对政府决策能产生一定的影响。他们或出于对日本国家长远利益的考虑，或出于自民党内的派别之争，与自民党的对华主流认知存在分歧。他们在修复中日关系方面做出了力所能及的努力，功不可没，客观上促进了中日关系的向好发展，起到了中日关系正常化“掘井人”的作用，但他们对中国的“友善”和“示好”并非意识形态上的“共鸣”，所以本文称他们为“知华派”而不叫“亲华派”。代表人物有石桥湛山、松村谦三、高碕达之助等人。

“知华派”的对华示好工作主要体现在以下三个方面。第一，在政治方面，作为中日敌对状态下的“窗口”和“桥梁”，通过访问、会谈、写文章等形式，起到相互沟通和“释嫌”的作用，一定程度上缓解了两国间的紧张关系；第二，在经济方面，疏通财界与政府的关系，促使签订民间经贸协定，开展中日民间贸易往来；第三，通过议会斗争和组织社会团体等形式，采取针锋相对的政策，制约政府的敌华政策和行为，避免中日矛盾进一步恶化。

新闻记者出身的石桥湛山早年就写过大量反对日本军国主义侵略扩张的文章和经济评论，二战后转入政界，曾在吉田内阁和鸠山内阁任要职并一度组阁，不久因病辞职。短暂的石桥内阁虽然在内政外交方面无所作为，但他始终扮演着中日关系正常化先驱者的角色，致力于改善中日关系。

在中日关系因“长崎国旗事件”进一步恶化的情况下，石桥主动致信周恩来总理，信中提出中日关系“三项原则”：1. 中日携手，共建世界和平；

2. 实行政治、经济、文化等方面的自由交流；3. 相互尊重对方业已建立的外交关系。

他试图以这三原则作为打开僵局的钥匙。1959 年石桥应约率自民党议员代表团访华，这是战后日本第一位曾任首相的政界人士访问中国。在《周恩来总理和日本前首相石桥湛山会谈公报》中，强调两国人民应以“和平共处五项原则”及“万隆会议十项原则”为基础，努力促进两国人民的友好，加深相互信任，改善两国目前的关系，为早日恢复两国关系而合作；公报还载明石桥同意周总理提出的“政经不可分离原则”，即“中日两国政治和经济关系的发展，必须结合起来，不能予以分割”。石桥建议，“中日两国的政治家和各界人士应该增加接触，坦率地交换意见，以增进彼此的了解和友好。”①

石桥的对华认识可以归结为两点：第一，日中间因意识形态而对立是一种不幸，但两国将来的命运是要加强合作，发展日中外交关系可以渐进的方式进行，但不能把政治和经济关系断然分开，而应把两者结合起来加以推进。第二，日本为了改善对华关系，有必要调整现有的日美关系，虽然不必急于修订日美安保条约，但应该留意不让中国方面感到维持这个条约体制是一种敌对行为。② 在此认识的基础上，石桥提出了“日美中苏和平同盟”的构想。他在国内外的各种场合，不断地强调、完善这一构想。但在世界冷战格局下，石桥的政治理念最终沦于理想主义的悲剧命运。然而冷战结束后，石桥的“理想主义”的构想反而越来越接近现实了。可见石桥的思想具有穿越历史、超越时空的前瞻性。

松村谦三也是一位资深政治家，1928 年起当选众议员。日本投降后，松村在东久迩内阁、币原内阁、鸠山内阁和改进党、民主党任要职，后因人事问题党内发生纷争而急流勇退，是自由民主党的三木・松村派领袖之一。

早在新中国成立之前，松村谦三就十分关注中国。20 世纪 50 年代中期，

① 《人民日报》1959 年 9 月 21 日。

② ［日］《石桥氏强调打开日中，当然“政经不可分”》，《朝日新闻》1959 年 9 月 29 日；《石桥湛山、周恩来联合声明》，载增田弘编《小日本主义石桥湛山外交论集》，第 243 页。

松村便开始与郭沫若和廖承志等人接触，此后松村一直专注对华关系。松村认为："和中共的关系不只是从经济方面，而是作为两千年来有着共同文字和文化的两个民族，应该共同实现繁荣。"1959 年 10 月，松村一行访华，访问团包括古井喜实等 3 名自民党众议员，在华逗留一个半月，历访 10 多个城市。

松村谦三在第一次访华报告中写道，"'中国人'视我为友邦，为将民族的生活建设好而忘我工作，这就是爱国心，以此为定义，进而作为口号而实践。与其视为共产主义，莫如应看作是民族运动的一大口号，这正是'今日中国'律动之本源。"① 从中可以看出，松村主张应该抛开意识形态因素观察中国。松村深信：中美关系之改善是必然趋势；如果美国改变外交路线，而使中美关系得以改善，那么，一直追随美国的日本"也不能再沿袭过去的方向"而敌视中国。他指出："日本既能理解中国，又精通美国的外交政策。为了捍卫、发展亚洲和世界和平，难道日本不应该做美中两国关系的调解人吗?"②

松村回国后就此次访华向岸信介首相作了长达两小时的会谈，其要点有三：第一，中国的经济发展迅速，可见其中央集权的国家统一正在强化，民族意识高昂，同样位于亚洲的日本不可无视。第二，日本必将面对承认中国的问题，不解决中国问题，难以维护世界和平。因此，日本需从长计议，不要只着眼于中日贸易这一狭隘的视点，而应基于和世界及亚洲整体的平衡这一开阔视野来制定对策。第三，中国方面已经认同在相互尊重对方的政治体制、互不干涉内政的基础上发展两国的经济文化交流，但各自尊重对方国家的政体，需要有一定的相互信赖，现在双方存有不少误解，今后要设法把增进相互信赖作为对华政策课题，积极谋求解决对华关系问题。③

这三点可以看做是松村通过访华形成的对华观的核心内容。它虽没有直接言及有关邦交正常化的具体日程及进行方式，但却明确把这次访华定位为

① ［日］松村谦三：《中国归来（1959 年）》，收录于木村时夫 1999 年资料编，第 214 页。

② ［日］远藤和子：《松村谦三》，中译本，三联书店 1987 年版，第 218 页。

③ ［日］《松村氏向首相报告，中国认可经济交流》，《朝日新闻（晚报）》1959 年 12 月 15 日。

复交交涉过程的起点；并确立了具体通过开诚布公的对话形成相互信任这一为实现两国邦交正常化的初期阶段的操作路线，这也为日后复交交涉的顺利展开设定了一个比较现实的途径。

松村回国不久，即在自民党国会议员中发起成立了“中国问题研究会”，该会吸收自民党内的三木·松村派、池田派的部分议员参加，活动的内容主要是探讨在政经分离的前提下如何打开两国关系。例如，当时岸信介首相把新安保条约中的所谓远东范围扩展至金门和马祖岛，松村等人认为岸信介政府关于远东范围的见解容易让人生疑，远东范围在条约性质上应是抽象的空间，故不应该揭示具体的地域，岸这样做对“打开日中关系并非得策”，因此展开了反对活动。

自1959年后，松村不顾日本自民党内外的阻挠和敌视，以七八十岁高龄先后五次访华，被誉为日中关系正常化的“掘井人”。1962年9月，松村第二次访华时，双方就“采用渐进的和积累的方式，把两国的政治和经济关系发展起来，以利于促进两国关系的正常化”这一原则达成共识。1964年4月，松村再度访华商谈互设备忘录贸易机构时，双方还就互派记者达成了协议，这是中日民间协定从经济领域扩大到文化领域的又一重要步骤。松村为此竭尽全力，功不可没。

高碕达之助是日本知名实业家，三次当选众议院议员，曾在鸠山内阁和岸信介内阁任职，晚年致力于中日友好事业，积极促进中日贸易。早在1955年万隆会议期间，高碕作为日本政府代表团的首席代表，与周恩来总理就有所接触，周总理的风度和表现给高碕留下了深刻的印象，他衷心佩服周恩来的高尚品德和卓越的外交智慧。高碕回日本后，运用他的地位和影响，如实报告了亚非会议情况，在日本政界产生了一定影响。1957年石桥湛山内阁期间，高碕因支持该内阁大力发展对华贸易，为此得到了希望打开大陆市场的日本企业家的拥戴。第二次岸信介内阁成立时，因发生“长崎国旗事件”，中日经济及文化交流完全中断。高碕辞去通产大臣职务后，以大日本水产会会长、东洋制罐公司顾问的身份，接受周总理的邀请，率领日本产业界人士访问中国。对当时中国方面批判日本政府敌视中国，要求结束两国不正常关系的呼吁，高碕指出：两国关系的现状令人遗憾，两国关系不正常的问题责任不在中国，也不是日本国民的责任。

高碕达之助是战后日本对华交流事业的开拓者之一，在两国关系极其困难的环境下，坚持展开对华交流活动。1962 年率代表团访华并签订了发展两国民间贸易的《关于发展中日两国民间贸易的备忘录》（简称《备忘录贸易》或“LT 贸易”）。1964 年 8 月在北京和东京分别设立高碕达之助事务所和廖承志办事处，由他亲自开创的“中日备忘录贸易”这一重要经济交流通道为后来中日关系的发展奠定了基础。高碕达之助虽然置身于保守阵营，却是一位堪称开创对华交流事业的先驱者。尤其是“备忘录贸易体制”的确立，在当时具有重大意义，它不仅使中日两国经济贸易关系在平等互利的基础上有了一个良好开端，而且成为恢复中日邦交的巨大纽带。

高碕为了落实和实施中日贸易活动，作为日方的窗口，在设立高碕达之助事务所的基础上，又成立了“日中综合贸易联络协议会”，并亲自出任会长。在当时中日两国尚无正式邦交的状况之下，“备忘录贸易体制”除了在经贸领域发挥了重要作用外，还在两国高层间起着沟通政治意图的管道功能。

在自民党体系内，“知华派”重要人物还有藤山爱一郎、宇都宫德马、田川诚一、古井喜实、冈崎嘉平太（财界）等人。

自民党“知华派”政治家长期作为自民党内的非主流派或反主流派，始终坚持以改善执政党的对华政策为其开展对外活动的旗帜和政策目标。为此，他们不断要求党内主流派转变追随美国、敌视中国的外交姿态及立场，利用各种场合对自民党高层尤其是国会议员广泛开展劝说工作，促使他们改变对华政策，在一定程度上起到了在内部动摇执政党改变对华政策的作用。

2. 顺应形势的“决断”

佐藤荣作长期政权是中日两国敌对时期的最后一任政府，其任内的大部分时间与中国“文革”十年动乱的前半期相重合。佐藤的反华政策加上中国国内政局的“乱象”，使中日关系的敌对态势雪上加霜。但是，进入 1970 年代，国际形势和中国国内政局接连出现微妙而巨大的变化。其中三件大事为中日关系带来了“峰回路转”的前景。

第一件大事是中国发生了“林彪叛逃事件”。1971 年 9 月 13 日，“副统帅”、“毛泽东的接班人”林彪驾机企图外逃，飞行途中在蒙古人民共和国温都尔汗草原上机毁人亡。这一极具讽刺性和震撼性的事件，事实上宣告了“文化大革命”理论和实践的失败，震惊了全世界，引起各国政要的广泛关注，明智的政治家开始重新审视中国。

第二件大事是中国恢复了在联合国的合法席位。“林彪叛逃事件”一个多月之后的1971年10月25日，第26届联合国大会以76票赞成、35票反对、17票弃权的结果，通过了“两阿”等国的提案，中国恢复了在联合国的合法席位。

第三件大事是美国总统尼克松访华。1971年7月，美国国务卿基辛格秘密访华，并就尼克松访华一事达成协议。随后，中美双方同时发表公报，宣布了基辛格访问北京和中国邀请尼克松总统访问的消息，震惊世界。1972年2月，尼克松一行对中国进行了为期7天的历史性访问，并发表了“中美联合公报”。美方在“中美联合公报”中表示：它认识到在台湾海峡两边的所有中国人都认为只有一个中国，台湾是中国的一部分，美国对这一立场不提出异议。①

中国恢复在联合国的合法席位已经使日本吃惊不小，尼克松访华一事更在日本国内引起轰动，而且美国事先并未与日本打招呼。美国的这一“越顶外交”举动（“尼克松冲击”），使一向积极追随美国推行反华政策的佐藤政府感到丢尽了脸面，同时预感到中美建交是大势所趋。此后，佐藤也开始调整自己的对华姿态，甚至在国会答辩时称：如果日中关系实现正常化，“台湾就成为中华人民共和国的领土”。随后，佐藤首相又在国会答辩时表示赞同中国提出的包含“日本不追随美国制造‘两个中国’的阴谋”在内的对日政治三原则。佐藤表示“愿意在任何时候，任何地点”与中国进行“大使级会谈”，会谈的议题可以扩大到“包括日中关系正常化的所有问题”，通令日本各驻外使馆抓住机会，直接或间接造成与中国使节接触的既成事实。

1972年元旦，佐藤在施政演说中表示：改善日中关系是当务之急，“去

① 田桓主编：《战后中日关系文献集（1971—1995）》，中国社会科学出版社1997年版，第72页。

年联合国解决了中国问题，今年日中间必须建交。……越快越好”。[①] 同时，佐藤设法将这一意图转告中国。据说日本驻巴基斯坦大使曾经将佐藤的演说报告的抄件当面交给中国驻巴大使，以示要求改善关系的诚意和寻求谅解的途径。日本政府还秘密托人给周恩来带口信说，佐藤首相“要求亲自访华”。但是，中国已经不打算以行将下台的佐藤内阁为谈判对象了。

佐藤内阁这次外交上的失利遭到国内舆论的猛烈攻击，甚至成为加速佐藤内阁倒台的重要原因，同时也促成了的田中角荣的上台。

田中早在上台之前，就与大平正芳、三木武夫达成了一个政策协议。其中，第三点是专门谈实现中日邦交正常化的：“鉴于世界已进入‘脱冷战时代’，将在和平共处的精神下，积极地致力于国际紧张形势的缓和。日中邦交正常化现在已是举国上下一致的舆论。我们将通过政府谈判，与中华人民共和国之间缔结和平条约。”[②]

7月5日，田中当选自民党总裁后会见记者时，又说，“战后四分之一世纪的日中关系，在长达2000年的历史中，不过是短暂的一瞬。为了不再发生纷争，要以认真的态度着手（日中）关系正常化的工作。以往我们单方面地给中国添了麻烦。但是，我认为关系正常化的时机已经成熟。”[③]

7月7日，54岁的田中角荣取代连续执政8年之久的佐藤荣作，正式就任首相。在他就任首相的当天又发表了这样一番话：“在动荡的世界形势下，应该加速实现同中华人民共和国的邦交正常化，强有力地开展和平外交。”[④]这可以视为田中内阁拉开中日复交序幕的开端。田中的这一表态几乎立刻就受到了中国方面的积极回应，仅两天之后，周恩来就在公开场合表示：“田中内阁7日成立，在外交方面声明要加紧实现中日邦交正常化，这是值得欢迎的。”周恩来的反应之快以及态度之明朗出乎田中的意外，从此，情况急转直下，在日本，争取田中首相访华，以实现中日复交的热烈气氛，顿时高涨起来。

---

① ［日］《朝日新闻》1972年1月1日。

② 刘德有：《在日本采访中日复交》，人民网（日本版），2005年3月11日。

③ ［日］古川万太郎：《日中战后关系史》，原书房1988年版，第367页。

④ ［日］古川万太郎：《日中战后关系史》，原书房1988年版，第367页。

7月20日，藤山爱一郎在新日本饭店安排了一次酒会，欢迎“备忘录贸易办事处驻东京联络处”首席代表萧向前和正在日本访问的中国上海舞剧团团长孙平化、外相大平正芳、国务相三木武夫、通商产业相中曾根康弘、参议院议长河野谦三、自民党干事长桥本登美三郎、总务会会长铃木善幸、政务调查会会长樱内义雄以及社会党委员长成田知巳、公明党委员长竹入义胜、民社党委员长春日一幸等都到会，酒会气氛十分热烈。中日关系正常化以前在日本举行的欢迎中国客人的类似活动，一次能有这么多的现职的内阁成员出席，还是破天荒第一次。

藤山爱一郎在酒会上即兴致辞说，“今天，日本的政界、经济界人士来了很多，从大阪和名古屋也来了不少朋友。”“这次聚会，可能会为日中两国的友好关系开辟道路。特别是，今天大平外相出席了酒会。现职的大臣，而且是外务大臣出席，这是划时期的。我想，今天将成为两国关系进一步前进的日子。从这个意义上，今天的聚会又增添了新的意义。”会上，大平外相对孙平化、萧向前二人说：“我和田中首相是一心同体的盟友，他委托我全权处理外交事务。田中首相和我都认为，当前日本政府首脑访华、解决邦交正常化的时机已经成熟。”① 另外，田中还把政调会所属的“中国问题调查会”改组为“日中邦交正常化协议会”。新的机构越过政调会和总务会，直接对党总裁负责。

8月20日傍晚，来自日本全国各地的工人、农民、青年、学生、妇女、中小企业者、宗教界人士共6000多人，在东京日比谷露天音乐堂举行集会，表示支持田中首相早日访问中国，谈判并解决日中邦交正常化的问题。

1972年9月，田中首相访华前，日本正式派出“亲台派”自民党副总裁椎名悦三郎作为首相特使访问台湾，并向台湾当局提交了田中首相的亲笔信。信称：日本着手与中国政府展开复交谈判，并非如台湾当局所斥责的日本方面为私利而采取所谓“亲媚北京之短视政策”，而是因为：第一，联合国已经承认中国的代表权；第二，美国通过尼克松访华已开始转变对华政策；第三，日本“一般国民对于中国的敬爱之情异乎寻常”，所以对华谋求邦交正

① 刘德有：《在日本采访中日复交》，人民网（日本版），2005年3月11日。

常化实乃民主国家不得不为的选择。

大平正芳外相是一位头脑缜密，虑事周到的政治家，有一股“一事既决，宁死不回”的劲头。他与田中共同作出同中国复交的决断，并为田中访华作了具体而周密的安排。为了实现日中复交的宏伟目标，甚至将自己的生命置之度外。大平来华前曾写下遗嘱，放在书房的保险柜里，内容是如果完不成邦交正常化的任务，誓不还家。直到他从北京胜利归来，才向家人谈到这份遗嘱，并当场打开保险柜，取出遗嘱毁掉。

田中访华期间，中日首脑级会谈共举行了四次。会谈结束后，田中召见了官员们，对他们说：“你们各位受过高等教育，是很有学问的，不要钻牛犄角尖，请你们提出一些能解决问题的见解来，责任由我负。”

经过艰苦而明智的谈判，中日双方就联合声明达成七项协议：1. 建立外交关系；2. 邦交正常化的意义；3. 根据和平共处五项原则处理中日关系；4. 不在亚洲太平洋地区谋求霸权；5. 中国方面放弃对日本国的战争赔偿要求；6. 通过谈判缔结和平友好条约；7. 通过谈判签订贸易、航海、航空、渔业等协定。这一协议为两国邦交正常化铺平了道路。

从总体上讲，在中日关系问题上，虽然复交条件日趋成熟，但自民党内的反对势力还相当强大。作为自民党总裁的田中角荣，面对党内“台湾邦”的阻挠，还是需要费一番口舌的。当时，岸信介、滩尾弘吉、椎名悦三郎等人百般阻挠，自民党重臣福田赳夫也认为中日复交为时尚早，甚至外务省官僚对田中的复交决定也采取拒不配合的态度。在自民党内讨论田中访华时发生激烈争论，日本右翼势力的反对和阻挠更是气势汹汹，在宣传车上贴满“国贼！田中角荣！”的标语，甚至扬言要杀了田中。可见，“田中下决心访华，既要有勇气，也要敢于冒风险”。①

田中角荣的女儿真纪子 2007 年曾对《世界新闻报》特约记者说：“父亲常说世界上最聪明的就是犹太人和中国人。犹太人和中国人都很会赚钱，世界上每个角落都有中国人的足迹。父亲认为，不能因为不了解就不去接触，

① 高锷：《前事不忘、后事之师——回忆中日邦交正常化谈判》，《和平与发展》2002 年第 3 期。

这也是父亲的世界观。父亲临行前对我说，将来，日本和中国的年轻人可以进行体育交流、贸易交流，为实现这个目标，爸爸要去中国。”真纪子又说，35年前，日中两国几乎没有任何交流和联系。战后日本政界以自民党为中心，“亲台派”是主流，他们反对和中华人民共和国建立外交关系。在阻力很大的情况下，父亲主张与台湾断绝关系，承认中华人民共和国是代表中国的唯一合法政府。因此，父亲受到日本政界、特别是来自自民党的非难。他们要求父亲辞掉首相职务，甚至连国会议员也不要他干了。那时候，谁想和共产主义国家建交，就是“卖国贼”、“国民公敌”。当时，右翼的宣传战车天天在田中家周围吵闹，直升机没完没了地在房顶上转。为阻止首相访问中国，右翼团体的“暗杀计划”也搞得很明目张胆，恐吓电话不断打过来，紧张的气氛让家人连门都出不去。①

总之，对日本来说，中国“意外的”回到联合国，“意外的”发生“林彪叛逃事件”，美国总统尼克松“意外的”访华。三个“意外”加在一起，成为中日复交的外在因素，构成田中“决断”的外在合力，尤其是在尼克松“越顶外交”的刺激下，田中决意要在“建交”这步棋上走在美国前面，以争回外交脸面。

可以设想，如果接替佐藤的不是田中角荣而是福田赳夫等人，中日复交的日程很可能还要推迟一段时间。所以，从这个意义上讲，中日邦交正常化虽然不能完全归功于田中个人，但是，中日复交这一久拖不决的日本最大外交课题，在田中就任84天之后就得以实现，也不能不说明田中角荣的确具有超乎常人的远见和“决断力”，这也正是田中角荣在中日关系正常化问题上的积极意义所在。

三、结　语

中日关系长期处于敌对状态，从外交意义上讲，关键因素是“台湾问题”的纠结（这其中当然也包括意识形态因素），但更本质的东西还是国家

① 凤凰网：《田中角荣之女披露“中日复交”内幕》，2007年10月17日。

利益使然。对任何一个国家来说，外交的最高原则永远是国家利益。当客观形势“重新洗牌”的时候，作为执政的日本自民党政权，理所当然地首先必须权衡国家的利弊得失，其他因素就都不重要了，以往声称绝对不可改变的东西也就不得不“与时俱进”地让位。这就是日本政府在中日关系问题上，从敌视走向正视的漫长道路上看似复杂实则简单的真正原因。

所以，田中角荣作为日本的首相，解决中日邦交正常化问题，归根结底是出于其国家利益的考虑，同时，作为政治家，也是想把这一业绩载入史册，犹如鸠山一郎首相当年决心解决日苏邦交正常化一样。因此，作为中国人，在中日关系问题上，可以肯定田中角荣的远见卓识和魄力，但不能因此而说他是“亲华派”，也不必把他视为有恩于我的“特殊朋友”。

专集：近代以来日本的对华认识

邦交正常化之后：从“友好伙伴”向“竞争对手”演进的谱系

田庆立（天津社会科学院日本研究所）

内容提要 从中日复交后迄今日本政界人士对华认识的发展脉络来看，大体上呈现了由积极对华认知居主流的“友好伙伴”向积极对华认知与消极对华认知相交错的“竞争对手”方向演进的谱系。20世纪七八十年代，由于当时中日两国国力悬殊，日本政界人士对中国所拥有的优越感、负罪感及对中国广阔市场的期待感，为将中国界定为“友好伙伴”，推行对华友好合作政策奠定了思想意识基础。冷战结束后，面对中国的崛起，日本政界人士在保持积极对华认知的同时，也逐步将中国视为潜在乃至现实的“竞争对手”。这种积极合作与战略防范对华认知的交错，导致日本的对华决策陷入将中国既视为“机遇”、又视为“挑战”的两难之境中。

关 键 词 日本政界 对华认识 “友好伙伴” “竞争对手”

日本的对华认识由于涉及政界、经济界、学术界和舆论界等人士的对华认知，因此呈现复杂性和多元性的特征，加之不同时期国际环境、日本国内的政治生态及中国的国家实力处于不断流动的状态，即便同一时期中日两国面对的国内外条件相同，中日双方也会基于自身国家利益的考量而作出不同反应。从思想认知与行动选择的关系来看，人类的思想认识和行动实践是一个不断循环往复而深化的纠错过程，通常是认知主体对认知客体综合各种环境和条件具备一定认知的基础上，然后再与认知客体进行斡旋、折冲和博弈，这属于行动选择的实践环节，认知主体在观察和探寻认知客体的反应后，相应地修正自身的思想认识，以期有效地服务于与认知客体进行的下一轮博弈。认知主体和认知客体由于受各自面临的内外条件的约束，不同时期或同一时期的不同阶段对对方的认知都会不断发生调整和变化。

由于人类的思想意识和行动选择之间究竟存在何种关系一直属于困扰学界的至难命题，同时日本对华认识牵涉到各个阶层和诸多领域，因此极难把握，基于这种考虑，本文在论述中日复交后日本政界的对华认识和行动选择之间的关系时，一方面侧重考察不同时期日本居于主流的对华认识，以期廓清当时认知主体——日本如何综合各方面因素审视和观察认知客体——中国的情况，从而相应地作出或竞争或合作的战略抉择；另一方面注重探讨处于日本对华决策中枢地位的日本政界的对华认知的演变，如何影响对华决策和中日关系的发展，可能更富有启示性。显然，考察日本对华认识的主流并不意味着忽视和否认对华认识支流的作用，只是囿于篇幅而略去对对华支流的论述。同理，考察日本政界的对华认识也并不是认为经济界、学术界和舆论界在影响日本对华决策上无足轻重，只是力图通过考察不同时期居于日本对华决策核心地位的日本政界人士的对华认知和行动选择的关系，从而收到“窥一斑而见全豹”的功效。

一、“亲华派”与“亲台派”在中国问题上的论争

中日复交后，自民党内部的“亲华派”与“亲台派”围绕中国问题、尤其是与台湾当局关系的处理上展开了争执，鉴于国内外形势的发展，“亲华

派”的主张逐渐占据上风，“亲台派”的观点则日趋式微。但在围绕与中国缔结和平友好条约的问题上，“亲台派”依然肆意阻挠，随着各方面条件的日益成熟，与中国保持友好合作的认知极大地影响了日本的对华决策，“亲台派”势力逐渐淡出历史舞台。

（一）“亲华派”与“亲台派”的论争

1972年2月，执政的自民党内要求改善日中关系的呼声也日益高涨。通产大臣田中角荣说：“我认为，以这次中美会谈为契机，要迅速改善日中两国关系，必须恢复过去两千年的日中两国的友好历史。只要日本深刻地反省过去给中国带来的麻烦，并从大局出发，认真地努力改善日中关系，那么，我相信就一定能实现。”[①] 5月8日，大平正芳首次参加自民党总裁竞选提出的政策建议中强调：亚洲地区局势不稳定，“日中两国应当致力于创造该地区的和平”，“为了完成对亚洲和平负有责任的日中两国的永久和解，我们必须迅速实现两国邦交正常化。”[②] 6月，大平对中国问题的态度更加明确：“我认为与中国建交的时机已经到来，为此，首先应统一国内认识，现在是下决心的时候了。”[③] 对于成为复交焦点的台湾问题，大平明确指出：“日中邦交正常化之后，日台条约旋即不复存在。实现中日复交，意味着同北京之间寻求一种新的协议……从政治上来说，实现日中邦交正常化，日台关系就终止了。”[④] 大平正芳的对华认识在当时的自民党内较有代表性，表明中日复交问题的解决已“如箭在弦”。基于这种认识，大平正芳担任外相后，更加明确了立即恢复日中邦交的外交方针，和田中角荣首相一道作出了艰辛的工作，最终实现了田中访华和日中复交。

当时自民党内的亲华派代表人物主要是松村谦三及田川诚一等。1972年6月，在田中政权成立之前，为缅怀松村谦三先生，出版了《松村谦三与中

① ［日］《朝日新闻》1972年2月28日。

② ［日］大平正芳回忆录刊行会编：《大平正芳回忆录》，鹿岛出版会1982年版，第215、219页。

③ ［日］大平正芳纪念财团编著：《大平正芳》，中译本，中国青年出版社1991年版，第352页。

④ ［日］大平正芳纪念财团编著：《大平正芳》，中译本，中国青年出版社1991年版，第361页。

国》一书，其中田川诚一撰写的“日中问题的基本立场”的论文，阐述了日中邦交正常化的必要性，认为《日台和约》并不是与中国缔结的，日本政府并没有将台湾政权视为代表全中国的政府，条约的内容是有限制的。针对“亲台派”提出的蒋介石对日本的恩义，田川指出，“战争结束后‘以德报怨’的声明并不是蒋介石个人的，而是代表了中国人民。对日本军人采取宽大态度反映了中国的道义，确实蒋介石很了不起，但不能仅仅向蒋介石个人而是要向中国人民感恩。……中国政府已经暗示放弃战争赔偿，没必要担忧新的赔偿。”①

田川还在这篇论文中对“亲台派”进行了严厉批评，所谓的“亲台派”是指在“感情上厌恶中国，也不想了解中国，反对与中国恢复邦交的一部分人。这些人笃信反共主义，仅仅因为中国采取社会主义的体制就忌避中国，害怕由于同中国的交往而使日本赤化。而且，这些人不仅用战前同样的尺度来衡量中国，对包括中国在内的亚洲人始终有一种优越感。相反，他们中大多数人对欧美各国都有一种劣等感”。② 田川的观点在亲华派中很有代表性，并且对“亲台派”反对中日复交的荒谬逻辑进行了批驳。

由于意识形态因素的作用以及日台传统上的紧密关系，日本政界尤其是“亲台派”势力仍然对台湾怀有特殊的感情，不愿看到台湾当局沦为国际弃儿。对于以牺牲与台湾的关系而与中国实现关系正常化更是感到不满。部分政界人士一方面希望与中华人民共和国建立正常的外交关系，另一方面又想继续维持与台湾的关系，这种矛盾的心态在当时相当普遍。

1972 年 8 月，自民党“亲台派”代表性人物贺屋兴宣撰写了“力戒抛弃台湾之暴举”的文章，除了表明承认中国在国际法上未必意味着抛弃台湾的法理论外，还列举了不应该抛弃台湾的六个理由：（1）日本与台湾具有长年的亲善关系；（2）日本与台湾都作为自由主义“国家”相互提携合作；（3）日本与共产主义国家关系正常化，却与自由主义“国家”之间关系非正常化，显然不合情理；（4）台湾未对日本做出不合理、不合法的事情，单方面

① ［日］若宫启文：《和解与民族主义》，朝日新闻社 2006 年版，第 155 页。

② ［日］若宫启文：《和解与民族主义》，朝日新闻社 2006 年版，第 155 页。

断绝关系是失礼而违反道义的；（5）日本对台湾欠有四方面重大恩德；（6）日本并不存在必须背弃重大恩德那样的紧急事态和危险。[①] 贺屋还不惜花费大量篇幅就“四方面重大恩德”进行了详尽阐述，使之正式构成了亲台派的主要逻辑。对于“亲台派”而言，不应背叛“知遇恩人”的心境是息息相通的。贺屋在这篇论文中还发表感叹，“日本人对于这种恩惠至今还没进行正式感谢，也难以说通过具体的行动进行过报答。重大恩情是必须报答的，对此非但无所作为，与之相反，却对那样的国家违反情理和信义断绝国交，诚然是最大程度的不道德。”[②]

贺屋兴宣在述及没有必要急于实现日中邦交正常化的理由时指出：（1）日中之间的战争状态已经在1945年8月结束了；（2）日本当年是与蒋介石的中华民国政权交战，而不是共产党政权。共产党政权是1949年才成立的；（3）从中国在朝鲜战争中派兵支援北朝鲜，越南战争中支援北越，以及援助日本的革命势力来看，中国标榜的“互不侵犯”等“和平共处五项原则”是不可信的等。[③] 这些因素也是“亲台派”极力抵制中日复交的原因所在。

可见，“亲华派”与“亲台派”在中日复交问题上对立和争论的焦点在于：其一，“亲华派”认为只有不与中国复交，中日之间的战争状态就依然没有结束，而“亲台派”则认为这种敌对状态已经随着二战的结束而告终结；其二，“亲华派”认为《日台和约》并不具备代表全中国的法律效力，“亲台派”则竭力维护《日台和约》的所谓“合法性”；其三，“亲华派”认为蒋介石的“以德报怨”政策代表的是中国人民，而“亲台派”则认为应该感激蒋介石为首的台湾当局，不应该将台湾弃之不顾。“亲台派”的主张是想既同中国建交，又继续和台湾保持官方往来，实质是想制造两个中国。这种逆时代潮流而动的对华认识及其一系列举措虽然给中日复交设置了诸多障碍，但历史的车轮还是无情地将这种难以立足的奇谈怪论碾得粉碎。经过自民党内的反复权衡，最终作出了“选择中国”而“抛弃台湾”的决策，暂时

① ［日］贺屋兴宣：《战前战后80年》，经济往来社1976年版，第343—346页。

② ［日］贺屋兴宣：《战前战后80年》，经济往来社1976年版，第346页。

③ ［日］贺屋兴宣：《战前战后80年》，经济往来社1976年版，第301—302页。

给自民党内在有关“中国问题”上的论战画上了休止符。

（二）“亲台派”阻挠中日缔约

在中日缔约过程中，从三木的主观意愿上看，确实具有与中国缔结友好和平条约的意愿，但由于国内有“亲台派”的掣肘和阻挠，国外有苏联的恫吓和干预，在这些因素的制约下，加上三木的优柔寡断，致使三木内阁力争实现中日缔约的梦想破灭，其在中苏之间积极推行的“等距离外交”也无果而终。

1972年中日复交之后，根据岸信介授意，一批年轻自民党议员组成议员集团“青岚会”。“青岚会”是在以大平外相为中心签署《日中航空协定》之际，以台湾民航如何处理的问题为契机而设立的。“青岚会”的头目是中川一郎。中川身边聚集了中尾荣一、石原慎太郎、中山正晖、藤尾正行、三家博等右翼反共政治家。从派系来说属福田派，幕后操纵者为岸信介。实际上，一些“青岚会”的成员是被岸信介等“亲台派”势力所利用，主要想利用他们的反华声音和举动制约《日中航空协定》和中日和平友好条约的缔结。

自民党内的“亲台派”以苏联反对为由，反对在中日和平友好条约中加入反霸条款。滩尾弘吉公开声称：“条约中写进反霸权条款与迄今的日中是日中，日苏是日苏的主张相矛盾”，“日本卷入中苏对立将导致亚洲的紧张和不稳定”。①

与此同时，日本国内的亲台势力也与台湾当局一唱一和，极力反对中日进行缔约谈判。日本的亲台组织“日华（台）关系议员恳谈会”和“青岚会”成员与社会上的右翼势力串通一气，多次发动遏制缔约谈判的运动，向积极从事日中友好事业的人士施加压力。在阻挠中日缔约谈判的活动中，“青岚会”起到了“急先锋”作用。它不仅联络自民党内及社会上的亲台势力进行各种抵制中日缔约的活动，甚至举行全体会议，提出了允许日本政府进行缔约谈判的四项条件，扬言如果这四条得不到满足，就不承认缔约谈判是外交谈判。“青岚会”提出的条件如下：（1）谋求保全台湾的地位；

① 徐之先：《中日关系三十年》，时事出版社2002年版，第75页。

（2）在“反霸条款”问题上，要确立日本的立场；（3）要确认尖阁列岛（钓鱼岛）是日本领土；（4）要确认《中苏友好互助同盟条约》在形式上和实质上都已经消失。①

从自民党内部“亲台派”的对华认识和举动中可以看出，三木内阁之所以在缔约谈判问题上裹足不前，与自民党“亲台派”的干扰有着直接关系。邓小平在谈到这一点时指出：“谈判拖延的原因，不是由于我国，也不是由于日本人民。至于田中首相和大平外相所作出的努力，我们予以积极的评价。困难是由一小撮人造成的。他们是岸信介、佐藤荣作、椎名悦三郎以及青岚会等这些鹰派和‘台湾帮’，他们从台湾得到好处，死抱住台湾不放。此外还有那些仍然抱着军国主义思想的人。”②

由于三木在自民党内处于非主流地位，三木上台主要是获得自民党内“亲台派”的支持，出于对这些势力的照顾和考虑，迫使三木不得不在外交政策上作出调整，即对“田中—大平”的亲华路线加以修正，因此对于宫泽修复与台湾和韩国关系的政策采取默许的态度。在与苏联的关系上，三木也与宫泽态度一致，对日本有可能卷入中国的对苏战略表示强烈担忧。

福田就任首相之初，由于自民党内“慎重派”和“亲台派”的阻挠，因此对重新开展日中缔约谈判持谨慎态度，但自1977年秋季以后对重新进行日中缔约谈判趋向积极。福田推进缔约谈判必须要说服自民党内的亲台势力。1978年3月，外务省中国课长田岛高志详尽地列举了日中和平友好条约的利弊之点，草就了以“日中和平条约谈判的历程”为题的说明资料，即所谓的“田岛备忘录”。3月22日，外务省向“亚洲问题研究会”（会长为滩尾弘吉）、“日华关系议员恳谈会”、“自由政治评议会”的联席干事会提交了上述材料，并进行说明。具体内容为：“日中和平友好条约缔结后，会促使日中关系趋于稳定，能够更顺利地推进日中之间有关各种有争议的问题交换意见。同时，保持日中关系稳定，将对确保亚洲的和平与稳定产生积极影响（包括缓和朝鲜半岛的紧张局势），亚洲各国也会表示欢迎，而且能进一步顺利地

① 田桓：《战后中日关系史（1945—1995）》，中国社会科学出版社2002年版，第307页。

② 张香山：《中日关系管窥与见证》，当代世界出版社1998年版，第73页。

推动我国今后开展亚洲外交。”“反而言之，如果不缔结条约而一直搁置下去，就会增强中国对日本的不信任，并将条约问题当做动摇日本内政的工具，日本国内也会出现内政上甲论乙驳的局面。”①

针对亲台势力所关心的台湾问题，“田岛备忘录”作了如下辅助说明：“另外，这一条约缔结与台湾地位毫无关系。甚至可以说，作为这一条约的波及性效果，还可以期待其后的日台关系会以更稳定的形式继续维持。”“田岛备忘录”逐一击破了反对派的一贯主张，对缔结条约的必要性作了全面而积极的说明，明确表明政府已下决心重新展开缔结条约谈判。

中日复交后，自民党内部的“亲华派”与“亲台派”在中国问题上的论争主要体现为，“选择中国”就意味着“抛弃台湾”，对此应该如何有效应对，“亲台派”抵制复交主要是过多地考虑台湾当局，力争形成“两个中国”的局面迫使中国政府就范，但这种一厢情愿的想法显然有悖于时代的发展趋势，而最终归于沉寂。20世纪70年代中后期，针对中日缔约问题，日本政界奉行“等距离外交”和“全方位外交”，过多考虑苏联因素，在反霸条款问题上固执己见，“亲台派”也借机横加阻拦和干涉，日本基于维持战略平衡的考量，很长时间内在处理对苏关系上抱有过多奢望和幻想，在发展对华关系方面顾虑重重，随着苏联霸权主义行径日益暴露，美国方面也推动日本与中国缔约，从而形成美中日合围苏联霸权主义的态势，自民党内在中国问题上的论争最终画上了终止符，日本政界在发展对华友好合作方面也大体达成了共识。

二、基于对华友好合作认知的形成及实践

1978年中日两国签署《中日和平友好条约》，标志着两国正式从法律层面确定了和平友好关系。自1979年大平首相访华后，日本决定向中国提供日元贷款，双方在经济、政治和文化等领域进行密切合作，逐步确立起基于对华友好合作认知为支撑的中日互惠合作体制，出现了两国关系发展史上的

① ［日］《产经新闻》1978年3月23日。

“蜜月时期”。

（一）基于安全战略考量的对华友好合作

首先，在20世纪70年代中苏对立冷战格局下，日本通过选择与中国缔结《中日和平友好条约》，客观上形成了某种意义上的日美中联合对抗苏联“扩张主义”的“统一战线”。尽管日本为避免过度刺激苏联而疏于承认这一观点，不容否认的是，中国和日本之间之所以在20世纪七八十年代维持一种稳定的“友好”关系，遏制苏联的过度扩张这一共同战略目标，无疑起到了重要的“黏合剂”作用。日本中国问题专家国分良成指出：“中美两国与日本将苏联视为共同的对抗目标，实际上形成了战略性合作关系。后来直至苏联解体、冷战结束，这成为日美中关系保持稳定的最大理由。”①

1980年5月，中国研究会发表了《中国备忘录》，供议员们参考阅读，实际上是由中曾根康弘起草的，反映了当时日本政界人士对中国的整体认识，其中指出，“从现实问题上来看，基于应对北方的考虑，目前中国的存在及其采取的政策，事关我方世界政策推进上的重要因素，与之强化及维系永久友好亲善关系也是我国国策的基本方针之一。”② 日本政府决定向中国提供大规模日元贷款，正是基于这种安全层面的战略考虑。

其次，加强与中国的合作，既可以确保中国的稳定，也符合日本的国家利益。

《中日和平友好条约》写入反霸权条款，在各国看来，是日本选择了中国而非苏联，日本政界人士的主流意图明显倾向于对中国的经济建设提供合作，但决策的背景决不仅仅是期望中国经济取得发展，而是有所谓的战略性判断。譬如，大平首相访华前，外务省首脑向其传达了如下讯息：“整体而言，华国锋—邓小平体制趋于稳固，但国内仍然存在反对其路线的人士。如果今后出现影响华国锋—邓小平体制稳定的问题，就可能给现代化计划的国家目标带来挫折。推进现代化的现实路线对于西方国家和日本来说，都是值

① ［日］国分良成：《“1972年体制”的变化与发展协调关系之路》，《日本学刊》1997年第5期。

② ［日］中曾根康弘：《天地有情》，文艺春秋社1997年版，第330页。

得欢迎的政策。对我国来说，为使奉行现实路线的中国持续发展下去，应该继续对中国提供日元贷款。"① 同时对大平访华的意义，外务省的内部文件中反复出现"确保中国的稳定发展符合日本的国家利益"的字样。大平正芳曾说："如果中日处于敌对关系，日本的安全保障将成为极其困难的事。从这个角度说，日中和平友好条约以及经济合作，对于确保日本的安全来说，其价值不下于几千万亿日元。"②

最后，基于地缘政治的考虑，具有将中国拉入西方阵营，防止中苏接近对西方形成威胁的战略目的。1981 年 5 月，铃木善幸首相在美国明确说："我们希望看到中国是一个开放的国家，希望看到中国继续采取温和与合作的态度，必须保持中国作为西方联盟的一员"，并"为了维持中国和西方的关系支持中国现代化政策，继续进行经济合作"，以"通过经济方面的援助把中国拉过来，使之成为向西方开放的国家"。③ 1982 年 6 月，铃木首相出席西方七国首脑会议时，又向美、欧重申，"由于日本对中国进行经济合作"，拉住了中国，才使得中国"面向西方"，这是日本对西方世界作出的"非军事性贡献"。外务省亚洲局长木内昭胤向一家杂志编辑部发表谈话时称，中日关系发展的"第一个重要意义"在于使"中苏对立"，这对日本与整个世界都是"幸运的"。④

日本政界人士强化对华友好合作的实质是贯彻和落实日本的"综合安全保障战略"，随着经济实力的增强，经济大国的地位趋于稳固，于是开始追求与其经济实力相称的政治大国地位，而发展与中国的关系，可以一定程度上摆脱以往单纯追随美国的路线，增强外交自主性，同时还能达到防止中苏接近的战略目的，这些因素都促使日本把开展对华友好合作列为外交战略中的重中之重。

（二）基于经济利益考量的对华友好合作

日本自 1979 年开始主要通过 ODA 的方式，加强与中国的经济合作。当

① ［日］《朝日新闻》1979 年 11 月 21 日。

② ［日］大来佐武郎：《经济学家外相的 252 天》，东洋经济新闻社 1980 年版，第 159 页。

③ 吴学文等：《当代中日关系（1945—1994）》，时事出版社 1995 年版，第 320 页。

④ 王新堂：《从血仇到友邻》，中共中央党校博士学位论文，1997 年，第 209 页。

时日本政界人士对此的认识是，通过密切与中国合作，贯彻“综合安全保障战略”，确保能源渠道来源的多元化，通过务实地开展经贸往来，拓展中国市场，达到与欧美争夺中国市场的目的。1978年末，外务省委托野村综合研究所就对华经济合作问题进行可行性和必要性研究，并在野村研究所提交报告的基础上，撰写了《日中经济关系的长期展望》的文件。文件中强调向中国出口成套设备，从中国进口能源和资源，日中经贸关系具有互补性，对日本的经济安全拥有重要战略意义，论证了日本对华提供ODA的必要性和合理性。①

自民党内以总裁大平正芳为首的主流派对向中国提供ODA持积极态度，但自民党内也有一部分人以注重对外协调为由主张“慎重”，但由于日中政治、经济关系较为密切，加之以大平为首的领导层积极做工作，使这种论调并未形成气候。通产省通商政策局局长矢野俊比古评论说：“考虑到现在的日中关系和日本的国际环境，这当然有助于确保能源和资源供应的安全，同时也有利于资源和能源市场的多元化”，并“在一定程度上保证了成套设备出口的广阔市场。”② 经团联能源政策委员会委员长松根宗一也认为：“如果能在四五年内按协定进口中国石油，……日本整个石油需求的三分之一将从亚洲石油解决。如此，日本则无需通过马六甲海峡（进口能源），从而在政治和经济上确保安全。”③ 从“综合安全保障战略”的角度论证了与中国进行能源合作的必要性。

日本中国问题专家横山宏章认为，日本与中国加强合作包含着经济目的，“毋庸赘言，拥有众多人口和巨大市场，对日本来说具有潜在的魅力。同时，如果邻居发生经济混乱，大批流民和难民涌入日本，日本的经济也会出现混乱。显然，最为关键的是，为保持中国实现有条不紊地经济运转，同中国进行合作，对日本经济的稳定来说，是不可或缺的重要因素。”④

---

① ［日］外务省亚洲局中国课：《日中经济关系的长期展望》，《世界经济研究》1979年11月号。

② ［日］小岛末夫：《对中国现代化的重新调整与日中关系》，《世界经济评论》1980年3月号。

③ 林晓光：《日本政府开发援助与中日关系》，世界知识出版社2003年版，第220页。

④ ［日］横山宏章：《日中的障碍》，塞马尔出版会1994年版，第6页。

（三）基于情感因素考量的对华友好合作

中国在1972年的《中日联合声明》中主动放弃了战争赔偿要求。当时日本舆论纷纷赞扬中国政府和人民对日本人民的真诚友好态度，不少日本人士表示：日本不应忘记中国政府和人民的这种宽宏大量，要真诚地与中国开展经济合作。《中日联合声明》表达了两国不愿让过去的历史悲剧再次重演的决心，它的象征便是“日中友好”的大原则。对于日本方面来说，中国方面放弃战争赔偿要求虽是邦交正常化的一个前提条件，但不可否认的是，它同时也使日本人有了一定的潜在的负罪感，从而成为包括日元贷款在内的对华经济合作的推进剂。①

在日本政府酝酿对中国提供第一批日元贷款之际，日本国内出现了对中国放弃战争赔偿要“知恩图报”的氛围。日本经济界领袖人物、新日铁公司董事长稻山嘉宽建议日本政府向中国提供日元低息长期贷款时，也提出中方没有要日本的战争赔偿，应以此作为一种补偿。外务省官员也承认：对华ODA的提供以及日元贷款的优惠程度较高，都带有对于中国政府放弃战争赔款的宽宏大量给予回报的性质和意义。② 通产省最先提出对华日元贷款设想，对落实该方案也最积极。其理由是：第一，主张以日元贷款促进成套设备的对华出口和从中国进口能源资源；第二，主张“对放弃对日战争索赔的中国政府积极提供经济合作”。③ 曾任日中友好协会会长的宇都宫德马曾说过：“如果要日本拿出500亿美元的赔款，即使按当时的日本经济能力来看，也需要50年才能付清，那样将肯定阻碍日本经济发展，也不会有日本的今天。这一点不应忘记。新中国之所以放弃赔款要求，就是因为中国人民和中国政府珍视中日友好，诚心诚意希望子孙后代友好下去。”④ 日本学者认为：“历史的负债”成为日本政府对华政策以及对华提供ODA决策过程中的一个重要因

---

① ［日］国分良成：《“1972年体制”的变化与发展协调关系之路》，《日本学刊》1997年第5期。

② ［日］《朝日新闻》1998年11月5日。

③ 金熙德：《中日关系——复交30周年的思考》，世界知识出版社2002年版，第136页。

④ 刘守序：《日本人心目中的周恩来》，中央党校出版社1991年版，第168页。

素。① 由此可见，日本的政界人士、财界人士及媒体和部分民众确实抱有对华日元贷款与战争赔偿相关联的意愿。

日中经济协会顾问冈崎嘉平太曾经指出：“最近某份报纸报道，园田直外相在众议院外务委员会上针对中国放弃赔偿请求，日本方面如何对应时表示，‘对于中国现在正迫切实施的现代化政策，我国应付诸诚意予以合作至为重要’，这一报道强烈地体现出的意味在于，对中国推进现代化进行合作，不仅停留在经济、技术方面的合作，在精神层面，也凝聚着支付赔偿的意义，我认为园田外相的这一发言也表达了全体国民的心愿。”②

尽管日本各界人士在有关中国放弃战争赔偿与日本提供对华援助具有密切关系上存在共识，但日本政府在公开场合的一贯主张是，日本提供的对华经济合作，与中国放弃战争赔偿没有关系。1979 年，大平首相在国会答辩时明确否定了经济合作与历史反省相关联的问题。对此，社会党议员板川正吾提出了如下质询：“日本国民曾在战争期间对中国犯下的非人道的滔天罪行，作为某种反省，难道不应该对中国实施特别的经济合作吗?”大平表示：“从心情上来说，并不是不理解板川的意图”，但“事实并非如此”。继而大平指出：“有关赔偿问题，中国已作出决定不要求赔偿。因此，赔偿问题已经获得了最终解决。因此，那种立足于赔偿或转变为赔偿的想法来考虑中日关系并不正确，我想那也不是中国的本意，今后的中日关系应该遵循中日和平友好条约确立的原则锐意进取。”③

无论从日本政界人士的对华认识中，还是当时日本国民对侵华战争中的“负罪感”来说，日本对华合作中无疑包含着这种情感因素，只是日本政府基于国内政治因素的考虑，才未予确认。这种中日双方心照不宣的共识，是推动日本政界人士作出支持中国改革开放、提供对华合作决策的因变量之一。

---

① ［日］猪口孝：《现代国际政治与日本》，筑摩书房 1991 年版，第 178 页。

② ［日］冈崎嘉平太：《我的记录——飞雪迎春到》，东方书店 1979 年版，第 214 页。

③ ［日］“第 87 届国会众议院商工委员会会议录（第 9 号）”，1979 年 4 月 11 日。

三、积极合作与战略防范意识的交错

冷战结束后，尽管国际环境发生了巨大变化，日本政界人士认识到，继续与中国保持密切合作，符合日本的国家利益。日本在迈向政治大国的过程中，对中国的借助与利用是日本在亚洲地区乃至全球范围内发挥主导作用的重要依靠力量。而与中国建立长期稳定的合作关系，避免发生直接对抗，将中日两国关系的健康发展纳入日本的地区战略与全球战略轨道，从务实的国家利益出发，果断而灵活地应对正在崛起的中国，以非遏制的、积极接触的方式对中国施加影响，成为日本对华战略的首要目标。

（一）积极对华合作认知的继承与发展

1993年8月26日，细川护熙首相会见中国记者时首次正式阐述其对华政策及对中日关系的看法："日中关系是与日美关系同等重要的关系。维持和发展稳定的日中关系，不仅对日中两国，而且对亚太地区以及世界的和平与稳定都是非常重要的因素。我国将继续重视日中关系。这一基本方针没有变化。"①

1994年1月1日，细川首相发表《日本与中国》的新年贺词："日中两国关系像今天这样良好，令人十分欣喜。在日中关系问题上的基本方针就是要使日中关系得到更进一步发展；建立起面向21世纪的、能为世界和平与稳定作出贡献的日中合作关系。"② 外相河野洋平认为："中日关系已经进入合作与竞争、抑制、防范并存的错综复杂的时代。日本重视对华关系，并认为中国的走向同日本的国家利益休戚相关。在经济上，日本表示要支持中国的改革开放，而其真实目的则是防止中国出现动荡，波及日本，从而保持在中国的经济利益。在政治和安全上，日本既要同中国保持接触与合作，同时也在加强对中国的牵制和防范，并配合美国把中国引入多边经济、政治和安全

---

① 《人民日报》1993年8月27日。

② 田桓主编：《战后中日关系文献集（1971—1995）》，中国社会科学出版社1996年版，第872页。

体制之中。”[①]

1995年，日本政府首脑在有关对华关系上的发言的特征是：一方面强调对中国的改革开放给予合作；另一方面也提出要发展成熟的日中关系。按日本政府官员的说法，成熟的日中关系就是“不再是过去那种友好第一的关系，而应该成为就事论事的该说‘不’就说‘不’的关系”。如村山首相1995年9月在国会临时会议上讲话时所言：“将一如既往地支援中国的改革开放政策，同时将就包括核裁军在内的国际社会的各种问题与中国进行坦率和认真的对话”。[②]

外务省的主流看法认为，作为日中关系的基本考虑是“将来为确保亚太地区的稳定与繁荣，重要的是致力于使中国成为国际社会建设性的伙伴”。外务省还提出：“日中关系从1996年11月以后呈现好转的基调，从日中邦交正常化25周年的1997年到缔结《日中和平友好条约》20周年的1998年，充分利用领导人互访，使日中关系得到进一步发展是日中双方的共同立场。”日本政界人士从自身国家利益出发，注意到了中国经济发展和繁荣稳定，对日本产生的积极影响。同时日本认识到，通过中日政治关系的友好发展，不仅可以进一步促进两国经济的发展，同时可以“进一步鼓励中国，在21世纪成为国际社会更具有建设性的伙伴”。[③]

2001年1月23日，河野洋平外相在日本时事通讯社主办的内外政策调查会上发表了一篇题为《21世纪东亚外交构想》的演讲，突出地反映出日本对中国外交的独立姿态。他指出，日本希望中国成为国际社会“建设性的伙伴”，对中国采取“封杀”政策是不现实的，因而希望同中国全面地发展双边关系，增强相互信赖和两国国民之间的互相理解。[④]

日本政界人士认为，后冷战时代的日中关系已与以往不同。双方都处在巨大变革之中，发展新时期的日中关系已无先例可循，必须面向未来，推陈出新。于是，日本政府将新时期的日中关系定位于“建设性的伙伴关系”，

---

① ［日］河野洋平：《日本外交的前进道路》，《外交论坛》1995年1月号。
② 孙承：《日本与东亚：一个变化的时代》，世界知识出版社2005年版，第260页。
③ ［日］日本外务省编：《外交蓝皮书》，大藏省印刷局2001年版。
④ ［日］《世界周报》2001年2月20日。

即政治上向前看，避免“纠缠历史”，以平等的立场与中国建立基于共同利益的关系；经济上加强合作，努力扩大在中国的市场份额；外交上，加强多边中的日中合作，鼓励中国充分参与到国际社会中来，使中国比以往更多地参加制定国际行为准则的活动。日本政界人士认为中国参与全球秩序的构建及国际准则的制定至关重要。

（二）“中国威胁论”与战略防范意识的形成

冷战结束后，中国经济获得蓬勃发展，中国崛起引起了美国和日本的警觉，遂将日美同盟的“潜在敌人”指向了中国。“中国威胁论”开始在美国和日本大肆蔓延。中国进行核试验，震慑“台独”势力的举措，给日本政界人士进一步鼓吹“中国军事威胁论”提供了“口实”。日本各界将中国想象成为“破坏地区稳定”的存在，从而为进一步强化日美同盟寻找借口。这一时期，“中国威胁论”成为日本政界人士对华战略认知的核心词汇。在处理对华关系时，除继续在经济和政治层面进行合作外，增强了在政治和安全层面的对华“战略性防范”意识。

随着中国综合国力的增强，从20世纪90年代初，日本国内就开始出现了视中国为潜在对手的论调，并最终演化成为“中国威胁论”。1990年5月，日本防卫大学副教授村井友秀发表“新的中国‘威胁’论”一文，从国力角度把中国视为一个潜在的敌人，成为“中国威胁论”的始作俑者，该文指出，“甲午战争加剧了日本人蔑视中国的倾向，侵华战争的失败并受到谴责并没有改变日本人对中国人的优越感。今天，日本人那种‘先进的日本和落后的中国’的观念，进一步发展成‘富裕的日本和贫穷的中国’的意识。日本人的优越感越来越强烈。由于意识形态的根本对立和中国巨大的发展潜能，中国仍是对日本形成威胁的重要国家。”① 并从地缘政治的角度分析中国对日本可能形成的威胁，认为如同19世纪一般，日本与中国将在21世纪为争夺东亚地区的主导权而不惜兵戎相见。但当时这篇文章并未引起舆论的充分注意。

“中国威胁论”的产生是冷战思维的典型表现，野村综合研究所主任研

① ［日］《诸君》月刊，1990年5月号。

究员森本敏认为：“无论中国的发展是成功还是失败，对周边地区来说都将是极为不稳定的因素。”① 1996年日本富士电视网以“哪个国家最具威胁”为题展开调查，结果显示：中国的比例最高，为34%。2000年7月28日，日本内阁会议通过的《2000年度防卫白皮书》运用“冷战语言”声称要“警惕中国的军事动向”，强调“日本在中国的导弹射程之内”。日本提出“中国威胁论”的主要论据是，中国搞核武器，在台湾海峡进行军事演习。庆应大学教授国分良成认为：“‘中国威胁论’的一些论据，如军费增加、核试验、军方政治影响力的抬头等都被说得有些夸张了。这种情况是由于苏联解体后，中国作为唯一的社会主义大国在经济上的惊人发展及中国在国际社会存在感增强所引起的。”② 日本一位中国问题专家曾一针见血地指出：“中国威胁论”与其说有什么现实根据，不如说很大程度上出于战略需要。”“所谓威胁，有历史形成的，但同时往往是有意制造和人为操纵的。”③

1997年3月，日本国防政策调查会、冈崎研究所和美国泛太平洋论坛国际战略研究中心，在向日美两国政府首脑呈交的报告中称：面对冷战后的世界形势，尤其是东亚形势，日美两国必须巩固同盟关系，并且要“密切协调对华政策”，在必要时“联手对抗中国”。1997年，桥本首相助理冈本行夫在一次演讲中宣称，一旦今后台湾海峡有事，“日本将是冲突的准当事国”，根据日美安全条约，日本“有最大限度地支援美国的义务”④。冈本还在题为《日本面临的外交课题》的演讲中称，“中国与俄罗斯、中亚搞边界信任措施，将腾出来的兵力转移到南方和东方。因此，无论如何不能放松对中国军事动向的警惕。”⑤

自民党安保调查会整理的《日美安保联合宣言与今后的安全保障》以很大篇幅描述中国和俄罗斯的核力量、中国的军队建设、中国军队在台湾海峡

---

① ［日］《世界周报》1995年12月26日。

② ［日］国分良成编著：《日本、美国与中国——走向协调的系谱》，TBS百科辞典出版社1997年版，第28页。

③ ［日］《世界》1996年3月号。

④ ［日］《世界周报》1997年6月3日。

⑤ 沙奇光：《对西方媒体散布“中国威胁论”的评析》，载《国际政治研究》2000年第3期，第116页。

的军事演习，在此基础上声称“对这一动向有必要引起注意”，煽动对中国的警惕情绪。

小渊惠三内阁时期的防卫厅长官额贺福志郎认为，“虽然目前日本在经济实力方面优于中国，但5年或10年后，中国无论是在军事方面，还是在经济和政治方面都会占绝对优势。在此过程中，日本若不辜负亚洲各国的期望，就只有与美国联手。”[①] 日本前首相中曾根康弘指出：“中国每年的财富增量已经超过日本。毋庸置疑，中国的经济规模迟早要超过日本。因此，日本有一种潜在的不安：日本会掉入‘美中的夹缝中’。”[②]

归结起来，20世纪90年代以来在日本各界广泛流布的“中国威胁论”、“中国霸权论”的主要“依据”如下：（1）中国在实现国防现代化的过程中，军费增长过快，导弹与核力量不断增长，军事发展严重缺少透明度；(2）为实现统一，中国不断对台湾进行武力威胁，拒绝承诺放弃使用武力，这种做法可能对日本的“海上生命线”构成严重威胁；（3）中国在许多问题上打压日本，其中最令日本耿耿于怀的莫过于中国对日本要求成为联合国安理会常任理事国所持的“暧昧态度”，中国力图阻止日本在地区和国际事务中发挥更大作用；（4）中国崛起将挑战现存国际秩序，与美日争夺对亚太地区的主导权。

基于臆测和误解而在感情上出现的“中国威胁论”，具有煽动相互不信任、引起日中两国政治摩擦的可能性。特别是日本国内存在的“中国威胁论”，对于中国综合国力超出预料的发展，比泡沫经济崩溃、经济萧条以及政局不稳给普通国民心理上所产生的刺激还要大，其原因在于没有正确地认识中国的现实。

冷战结束后，“日本国内出现了对华夷秩序观的恐惧和异质文明论的病态扩展的理解导致了‘中国威胁论’，这是对中国国家角色的畸形认同。在这种角色、身份认同下，日本对中国军费的些许增长也自然怀有深深地恐惧。特定

① ［日］冈崎久彦：《战后50年的总结与日本的国家战略》，载［日］历史研究委员会编：《大东亚战争的总结》，东英译，新华出版社1997年版，第501页。

② ［日］船桥洋一：《实现日美中三角关系的稳定》，《朝日新闻》2001年1月19日。

情势下，这种恐惧也就转化为敌意的出现并导致相应的敌意行为”。① “中国威胁论”的提出是日本某些人士出于政治、经济利益考虑及意识形态的需要，其“试图以冷战思维，采取冷战的语言和手法，目的在于在亚太地区挑动新的冷战”。② 对日益强大的中国的恐慌和警惕，是“中国威胁论”在日本各界泛滥的心理认知基础，由于缺乏对中国现状和政策的切实了解，是造成日本部分政界人士对华认知出现偏差和导致“中国威胁论”甚嚣尘上的又一重要因素。日本政界的部分保守势力出于某种战略上的需要和考虑，大力宣扬“中国威胁论”，促使日本对华决策中更多地增添了防范与牵制中国的成分。

随着中日两国国家力量对比发生显著变化，日本对华接触战略中防范与牵制的一面也在逐渐浮现。近代以来，中日一弱一强的战略格局在当代正经历结构性转变。随着日本经济的停滞与衰微，其运用经济力量操纵与扩展政治影响力的空间受阻，而一海之隔的中国却正处在历史性复兴时期，高速增长的经济实力与规模、积极融入国际体系并扩展自己影响力的中国，带给日本的不仅仅是民族心理的嫉妒与不安，还有力量对比失衡所产生的敌对、防范与威慑的心理认知和反应。日本民族心理中长期潜存的以邻为壑、海陆国家有别的观念日趋明朗化，“中国威胁论”开始盛行，体现在对华决策上的摆脱单纯倡导“友好”，走向“务实”的强硬政策占据上风。日本政界人士的对华战略认知体现了十分矛盾的心理：既想与中国加强合作，保持中国稳定，又担心中国强大；既想将中国拉入国际社会以多边合作制约中国，又担心中国的国际影响力扩大；既希望大陆与台湾加强两岸对话与合作，又担心中国实现统一。因此，具体体现在对华决策和行动选择方面，突出了遏制和防范的考量因素，这自然引发了中国的关切和疑虑，并导致中日政治与安全关系的紧张和摩擦加剧。

四、视中国为“机遇”与“挑战”并存的困惑

进入新世纪，中国崛起的态势引起了日本政界人士的广泛关注，如何有

---

① 杨丹志：《东亚安全困境及其出路》，《国际政治月刊》2004 年第 1 期。

② 《人民日报》1995 年 12 月 28 日。

效地应对中国的崛起成为日本面临的重要课题。日本政界人士认识到，加强与中国在亚洲地区的密切合作，符合日本的国家利益，应将中国视为发展的“机遇”。同时，日本不甘心自身在亚洲的优越地位受到挑战，又不断倡导“价值观”外交，力图联合所谓的“民主”国家对中国进行围堵和遏制。尤其是在安全领域，视中国为“潜在的威胁”和“挑战”，一方面为自身向军事大国迈进寻找托词和借口，另一方面旨在达到有效防范和牵制中国的战略目的。

（一）“机遇”与“挑战”并存的中国认识

面对中国日益崛起的发展态势，日本政界人士充满了复杂而矛盾的心理，一方面以经济发达和科技先进的心态傲视中国和亚洲各国，渲染“中国崩溃论”；另一方面又对中国的发展和强大抱有莫名的惊恐和不安，鼓吹“中国威胁论”。这种外交理念和战略思维的混乱，导致日本对华战略和政策的情绪化和不确定性。①

进入新世纪，日本面临着两个难以回避的挑战和课题：其一，中国经济的持续高速增长是真实还是虚幻？其二，中国的发展对日本是威胁还是机遇？对此作出回答，是日本制定21世纪国家发展战略的首要前提。面对崛起的中国如何应对，日本舆论与自民党内出现了对立。一种意见是，开展积极的亚洲外交，设法与中国进行对话，以不刺激中国的方式解决靖国神社问题；另一种意见是，与中国的对立不可避免，加强与美国的同盟关系就能与中国抗衡。由于日本政治右倾化倾向以及小泉个人政治理念的影响，后一种意见在日本政界居主导地位。众议院议员爱知和男认为，对华外交是日本最难的外交课题，单单依靠日本自身的力量无法同中国抗衡，必须与美国联手同中国打交道。同时，他认为在这一点上东南亚许多国家都有与日本相同的想法，有必要同这些国家加深联系。爱知甚至表示，日美关系说穿了就是对华外交，以日美关系为中心共同应对中国的挑战不仅是日本的生存之道，对美国来说也极为重要，因此如何让美国与日本达成共识非常紧迫。

---

① 林晓光：《9·11事件后日本安全战略和对外政策的调整》，《中日关系史研究》2002年第4期。

中国蓬勃发展的态势使日本政界人士认识到，这种动向是大势所趋，不可阻挡。加强与中国在亚洲地区的密切合作，符合日本的国家利益，应该将中国视为发展的“机遇”。日本前驻泰国大使、小泉内阁智囊冈崎久彦认为：“没有什么方法可以阻止中国经济的跃进，这与60年代至80年代美国预见到日本的经济威胁会增大，但没有办法加以阻止一样。”①

日本前驻联合国大使谷口诚认为：“日本政府应该采取更加独立、积极的亚洲政策”，“否则就没有前途可言”；一旦“日本被亚洲抛在脑后”、“日本的地位与经济力量下降，对美国还有什么用?”② 谷口还倡导“中国经济机遇论”，认为进入21世纪，日本的国际影响力日益下降，日本在亚洲逐渐被孤立的倾向日益明显，造成这一状况的原因在于日本的亚洲外交过分倚重美国，缺乏正确认识亚洲未来的长远战略，同时又被对抗中国和反华情绪所支配。因此，“日本必须进行战略转换，不要继续对中国采取牵制和抑制其发展的战略，应欢迎中国进入东亚共同体，并将中国作为真正的合作伙伴，谋求共同发展，日本还必须尽快摆脱根深蒂固的‘脱亚入欧’观念。”③ 上述观点反映了部分日本政界人士视中国为发展机遇的见解。

2005年8月，由日本产业界、政界和学术界人士组成的“东亚共同体评议会”④ 发表了题为《东亚共同体设想的现状、背景与日本的战略》的政策报告，其中有关涉及中国的部分主张，“中国在取得蓬勃发展的过程中，日本一边与包括中国在内的区域内各国合作，一边对中国作为和平的、经济上发展的、尊重自由民主主义的力量而兴起的路线进行支援，这符合日本中长期的国家利益。”⑤

面对中国崛起的态势，部分日本政界人士开始散布所谓“中国威胁论”与ODA挂钩的言论。2001年8月，自民党干事长山崎拓在东南亚各国访问时表示，“由于中国的国防费用在13年里增长了10%，日本对中国的ODA

① ［日］《读卖新闻》2002年3月4日。

② ［美］《小岛之争损害了东京与汉城的关系》，《纽约时报》2005年3月22日。

③ ［日］谷口诚：《如何重建陷入危机的亚洲外交》，《中央公论》2006年4月号。

④ 2004年5月成立，会长是前首相中曾根康弘，议长是伊藤宪一。

⑤ ［日］西口清胜：《东亚共同体的构筑与日本的战略》，《南洋资料译丛》2006年第3期。

有认真审视的必要。特别是鉴于金额较大，需要充分讨论今后应采取的态度。”[①] 2004 年 10 月，町村信孝外相在参议院预算委员会上的报告中指出：“随着中国经济的崛起，我们正不断减少对中国的经济援助。同时，我们也考虑在不久的将来，完全取消对华经济援助。”2004 年 11 月 10 日，参议院提交的一份调查报告提出，“应将缩减对华日元贷款纳入视野”，因为“中国在增强军事力量”，“把税金用于对竞争对手中国提供 ODA，国民感情上通不过”。[②] 在这种背景下，2004 年 11 月 28 日，小泉纯一郎在出席东盟和中日韩三国首脑峰会时表示，日本将完全终止实施多年的对华 ODA 援助项目。小泉认为，“中国快到从 ODA 毕业的时候了，因为中国经济发展顺利。期待着中国早日从 ODA 中毕业。”[③] 这是日本方面就已实施了 25 年的对华经济援助问题作出的最明确表态，是日本国内政治和国民心态在对华认识和行动上的一种反映。

日本前驻泰国大使、小泉外交智囊冈崎久彦是日本政界鼓吹“中国威胁论”的“旗手”之一。冈崎在 2004 年发表的“具有多面性的中国威胁”一文中声称，“中国的民族主义将对世界造成威胁”。他还企图将中国的台湾问题国际化，称“当前中国是台湾的最大威胁”。[④] 后来，冈崎还表示，中国如果对台湾行使武力，则美中冲突将无可避免；但基于亚洲的长期安定和中国国民的和平与繁荣考量，他建议中国应该放弃台湾。因为，冈崎认为，如果美中冲突而中国失败，则意味着对自 1949 年以来经过半世纪之经营而大体将旧清帝国版图收归已有的中国而言，其崩溃象征着“中国新帝国的崩溃”，届时亦将一举丧失掉新疆和内蒙古。[⑤]

2005 年 12 月，麻生外相称：“中国有十亿民众，拥有原子弹，军费连续

---

① ［日］阿部纯一：《中国的军事力和日本的 ODA》，国际金融情报中心，2004 年 2 月。

② 《学者新论：如何看日本将终止对华政府资金合作》，人民网，2004 年 12 月 5 日。

③ 《亚太经济时报》2004 年 12 月 14 日。

④ 《“中国崩溃论”到“中国威胁论”，日有批反华文人》，《环球时报》2004 年 2 月 9 日。

⑤ 郑钦仁：《台湾战略地位——冈崎久彦的论述》，《共和国杂志》2006 年第 48 期。转引自刘智玮：《拒绝中华思想——论中岛岭雄的中国观与台湾叙事》，台湾大学政治学系中国大陆暨两岸关系教学与研究中心 2008 年版，第 35 页。

17年呈两位数增长，具体使用情况却不透明，正在成为相当大的威胁。"[①] 这是日本在官方层面上首次公开提及"中国威胁"问题。麻生甚至在美国《华尔街日报》发表署名文章，公然对中国的政治体制说三道四："希望中国政府去除独裁政权特有的秘密主义，将实际的国防费用公之于世。中国如果成为民主主义国家的话，就能与日本成为真正友邦。"[②] 此外，在日本的内部讨论和文件中，"保持警惕"和"予以关注"之类的词汇也经常出现。可见，"中国威胁论"在日本政界还是颇有市场的舆论浪潮。

（二）基于意识形态考量的对华观

小泉内阁时期，日本政界人士普遍认为，在战略层面上不能对中国寄予过多期待，而中国的强大却可能打破东亚从无两强并存的历史。同时，日本政界人士相信，对华采取强硬姿态可以有效提高自身在国内的支持率。在这种对华认知理念的推动下，促使日本在战略上更多地将中国视为"零和博弈"的对手，并针锋相对地与中国争夺东亚主导权。冷战结束后，尽管中国已经成为一个开放的国家，但日本始终认为在"国家类型"上，美国和日本都是"西方"民主国家，而中国只是一个发展中的"转型国家"。这种利益和价值上的"阵营观念"，在相当程度上决定了日本在中美之间的"战略取舍"。[③] 小泉内阁时期，日本在双边和多边外交实践中，加大了推行"人权外交"的力度。在双边关系中，人权外交主要针对朝鲜和中国等东亚国家。

2002年6月，中国武警进入日本驻沈阳领事馆带走"不明身份者"的所谓"闯馆事件"，是一个典型案例。日本对该事件的态度从开始时的"主权说"转变为后来的"人权"抗议，其真实意图是以"人权"为砝码增加中日政治博弈中日本的分量。2005年日本东京财团对华外交政策研究小组提交了一份报告。该报告建议，"日本应该要求中国作为一个负责任的大国，在遵守国际准则，改善人权、民主和市场经济方面更为积极"，"中国的政策很容易与当今世界诸如人权、言论自由、司法独立及自由市场经济等准则发生冲

① ［日］《产经新闻》2005年12月23日。

② ［日］麻生太郎：《日本等待中国的民主化》，［美］《华尔街日报》2006年3月13日。

③ 朱锋：《权力变更、认同对立与战略选择》，载《世界经济与政治》2007年第3期。

突。日本应该指出事实真相，并敦促中国遵守国际准则和惯例”。[①] 日本对华政策中开始突出人权价值取向，在中日复交以来的对华政策演变史上的内涵非比寻常。

2005 年，麻生太郎出任小泉内阁外相后，曾反复主张打造“自由与繁荣之弧”。当时，外务省官员得知美国有在意识形态方面与中国对峙的意图，迅速转告麻生，麻生也立即响应，力主强化与美国的同盟关系，遏制中国。所谓“自由与繁荣之弧”指“在欧亚大陆边缘地带成长起来一系列新兴民主国家。必须把这一地带串联在一起，建成‘自由与繁荣之弧’”。麻生主张，积极开展“重视民主、自由、人权、市场经济等普遍价值”的外交，从东北亚、东南亚、南亚、中东、中东欧到波罗的海各国，形成以普遍价值为基础的富裕而稳定的“自由与繁荣之弧”。[②] 为此，日本要与拥有共同价值观及战略利益的美国、澳大利亚、印度、北约各国密切合作。麻生倡导的“价值观外交”和“自由与繁荣之弧”设想显示出一种“战略大国”的外交图谋，其特点是对外主动凸显意识形态因素，从全球战略布局，以中国为主要潜在对手和防范对象，确立日本的国际主导地位。

2006 年 6 月 15 日，日本右翼议员团体“创建正确日本之会”（会长平沼赳夫）特邀美国亲台学者做演讲，其中便提到：“为防止中国作为集权主义和独裁统治君临亚洲和世界，美日要和其他民主国家合作”，“与澳大利亚、新加坡、印度、东南亚各国及台湾等携手，共同控制中国”。[③]

小泉内阁时期，日本政界人士对华观的显著特征是更多地基于意识形态因素考量和审视中国，依据“国家类型”进行分类，将中国与日本区分开来，并在强化日美同盟的基础上，联合其他“民主国家”，对中国进行围堵和遏制。日本政界人士这种对华认知理念的主要目的并非源自经济利益，而是出于政治考虑，终极目标主要是为牵制中国在东亚地区的崛起和强大。

---

① 张剑荆：《中日邦交冰点的背后》，载《南风窗》2006 年 1 月 6 日（上）。

② ［日］麻生太郎：《打造“自由与繁荣之弧”——拓展日本外交地平线》，转引自刘江永：《论日本的“价值观外交”》，载《日本学刊》2007 年第 6 期。

③ ［美］约翰·塔西克（John J. Tkacik jr）：《阻止中国扩大霸权》，载《日本之正途》，PHP 研究所 2007 年版，第 105—106 页。

五、结　语

从中日复交后日本政界人士对华认知的发展脉络来看，大体呈现了由积极对华认知居主流的“友好伙伴”向积极对华认知与消极对华认知相交错的“竞争对手”方向演进的谱系。20 世纪 70 年代初，国际体系层次因素影响着日本政界人士的对华认知由此前的“敌人”角色向“朋友”角色转变，日本的对华政策也因之进行相应调整。日本此时作为经济大国，国家实力空前增强，在国际舞台上颇具影响力和自信，基于战后以来遵循和平宪法的理想主义信念，深感自身负有援助发展中国家，进而输出西方民主价值观的使命感，加之日本曾有对中国进行侵略的历史，在复交后如何对中国进行帮扶成为形成日本政界人士积极对华认知不容忽视的重要因素。显然，由于当时中日两国国力悬殊，日本政界人士对中国所拥有的优越感、负罪感及对中国广阔市场的期待感，为推行崇尚“友好合作”的对华政策奠定了思想意识基础。

冷战结束后，日本政界人士的对华认知逐步发生变化：其一，苏联威胁的消失使日美同盟失去了“敌人”，在一段彷徨和迷失后，发现日益崛起的中国成为重塑日美同盟的“绝佳借口”，中国日益崛起的上升态势引起日本各界的警觉和关注，国际形势的剧烈动荡和国际政治权力斗争博弈的现实促使日本重新反思自身对华政策的得与失；其二，日本经历“泡沫经济”崩溃后，整个民族蔓延着失落和浮躁的心态，日本政界呈现出“总体保守化”的趋势，由于失去革新阵营的制衡，潜存于中日之间的诸如历史认识、台湾问题及领土问题等的矛盾和分歧日渐显露，成为形成日本政界人士消极对华认知的“触媒剂”；其三，中国国家实力的显著增强，与日本国势衰颓的景象形成鲜明对照，自明治维新以来日本在亚洲的超然优越地位由于中国的崛起而导致日本政界人士的心态严重失衡，同时面对两国关系史上未曾出现的“两强并立”的格局，无论是从心理预期还是实际决策方面，日本政界人士陷入手足无措的慌乱不安的境地。集中体现这种恐慌心理的表现是“中国威胁论”的蔓延和滋长，对中国在安全和防务领域实施“战略性防范”的意识日渐增强。

中国崛起带给日本政界人士心理上的冲击、心态上的失衡和不尽的妒忌和羡慕，这种复杂的五味杂陈的情感即形成了日本政界人士在界定和审视中国上积极认知与消极认知相交错的困惑与矛盾，这种心理认知的矛盾具体体现在对华决策上：一方面不愿错失中国经济发展带动日本经济复兴的良机，积极谋求与中国加强合作；另一方面则对中国经济和军事实力的增强感到恐惧，不惜通过强化日美同盟的方式对中国进行牵制和防范。日本政界人士这种积极与消极对华认知并存交错的态势不会在短期内消失，至于何种认知占据上风，端赖于决策者对国内外环境变化的判断及自身国家利益的考量。

根据建构主义理论的阐释，“行为体的身份关系不是先天具有的，而是由体系的内在和外在结构建构而成的。体系结构不仅能对行为体的行为产生影响，同时也塑造了行为体的身份。”① 日本政界人士的对华认知和身份界定经历了“敌人”——“朋友”——“伙伴”——“对手”的嬗变。20世纪70年代初，日本政界人士的中国观在接受外界环境变化的冲击下，进行应对与整合，对认知客体中国的定位发生逆转，由以往将中国认定为“敌人”的角色认同，经过中日双方的互动及与国际格局的重构，最终将中国确定为友好的“朋友”角色。自1979年日本政府开始向中国提供日元贷款到天皇访华这一时期，日本基于安全、经济和情感等多方面因素的考量，将中国的“朋友”角色深化界定为“伙伴”角色。冷战结束后，随着中日两国国家实力消长的变迁，日本政界人士在保持积极对华认知的同时，中日之间战略层面的对立和冲突凸显，日本政界人士开始将中国视为潜在的乃至现实的竞争“对手”。中国的崛起势头和日本的停滞状态导致了日本政界人士的战略心理失衡，在对华认知方面，竞争与防范意识骤然加大。这种积极合作与战略防范对华认知的交错，导致日本对华决策陷入既视中国为“机遇”，又视为“挑战”的困境中无法自拔。

思想认识是行动选择的先导，行动选择实施后又会根据情况的变化对头脑中既存的思想认识进行调试、修正和纠错，以期为进一步作出理性决策提

① ［美］亚历山大·温特：《国际政治的社会理论》，秦亚青译，上海人民出版社2000年版，第282页。

供正确导向。从中日复交后日本政界人士中国观的变迁与对华决策的演变过程来看，有力地印证了这一点，日本政界人士在不同时期形成的积极和消极的对华认知，与当时所处的国际环境、认知主体日本国内的政治生态和认知客体中国国家实力的变动息息相关，积极或消极的对华认知在影响日本究竟是将中国的身份界定为“友好伙伴”还是“竞争对手”方面发挥了重要作用，并具体地体现在对华决策的实践过程中。

论文

北宋时期日本僧侣入宋及其对中日文化交流的作用

——以奝然、寂照、成寻为中心

李守爱（台湾义守大学应用日本语学科）

内容提要 本文详尽地考察了日本僧侣奝然、寂照、成寻的入宋过程、在中国期间的活动及其携带回日本的文物，从一个特定的角度阐释了中国北宋时期与日本平安时代的文化交流，并分别从使北宋朝廷加强了对日本的认识、促进了中国皇帝与日本天皇的非正式交流、构建了北宋时期的中日书籍之路、促进了日本佛典刊印业的发展等四个方面论述了日本僧侣入宋对中日文化交流的历史作用。

关 键 词 北宋 入宋僧侣 中日文化交流

2009年7月18日至2009年8月30日期间，日本奈良国立博物馆举行了“圣地宁波——日本佛教1300年之源流”特别展。此次展览会中陈列的佛像、佛画和经典等，大都是由日本入宋僧费尽千辛万苦自中国运回日本的贵重文物。中国宁波是遣唐使和日宋贸易、日明贸易时期，商船出发和登录之所在地。宁波自古以来就是连接日本和中国海上交通的重要据点。历史上有众多的日本僧侣跨海至中国时，必定至宁波周围的天台山等佛教圣地参访，并将在此获得的最新佛教讯息传回日本，奠定了日本佛教发展的基础。本文拟就北宋时期，日本入宋僧奝然、寂照、成寻在中国的活动及其运回日本的文物对日本之影响作一探讨和研究。

一、有关入宋僧活动的研究

在日本，有关入宋僧的研究成果颇多，研究者则以西冈虎之助、木宫泰彦、秋山谦藏、森克己、山口修等学者最有名。西冈虎之助於《历史地理》（第四十五卷第二号）中，发表《奝然入宋》一文；高楠顺次郎将搜集的有关奝然的史料，收录于《日本佛教全书》（游方传丛书）。木宫之彦著于1982年出版了《入宋奝然之研究一以其随身物品和将来品为主》（鹿岛出版会）、1987年出版《日宋文化交流史一以北宋为中心》（鹿岛出版会）两书，2003年佐佐木刚三出版《清凉丛》（中央公论美术社）一书，这些都是研究奝然之重要著作。另外，平冈明海编纂的《东大寺史》（1940年）一书中，记载了奝然的事迹及其输入日本的文物品目，并详述奝然在宋日文化交流史上之贡献。

五台山和天台山之相关史料，有唐代时期徐灵府编纂之《天台山记》、慧祥撰《古清凉传》、道世撰《法苑珠林》等。日本学者日比野丈夫、小野胜年所著《五台山》（平凡社，1975年）也详载了五台山之现状和起源。镰田茂雄著《中国佛教之寺院和历史》（大法轮阁，1982年）则介绍了天台山国清寺源流。赖世和著《圆仁、唐代中国之旅》（讲谈社，2001年）记述了五台山文殊菩萨信仰的状况、五台山僧院的起源。黄启江著《北宋佛教史论稿》（台湾商务印书局，1997年）记述了北宋译经的情况，并深入探讨了北宋汴京寺院之情况。以上均是研究北宋佛教发展的重要史料。有关入宋僧成寻之研究，另有平林文雄所著《参天台五台山记》(《参天台五台山记一校本並研究》、风间书房)、藤善真澄所著《参天台五台山记の研究》(关西大学出版部，2006 年)、斋藤圆真所著《参天台五台山记 I、II》(山喜房佛书林 I1997、II 2006)、藤善真澄译《参天台五台山记》(关西大学出版部，2007 年)、伊井村树所著《成寻入宋及其生涯》(吉川弘文馆，1996 年)、王丽萍所著《宋代交流史研究》(勉诚出版社，2002 年) 等，都是研究成寻之贵重史料。古典史籍方面，《宋史》日本传中，也有奝然的记事。在日本方面有《御堂关白记》、《小右记》、《元亨释书》等日记和历史书中，也均详载了奝然、寂照、成寻在北宋时期的活动和事迹。

二、入宋僧奝然在入宋的活动及其携回日本的文物

唐朝灭亡之后，中国进入五代混乱期。至宋朝统一中国，社会大致安定，产业快速发展。其中又以娟织物、陶器、茶、纸等产业之发展最为快速。各种产品不但在中国国内流通，并且大量输往外国。日本于平安时代宽平 6 年 (894 年)，停止派遣遣唐使。[①] 并在延喜年间 (901—923 年) 制定“渡海禁制”、“年纪制”等制度，采取“锁国”政策。但是，自天历期 (945—957 年) 之后，“锁国”政策开始弛缓。宋商船基于贸易利益和满足平安贵族企望了解大陆状况及对大陆文物的需求，频繁地往来于中国和日本九州之间。

日本自 9 世纪 50 年代开始摄关政治隆盛，藤原氏掌握朝政。在藤原氏掌握朝政期间，除了重视政治、经济之外，还对文化予以关心。如 10 世纪末藤原道长担任摄政关目时，曾积极地搜罗汉书籍，举行各种文艺活动。他经常邀集贵族、文人举行“作文”会等。其时，文学发展达于隆盛。藤原道长热衷中国文物，对平安后期文学之发展产生重大影响。受到“末法”思想和净土教“救世”观念影响，平安贵族除了致力于营造华丽、雄伟的寺院、佛像

① [日] 森公章:《遣唐使与古代日本的对外政策》，吉川弘文馆 2008 年版，第 149 页。

之外，并频繁地举行各种佛教仪。[①] 为了佛教仪式的需求，于是输入价格昂贵的香料、药品等异国物品，需求甚殷。旺盛的需求是促使此一时期私贸易快速发展的重要因素之一。[②] 日本平安朝天历八年（954 年），菅原文时呈天皇《封事三个条》，[③] 其中指出："俗之凋衰，源自奢侈。不塞其源，何救其俗。方今高堂连阁，贵贱共壮其居，丽服美食。贫富供宽其制，官途缔交之储，穷陆海而尽珍。"揭示了以藤原氏为主的贵族阶层，坐拥庞大庄园，并过着豪华奢侈生活。为了满足豪华奢侈的生活，贵族甚至私自派遣使者至九州的大宰府，[④] 等待宋商船的到来，以便直接采购宋商人运来的商品。[⑤] 北宋（960—1126 年）一百六十余年间，宋商船往来频繁。在《日本记略》、《百练抄》、《宋史》以及当时的公卿日记、文集、僧传中，有关宋商船往来之记录，多达七十次，[⑥] 其时，虽然两国之间无正式国交，但宋海商往来频繁，为两国民间交往提供了条件。10、11 世纪时期，宋、日本、辽国、高丽鼎立于东亚地区。其时，四国之间政治情势复杂，但佛教盛行。透过佛教文化，彼此间交流炽盛。[⑦] 宋朝与日本平安朝廷间因为无正式的官方关系，所以日本人入宋受到严格限制，当时唯有以参拜五台山、天台山等圣地为渡航目的的僧侣得以入宋。当时入宋僧入宋的主要目的在于参拜五台山、天台山。[⑧] 这从奝然和尚《为母修善愿文》中得到证实。他在愿文中说："天禄以降，有心渡海。本朝久停方贡之使而不遣，入唐间待商贾之客而得渡。遇其便，欲遂此志。奝然愿先参五台山，欲冯文殊之即身。愿次诣中天竺，欲礼释迦之遗迹。"

奝然是日本平安朝首位入宋僧。平安时代天禄 3 年（972 年）三月三日，

---

① ［日］曾根正人：《古代佛教界和王朝社会》，吉川弘文馆 2000 年版，第 220 页。

② ［日］加藤友康编《摄关政治和王朝文化》，吉川弘文馆 2002 年版，第 270 页。

③ ［日］新订增补国史大系《本朝文粹》，吉川弘文馆 1941 年版，第 54 页。

④ ［日］吉泽悟：《在宁波与博多之间往返》（特别展圣地宁波——日本仏教 1300 年の源流），奈良国立博物馆 2009 年版，第 249 页。

⑤ ［日］加藤友康编《摄关政治和王朝文化》，吉川弘文馆 2002 年版，第 262 页。

⑥ ［日］木宫之彦：《日宋文化交流史——以北宋为中心》，鹿岛出版会 1987 年版，第 13 页。

⑦ ［日］木宫之彦：《日宋文化交流史——以北宋为中心》，鹿岛出版会 1987 年版，第 15 页。

⑧ ［日］新订增补国史大系《本朝文粹》，吉川弘文馆 1941 年版，第 334 页。

奝然和同门义藏[①]（950—?）缔结兄弟之约。在缔约的《义藏、奝然结缘手印状》中，两人立誓日后要“点定爱宕山，同心合力，建立一处之伽蓝，兴隆释迦之遗法。”[②] 如前述，当时宋朝与平安朝廷无正式国交，僧侣必须提出出国申请，并获得许可之后，方能入宋。[③] 奝然入宋时，先由东大寺于天元5年（982年）八月十五日致“入宋之牒”给中国西安青龙寺。同年同月十六日，又由延历寺致“入宋之牒”给天台山国清寺。[④] 获得入宋许可之后，奝然在六名弟子的陪同下，于圆融天皇天元5年（982年）自京都出发[⑤]，永观元年（983年）八月一日搭乘宋商人陈仁爽、徐仁满之商船离开九州。[⑥] 同年八月十八日抵达台州。[⑦] 其后，曾于同年九月九日参访天台山。其间，奝然一行于天台山国清寺，参访天台山开祖智颢（智者大师）创设之“真身堂”，并在此处停留约一个月左右。

永观元年十月，奝然接获宋皇帝敕准入京许可之令，在台州使者伴随下，经杭州、苏州，于十一月十八日到达扬州开元寺。[⑧] 永观元年（982年）十一月十五日奝然一行自扬州北上，路经河南道泗州、应天（南京）。其后，自应天西行至汴京（东京）。奝然于永观元年十二月十九日进入东京（汴京）后，在客省（接待四方来使的礼仪机构和官员）张行首的带领下，先至左街明圣观音禅院参访，并投宿于太平兴国寺。[⑨] 十二月二十一日，奝然于崇政殿谒见宋太宗,[⑩] 并向宋太宗献礼物。关于谒见的情况，《宋史·日本传》中有详细记载:[⑪]“雍熙元年，日本国僧奝然与其徒五六人浮海而至。献铜器十

① ［日］佐藤亮雄:《僧传史料（1）》，新典社1989年版，第191页。

② ［日］小田切文洋:《入宋的天台僧们——日中文化交流史一斑》，翰林书房1998年版，第115页。

③ 《宋史日本传》，中华书局1985年版。

④ ［日］镰田茂雄:《中国佛教的寺庙与历史》，大法轮阁出版1982年版，第32页。

⑤ ［日］《新古今和歌集》卷第十，“羁旅歌”。

⑥ ［日］木宫泰彦:《入宋奝然之研究》，鹿岛出版会1982年版，第25页。

⑦ ［日］佐佐木刚三:《清凉寺》，中央公论美术社2003年版，第22页。

⑧ ［日］西冈虎之助:《关于奝然的入宋》，《历史地理》第四十五卷第二号，第425页。

⑨ ［日］木宫泰彦:《入宋僧奝然的事迹》，《日本历史》1959年7月号。

⑩ ［日］木宫泰彦:《入宋僧奝然的事迹》，《日本历史》1959年7月号。

⑪ 《宋史日本传》，中华书局1985年版。

余事，并本国《职员令》、《王代年纪》各一卷。奝然衣绿，自云藤原氏，父为真连，其国五品官也。奝然善隶书，而不善华言，问其风土，但书以对，云：国中有《五经书》及佛经，《白居易集》七十卷，并得自中国。土宜五谷而少麦，交易用铜钱，文曰：《乾文大宝》，畜有水牛、驴、羊、多犀、象。产丝蚕，薄致可爱。乐有中国、高丽二部，四时寒暑，大类中国。国之东境接海岛，夷人所居，身面皆有毛。东奥州产黄金，西别岛出白银，以为贡赋。国王以王为姓，传袭至今王六十四世，文武僚史皆世官。”

奝然的介绍，引起宋太宗的极大兴趣。宋太宗听了介绍后，说了一席感慨的话：“上闻其国王一姓传继，臣下皆世官，因叹息谓：‘此岛夷耳，乃世祚遐久，其臣亦继袭不绝，此盖古之道也。中国自唐季之乱，宇县分裂，梁、周五代享历尤促，大臣世胄，鲜能以为子孙之计，使大臣之后世袭禄位，此朕之心焉’。”

可见宋太宗从日本历史获得启发是颇深的。正因为如此，宋太宗对奝然特别嘉奖，“存抚之甚厚，赐紫衣”，并赐“法济大师”号。[①]

雍熙元年（日本平安朝永观2年、984年）奝然上奏，表达希望参拜五台山的意愿，得到了宋太宗敕准并赐予公凭，[②] 奝然于四月七日抵达五台山大华严寺。其后将近两个月的期间，参访五台山各个佛教圣地、寺院，实现了多年以来参访五台山的心愿。五月二十九日，奝然离开五台山之后，至洛阳，造访洛阳白马寺，迦叶摩腾、竺法兰传扬佛教之道场以及龙门石窟，后于六月二十四日返回汴京。期间，仍宿泊于太平兴国寺，并跟随印度那烂陀寺三藏一法天，学习悉云（梵字）、梵书，并模刻滋福殿梅檀像。雍熙2年（永观3年、985年）三月，奝然出发前往台州，准备自台州返回日本。

雍熙三年（永观4年、986年）六月二十七日，奝然返抵台州，等待返日商船的同时，收集香木，招聘工匠，于七月二十一日立刻着手模刻瑞像。[③]

雍熙四年（花山天皇宽和2年、986年）奝然搭乘宋商人郑仁德之商

① 《宋史日本传》，中华书局1985年版。

② ［日］佐佐木刚三：《清凉寺》，中央公论美术社2003年版，第91页。

③ ［日］木宫之彦：《日宋文化交流史——以北宋为中心》，鹿岛出版会1987年版，第25页。

船[①]，自台州宁海县（今浙江）出发，返回日本[②]。雍熙四年（宽和2年、986年）七月一日，奝然一行返抵九州[③]。宽和3年（987年）二月十一日到达京都。

奝然回到日本，受到隆重欢迎。根据奝然后来派弟子呈宋皇帝上表文之中所说：[④]“季夏解台州之缆，孟秋达本国之郊，爰逮明春，初到旧邑，缁素欣待，侯伯慕迎。”关于“缁素欣待，侯伯慕迎”之盛况，日本史籍《小右记》更有详载[⑤]：“十一日、甲辰、内藏头（藤原高远）、权中将（藤原公任）相共拜见入唐僧奝然毕随身佛经，初运置经论于寺给宣旨，运移莲台寺、山城、河内、摄津等夫持运云云。最初有七宝合成塔、中笼佛舍利，即载舆中之人担之，诚为结缘，其前雅乐寮发高丽乐，相次担纳摺本一切经论之五百合匣，一人担二百匣，道路人相诤担之。最后又有御舆，安置白檀五尺积迦像。雅乐大唐乐，其次奝然着甲袈裟，七八人僧等相共步行相从。其道自朱雀大路登北，自二条东折；自东大宫大路登北，自一条西折，到莲台寺云云，人云云，于朱雀门前礼桥下僧二十出来，持高丽，奉赞佛经云云。”

引文其意是说奝然自宋归国，返回京都时，有朝廷官员内藏头，权重将等人迎见。其携回的经卷、佛像，朝廷命山城·河内·摄津名使运送。入京场隆重而肃穆，首由雅乐寮奏高丽宋引道。七宝合成塔，塔中佛舍利，由人捧持，乘与前行；其后有五百合匣经卷，由人使担挑随之；其后，又有御舆载“白檀五尺释迦像”。继佛像舆之后是奝然及七、八僧人跟随。奝然身披宋皇帝所赐紫衣。队伍由朱雀大路南至北，然后二条向东，折向大宫之路，向北至一条，到达莲台寺。此寺是朝廷指定的携入经纶、佛像的存放处。

奝然的返归，轰动京都朝野，其携回之经卷和佛像引发了朝臣们的参拜：十六日、己酉、殿上人相率诣莲台寺、奉拜唐佛经等；二十四日、丁巳、右大臣、左大臣两将军，他公卿等相率诣莲台寺；二十九日、壬戌、摄政殿今

① ［日］木宫之彦：《日宋文化交流史——以北宋为中心》，鹿岛出版会1987年版，第25页。

② 《宋史日本传》，中华书局1985年版。

③ ［日］《扶桑略记》一条天皇上、宽和二年七月条。

④ 《宋史日本传》，中华书局1985年版。

⑤ ［日］东京大学史料编纂所：《小右记》（一），岩波书店1959年版，第19页。

旦被参莲台寺、被拜唐佛云云。

奝然从宋携回日本之文物，与入唐八大家一样，也曾有过携入目录。据京都东寺金刚藏中所存的标签里，曾有《奝然请来法文目录》存世，然而具体内容已完散失。[①] 尽管如此，我们从其他史籍也还仍能找到一些资料。据《宋史·日本传》："（奝然）又求印本《大藏经》，诏亦给之，"[②] 据《参天台·五台山记》载：[③]"二十三日，传法院据日本国延历寺阿阇梨大云寺主、传灯大法师位赐紫成寻状，伏覩圣朝新译经五百余卷未传日本。昨雍熙元年，日本僧奝然来朝，蒙大（太）宗皇帝赐号法济大师。三年归还，赐大藏经及新译经二百八十六卷，见在日本法成寺藏内。"又据《扶桑略记》载：[④]"（永延元年）二月十一日，入唐僧奝然归朝，渡摺本一切经并灵山第三传释迦等身立像。十六罗汉等。"由上三史料可见，奝然携回日本的文物，至少有《开宝敕版大藏经》一部（五千四十八卷）、北宋新译经（二百八十六卷）、释迦等身立像、十六罗汉图等。奝然携回之《大藏经》，如前已叙及，最初放置于莲台寺，后经关白藤原道长，收藏于法成寺。[⑤] 奝然携回之释迦像，是他在宋时请人仿刻的。永延元年八月十八日，奝然奏请于平安京洛北爱太子山（爱宕山）建立清凉寺。释迦像就安置在该寺院中。

1953 年 7 月 29 日，日本神户大学教授毛利久，在整修清凉寺释迦如来立像时，于立像胎内发现各种"纳入品"：《现当二世结缘手印状一义藏奝然自署》（一卷）、《瑞像造立记一雍熙二年八月十八日》（一卷）、《入瑞像五脏具记舍物注文一雍熙二年八月十八日记》（一卷）奝然自署、《造像寄进者交名记》（一纸）、《诸佉俗系念人交名帐》（一册）、《造像结缘中国人交名记》（一纸）、《细字法华经》（一卷）、《金光明最胜王经一延历二十三年三月五日》、《版本金刚般若经一变相图》、《奝然生年月日假名书纸片》（一纸）、《版画灵山变相图》、《版画文殊菩萨像》（一纸）、《版画普贤菩萨像》

---

① ［日］木宫泰彦：《日华文化交流史》，胡锡年译，商务印书馆 1980 年版，第 284 页。

② 《宋史日本传》，中华书局 1985 年版。

③ ［日］成寻：《参天台五台山记》第七，延久五年条。

④ ［日］《扶桑略记》第二十七，永延元年二月十六日。

⑤ ［日］东京大学史料编纂所：《御堂关白记》（中），岩波书店 1991 年版，第 137 页。

（一纸）、《版画弥勒菩萨像——侍诏高文进画、甲冑岁十月丁丑朔十五日辛卯雕印…等の記がある》（一纸）、《五色绢制五脏》（一具）、《比丘尼清晓愈病祈愿文》（一枚）、五色诸种绢小片104种、铜镜一面、古钱93枚、线刻水月观音镜像、玻璃器、菩提念珠、水晶珠、玛瑙制耳珰、方解石、铜制玲子、铜制钏子。诸纳入品中，尤以详细记载奝然入宋及瑞像造立的经过《瑞像造立记——雍熙二年八月十八日记》（一卷）最为珍贵。据现在所见，此文有如下内容记述了奝然在台州参访，及从台州经杭州、泗州，抵达汴京的状况[①]："以癸未岁月八月一日离本国，其月十八日到台州安着陆行之神速驻迹于开元寺。九月九日巡礼天台，访智者之灵。踪游定光之金地，山奇树秀，溪浚泉澄。渡石梁，睹四果之真居。登桂岭，观三贤之膺影［丰干、寒山、舍得］。栖心莫及，行役所牵。十月八日发离天台，十一日到新昌县，礼南山澄照大师三生制百尺弥勒石像，梵容奇特，灵阁巍峩。以十二日前经过杭州，涉湛数州，十一月十五日至泗州普光寺，礼大圣。十二月十九日到汴京，泊於郡亭。至二十一日，朝觐应运天睿天英武大圣至明广孝皇帝于崇政殿奏。"

奝然在宋受到极高的礼遇，使他受宠若惊、激动在心。翌年（永延2年、988年）二月，他派弟子嘉因，（《宋史・日本传》称"喜因"），搭乘宋商郑仁德之船至宋，以答谢宋朝之恩。他在表文中说："伏惟陛下惠益四溟，恩高五岳，世超黄轩之古，人直金轮之新（略）在彼在斯，只仰皇德之盛，越山越海，敢忘帝念之深。纵粉百年之身，何报一日之惠。染笔拭泪，伸纸摇魂，不胜慕恩之至。"[②]

在进上表文的同时，还敬呈不少佛经和当时日本的工艺品，计有：贡佛经，纳青木函；琥珀、青红白水晶、红黑木患子念珠各一连，并纳螺钿花形平函：毛笼一纳、纳螺杆二口、葛笼一、纳法螺二口、染皮二十枚；金银莳绘筥一合，纳发鬟二头，又一合，纳参义正四位上藤佐里手书二卷、及进奉

① ［日］濑户内寂听、鹈饲光顺：《古寺巡礼、京都清凉寺》，淡交社1978年版，图26《奝然入宋求法巡礼行并瑞像造立记》。

② 《宋史日本传》，中华书局1985年版。

物数一卷、表状一卷：又金莳绘砚一筥，一合，纳金砚一、鹿毛笔、松炯墨、金铜水、铁刀；又金银莳绘扇筥一合，纳绘扇二十枚、蝙蝠扇二枚：螺钿梳函一对，其一纳赤木梳二百七十，其一纳龙骨十撅：螺钿书案一、螺钿书几一：金银莳绘平筥一台，纳白细布五匹：鹿皮笼一，纳貂裘一领；螺钿鞍辔一副、铜铁灯、红丝秋、泥障；倭画屏风一双；石流黄七百斤。[①]

永延3年（989年）七月十日，奝然被任命为东大寺第五十一代别当。[②]长和五年（1016年）三月十六日奝然示寂。[③] 他为中日文化交流和日本平安佛教之发展贡献了一生。

三、寂照、成寻入宋及文化交流

继奝然入宋之后，寂照（994—1036年）听闻宋朝佛法隆盛，于长保4年（998年）三十九岁时渡宋求法。

寂照，俗名大江定基。据《元亨释书》载，他曾“仕宫至三州刺史”，后“割冠缨投睿山源信之室”。源信是日本天台宗高侩，寂照从其学法。源信对天台宗教义有不解之处，欲请教宋朝南湖知礼法师。源信让寂照携“台宗问目二十七条”来宋。[④] 寂照于长保五年八月（1003年）出发，九月到明州。翌年（1004年），即宋景德元年抵达宋汴京。此事《宋史日本传》有载：“景德元年，其国僧寂照等八人来朝。”[⑤] 关于寂照在宋之活动，资料虽不多，但从《元亨释书》、《宋史·日本传》、《杨文公谈苑》有关记载中，可略知大概情况。寂照入宋后，受到宋真宗召见，“昭上进无量寿佛像，本朝名刻也，真宗大悦，赐紫方袍”[⑥]，“诏号圆通大师”。然后访天台山、四明

---

① 《宋史日本传》，中华书局1985年版。

② ［日］《大日本佛教全书》《东大寺业书第一、东大寺别当次第》，名著普及会1980年版，第427页。

③ ［日］《大日本佛教全书》《尘添盖囊钞、卷第十七、奝然上人入唐事》，名著普及会1983年版，第419页。

④ ［日］《元亨释书》卷第十六，释寂照。

⑤ 《宋史日本传》，中华书局1985年版。

⑥ 《宋史日本传》，中华书局1985年版。

山拜见了南湖知礼法师，呈上源信书信和二十七条台宗疑问。据《元亨释书》释源信传载："礼得问书，嗟叹曰：东域有深解之人乎！乃造答释返之。"① 得到知礼法师对二十七条疑问的解答，寂照打算马上回日本。可是，他刚结识的三司史丁谓很热情地予以挽留。这一挽留，使寂照最终长住苏州。此事宋朝翰林学士兼史馆修撰杨亿的《杨文公谈苑》中有较详细记载②："三司史丁谓见寂照，甚悦之。谓，姑苏人，为言其山水可见，寂照心爱，因留止吴门寺，其途不愿住者，遣数人归本国，以黑金水瓶寄谓，并诗曰'提携三五载，日用不曾离。晓井斟残月，春炉释夜澌。鄱阳难免多，莱石自成兮。此器坚还实，寄君应可知。'谓分月俸给之。寂照渐通此方言，持戒律精至，通内外学，三吴道俗以归向。"

以上述记载中可知：

其一，寂照在宋三司使丁谓的挽留并支援下（"分月俸给之"）在苏州的吴门寺滞留不归；

其二，南湖知礼法师对二十七条台宗疑问的解答，则是让其徒送回日本的；

其三，在苏州吴门寺期间，寂照不但勤学佛学，而且还旁及中国的其他学问（"戒律精至，通内外学"）；

其四，他还学习方言，因此与宋人有广泛的友谊（"三吴道俗以归向"）。

与他有深入交流的宋人之中，除三司使丁谓关系笃密外，还有宋翰林学士兼史馆修撰杨亿。据杨亿在《杨文公谈苑》中叙述，他与寂照首先见面是景德三年（1006年），是作为史官召见寂照的："景德三年，予知银台通进司，有日本僧人贡，遂召问之。僧不通华言，善书礼，命以櫜以对，云：'住天台山延历寺，寺僧三千人，身名寂照，号圆通大师。'"③ 此后两人往来密切："寂照东游，予遗以印本《圆觉经》并诗送之。后寄书举予诗中两句云：'身随客槎远，心学海鸥亲'，不可忘也，《圆觉》固目不暂舍云。"④ 寂

① ［日］《元亨释书》卷第四，释源信。

② 《宋元笔记小说大观》、《杨文公谈苑》，上海古籍出版社2001年版，第418号。

③ 《宋元笔记小说大观》、《杨文公谈苑》，上海古籍出版社2001年版，第418号。

④ 《宋元笔记小说大观》、《杨文公谈苑》，上海古籍出版社2001年版，第418号。

照曾任苏州僧录师。最终于宋景祐元年（1034年）客死于杭州清凉山，[1] 享年七十三。关白藤原道长《御堂关白记》[2] 中曾记载，寂照的弟子念救二度入宋时，曾受藤原道长所托携貂裘给寂照，以作为寂照呈送患子念珠、宋僧常智所著《道文集》之回礼，并赐予黄金百两，以为代购《一切经》论和诸宗章疏书籍之代金。《杨文公谈苑》记载，除藤原道长给寂照书信外，还有"国王弟"和治部卿源从英也给他写过一封书信。治部卿的信要求寂照收集未传入日本的书籍："所谘唐历以后史籍，及他内外经书，未来本国者，因寄便风为望。商人重利，唯截轻货而来。上国之风绝而无闻，学者之恨在此一事。"[3] 由此记载可推测，寂照曾数度致赠给友人、知己等内典、外典类书籍。

成寻与奝然相隔约九十年入宋。成寻入宋，其目的也是为了朝圣五台山和天台山。成寻于延久四年，六十二岁之时，搭乘宋商人孙忠之商船渡宋。[4] 于延久四年（宋·熙宁五年）三月二十七日抵达明州。[5] 并曾参访天台山、五台山。据《元亨释书》载："成寻先登天台山，后又游五台山，然后返回汴京，谒见宋神宗。"成寻参拜五台山的主要目的在于应皇太后之要求，准备将后冷泉天皇亲笔书写之《法华经》八卷存放于五台山，以为供养。[6] 宋神宗在延和殿召见成寻。拜谒宋神宗时，成寻献上"阇梨官符"、《皇太后法华经》、"六尺发"、银制香炉，木患子、白琉璃、五香、水晶、紫檀、琥珀串成的念珠、青色织锦、凌布等，以及奝然之日记四卷。神宗"以其远人而有戒业，处之开宝寺，尽赐同来僧紫方袍"。[7]

宋熙宁六年（1073年），宋朝"天下大旱，神宗闻寻有密学，敕于瑶津亭修祈雨密法"。成寻应宋神宗之请祈雨，颇为灵验。其修祈雨密法第三日

---

① ［日］藤善真澄：《参天台五台山记的研究》，关西大学出版社2006年版，第27页。

② ［日］小田切文洋：《入宋的天台僧们——日中文化交流史一斑》，翰林書房1998年版，第115页。

③ 《宋元笔记小说大观》、《杨文公谈苑》，上海古籍出版社2001年版，第418号。

④ ［日］井伊春树：《成寻入宋及其一生》，吉川弘文馆2000年版，第88页。

⑤ ［日］《扶桑略记》延久四年三月二十七日条。

⑥ ［日］《扶桑略记》熙宁五年十月十四日条。

⑦ ［日］镰田茂雄：《中国佛教的寺庙与历史》，大法轮阁出版社1982年版，第32页。

夜，便雷电闪鸣，大雨彻旦雾雨三天。神宗为此“赐（成寻）善慧大师，又敕加译场监事。”①

成寻在宋期间，与宋朝僧俗交谊甚广，彼此交流佛学，互相赠送书籍。他也特别注意当时出版的新译经典，曾向宋朝廷乞赐新译经五百余卷，获得敕准。成寻在《参天台五台山记》中，记录了敕准的情况②：“赐显圣寺新经圣旨到来，如右：传法院据日本国延历寺阿阇梨大云寺王传灯大法师位赐紫成寻状，伏覩圣朝新译经五百余卷未传日本。昨雍熙元年，日本僧奝然来朝，蒙大东皇帝赐号法济大师，三年归还，赐大藏经一藏及新译经二百八十六卷，见任日本法成寺藏内。成寻今来，欲乞赐上件新译经，所鱼流通，祝延圣寿。况成寻曾去显圣寺，栋点收赎，宫中不许外国收赎，是致有此陈黩，伏乞据状数奏，本院遂具进呈。奉圣旨，今显圣寺印新经赐予成寻。本院支钱。”得到赠书后，成寻就托返日之商船将大小乘经论五百二十七卷运回日本。并曾献上各种珍宝物品给白河天皇：另有十六罗汉、佛伽之画像则献给大云寺。

四、入北宋日本僧侣之历史作用

北宋时期，中日没有正式国交关系，两国之间的交流，仅依靠民间进行。入北宋巡礼的日本僧侣，人数不多，有名可考的仅二十二人。人数虽少，但其促进中日文化交流的作用不可轻视。他们之历史作用，主要可归纳如下数点：

第一，使北宋朝廷全面了解平安时代中期日本的政治、文化、风土、经济状况，加强了对日本的认识。

自唐末日本遣唐使停止以来，由于没有国交关系，中国朝廷对日本的了解甚少。虽然民间交往中，偶有日本的情况传入，但是都没入宋僧带来的资料和情况充实而系统。首先是奝然献上的《王年代记》，系统地介绍了日本自神话时代至圆融天皇止的“六十四世”皇系及各朝天皇时代与中国交流的

---

① ［日］《扶桑略记》熙宁五年十月十四日条。

② ［日］《扶桑略记》延久五年三月二十三日条。

史事。奝然献上的《职员令》，则详细地介绍了官职、位阶，以及全日本的道、州、郡建制，即全日本有“五畿、七道、三岛、凡三千七百七十二都，四百一十四都，八十八万三千三百二十九课丁”。[①] 特别是国王一系，臣下皆世官的历史，对宋太宗触动很大，他表示要参照日本的历史“建无穷之业，垂可久之范”，一则为“子孙之计”，再则为“使大臣之后世袭禄位”。[②] 寂照向北宋朝廷介绍了：“国王年二十五，大臣十六七人，郡寮百许人。每岁春秋二时集贡士，所试或赋或诗，及第者常三四十人。国中专奉神道，多祠庙，伊州有大神，或托三五岁童子降言祸福事。山州有贺茂明神，亦然。”[③] 如果说，奝然介绍了日本历史和中日交流史，那么，寂照则介绍了一条天皇（987—1011 年）在位时的现状。

第二，促进了中国皇帝与日本天皇的非正式交流。

入北宋的日本僧侣都是经过日本天皇敕准的。因此，他们入宋后，首先要拜谒宋皇帝，向宋皇帝送礼物。所呈礼物，名义上是入宋僧的敬献，实际上有的则是日本皇族的礼物，如奝然献上的《职员令》、《王年代记》；成寻呈献的《皇太后宫法华经》、“六尺发”等，似应与日本皇族有关。《职员令》、《王年代记》被收藏在宋朝廷的史局内。《杨文公谈苑》中曾叙及此事：[④]

“予在史局阅所降禁书，有《日本年代记》一卷，《奝然表、启》一卷，因得修其国史，传其详。”正因为有日本皇族所赠礼品，所以，宋皇帝也有回赠之礼。据《参天台五台山记》载，宋熙宗元年（1073）二月一日，宋神宗曾有赠日本天皇的礼物，让成寻转送：[⑤]“申时，以入内内侍东头供奉官张士良为使臣，下赐被志献日本皇帝，《金泥法华经》、锦二十疋。物色如右《金书法花经》七卷，用金渡银起突级通里钉子装轻匣一具、盛尅丝表销金里经帙子、并金复金。川合罗云凤细锦二疋、川倒仙细锦二疋、川撰雁细锦二疋、川黄师子细锦二疋、川杂花晕细锦二疋、川簇四金雕细锦二疋、川翠

① 《宋史日本传》，中华书局 1985 年版。

② 《宋史日本传》，中华书局 1985 年版。

③ 《宋元笔记小说大观》、《杨文公谈苑》，上海古籍出版社 2001 年版，第 418 号。

④ 《宋元笔记小说大观》、《杨文公谈苑》，上海古籍出版社 2001 年版，第 418 号。

⑤ ［日］《扶桑略记》延久五年二月一日条。

毛白师子细锦二疋、川方胜天下乐细锦二疋、川方胜宜男细锦二疋、川盘球云质细锦二疋。”

中国皇帝与日本天皇之间赠送礼物之事，自唐末两国断绝往来以后，甚为罕见。这种通过僧侣的传递非正式交往，也应是这一历史时期的一大特色吧。

第三，构建了北宋时期的中日书籍之路。

入北宋的日本僧侣在书籍交流方面，贡献颇大。首先，他们将宋代已经失传和中国少见的典籍携来中国。《宋史·日本传》载①："其国多有中国典籍，奝然之来，复得《孝经》一卷，《越王孝经新义第十五》一卷，皆金缕红罗褾，水晶为轴。《孝经》即郑氏注者。越王者，乃唐太宗子越王贞。新义者，记室参室任希古等撰也。"寂照入宋也携进已经散佚的南岳法师的《大乘止观》《方等三昧行法》，成寻带来了六百余卷天台、真言等经典。其次，介绍了日本国内汉籍收藏状况。奝然在口头答询中说："国中有五经书及佛经，《白居易集》七十卷，并得自中国。"② 寂照在答询时，回答得更详细，他说："书有《史记》、《汉书》、《五经》、《文选》、《论语》、《孝经》、《尔雅》、《醉乡日月》、《御览》、《王篇》、《蒋舫歌》、《老子》、《列子》、《神仙传》、《朝野载》、《白集六帖》、《初学记》。本国（指日本）有《国史》、《秘府略》、《交观词林》、《混元录》等书。"③

再次，他们广泛搜集、乞求北宋时期新刊的未曾传入日本的典籍以充日本的汉籍储藏。日本自奈良时代开始，入唐僧侣皆以输入汉籍经典为主要任务之一。奈良时代入唐的玄昉，携回的经纶多达五千余卷。平安时代前期，入唐的最澄、空海、圆行、圆仁、惠运、圆珍、宗睿八人，持入日本的佛典共1696部2524卷。其中圆仁第一，携回585部794卷；最澄第二，230部460卷；空海第三，216部416卷。与奈良、平安时代相比，入北宋的僧侣也毫不逊色。奝然携回的宋版《大藏经》一项就达数千卷。据《正仓院文书》

① 《宋史日本传》，中华书局1985年版。

② 《宋史日本传》，中华书局1985年版。

③ 《宋元笔记小说大观》、《杨文公谈苑》，上海古籍出版社2001年版，第418号。

天平11年（739年）二月十三日“写经启”中载，唐开元版《大藏经》5048卷。宋版《大藏经》中，有不少是开元版《大藏经》以后逐渐偏入新译经的最新版，其卷数必然大于开元版《大藏经》。奝然携回“大藏一藏及新译经286卷”，其卷数超过了奈良以来任何一位入唐、入宋僧。

成寻寄回的典籍也不少，除之前叙及的，宋皇帝敕准的新译经278卷外，他还搜集了《莲华心轮回文偈颂》、《景德传灯录》等135卷册，共寄回的汉典籍总数也达到413卷册。入北宋僧侣携回的书籍，极大地充实了日本的汉籍典藏。

第四，促进了日本佛典刊印业的发展。宋太宗赐予奝然的开宝敕版《大藏经》及新译经286卷等庞大数量的宋版佛典及摺本，对平安时代开版事业之发展和佛典研究产生了重大影响。

奝然谒见宋太宗之时，《大藏经》版木刚运抵开封印经院开始印刷。宋太宗将印刷完成之大藏经分送至中国各大寺院外，并当做赠品赠与奝然和中国周边诸国。其目的，除了向各国展现北宋在文化层面飞跃发展之状况外，也在于向各国夸示宋朝具有出版经典之国力。奝然运回之《大藏经》。成为平安末期众多写经之底本，除对当时佛典之研究产生了重大的影响外，奈良朝之后中断的开版事业，在奝然运回大藏经后蓬勃发展，对平安时代的开版事业产生重大而深远的影响。据木宫泰彦研究，[①] 自奝然回国后不久，日本的刻板印书业日渐昌盛，京都贵族经常为了供养而刊印天台经典。从宽弘元年（1009年）开始，至嘉应元年（1169年）的一百六十年间，有十五次印刷，刊印的佛经多达五千余部。所印佛经包括《法华经》、《无量义经》、《观普贤经》、《阿弥陀经》、《般若心经》、《仁王经》、《药师经》等。

总之，以上所述充分说明：以奝然为始的入宋僧以参访中国佛教圣地天台山、五台山为志向，搭乘宋商商船渡宋。返回日本之后，对日本的宗教、思想发展产生了重大的影响。奝然、寂照、成寻等入宋僧侣，除了将新文化传入日本之外，并将日本情势转知中国王朝。就一个国际知识人而言，他们的功绩值得大书特书。

---

① 《宋史日本传》，中华书局1985年版。

论文

武内义雄、宫崎市定：日本近代《论语》研究备忘录

吴　鹏（日本长崎大学）

内容提要　明治维新以后兴起的京都中国学派，其后由于方法论的分歧分为两个派别，武内义雄和宫崎市定分别是两派的代表性人物，前者著有《论语之研究》，后者则著有《论语之新研究》，均被视为日本近代《论语》研究的代表著作。本文将通过对以上两部论著的分析，阐释日本近代中国学的特色。

关 键 词　日本近代中国学　京都中国学派　中国思想史学　东洋史学

明治维新后，日本进入近代，以内藤湖南、狩野直喜、桑原骘藏为代表的京都中国学派悄然兴起。内藤和狩野皆崇尚清朝考据的学风，提倡清儒实事求是的方法；而桑原则对其极为反感，主张以日本特有的方法研究中国的学问。于是就学问方法而言，京都中国学派便分为两个派别。其后，前者门下诞生了著名的中国思想史学家——武内义雄；后者门下则出现了著名的东洋史学家——宫崎市定。两人的研究领域虽各不相同，但均对《论语》进行了相应研究，武内著有《论语之研究》，宫崎则著有《论语之新研究》。本文将对以上两部论著分析，从近代《论语》研究这一侧面说明日本近代中国学的特色所在。

一、武内义雄的《论语之研究》

武内义雄《论语之研究》于1939年由岩波书店出版。此书包括〈序说〉和〈结论〉在内凡八个部分。据各部之要旨，以第二章〈论语的原典批判〉为界，可划分为前后两部分：前半部分包括〈序说〉和第一章〈论语的异本及其校勘〉，主要讲述自汉代以来《论语》经本的变迁和注疏史；自第二章〈论语的原典批判〉以下的后半部分主要是对《论语》文本的批判。

（一）武内义雄研究《论语》的态度

于〈序说〉中，武内首先概述日本的《论语》研究状况，重点解说伊藤仁斋《论语古义》、荻生徂徕《论语徵》以及山井昆仑《七经孟子考文》，对仁斋原典批判的方法、徂徕所提倡言语学的态度以及昆仑开校勘学之先河给予了相当高的评价，并规定了其自身研究《论语》的重点。武内认为，校勘学和原典批判是任何古典研究的基础作业。所谓校勘是指“比较校核异本异文，确定正确的文字和经本”；[①] 而原典批判则指“批判性的分析古典文献，订正传统通说的谬误”。[②]《论语之研究》尤为重视原典批判，且其目的并非仅仅订正文本中的错误，而是通过原典批判，将《论语》二十章解剖为

① ［日］金谷治：《武内义雄》，载《东洋学的系谱》，大修馆书店1993年版，第251页。

② ［日］武内义雄：《武内义雄全集》卷9，角川书店1979年版，第46页。

若干部分，在阐明各个部分成立年代的基础上，辨析先秦儒学的展开经纬。

（二）《论语》注释书系统的确定

同于〈序说〉中，武内详细解说《论语》的注释书，回顾中国的《论语》注疏史，将古来众多的《论语》注释书分为何晏《集解》和朱子《集注》两大系统。这种做法虽为当今学界的常识，但其中却不乏武内自身独特的学问方法。

譬如，为明确《张侯论》与《包咸注》、《周氏注》的关系，武内详尽考证汉代的《熹平石经》。《熹平石经》既已亡佚，直至宋代才出土部分残片，其中《论语》的校记部分仅存五片，且文字不完整。武内以其广博的文献学知识以及敏锐的洞察力，通过严密的文献操作，首先确定五块残片的排列顺序，继而补正其上残缺的文字。[①]

又如，据传《论语郑玄注》中记有五十条校语，然陆德明《经典释文》中仅载有二十七条，无人知晓其余二十三条的内容。武内将现存的校语和汉石经残字、《郑注论语》残本进行比较，从而最大限度复原了既已散佚的二十三条校语，并以其为依据，推论《郑注论语》的内容和特色。[②]

（三）《论语》异本系统的确定

自古以来《论语》的异本颇多，故而选择异本进行校勘确非易事。而武内却遵从“异本的对校贵精善而非贵量多”[③] 的原则，将唐代开元石经版《论语》和日本教隆版《论语》定为标准经本。其曾于《中国学研究法》一书中指出：“欲正诸书之系统，须依据古来目录解题书。若无著录，则应根据奥书版式加以判定。”[④] 即以目录学的方法确定书籍系统。此为武内学问方法的特色之一。特别值得一提的是，其对日本的《论语》经本系统的研究颇为详尽，可谓达前人未到之境界。

确定《论语》标准经本后，武内进而对校两者，留意其间异同，并参考其他古籍中徵引的《论语》遗文，最终完全校订了现行本《论语》。并于

① ［日］武内义雄：《武内义雄全集》卷1，角川书店1978年版，第19页。
② ［日］武内义雄：《武内义雄全集》卷1，角川书店1978年版，第19—24页。
③ ［日］武内义雄：《武内义雄全集》卷1，角川书店1978年版，第65页。
④ ［日］武内义雄：《武内义雄全集》卷1，角川书店1978年版，第31页。

1938 年由岩波书店出版发行。

（四）《论语》的原典批判

根据《汉志》的记载及何晏《集解》序中的“刘向说”可知，西汉时的《论语》有《鲁论》、《齐论》和《古论》三种版本，其中《古论》为汉武帝时自孔子壁中所得，其余两论的出处和年代皆不为人知。武内首先调查传承齐鲁二论学者的生存年代，证明其皆为武帝以后，宣、元二帝时代之人，故而主张齐鲁二论应成立于《古论》以后。至于三论的关系，则通过比较陆氏《经典释文》中郑玄的校语和《说文解字》中徵引的古文《论语》，明确其间于字形和字音方面的异同，从而得出结论：“齐鲁二论实为《古论》出现以后根据读音的不同而演变出的两种经本，而《古论》则虽时代的推移不知何时被以隶书改写，故而出现三论之别，三论实为同一古壁中派生出的异本。”①

既然三论属于同一系统，那么《古论》问世以前是否存在更为古老的《论语》呢？关于这一问题，武内检讨陆贾的《新语》、贾谊的《新书》及《韩诗外传》等武帝以前的古书中所引用孔子的言语，判断：“现行本《论语》成立于武帝以后，此前曾存在孔子语录，称为‘传’。”②

既然武帝以前既已存在孔子语录，那么这种古老的《论语》到底是何面貌，与现行本有何关系？针对这一问题，武内以王充《论衡·正说》为根据提出了震惊学界的新说。《论衡·正说》之文可谓难解之极，武内则大胆的对其展开批判，订正其中十二处错误，根据“齐鲁二河间七（九）篇三十篇”一句，主张《古论》出现以前既已存在如同孔子语录的《齐鲁两篇本》和《河间七篇本》。

既然肯定《齐鲁两篇本》和《河间七篇本》的存在，那么现行本《论语》二十篇中的哪些部分分别相当于《齐鲁两篇本》和《河间七篇本》呢？为了解明这一问题，武内基于伊藤仁斋的《论语》二分说将现行本《论语》的篇目还原于《古论》，并将现行本二十篇区分为三个部分，分别攻究。所

---

①［日］武内义雄：《武内义雄全集》卷 1，角川书店 1978 年版，第 72 页。

②［日］武内义雄：《武内义雄全集》卷 1，角川书店 1978 年版，第 73 页。

谓三个部分是：〈学而篇〉和〈乡党篇〉为第一部分；〈为政篇〉至〈子罕篇〉为第二部分；〈先进篇〉到〈尧曰篇〉为第三部分。现行本《论语》中重复之章颇多，如此区分后，同一部分中则无重复之章。

首先，〈学而篇〉和〈乡党篇〉中存在不少齐国方言，据此推测，此两篇可能是编纂于齐鲁两地的《齐鲁两篇本》。又分析两篇中的章句，特别是考察言语的用例，从而判断此两篇系由两种材料汇编而成。最后吟味两篇之内容，并参考《礼记》、《孟子》等，最终判断〈学而篇〉和〈乡党篇〉折中齐学子贡学派和鲁学曾子学派的思想，应该成立于齐鲁两学接触之后，即孟子游齐之后。

其次，关于〈为政篇〉至〈子罕篇〉的第二部分，武内首先指出〈子罕篇〉中后世续入的内容颇多，应视其为《论语》的附加部分。其余七篇中经常出现燕国北郊的方言，而燕国与赵国的河间相邻，故而主张此七篇很可能相当于古老的《河间七篇本》。又根据各篇章的思想，推测其可能是曾子后学传承的《论语》。再对照《曾子》、《子思》、《孟子》等，指出其间相同章节甚多，从而证明《河间七篇本》是思孟学派传承的《论语》。

最后，关于〈先进篇〉至〈尧曰篇〉的第三部分，武内指出〈微子篇〉备受老庄思想影响，〈季氏篇〉中不属于儒家的思想颇多，〈阳货篇〉中出自《孟子》、《荀子》的内容甚多。故而判断此三篇并非《论语》的原形，皆应成立于战国末期以后。其余的七篇中多使用齐国方言，所以可以推测其为成立于齐国为齐人传承的《齐论语七篇》。再检讨《齐论语七篇》与《河间七篇本》、《齐鲁两篇本》的异同，判断其为子贡子夏学派传承的《论语》，应为《河间七篇本》之别派。最后根据〈宪问篇〉、〈先进篇〉与《孟子》以及公羊学的关系，证明了《齐论语七篇》大约成立于《孟子》以后，晚于《河间七篇本》。

以上是《论语》文本的批判及其结论。武内认为据异本成立的顺序可观思想随时代推移的变迁。最早成立于鲁国代表曾子学派的《河间七篇本》的思想重视礼的精神；稍后成立于齐国代表子贡学派的《齐论语七篇》重视礼的形式；最后的《齐鲁两篇本》则并重礼的形式和精神，可视其为齐鲁两学的折中。故先秦儒学的展开大势为：孔子殁后，以鲁国为中心的儒教由统一走向分裂，出现了齐鲁两学的对立，而后又由分裂再次趋于统一，于齐国完成齐鲁两学的折中。这一结论无疑可视为中国思想史的一部分，而得出此结论的基础即为对《论语》的原典批判。可以说，武内的原典批判是与思想史学相关联的，是其由文献考证学飞跃至中国思想史学的关键所在。而基于原典批判探求思想发展轨迹的方法，即为武内所独创的中国思想史学研究方法。

对于武内的原典批判，和辻哲郎评价说："武内不但严密的校勘文本，还进行原典批判。清儒虽重校勘，却未充分运用原典批判，而武内却将创始于日本的学问致密精确地展开，可谓原典批判之正道。"[①] 町田三郎先生曾于《如何解读〈论语〉》一文中指出："自春秋末至汉初，《论语》经过近百年的编纂，为避免阅读《论语》时陷入时代错误，我们应该以武内先生的学说为基础解读《论语》。"[②] 可见，原典批判是《论语之研究》一书最为值得评价的所在。

（五）武内的学问特色

武内义雄的独特学问方法贯穿于《论语之研究》一书中。首先是其独具特色的文献考证学。武内的文献学由训诂学、目录校勘学和原典批判的三个部分组成。

训诂学是解释古典字句的学问，其中包括字形、音韵、字义的研究。武内分析《论语》文本时，必训解各篇章的语句，并于难读之字旁注明读音，难解之语旁注明语义，《论语》二十篇无一例外。且对于古代方言的研究更为详密，从《论语》文本中找出燕、齐等古代地方的方言，以此作为论断的佐证。众所周知，训诂学源于汉代，至清代尤为鼎盛。清儒的考据无不严格按照训诂学的法则进行。武内则完全接受了清儒的方法。故而可以说，武内的文献学是以严密的训诂为基础的，其研究是从忠实的解读原典开始的。清朝考据学实事求是的学风确为武内学的性格。

目录校勘学是指以目录学的方法辨别古典真伪、校勘异本异文、考究版

---

① ［日］和辻哲郎：《武内博士的〈论语之研究〉》，载《孔子》，岩波书店1988年版，第144页。

② ［日］町田三郎：《如何解读〈论语〉》，载《江河万里流——追迹孔子和龟阳文库一》，龟阳文库1994年版，第62页。

本系统和源流的学问，在《中国学研究法》一书中被特别予以强调。武内对《论语》文本的校勘即是从检讨古书目录开始的。此外，以奥书版式确定书籍系统的方法亦应借鉴。

原典批判是指对古典进行批判性地分析，订正传统通说的谬误。武内对《论语》的原典批判虽踏袭日本江户学者伊藤仁斋和清儒崔述的研究成果，却不同于历来单纯比较文章言辞的方法，而是援用目录学去考究《论语》的来历，从而阐明《论语》最为原始的貌相。其结论虽未被学界完全接受，但这种学问方法却颇为值得继承。

最后，武内基于原典批判的结论，对照比较三种《论语》，最终说明了孔子殁后儒教是如何由统一走向分裂，又是如何由分裂走向统一折中的，并且明确其间儒学思想主流发生了何等的变化。这完全是思想史学的研究方法，是武内独创的学问方法论，其巨著《中国思想史》即建立于此种方法论的基础之上。

二、宫崎市定《论语之新研究》

宫崎市定《论语之新研究》于1974年由岩波书店出版。此书分〈历史篇〉、〈考证篇〉和〈译解篇〉三个部分。〈历史篇〉主要讲述《论语》的研究史；〈考证篇〉主要是《论语》的原典批判；〈译解篇〉是《论语》的现代日本语译。

（一）宫崎市定著述《论语之新研究》的动机

《论语之新研究》中，宫崎首先以历史学家的治学角度对《论语》展开历史性的研究。通常认为，《论语》是研究孔子及其思想的最基本史料。譬如，狩野直喜和吉川幸次郎即以《论语》为中心讲述孔子的生涯。武内义雄则通过对《论语》的原典批判，明晰孔子思想的原貌。① 而宫崎却将这一观点加以发展，研究《论语》的注疏史，从而辨析中国经学的展开经纬，阐明

① 参阅［日］狩野直喜：《论语孟子研究》，美玲书房1977年版；［日］吉川幸次郎：《关于论语》，讲谈社1976年版；［日］武内义雄：《武内义雄全集》卷1，角川书店1978年版。

历代学者研究《论语》的态度，从而说明孔子于中国历史上地位的变迁。

此外，基于对传统考证学的反思，宫崎对《论语》文本和注疏展开批判，其中不乏颇具创建性的观点。考据学为京都中国学派的学问根底，狩野直喜和内藤湖南皆崇尚乾嘉考据的学风，其弟子武内义雄亦于秉承此学风的基础上，树立了中国思想史学的研究方法。然宫崎却认为考证学的弊端在于其研究方法仅拘限于字句篇章的对比，未必从文献内部探求证据。[①] 考据之“据”仅指其他书籍的记录，而缺乏对文本内容的检讨。譬如，清朝考证学的忠实传承者武内义雄虽对《论语》文本进行批判，但在宫崎看来，武内的方法虽然严谨，但由于恪守传统考证的法则，所以只能探究篇章的形成顺序，不能彻底解决《论语》文本中的矛盾。故而宫崎主张脱离古注疏和考证法则的束缚，对《论语》进行“完全自由”的批判。

（二）东洋史学家独特的《论语》研究

〈历史篇〉主要讲述《论语》的成立和注疏史，同时说明孔子在中国历史上地位的变迁。此外，对日本的《论语》传承、研究状况亦有所言及。

一般根据《汉志》的著录以为，《论语》于汉代始称《论语》，且《古论》、《齐论》和《鲁论》三种异本并行于世，而后为东汉郑玄统合，成为现行本《论语》。然武内义雄却对此提出反论[②]〈关于此点，请参照本论一（四）〉。宫崎则质疑武内的新说，其疑点有二：第一，《齐鲁两篇本》和《河间七篇本》是如何问世的；第二，假使武内的新说成立，那么作为汉代学术权威的《汉书》的著者班固为何不知如此重要的信息，而仅为一介布衣学者的王充却可以知晓。[③] 换言之，一贯主张以目录学为中国学研究基础的武内为何不相信目录学专著《汉志》的记载。此外，宫崎于《论衡正说篇说论语章稽疑》一文中亦指出：武内对《论衡·正说》的批判仅限于文字的订正，而没有注意到错简和注文混入的现象，且所谓《齐鲁两篇本》、《河间七

① ［日］小仓芳彦：《宫崎市定的〈论语之新研究〉》，载《逆流和顺流—吾人之中国文化论—》，研文出版社1978年版，第181页。

② ［日］武内义雄：《武内义雄全集》卷1，角川书店1978年版，第67—72页。

③ ［日］宫崎市定：《论语之新研究》，岩波书店1974年版，第14页。

篇本》与《古论》、《齐论》、《鲁论》的关系亦不明确。[①] 基于以上疑点，宫崎同样对《论衡·正说》进行批判，指出其中的错简和混入的注文，并将武内作为依据的"齐鲁二河间七（九）篇三十篇"从新订正为"齐鲁又多问王篇知（治）道篇"，[②] 并以其作为《汉志》著录的佐证。故而主张武内根据《论衡·正说》所作的论证是有待商榷的，《论语》的成立应该遵从《汉志》的记载。

阐明《论语》的成立和源流后，宫崎将《论语》置于汉代以后的历史上进行考察。即考察汉代至清代《论语》注疏方法的变化，阐明历代《论语》注疏的特色，从而辨析自汉唐注疏学、宋明理学至清朝考证学的中国经学的展开经纬，并且从历代学者对《论语》的不同态度，说明孔子于历代地位的变迁。其实早在 1938 年，宫崎既已于《孔子在东洋史上的地位》一文中，以《论语》为中心说明孔子不仅是儒教的开祖，还是东洋伦理学的始祖，并以"加上法"[③] 为依据，说明以孔子为中心的儒家是中国学派的起源。[④] 三十五年以后，七十二岁的宫崎强调孔子是中国文化史上最重要的起点，进行历史性的考察。

要而言之，宫崎通过对《论语》研究史的考察，一方面辨析中国经学史，另一方面阐明孔子于中国历史上地位的变迁。其中显现出一个独特的史学研究方法。即通过对某一事物历史的研究从而发掘、辨析与其关联的其他事物的历史。以《论语》作为研究孔子及其思想的史料是学界的常识。狩野直喜、吉川幸次郎曾以《论语》为中心讲述孔子的生涯事迹，但均未言及中国经学的展开和孔子地位的变化。故而于当时的学界，宫崎的研究方法极具新意，是《论语之新研究》所谓"新"的所在。

〈历史篇〉第七章〈日本的论语〉主要略述自《论语》传入日本直至幕

---

① ［日］宫崎市定：《论衡正说篇说论语章稽疑》，载《解读论语的新方法》，岩波书店 1996 年版，第 217 页。

② ［日］宫崎市定：《论语之新研究》，岩波书店 1974 年版，第 15 页。

③ 所谓"加上法"，指一切思想学说均系在其之前存在的思想学说的基础上叠加而成。参阅［日］武内义雄：《武内义雄全集》卷 9，角川书店 1979 年版，第 52 页。

④ ［日］宫崎市定：《孔子在东洋史上的地位》，载《解读论语的新方法》，岩波书店 1996 年版，第 157 页。

末的研究状况，其中宫崎对江户古学派的《论语》研究给予了非常高的评价，指出伊藤仁斋的古义学不同于漫无目的的考据，意在再现孔子的宗旨；伊藤东涯对类语的研究胜于中国的言语学研究，是日本独特的中国学研究法。更重要的是，在讲述日本《论语》研究状况的同时，辨析了日本儒学的展开大势。①

（三）宫崎市定原典批判的方法

〈考证篇〉分为〈论语文本中的疑问〉和〈训诂上的疑问〉两章，宫崎在东洋史学家的立场上，对《论语》的文本和历代注释展开批判。对于历史学家而言，文献皆为史料，即使是儒家经典的《论语》亦不例外，文本传抄不免会有误衍缺漏的所在。故而宫崎以史学家的治学角度，主张应以怀疑、批判的态度研究《论语》，并将文本中的错误分别为误字、脱字、衍字、和错出的四类；注释的错误分别为句读、引用文、文意和语义的四类，其中不乏其独特的观点。

譬如〈微子篇〉第七章“子路从而后，遇丈人，以杖荷蓧。子路问曰：‘子见夫子乎?’丈人曰：‘四体不勤，五谷不分。孰为夫子?’植其杖而芸。子路拱而立。止子路宿，杀鸡为黍而食之，见其二子焉。明日，子路行以告。子曰：‘隐者也。’使子路反见之。至则行矣。子路曰：‘不仕无义。长幼之节，不可废也；君臣之义，如之何其废之？欲洁其身，而乱大伦。君子之仕也，行其义也。道之不行，已知之矣。’”中施以横线的“路”字，宫崎以为涉上文而衍，应该删除而作“子曰”。宫崎说：

> 此文虽看似不难，但全文的意思不通。子路是孔子颇为器重的弟子，《论语》各章大都以孔子对弟子的训示为终结，而此处却以子路冗长的说教为终结，大有逾越孔子之势。同时，子路的做法亦有悖常理，其离开孔子后遇到一位隐遁老人，言语之间与其甚为投缘，且被邀至老人家中做客。然子路却在老人背后批判其乱人伦道德。生性直率的子路为何不当面批判其缺点呢？另一方面，孔子的做法也让人难以理解，他为何命子路重返老人之处呢？

① ［日］宫崎市定：《论语之新研究》，岩波书店1974年版，第56—57页。

而子路也认为这实属无用之举，言语间流露出对孔子的不满。究其原因，我（宫崎）认为是文中的错误造成的。[①]

〈微子篇〉第七章的问题在于，从来的解释不符合孔子和子路的师徒关系，也不符合子路的性格。宫崎以为此章的意思是：子路于隐遁老人家中备受款待，且受到隐者人生观的教喻，而后子路将所见所闻转告孔子，孔子唯恐弟子受异端的影响，命其从返老人处，宣传儒家的人生观。故原文"子路曰"以下的长文为关于儒家人生观的叙述，实该为孔子之语，故"子路曰"本应作"子曰"。[②] 对这段文字的批判没有客观的物证，所依据的是通过上下文意的疏理而得到的主观性理证。此即为宫崎所主张的"敢以意改"[③] 的原典批判方法。这对于恪守家法的传统考证学者来说，无疑颇具挑战性的意味。以清朝考证学为代表的传统考证学家法有"无证则不可采信"之说，要改正经典中的错误，必须采用对照比较其他文献的方法。即使不能解读也不能订正经典的文本。即传统的考证学家对经典的批判所得到的证据只是显现于表面的物证，历史学者于重视物证的同时也重视文献的内部批判所得到的理证。所谓理证是指：文章所表达的意思是否通顺，符合常理，客观法则和客观实际等。这是一种非常科学的学问方法，却为传统的考证学家所否定。其实朱熹既已于《四书集注章句》中提及："福州有国初时写本，路下有'反子'二字，以此为子路反而夫子之言之也，未知是否？"[④]《汉籍国字解全书》亦引用朱熹之说，由于没有确实的文献为证，而未加以订正。[⑤]

又如〈雍也篇〉第二章从来的句读为"仲弓问子桑伯子，子曰：'可也简。'……"即"可也"断句，以"简"作为解释说明。宫崎则对其提出了异议：

问者并没有要求孔子马上回答，孔子没有必要急切地道出"可也，简"

---

① ［日］宫崎市定：《论语之新研究》，岩波书店1974年版，第98—99页。

② ［日］宫崎市定：《论语之新研究》，岩波书店1974年版，第99页。

③ ［日］宫崎市定：《论语之新研究》，岩波书店1974年版，第65页。

④ 朱熹（宋）：《四书集注章句》，《钦定四库全书荟要》，吉林出版集团有限公司2005年版，第87页。

⑤ ［日］中村惕斋：《论语》，《汉籍国字解全书》，早稻田大学出版部1909年版，第359页。

三字。这绝非孔子正常的态度。通读《论语》则不难发现，孔子的言语中，“也”位于中间的三字句式颇多，且这种句式起始之字大都为弟子之名，最有一字为对其的评价…故“可也，简”很可能也属于这种句式，读为“可也简”。问题在于“可”是否为子桑伯子之名。这个问题虽无从考证，但也不能完全否认其可能性。①

新注、古注皆以“可也”断句。清儒黄式三《论语后按》也说：“‘可也’绝句，‘简’又一句”②，《汉籍国字解全书》亦如此断句。③ 而宫崎却将其改读为“可也简”，主张“可”是子桑伯子之名。汉唐的学者不能找到子桑伯子名“可”的证据，故而读为：“可也，简。”宫崎虽未有明证，却以理批驳历来的句读。

再之，宫崎的主张虽由于缺乏确凿证据而略显牵强，但由于宫崎的疏理，《论语》的意思更加合理，内容更加易懂，或可谓宫崎考证《论语》的新方法。

（四）“意译”的翻译方法

〈译解篇〉是《论语》的现代日本语译。“汉文训读”是日本汉学家解读汉籍的基本，然训读文与现代日本语相差甚远，未必为一般日本人所理解。所以，汉籍大多翻译成为现代日本语刊行，《论语》亦然。但是《论语》的现代语译存在着译者愈想忠实的保持原典意义，译文却愈难理解的问题。上述的“汉文训读”虽是最能保持原典意义的翻译方式，现代人却未必能理解。究竟如何既能够使译文保持原典的意义，又能通俗易懂，宫崎提出了“意译”的翻译方法，即表达原典大体意思的翻译方法。既然是“意译”，与原典之间必有出入。故宫崎在翻译《论语》时，将日本传统的训读并记于现代语义之旁，以补“意译”之不足。譬如，宫崎对〈学而篇〉第五章的解释为：

① ［日］宫崎市定：《论语之新研究》，岩波书店1974年版，第106—107页。

② 黄式三：《论语后按》，凤凰出版社2008年版，第137页。

③ ［日］中村惕斋：《论语》，《汉籍国字解全书》，早稻田大学出版部1909年版，第100页。

子曰："导千乘之国：敬事而信，节用而爱人，使民以时。"

日文训读：

子曰く、千乗の国を道むるには、事をつつしみて信あり、用を節して人を愛し、民を使うに時を以てす。

现代语义：

孔子说："对于治理诸侯国来说，最重要的是尽可能控制政府各方面的行事，恪守公约，节约经费，减少税收，并且于农忙时不征徭役。"①

"千乘之国"的原意为拥有战车千辆的国家。天子万乘，诸侯千乘，故将其译为"诸侯国"。而"节用而爱人"的现代语译则与原意有所出入。所谓"节用"，字面上表节约用度之意。就统治者而言，"用"为征战、土木工程、祭祀等行事所需费用，故"节用"译为"节约经费"较为恰当。而这些费用的来源无疑为税收，所以对于统治者而言，减少税收即为"爱人"的具体表现，故将"爱人"译为"减少税收"也恰当。但是从文字的意义上看，原文与译文之间无疑出入较大，幸而有传统的训读文可作参考，使读者可依据训读文理解译文与原意的关系。所以，"意译"的方法绝非依照主观猜测对原典进行解释，而是在彻底考证原典意义的基础上，将原意用现代人所能接受的言语表达，以达到简明易解的要求。众所周知，《论语》言简意赅，而内容却极为丰富，故现代人除非有汉学修养，否则较难理解其意义。譬如上文所讲的"千乘之国"的规模如何，"节用"的"用"究竟何所指，"爱人"的具体表现为何，均为现代人所难以理解。不少的经典注释者均用心于对这些简练言语的解释。吉川幸次郎解释此章时，将"节用而爱人"简单的直译为"节约用度，热爱人民"，② 这样的译文虽然没有错误，但不能表现出文中所隐含的深层含义。而宫崎彻底考察原文的意义，从中挖掘出原文所表达的具体事实，并以简单易懂的现代语加以解释，可见其非凡的学识和洞察力。

① ［日］宫崎市定：《论语之新研究》，岩波书店 1974 年版，第 164 页。

② ［日］吉川幸次郎：《吉川幸次郎全集》卷 4，筑摩书房 1969 年版，第 24 页。

虽然如此，高度评价“意译”方法的同时，对其差错也要有所警惕。宫崎也认可“意译”与原文有所出入，故而主张参考训读文来洞悉原意与“意译”的关系，以弥补这一不足。但是，无论意译与原文有何等的出入，也应该与原意有所关联，否则即使对照训读文也无法洞悉其间的关联，最终陷入解释的错误。譬如，对“敬事”的解释便有待商榷。《说文》云：“敬者，肃也，”又云：“肃者，持事振敬也。”[①] 可知，“敬”的原意为小心谨慎，所以用日文训读为“事をつつしみ（慎事）”是十分准确的。但将其译为“控制政府各方面的行事”则与原意相差甚远，这样的解释既已脱离原意，与其说与原意有所出入，不如说是错误的解释。故而为了避免译文脱离原意，必须逐字逐句的考察文本，以准确的解释文字，正确的解读原典作为研究的基础。

（五）宫崎的学问特色

武内义雄的《论语之研究》尝于学界掀起原典批判的风潮，其基于原典批判的思想史学研究方法亦颇受好评。然关于《论语》的源流和成立的结论却未为学界所完全接受。[②] 据吉川幸次郎所说，宫崎市定对武内的批判最为猛烈。[③] 且宫崎于《论语之新研究》中多次表露出对清朝考证学的不满，而武内正是清朝考证学的忠实祖述者。故笔者认为：宫崎所谓的“新研究”主要是相对武内的《论语之研究》而言的，冲出传统考证家法的牢笼，对《论语》展开自由的批判确为《论语之新研究》所谓“新”的所在。

原典批判的运用是日本近代中国学的特色之一，以批判的态度解读中国古典是日本中国学研究者的常识。但批判的方法却仅限于比较文章，以文献记载作为订正古典错误的依据。而宫崎却打破传统家法，摆脱古注疏的束缚，以东洋史学者的立场对古典进行文意的疏理，以“敢以意改”的精神订正其中的错误，从而使经典所表达的内容更加合情合理。且其依据并非客观性的物证，而是考察文本的内容是否符合常理和客观事实而得到的主观性理证。这是宫崎对古典文献批判所持的独特观点。

---

① 段玉裁：《说文解字注》，古籍出版社 1988 年版，第 434 页。

② ［日］金谷治：《武内义雄》，载《东洋学的系谱》，大修馆书店 1993 年版，第 254 页。

③ ［日］吉川幸次郎：《解说》，［日］武内义雄：《武内义雄全集》卷 1，角川书店 1978 年版，第 597 页。

此外，东洋史学家独特的史学研究方法，即通过对某一事物历史的研究，进而发掘、辨析与其关联的其他事物历史的方法，以及“意译”的翻译方法，亦值得借鉴。

宫崎市定对《论语》的研究之所以能够呈现出以上新意，主要根源于其作为东洋史学家的研究立场。宫崎以为，《论语》既非儒家经典，亦非日本传统汉学的教义，而是研究中国历史的史料之一。故摆脱传统考证家法和古注疏的束缚，对《论语》展开自由的批判，并以其作为辨析中国经学史和研究孔子的原始文献资料。宫崎之所以充满对传统考证学和注疏学的反感与其恩师桑原骘藏的影响不无关系，但是基于对传统学术的反思而树立自身独特的研究方法，确实根源于其作为历史学家的立场。宫崎曾于《自跋集》中批评津田左右吉的《论语》研究（《论语和孔子的思想》）缺乏文本的分析，对《论语》的解释与朱子《集注》完全相同，无任何新意可言。又指出武内义雄的《论语》研究虽重于原典批判，但对文本的分析仅限于篇章的考证。又说明其自身深受幕末明治时代的汉学者根本通明《论语讲义》的启发，主张以怀疑、批判的态度从新审视历来的注释，寻求新的解释方法。①

《论语之新研究》自问世以来便受到了极高的评价，砺波护曾称其为“史学家所解读的《论语》”，② 北京大学中文系教授刘萍称其为“带有批判精神的历史性研究”。③ 总而言之，宫崎市定以东洋史学家的立场对古典展开自由批判的研究方法确为《论语之新研究》一书最值得评价的所在。

三、结　语

《论语之研究》和《论语之新研究》是日本近代《论语》研究的代表著作，比较两部著作则不难发现，同属京都中国学派的武内和宫崎在学问性格和方法上存在明显的不同。

---

① ［日］宫崎市定：《论语》，载《自跋集》，岩波书店1996年版，第69—71页。

② ［日］砺波护、藤井让治：《京大东洋学的百年》，京都大学学术出版会2002年版，第237页。

③ 刘萍：《津田左右吉研究》，中华书局2004年版，第263页。

武内集中日考证学之大成，主张以训诂学、目录校勘学和原典批判的方法作为中国学各领域共通的研究法，并且于此基础上构筑起中国思想史学。《论语之研究》一书便尽显其学问方法与特色。

而宫崎基于对考证学、注疏学之优劣的反思，于历史学者的立场上提出了与武内截然不同的中国古典研究法，《论语之新研究》一书则为其具体表现。

武内和宫崎的学问方法与学问性格虽有诸多不同，但两者对中国古典研究的态度却是完全相同的。即均将经典视为普通文献，抱着批判的态度进行研究，唯于批判的方法和程度上有所不同而已。武内的原典批判极其重视考据，并援用目录学的方法，力求明晰思想展开的历史；宫崎则不重考据而重在疏理文本的内容，力求实现对古典的自由批判。

武内和宫崎的研究领域虽不相同，但其学问均形成于京都中国学派的学风之下，故由此二人之著作可观日本近代中国学的学问宗尚。武内以考据见长，并于继承前人学问方法的基础上开创了中国思想史学这一新的研究领域。由此可见，日本近代中国学之根底在于考据，实事求是为其治学宗旨，且其特色之一在于继承前代学术成就而开拓新的研究领域；宫崎则以史学家自由批判的态度研究中国古典，并提出一系列新的研究方法。由此可见，日本近代中国学不同于以往的汉学，不具有丝毫的护教色彩，其特色之一在于极为自由的学术气氛。

事实上，日本近代的《论语》研究应以狩野直喜《论语孟子研究》为起始，以金谷治译注的《论语》为终结。故而对笔者而言，明晰自狩野直喜至金谷治的《论语》研究系谱，构筑日本近代《论语》的研究史，是今后重要的课题。

论文

1873年日使觐见同治帝的礼仪之争

——李鸿章与副岛种臣的外交交涉

白春岩（早稻田大学社会科学研究科）

内容提要 1873年6月29日（同治12年6月5日）驻北京各国使节在紫光阁举行了空前的觐见同治帝的仪式。说其空前是因为代表着数千年历史文化传统的“三跪九叩”大礼被废，取而代之的是接近于近代国际外交礼仪的礼节，而中国在这次礼仪之争中又被迫向近代化迈进了一步。更值得注意的是日本全权大使副岛种臣与其他外国公使不同，他单独以作揖礼被召见。明治维新后的日本在礼仪问题上首次与中国发生碰撞，这次交锋以中方的妥协而告终。

关 键 词 李鸿章 副岛种臣 觐见同治帝 中日关系

1873年日使觐见同治帝的礼仪之争——李鸿章与副岛种臣的外交交涉

中国自古以来被称为“礼仪之邦”，随着时代的推移，上至朝廷，下至市井逐渐形成了特有的礼仪制度，特别是进入中国最后一个封建王朝——清朝。觐见皇帝的礼仪也逐渐集一大成。然而，由于复杂的国际、国内环境的影响，清政府在处理觐见问题时愈加力不从心。

1873年（同治12年、明治6年）① 日本派外务卿副岛种臣来华。他来到北京后围绕着觐见的礼仪与清廷展开了空前的较量。特别值得注意的是，这次的觐见开创了几千年来中国历史的第一例，即真正被允许用立礼来觐见中国皇帝。从觐见的顺序来看，副岛后来居上，领先英、美大国而居第一位。这次礼仪之争对于明治维新后的日本政府来说可谓巨大的外交成功。

对于这个历史事件，在日本的学术领域，通常把副岛的对清外交作为重点，对他是如何实现日本的“国权外交”这一问题作了研究。比如森田朋子、毛利敏彦等学者都是站在日本的立场来强调副岛的个人作用。另一方面，中国的学者向来对副岛持批判的态度。如王开玺在《清代外交礼仪的交涉与论证》中指出，日本方面的行为是无视中国的外交主权的。

与此同时，直隶总督兼北洋大臣李鸿章在这次觐见礼仪之争中究竟发挥了怎样的作用，现有的研究仅仅停留在李鸿章奏折的意见上，对李鸿章究竟采取了哪些具体行动等方面的研究还不够充分。虽然觐见是在北京举行的，表面上看来与在天津的李鸿章没有直接关系。但笔者通过查阅中日双方的史料发现，李鸿章在礼仪争论中曾发挥过重要的作用。另外，对日本外务卿副岛种臣的评价，也不能只停留在批判的角度。本文以1873年的觐见为中心，对以下问题进行考察。

日本大使副岛种臣为何能够领先其他使节，单独一人，以三揖之礼（其他使节五鞠躬之礼）觐见同治帝？副岛的外交成功与北洋大臣李鸿章有怎样的关系？这次觐见对其后的中日关系产生了怎样的影响？

本文以日本方面的史料《大日本外交文书》（第6卷）、《明治文化全集》（第11卷）中的《副岛大使适清概略》、中国方面的史料《筹办夷务始末》

---

① 本文中的时间表记以西历为主，必要时括弧内表记旧历，同时本文中出现的日本方面史料的译文为笔者所译。

(同治朝)、《李鸿章全集》、《晚清洋务运动事类汇钞》为基础，在解析李鸿章和副岛种臣行动的同时寻找上述问题的答案。

一、1873年的觐见问题

1873年，清朝皇帝同治帝（1856～1875）成年。为庆祝皇帝大婚和亲政，驻京列国公使提出了觐见的请求。2月24日（1月27日见注1）俄、德、美、英、法五国公使共同提出请求觐见的照会。由此，清政府与外国公使之间的礼仪之争便开始了。

清廷内部也存在很多不同观点。如翰林院代递编修吴大澂，他在奏折中提到中国的“旧制”，主张“中国出使大臣，在外国则行外国之礼，英、法住京大臣，在中国则行中国之礼”，并且从长远的观点来看，提出“坚持不允，以绝洋人觊觎之萌”[①] 的观点。山东道监察御史吴鸿恩也上了奏折，他提出“可否仿照赐宴外藩之例”，即主张用接见外藩时的礼节来接见外国使臣。[②] 其间，总理衙门与外国使节的交涉进行得并不顺利。

4月24日（3月28日）恭亲王向李鸿章征求意见。李又是持怎样的意见呢？据《筹办夷务始末》[③] 记载，李阐述了如下的观点。第一，中国同外国的关系是“平行之国”所以“未便以属国之礼相待”，对于不行中国礼节的外国使臣，他认为是“人情之常”。李反驳了吴鸿恩的用对待藩国的态度来对待外国使臣的观点。第二，针对吴大澂的提议，他认为“洋人素性狡黠，贪得便宜，岂不知跪拜之输于不跪拜”。外国没有跪拜的礼节，对于外国使臣“中国亦无权利能变其各国之例”。第三，在批判了上述两者的观点后，李提出了自己的看法。即“各国使臣来京，只准一见，不准再见，只准各国同见一次，不准一国单班求见，当可杜后觊觎”。最后他分析眼下的形势“实为数千年一大变局”，即没有前例可以借鉴。所以针对中外礼节的不同，

① 中华书局编辑部，李书源整理：《筹办夷务始末》第89卷，中华书局2008年版，第3613页。
② 中华书局编辑部，李书源整理：《筹办夷务始末》第89卷，中华书局2008年版，第3618页。
③ 中华书局编辑部，李书源整理：《筹办夷务始末》第89卷，中华书局2008年版，第3625页。

我方要“宽其小节，示以大度”。

除此之外，在《筹办夷务始末》中还收集了很多关于觐见的奏折。在清朝内部这些关于觐见礼节的争论也从未断绝。终于 6 月 14 日（5 月 20 日）皇帝颁布了同意各国使臣觐见的诏书。

另一方面，日本特命全权大使副岛种臣又采取了怎样的行动呢？1873 年 3 月 11 日（同治 12 年 2 月 13 日）副岛带领柳原前光（外务大丞）、平井希昌（外务少丞）、郑永宁（外务少丞）、林有造（外务省六等出仕）等人携带国书和《中日修好条规》的批准书踏上了使清的路程。副岛在天津与李鸿章交换了《中日修好条规》的批准书之后，一行向北京出发。李鸿章命江苏记名道孙士达在照应副岛一行的同时帮助解决觐见问题。

副岛到达北京后是怎样与清政府之间进行礼仪交涉的？根据《大日本外交文书》对副岛的相关行动的记载，可以看出以下几点。

第一，1873 年的觐见是在一种不和谐的气氛中进行的。中日双方的胶着状态持续了长达 50 天以上（5 月 7 日到 6 月 29 日）。针对这种状态，清政府废除了三次照会（6 月 1 日、3 日、6 日）并做出了新的方案（6 月8 日）。

第二，孙士达与副岛之间保持着频繁的交往（5 月 9 日、26 日，6 月 2 日、5 日、8 日、14 日、15 日、16 日、23 日、24 日、26 日）。孙士达抄录了副岛给总理衙门的回信，并向李鸿章作了汇报（6 月 2 日、5 日）。孙虽然身在北京，但他在李的指示下，周旋于总理衙门和副岛之间。为副岛能顺利的觐见作出了努力。

第三，副岛在京期间，与西洋各国的公使来往甚密（5 月 19 日、27 日、31 日，6 月 3 日、7 日、9 日、18 日），特别是俄国公使（5 月 17 日、26 日、29 日，6 月 2 日、4 日、10 日、12 日、28 日）。副岛归国后驻京日本公使这一职位委托俄国公使代任。

通过副岛与各公使的频繁来往不难看出，各国使节为了达到觐见目的而相互联合。孙士达在给总理衙门的书信中也写道“该使等东西连衡職道内外交迫”，[①] 一语道破了当时的外交困境。

孙士达究竟是怎样的人物？副岛在归国后的报告书中是这样描写的“孙士达并非京官，与种臣（副岛）同寄居于贤良寺”。[②] 孙士达是被李鸿章派遣到京处理觐见问题的。顺便值得一提的是，在三年前的1871年，日本大使伊达宗城赴清签订《中日修好条规》时，孙也发挥了很大的作用。关于这一事件在《明治文化全集》中有具体的记载。[③]

关于副岛在京是怎样推行“国权外交”的，日本学者毛利[④]和中国学者曹雯[⑤]分别引用日本、中国的材料进行了论述。简而言之，副岛引用中国古典，称中日关系为“朋友之交”。对于清政府与各国公使讨论的结果——五鞠躬——持反对意见，并强烈表示行三揖之礼、单独、头班觐见。

终于，6月29日（同治12年6月5日）副岛如愿以偿头班觐见了同治帝。当天，俄、英、美、法、荷兰的公使（德国公使因病回国）在副岛之后用五鞠躬的礼节得到召见。[⑥] 从到达北京的时间来看，副岛比其他的驻京公使晚。但他为什么能后来居上，优先于各国公使觐见皇帝呢？各国公使无法顺利解决的觐见礼仪问题，为何副岛能迎刃而解呢？日本学者森田在谈这一问题时提到“副岛的觐见成功离不开李鸿章的援助，而李鸿章援助他的最大原因在于马里亚老士号事件的成功解决”。[⑦] 但对于李是怎样帮助副岛完成觐

① （清）佚名：《晚清洋务运动事类汇钞》中册，中华全国图书馆文献缩微复制中心1999年版，第776页。

② 国立公文书馆藏档，A03023011900，公文别录《清国通信筹办夷务始末》第1卷，明治2年至明治6年。

③ ［日］明治文化研究会编辑：《明治文化全集》第11卷，日本评论新社1956年版，第71页。

④ ［日］毛利敏彦：《明治维新政治外交史研究》，吉川弘文馆2002年版。

⑤ 曹雯：《日本公使觐见同治帝与近代早期的中日交涉》，《江苏社会科学》2008年第6期。

⑥ 这次觐见打破了中国几千年来的传统，对于清政府来说是一种耻辱。因此就此事没有留下相关的详细记载。记载朝廷政务的《清实录》和皇帝每天行动的《起居注》都是简单带过。《清史稿》（91志66，第2680页）里有如下的记载“其年夏，日本使臣副岛种臣、俄使臣倭良嘎哩、美使臣镂斐迪、英使臣威妥玛、法使臣热福理、和兰使臣费果荪瞻觐紫光阁，呈国书，依商订例行事。接见时，帝坐立唯意，赐茗酒，恩自上出。使臣讯安否，谨致贺辞。未垂问，毋先言事。西例臣见君鞠躬三，今改五鞠躬”。

⑦ ［日］森田朋子：《开国与治外法权——领事裁判制度的运用与马里亚老士号事件》，吉川弘文馆2005年版，第236页。

见的，森田没有提及。日本学者毛利也指出“副岛之所以能取得成功，与他卓越的汉学能力是分不开的，同时马里亚老士号事件也发挥了作用”。[①] 两者都注意了一点——马里亚老士号事件的作用。那么，副岛的觐见成功与马里亚老士号事件究竟有怎样的关系？同时副岛和李又是怎样利用这层关系的？作为觐见成功的要素，除了马里亚老士号事件和李鸿章这两个因素之外，还有哪些要素是应该考虑的？以下，笔者就此问题进行论述。

二、副岛种臣的觐见成功

（一）觐见成功和马里亚老士号事件

如前所述，先行研究中论述了觐见问题的解决与马里亚老士号事件有着密切的关系。究竟这一关系是怎样在史料中体现的呢？在解决这一问题之前，先就马里亚老士号事件作一简单介绍。

1872年7月9日（明治5年6月4日）秘鲁国船马里亚老士号（Maria Lus）在从澳门驶向秘鲁的途中，遇到台风，为修理而不得不停留在日本的横滨港。船内载有约230名清“船客”。7月13日（6月8日）一个名叫木庆的“船客”跳水逃走，被英国船所救。经询问马里亚老士号是一艘贩卖苦力的船。“船客”即为被贩卖到秘鲁的苦力。经英，美公使的劝告，日本外务卿副岛种臣指示神奈川县县令大江卓对马里亚老士号船进行了裁判。裁判结果是苦力获胜并得到了自由，由清政府派出的使节陈福勋带回国。日本自愿支付了陈福勋到日交接前苦力们的所有费用。当时在横滨的华人为表示对日本的感谢，出资为副岛和大江进献了两面大旗。适逢去年2009年是横滨开港150周年，笔者有幸在神奈川县厅的展示中亲眼目睹了这两面大旗。马里亚老士号事件没有就此结束。在翌年即1873年，秘鲁使节赴日，指责日本的非法裁判。理由是日本和秘鲁当时没有缔结任何条约，在法律上日本没有裁判的权利。1875年5月29日经俄国仲裁，此事件以日本获胜才最终得以平息。副岛的英明决断得到了国内外的好评。马里亚老士号事件发生在《中日修好

---

① ［日］毛利敏彦：《副岛种臣的对清外交》，《大阪市立大学法学杂志》1995年第4期。

条规》缔结后的第二年，中日双方在平等、互助的气氛中步入了近代外交。

副岛被派往中国是1873年，即马里亚老士号事件发生后的第二年。

在副岛还没有到达前，李鸿章对其觐见一事已有准备。如李在1873年1月17日（同治11年12月19日）给总理衙门的信中就已发表了自已的见解：

本年秋间，秘鲁国“玛也斯”船拐卖华民二百三十名，至彼全数扣留收养，交江南委员陈福勋带回，不肯索还用费。情礼周挚倍越寻常，（中略）彼因我皇上大婚礼成，亲政在迩，遣派外务大臣奉书致贺，似应奖以礼貌，而阴却其不必与西国合从，急求面递国书，致伤雅谊。如果将来各国俱准觐见，自无不准该使朝觐之理，该使自不得越众先请，卓裁以为然否。该使换约后，如必欲进京拜谒诸王、大臣，前已于条规中议定允行，未便阻止。①

李在这封信中提到的“玛也斯”船就是马里亚老士号船，他对日本方面援助苦力的厚意给予了很高的评价。提倡两国应以诚相待，对于副岛进京觐见不应阻止。

副岛一行在天津与李鸿章交换了《中日修好条规》的批准书后赴京。李不仅派人把副岛送到北京，而且为了觐见能顺利进行还把自已的心腹——孙士达介绍给他。并在给总理衙门的信中作了同样的交代：

副岛人地生疏，欲求照应而未便启口。鸿章允为派弁护送，并属孙道士暗为照料，以答其前次优待江苏委员商办拐案之厚谊。②

在这封信中提到的“江苏委员”是指1872年马里亚老士号事件裁判后为带回苦力而赴日的使节陈福勋。李鸿章再次提及马里亚老士号事件，为报答日本的厚谊主张应给副岛提供帮助。

通过以上史料我们不难看出。副岛的觐见成功与马里亚老士号事件不无

① 国家清史编纂委员会：《李鸿章全集》第30卷，安徽教育出版社2008年版，第490页。

② 国家清史编纂委员会：《李鸿章全集》第30卷，安徽教育出版社2008年版，第514页。

联系。中国自古以来是礼仪之邦，在得到了日本方面的帮助后作为回报在处理觐见问题上给予日本优先待遇也是情理之中的。

（二）觐见成功和李鸿章

李鸿章长年从事洋务运动，对外国事务有很深刻地了解，同时看待事物也比当时官场的官僚要深刻。当副岛向李表示要进京觐见时，李马上作出了反应，并向总理衙门汇报了日本的情况。

> 窃维日本君臣向有拜跪之礼，闻自今年改用西洋冠服，此礼逐废。见其国君亦不跪拜，彼既勇于舍己从人，恐未必舍彼从我（中略）若非适逢其会，尽可婉谕无庸面觐，照案代收。①

李通过分析日本的实情，对觐见一事作出了客观的判断。日本“恐未必舍彼从我”。如果双方不能达成共识的话，李作出了最坏的打算——“无庸面觐”。

在前面的史料1中，有一点不能忽略的内容，即李鸿章对于副岛觐见顺序“不得越众先请”的意见。4月24日，李给总理衙门的信中也提到了对于觐见的意见，即“只准一见，不准再见，只准各国同见一次，不准一国单班求见”。由此，李鸿章对于觐见的看法可以总结如下：

1. 觐见只能举行一次；
2. 不允许一国单独觐见；
3. 副岛在觐见顺序上不得超过其他使节；
4. 与副岛的交涉不顺利时，免其觐见。

副岛在天津时，李就对其觐见一事作了很多准备。并把孙士达介绍给他。在《大日本外交文书》中有这样的记载：

> 李承诺派出向导之人，并介绍了现于总理衙门负责觐见一事之人——江

① 国家清史编纂委员会：《李鸿章全集》第30卷，安徽教育出版社2008年版，第514页。

苏记名道孙士达。并表示如有事情，此人可用，定会助一臂之力。[①]

李鸿章对于副岛顺利觐见可以说提前作了准备。通过李的行动我们不难看出，在《中日修好条规》刚刚生效的这一时刻，李鸿章是很希望副岛能顺利觐见，同时对于今后的中日关系也抱有很大希望。

但是，事实并没有像李设想的那样。副岛进京后不但拒绝了三跪九叩和五鞠躬。更出乎意料的是他竟然声称要超过其他的使节并以单班觐见。对于副岛的这些要求，李又作出了怎样的反应呢？

副岛机警英鸷，初八、初十两次照复，竟敢如此狂吠，目中无人，阅之殊为发指。（中略）

副岛在津时，并无一语强迫，不意到京以后，渐露鸱张。[②]

这是李写给孙士达的信，从这个史料中我们不难看到李鸿章的愤怒。与副岛在津时的李鸿章判若两人。究竟李鸿章为何如此的愤怒呢？副岛在天津时，李把觐见的礼节向他作了透漏。《李鸿章全集》中有这样的记载：

谓既欲请觐，则中国使臣在外国已行外国之礼，外国使臣在中国亦应行中国之礼，方为从宜从俗。该使沉吟许久，姑答曰是，而不复置辨一词，其隐衷亦窥见矣。[③]

李本着“入乡随俗”的原则建议副岛应行中国之礼，并且听取了副岛的意见。副岛没有任何的反驳，只说“是”。但他到北京后行动却发生了巨变，反复强调自己大使的身份。副岛的言行不一，大大出乎了李的预料。副岛站

① ［日］外务省调查部编纂：《大日本外交文书》第6卷，日本国际协会1939年版，第139页。

② 国家清史编纂委员会：《李鸿章全集》第30卷，安徽教育出版社2008年版，第531页。初8、初10两次照复可参见［日］外务省调查部编纂：《大日本外交文书》第6卷，日本国际协会1939年版，第162页6月2日条目与第164页6月4日条目。

③ ［日］外务省调查部编纂：《大日本外交文书》第6卷，日本国际协会1939年版，第513页。

在了中国传统制度的对立面。李鸿章为了维护中国的传统制度，对于副岛的行动难免流露出愤怒、不满。

副岛的要求没有被总理衙门采纳时，他做出了回国的举动。这一行为无疑正符合李鸿章预想的“无庸面觐”这一建议。是让满腹不满的副岛回国，还是满足他的要求令其觐见呢？打破这一僵局的是李派到北京的心腹—孙士达。他向副岛透露了李鸿章的幕后努力。

> 李中堂敬重贵国，欲交厚谊，阁下自上月以来每与总理衙门商议，士达必定把消息告知李府，李中堂私下为阁下之事，已经再三上奏。①

通过以上的史料我们可以看到，孙通过提及李的努力来竭力挽回副岛回国的态势。副岛在归国途中，再次在天津与李鸿章相遇。对于李的帮助表示了感谢，他说“种臣有幸觐见皇帝，面呈国书，并得到了国书的回信，这些都离不开中堂的帮助”。② 在《副岛大使适清概略》中也有同样的记载。从这些日本方面的史料来看，副岛之所以能取得觐见的成功，与李的帮助有很大关系。李通过孙士达，间接地给予了副岛很大的帮助。

对于副岛的无理要求流露出愤怒和不满的李鸿章，为何要帮助副岛完成觐见呢？在这其中还有哪些深层次的原因呢？

(三) 觐见成功的其他原因

在觐见问题上，中国对于西洋列国在某种程度上采取了强硬的态度，为何却对日本一让再让？先行文献中对这一问题没有作具体的研究，笔者仅作如下的分析。

第一，清政府为了遵守《中日修好条规》。此条规是进入近代后的中日两国间缔结的第一个条规，且是一个对等条规，有着重要的意义。在前面是史料中提到的那样“已于条规中议定允行，未便阻止”。就是说应该按照条文的规定让日本使臣觐见，以李鸿章为代表的中方官员，经过了很多的努力

---

① ［日］外务省调查部编纂：《大日本外交文书》第6卷，日本国际协会1939年版，第179页。
② 同上书，第193页。

终于使此条规得以签订。李鸿章对此后的两国关系又寄予厚望。在条规刚刚签订的时候，中方一定是不愿冒不守条规这一大不韪的。

第二，清政府不愿给日本留下争端的口实。由于副岛的交涉并不顺利，他6月20日决定回国。如果能这样平息此事的话，对于清政府来说是求之不得的。可是，现状远远超出了预想。6月21日副岛派遣柳原、郑永宁来到总理衙门，在表达了不满后向总理衙门询问了三件事。澳门归属问题、朝鲜归属问题、琉球难民事件，并声称出兵台湾讨伐原住民。这一行动是在中方的预料之外。觐见交涉受挫的日方为何突然要询问这三件事？6月21日夜，孙士达就此事询问了日本外务少丞郑永宁。孙同时也透漏了总理衙门的猜测。

> 日本使节的这一举动是因为觐见的交涉不顺所致吗？如果满足你们的要求，让日本使节如愿觐见的话，问罪生番一说是否可以平息。[①]

琉球难民事件是指1871年（明治4年）从宫古岛到首里的运输船途中遭暴风，漂流到了台湾。由于琉球人与台湾的原住民文化认知不同，而终使54名琉球人被杀害的事件。12名生存者被清政府送回到宫古岛。

日方扬言要到台湾“问罪生番”，就是要到台湾惩治杀害琉球人的台湾原住民。总理衙门猜想这一举动是否源于副岛没有能如愿觐见。为了息事宁人，宁愿用满足他们的要求换取日本的不出兵。尽管郑永宁的回答是“回日本后必出兵问罪，与觐见一事无关”。也就是说日本的台湾出兵势在必行，与能否觐见无关。但是从当时双方的紧张气氛来看，很难说日本不利用这觐见的不顺而滋生事端。为了防患于未然，解决眼下的觐见一事变得非常重要。李鸿章在给同僚的书信中也提到“该国欲往问罪等语、词气傲慢、意存挟制”。[②] 不难看出，中方对于日本询问的三事很是介意，特别是“生番问罪”一事。但是如果让副岛头班单独觐见的话，难免遭到其他公使的非议。总理衙门又向各公使发出照会，在各公使都承认副岛头等大臣的身份后，才安心

---

① ［日］国立公文书馆藏档，A03031119000，处番类纂，第1卷，明治7年至明治8年。

② 国家清史编纂委员会：《李鸿章全集》第30卷，安徽教育出版社2008年版，第539页。

的按照副岛的要求令其觐见。总理衙门深知列强残暴、无理的一面，所以在行动上不得不十分慎重。由此我们也可以看到清政府的哪一方都不敢得罪的软弱立场。

第三，清政府希望日本站在自己一方。在1840年鸦片战争后，列强开始瓜分中国。同时日本也被自国问题困扰而没有加入列强的行列。所以，中国一直没有把这个“蕞尔小国”放在眼里。在觐见礼节上，起初也是以同文之国为由，希望日本能行中国的三跪九叩大礼。另一方面，副岛到京后，得到了以俄国公使为首的各国公使的热情接待。通过前面的列表，也可以看出副岛与驻京各国公使之间的频繁来往。清政府对此难免不存警惕之心。再加上1871年俄国出兵侵犯伊犁，清政府多次交涉无效。属国越南也一直遭到法国的侵扰。在这种情况下处理中日关系时，正如李鸿章提倡的让日本变为自己的外援，而不至于多树一敌。

第四，孙士达的个人作用也不容忽视。他虽然不是京官亦不是觐见问题的裁决者，但对于副岛的觐见成功起了很大的作用。他不但向李鸿章汇报了觐见的交涉情况。而且从最初就主张副岛单班觐见。在《晚清洋务运动事类汇钞》中收藏了孙起草的给日方的第一次照会原稿。“贵国大皇帝钦派贵大臣特来庆贺通好，情谊阴渥，自应另作一班觐见，以示优待”① 这个原稿最终没有被总理衙门采纳。取而代之的是沈桂芬所拟“是否照行中国礼节”②的原稿。我们不难从中看到孙对于觐见礼节的态度。他把能否顺利地完成觐见一事视为首务，而不是像其他的大臣那样过于追求觐见的礼节。李鸿章在给他的信中写道“非执事惨淡经营，几莫能解此围矣”，③ 对孙士达的努力给予了肯定。

第五，副岛的“特命全权大使”的身份。当时驻京要求觐见的其他使节都是公使。只有副岛是为了庆祝同治帝成婚和亲政专程赴清的。身份也比其

---

① （清）佚名，《晚清洋务运动事类汇钞》，中华全国图书馆文献缩微复制中心1999年版，中册，第784页。

② （清）佚名，《晚清洋务运动事类汇钞》，中华全国图书馆文献缩微复制中心1999年版，中册，第784页。

③ 国家清史编纂委员会：《李鸿章全集》第30卷，安徽教育出版社2008年版，第531页。

他的公使要高，是大使身份。

第六，注重体面的清政府最终不得不作出了让步。但沉浸在“天朝上国”思想中的清政府对此又不甘心。他们想到了一个挽回面子的好办法。中南海紫光阁向来是接见朝贡国使臣的地方，清政府把觐见的地点选在了这里。是把觐见的外国使臣假想成自己的朝贡国使臣吧。清政府的这种“阿Q精神”毫不掩盖地表现出来。

以上，笔者论述了副岛觐见成功的原因。它不仅与马里亚老士船事件有关，而且与当时复杂的国际、国内环境都有着密切的关系。

三、李鸿章、副岛种臣的重新评价

（一）关于李鸿章

回溯1873年解决觐见问题的历史过程，我们不难看到李鸿章的貌似矛盾的行动。

首先，值得注意的是李鸿章对于觐见礼节的态度问题。正如前面提到的，李鸿章在奏折中说过外国使节没有遵守三跪九叩之礼的义务。但与副岛谈到觐见礼节的时候，却要求副岛遵守中国的礼节。可见李鸿章对于中国的传统礼节，存在既批判又想维护的矛盾思想。

其次，看一看他对副岛的态度。副岛在完成觐见回国途中，于天津再次见到李鸿章时，李鸿章热情地款待了副岛。在《大日本外交文书》[①]中有这样的描述：“李紧握副岛大使的手，含泪与其分别”。并在给副岛的信中写道两人“相见恨晚”，把中日关系视为“唇齿相依”。在副岛离开天津时，李下令北洋海军用礼炮来欢送。副岛是第一个获得如此待遇的外国使节。我们不难想象李对于今后中日关系的热望。另一方面，李鸿章在给孙士达的信中表现出来的愤怒也是很明显的。为什么李在对待副岛时表现得判若两人呢？为什么李在与副岛再会时表现得那样热情呢？向来对于李鸿章的评价可谓毁誉参半。在评价觐见这件历史事件时，又该怎样评价李鸿章呢？

① ［日］外务省调查部编纂：《大日本外交文书》第6卷，日本国际协会1939年版，第195页。

第一，李鸿章是传统制度的忠实维护者。他作为清政府官僚，无疑一切行动都要先站在清政府的立场上。对违反“天朝上国”体面的举动，无疑也是持反对意见的。李在这次觐见问题上表现的态度来看，我们不难得出以上的结论。同时考虑到总理衙门的权力、社会舆论等诸多因素，李不得不慎重选择自己的言行。

第二，李作为总理衙门的代表，他在推行中国的近代化时是以日本为榜样的。在《中日修好条规》刚刚生效的时候，毫无疑问李是不希望看到在觐见问题上出现中日双方不愉快的局面的。他在对待日本的态度时主张“联日”，与副岛顺利的交换了《中日修好条规》的批准书，副岛以头等钦差大臣的身份成功地完成了觐见。虽然双方一度不愉快，但是从结果上来看还算是圆满的。李顺应这种态势又热烈欢送了副岛一行。笔者认为这一行动是李鸿章根据形势而采取的外交手段。他作为外交家、政治家持有各种面孔也是正常的。

第三，李鸿章的务实精神值得称颂。他的想法的确比其他的清政府官僚要先进。沉浸在“天朝上国”思想中的清朝官员，并没有认真总结两次鸦片战争的教训。并不愿承认自身的失败与不足。而李鸿章却与其不同，他认为当时的时局“为数千年一大变局”。[①] 没有可以借鉴的前列，必须从实际出发。在给孙士达的信中批判当时“争门面而不切病根，终搔不到痛痒耳”[②]的状况。这与拘泥礼节的官员形成了鲜明的对比。

第四，李鸿章位居北洋大臣时，他的影响力被称为“坐镇北洋，遥执朝政”。这无疑与他的远见卓识和政治手腕有关。1873 年的觐见同样证明了这一说法。李鸿章通过自己的心腹——孙士达顺利地处理了觐见问题。虽然当初孙的第一次照会底稿没有被采用，但在关键时刻打开僵局的却是受了李鸿章指示的孙士达。

综上所述，李鸿章的行动虽然看来是充满了矛盾的。但这同时也可以说是他作为外交家的一种手腕。是他根据现状而采取的灵敏的反应。这一点应

① 中华书局编辑部，李书源整理：《筹办夷务始末》第 90 卷，中华书局 2008 年版，第3626 页。

② 国家清史编纂委员会：《李鸿章全集》第 30 卷，安徽教育出版社 2008 年版，第 531 页。

给予充分的肯定。

（二）关于副岛种臣

副岛1873年赴京，打破中国传统制度觐见了同治帝。评价这个事件时，日本方面认为副岛的行动是发扬了国威的成功外交，是对“天朝上国”思想的挑战。另一方面，中国方面认为副岛无视中国的主权和传统制度。在觐见礼节交涉不顺时，扬言回国给清政府压力。更重要的是副岛在中方毫无戒备的情况下获取出兵台湾的理由。即“民有生熟两种，从前服我王化的人被称为熟番，设置府县，进行管理。不服王化的称为生番，置之化外”。[①] 总理衙门官员这样回答日方关于台湾归属问题的提问，不想却成了日后台湾出兵的借口。原本清政府把台湾视为自己的领地，没有预想到日本会出兵台湾。副岛不但没有遵守中国的礼节，还背地里寻找出兵台湾的理由。中国的史学界把这一时期的副岛评价为“凶横”、“跋扈”、“阴鸷”[②] 也是可以理解的。同一人物，站在不同的立场上得出了截然相反的评价。但在看待觐见问题时，副岛的政治行动对于清国的传统体制来说无疑是一个重大的冲击，对于固守“天朝上国”、“大中华思想”的清朝官僚来说，某种程度上也起到了刺激和唤醒的作用。

日本学者毛利在评价副岛的外交行动时，指出“他追求名分而忘掉了实际任务，他没有遵守上谕中——处理琉球难民事件——的命令”[③]。众所周知，副岛的使清目的不是为了觐见和递交国书，真正的目的是寻找解决琉球难民事件的突破口。可是，正如前面表格所列出的那样，副岛与在京的外国使节频繁来往，因为以头等大使的身份觐见的话，不得到在京其他公使的允许也是很难办到的。从结果来看，副岛不但得到了各国公使“头等钦差”的认同，并且在清政府没有任何戒备的条件下获取了出兵台湾的借口，并打探了英、美公使对于朝鲜、琉球的态度（参照表6月3日、9日、18日）。副岛

① ［日］外务省调查部编纂：《大日本外交文书》第6卷，日本国际协会1939年版，第178页。

② 详见王开玺：《从清代中外关系的“礼仪之争”看中国半殖民地的历史轨迹》，《北京师范大学学报》（社会科学版）1994年第2期；曹雯：《日本公使觐见同治帝与近代早期的中日交涉》，《江苏社会科学》2008年第6期。

③ ［日］毛利敏彦：《明治维新政治外交史研究》，吉川弘文馆2002年版，第165页。

与俄国公使的关系更是密切。从表面上来看是追求“名分”，同时他的行动也可以说是为了达到实际目的的准备工作。换言之，副岛在清期间，为了处理生番问题作了一系列隐蔽的工作，并采取了灵活、变换的外交方式。

四、小 结

本文以 1873 年的觐见问题为主线进行了考察。特别是在研究文献中没有得到充分考证的“副岛为何能觐见成功”这一问题进行了分析。对于先行研究中提到的“马里亚老士号事件”、“李鸿章的援助”这两点原因，找到了新的史料加以论述和补充。特别是结合了当时的国内外背景提出了笔者独到的观点。

1840 年后，中国成了列强瓜分的对象。列强们为了获得在华利益，彼此之间既有竞争也有合作。在这次的觐见问题中同时可以看到这样的观点。值得强调的是，从来没有被中国放在眼里的“蕞尔小国”日本，在经过了明治维新之后，对于邻国的大清表现出友好的姿势（马里亚老士号事件），同时他又积极地希望跻身于列强的行列，对清政府采取了强硬的态度。为了达成觐见成功的目的，与各国使臣互相联合。另一方面他们也存在着分歧。实际上对于副岛的头班求见这一事情，孙士达向副岛透露“窃闻有一大使不同意副岛的头班觐见”。[①] 可见，在处理觐见问题上，表面看来列强之间彼此合作，但在实际上也是存在对立。

1873 年的觐见问题在中国历史上究竟占据了怎样的位置呢？

首先，鸦片战争以后，由于列强的入侵中国发生了诸多变化，在经济上，传统的经济体制遭到了破坏。在政治层面，由于不平等条约的签订使中国一部分主权丧失。而 1873 年围绕觐见问题的礼仪之争使中国在礼仪制度方面也遭到了前所未有的冲击，列强向中国的礼仪制度发起了挑战。

其次，围绕这次礼仪的争论，中国有识之士们也受到了很大的震动。如礼部右侍郎徐桐上奏折陈述了眼下的安危大计，在朝廷中展开了大讨论。这

① ［日］明治文化研究会编辑：《明治文化全集》第 11 卷，日本评论新社 1956 年版，第 70 页。

个奏折中提到了培养人才，练兵的重要性，认识到“和局终不可恃”。[①] 同时，这个奏折的提议在朝廷中得到了很多的赞同之声。

1873 年副岛来华，《中日修好条规》正式生效，同时他也如愿以偿地觐见了同治帝。其中李鸿章的协助是不可忽视的。但出乎意料的是，副岛此行的真正目的是为了寻找出兵台湾的借口。1874 年《中日修好条规》生效的第二年，日本出兵台湾。李鸿章所预想的“联日”设想也化为泡影。

① （清）佚名：《晚清洋务运动事类汇钞》上册，中华全国图书馆文献缩微复制中心 1999 年版，第 105 页。

日本学人物志

周一良先生的为学与为人

宋成有（北京大学历史系）

周一良先生（1913—2001）与吴廷璆先生（1910—2003）、邹有恒先生（1912—2005）并称为新中国日本史研究的奠基人。日本史研究是周先生毕生从事的学术事业之一，但仅此还难以展现其学术业绩的整体风貌。众所周知，周先生在世界历史、魏晋南北朝史、中外文化交流史、敦煌学、佛教史等领域均取得大量特色独到的开创性业绩。基于上述考虑，笔者以周先生在建国后着手教学科研的领域为序，评价其为学的诸多业绩。

无可否认，在周先生去世后，有关中国知识分子的命运、风骨，包括对周先生的人生坎坷、为人道德品格的话题纷纷攘攘，如何认识一个真实的周先生居然成了问题。因此，笔者就他的为人加以评述，补充笔者与周先生交往的内容。不当之处，敬请指正。

一、世界史研究领域的开拓

1952 年周先生来北大历史系工作，教学科研的重点是世界史，包括亚洲史、日本史。原本以中国古代史为专攻领域且已作出若干业绩，何以转行到另一个全新的领域？在晚年的回忆中，周先生道出其原委："50 年代初，北大历史系学习苏联教学计划，准备开设亚洲史的必修课和建立亚洲史教研室。领导提出要我负责，我觉得责无旁贷，毅然放弃从事多年的中国古代史而承担下来，着手草拟亚洲史教学大纲，编写教材，培养青年教师。”① 在周先生主持下，《亚洲各国史》基础课程首先从近现代史开始讲起（主讲教师李克珍、夏应元）。1956 年周先生主讲上古、中世史，后来又增开本科高年级的亚洲史专门化课程，设置日本史（指导教师周一良）、印度史（指导教师李开物）、越南史（指导教师陈玉龙）等三个研究方向，招收研究生加以培养。其中，日本史研究方向的沈仁安、李茂梓、周启乾、叶昌纲等诸先生，日后均成为各自所在单位的日本史研究领军人物。1956—1966 年，周先生兼任北大历史系副系主任和亚洲史教研室主任，行政事务与教学科研、学科建设双肩挑，为北大历史系日本史、东南亚史、南亚印度史等新学科的成长奠定了基础。

20 世纪 50 年代，在双肩挑的繁忙中，周先生出版了《中朝人民的友谊关系与文化交流》（中国青年出版社，1954）、《中国与亚洲各国和平友好的历史》（上海人民出版社，1955）、《亚洲各国古代史》（高等教育出版社，1958）等三部亚洲史的奠基性专著。其中，又以《亚洲各国古代史》为代表作。

《亚洲各国古代史》是在高教出版社一再催促下付梓的。全书总字数不到 8 万字，篇幅还不及现今一篇博士生学位论文的二分之一，当然学术贡献不可同日而语。书籍的印刷纸张黑黝黝，阅读起来要费点劲，谈不上精美。但在当时，此著却是我国亚洲史的开篇之作。由此不难看出建国后世界史，特别是亚洲史学科建设起步时期老一代学者拓荒之艰辛。建国初期，举凡政治体制、意识形态、经济建设、文化教育等均以苏联为师。因此，此著也参照了苏联教材的讲授体例，在《导论》中，（1）说明开设课程的“意义和任务”，即认识各国各有其悠久的历史和灿烂的文化、研究各国人民反帝斗争的经验和作用、发展与亚洲各国人民的友好关系；（2）授课的“理论基础”，是马克思、恩格斯、列宁、斯大林和毛泽东的理论著作；（3）关于“亚洲各国史的分期”，以苏联史学提出的五种生产方式为据，并参照世界史分期来划分，“国别”以印度以东的东亚和东南亚国家为对象；（4）介绍“中国过

① 周一良：《学术自述》，《郊叟曝言》，新世纪出版社 2001 年版，第 69 页。

去关于亚洲各国史的研究”参考书，要求掌握二十四史中的外国传、旅行记录、地理书、官书等史著。在《导论》的最后，强调“亚洲各国史的研究在中国有着无限的前途，是中国历史学工作者应该去开辟的广阔园地。”①

《亚洲各国古代史》共计五章，日本和朝鲜的上古、中世史各两章，越南古代史一章。每章的史籍记述与考古资料并重，从三个国家的地理和居民说起，依次论述古代的政治、经济、文化、外交、社会的发展轨迹，下限至16世纪末。日本古代史的篇幅约为全书的二分之一，提出有关日本古代史的若干观点。例如，认为日本虽然也是“由原始公社制进入奴隶制，但特殊的是日本奴隶制不发达”，原因是生产力水平较低、社会分工及交换不发达、奴隶来源枯竭、中国封建剥削方式的影响。作为贵族剥削的主要对象“部民”，与奴隶有着居住方式、管理方式、生产工具、人身所属等方面的区别，但对其社会属性没有作出明确的规定；认为645年的“大化改新”标志着日本主要地区转入封建时期；七八世纪是日本模仿中国文化的时期，但主要流传于日本社会的上层；庄园的直接生产者为处于农奴地位的庄民；独立的手工业者“座”和“问丸”等独立的商业机构的出现，使自然经济日趋瓦解；出于统一的需要，织田信长动用武力和当时传入日本的天主教来打击佛教；西欧传教士的扩张野心和佛教指责其“无父无君”，促使丰臣秀吉决心禁教；织丰时代日本对外贸易很发达，刺激日本国内工商业的发展，产生推动日本发展资本主义的可能，等等。② 有关日本的两章论述，勾勒了建国后日本古代史的论述框架。

对古朝鲜的论述，认为箕子开国“可能是后人的牵强附会”，檀君“开国”则是“一种传说”，朝鲜史始于卫满朝鲜；战国时代燕国占领朝鲜的一些地区，等到秦统一六国后，朝鲜就变成“辽东外徼”（即边境以外的地区）；高句丽建国于三世纪，百济和新罗则立国于四世纪中叶；中国隋、唐时代的统治者都曾出兵侵略高句丽，新罗帮助唐军攻灭百济、高句丽后，唐

① 周一良：《亚洲各国古代史》，高等教育出版社1958年版，第1—7页。

② 周一良：《亚洲各国古代史》，高等教育出版社1958年版，第16、1718、19、28、30、38、39、47、51页。

罗发生战争，675年新罗统一了朝鲜半岛，进入封建社会等。①

20世纪60年代初，根据全国高等学校文科教材会议的决定，周先生与吴于廑先生共同主编《世界通史》上古、中古和近代部分共四卷及配套的《世界通史资料选辑》（人民出版社，1962）。这套教材，是建国以来中国学者集体撰著的第一部世界通史，为各高校所使用。周先生后来评议说："这部书虽然没有完全摆脱苏联教材的影响，但在很大程度上打破了西方中心论观点，增加了亚非拉部分和中外文化交流的内容，许多观点采取了一般流行的说法，材料比较新鲜，一般来说，比苏联的教材更适合中国学生"。对合作者，周先生从来不掠人之美。他特别说明："此书编写过程中，资料的核实与文字润色，尤其上古、中古部分，吴于廑出力最多。"②

"文革"结束后，周先生将主要的精力和时间用诸魏晋南北朝史、佛教史和敦煌学等研究领域，但依然关注着世界通史研究的新进展。他称赞吴于廑力主改变国别史拼凑式的世界史编写方法，提出世界史应该系统探讨和研究"人类自原始、孤立、分散的人群发展为世界成一体密切联系整体的过程"，以及强调十五六世纪"是历史发展为世界史的重大转折，也许是意义最深、最大的转折"等观点，"体大思精"、"深厚功力"。③ 1987年，国家教委委托吴于廑和齐世荣两位先生主编六卷本的《世界史》，1994年由高等教育出版社出版。周先生认为这部将现代史补齐的世界通史新教材的新特点是：①"包括中国史部分，体现了吴于廑对世界史学科的看法"；②在分期上，上古与中古"统一为古代部分"、"近代以1500年为起点"、"现代以20世纪初为起点"，英国资产阶级革命和十月革命不再是近代或现代的起点；③"冲破了苏联学者沿用多年的某些观点，如不再用巴黎公社划分世界近代的两个阶段"等。④ 作为新中国世界史领域的奠基者之一，周先生对世界史研

---

① 周一良：《亚洲各国古代史》，高等教育出版社1958年版，第57、56、60页。

② 周一良：《哈佛大学中国留学生的"三杰"》，《郊叟曝言》，新世纪出版社2001年版，第26页。

③ 周一良：《哈佛大学中国留学生的"三杰"》，《郊叟曝言》，新世纪出版社2001年版，第27页。

④ 周一良：《哈佛大学中国留学生的"三杰"》，《郊叟曝言》，新世纪出版社2001年版，第27页。

究的每一个新进展，感到由衷的喜悦，并给予高度评价。

20世纪80年代，文化和文化史的研究“热”升温。多年前已经开展过文化、文化史研究的周先生，不顾年事已高而有所作为。在周扬的建议下，他邀集季羡林、戈宝权、张芝联、杨通方、陈玉龙、张广达、罗荣渠、夏应元、朱龙华、耿引曾、周南京、何芳川等在语言学、历史学、文学等研究领域的19名著名学者，通力合作，推出我国第一部综合性、研究性的学术著作《中外文化交流史》（河南人民出版社，1987）。全书作者发挥群体掌握多国语言的研究优势，广泛搜集国内外丰富的史料在此基础上，论述了至1949年之前中国与缅甸、法国、德国、印度、印尼、伊朗、意大利、日本、朝鲜、马来西亚和文莱、尼泊尔、菲律宾、斯里兰卡、泰国、土耳其、俄罗斯、英国、美国、越南、柬埔寨、老挝、阿拉伯世界、非洲、拉丁美洲等国家和地区开展的文化交流历程，从世界史整体格局的大视角出发，观察和分析中文化交流，勾画了中国与不同国家或地区文化的交流、影响与融合的轨迹，总字数约64万字，堪称建国以来中外文化交流史研究的大部头著作。

周先生在该著的《前言》中，对把握中外文化交流史的脉络、特点、途径、动因和意义等问题，提出若干富于创意的看法。例如，关于“狭义”、“广义”和“深义”等三个层次的文化概念，并特别就“深义文化”概念的内涵和本质特征进行了说明：“在狭义文化的某几个不同领域，或者在狭义和广义文化的某些互不相干的领域中，进一步综合、概括、集中、提炼、抽象、升华，得出一种较普遍地存在于这许多领域中的共同点东西可以成为深义的文化，亦即一个民族文化中最为本质或最具特征的东西。”① 该著的出版，奠定了我国学者开展中外文化交流史的基础，影响深远。曾参加中国与非洲文化交流一章撰稿的何芳川认为：此著“是一个带有里程碑意义的、学术专著性质的成果”，② 并在2004年牵头，邀请北大教师撰写新版百万字的《中外文化交流史》，以志薪火相传。

① 周一良主编：《中外文化交流史·前言》，河南人民出版社1987年版，第2页。

② 何芳川主编：《中外文化交流史·卷首语：永远的接力棒》，《中外文化交流史》，国际文化出版公司2008年版，第1页。

二、日本史研究领域的奠基

周先生自青年时代起，即进入日本史研究领域，关注日本学者史学史或史学考证的研究成果。1934 年，在燕大读本科时，发表论文《内藤湖南先生在中国史学史上之贡献》（《史学年报》第 2 卷第 1 期）、汉译大谷胜真的《安西四镇之建置及其异同》（《禹贡》第 1 卷第 11 期）、内藤湖南的《都尔鼻考》（《禹贡》第 2 卷第 3 期），展示了专业研究的潜力和熟练掌握日语的优势，颇受好评。业师洪偎莲先生为给燕京大学培养日本史教师，为其指定了毕业论文的题目。周先生谨奉师命，即以《〈大日本史〉之史学》为题，撰成毕业论文，刊登于《史学年报》（1935 年第 2 卷第 2 期）。这篇学位论文分成引言、日本史学史沿革、《大日本史》的编纂、《大日本史》之史学、结论等五部分，重点探讨了《大日本史》编纂者德川光圀、史部及编撰次第、撰人、取材、编撰稽迟原因及修史的史观、体裁、义例等问题，对“三大特笔及断限”、纪传之确定原则、书法及载文等项展开分析；还对这部史著中的“求是”、“存疑”、“抵触”、“脱误”、“纪传与志之比较”等项进行了细致的考证，并对史著使用的古汉语，逐一作出评述。论文用中国史的传统标准，评论《大日本史》，受到日本学术界的重视。加藤繁教授在其著作《日本史学史》中，“大段引用”周先生的评述。在回忆中，周先生说，“当时对这篇论文题目的意义认识不够”，但“现在看来，这篇文章是中国学者研究并评论日本重要历史著作的第一篇文章，而且引起日本学者的注意与重视，不宜妄自菲薄。”①

“文革”前在北大工作期间，周先生在历史系开设日本古代史、近代史课程、培养研究生的同时，撰写有关日本史的论文。代表作主要有《日本“明治维新”前后代农民运动》（《北京大学学报》（人文科学版），1956 年第二期）、《关于明治维新的几个问题》（《北京大学学报》，1962 年第一期）等，为学术界所瞩目。其中，《关于明治维新的几个问题》还被译成日语，

---

① 周一良：《郊叟曝言》，新世纪出版社 2001 年版，第 87 页。

刊登在日本的历史学刊物上。

《日本“明治维新”前后的农民运动》运用唯物史观和矛盾论的分析视角，以充足的史料为据，从推翻幕府、促进维新变革、开展自由民权运动等方面，对日本农民运动所发挥的作用，给予充分肯定。周先生认为，维新以后的“农民运动是不彻底的资产阶级革命的结果，而农民运动又推动了‘维新’以后的改革措施”；指出：“明治维新是为资本主义的发展开辟道路的资产阶级革命，同时，它是一场未完成的、不彻底的资产阶级革命”。理由是：“‘明治维新’后，无论在农村或城市中，无论在经济、政治、社会生活以及思想意识方面，都还存在着大量的封建残余和渣滓，表现出‘明治维新’这场资产阶级革命的未完成和不彻底，规定了明治以后日本之发展成为军事封建帝国主义。”①

《关于明治维新的几个问题》首先，从主要矛盾分析入手，认为明治维新前夕的社会矛盾、统治阶级内部矛盾和日本人民与西方资本主义国家之间等矛盾的综合作用，为理解明治维新的性质，提供了认知基础。其次，集中研讨了明治维新的性质问题。论文通过论证政权是革命的根本问题、农民充当了维新运动的原动力、明治政府的政策措施等三方面的问题，强调明治维新是革命而非改良。同时，由于农民的土地要求完全未满足、主要投资方向之银行而非工业导致经济力量薄弱、维新政府中主要是武士和贵族而无资产阶级代表，得出明治维新是“一次不彻底的资产阶级革命”的结论。此说虽然已过去半个世纪，却仍为国内学术界有关明治维新定性的主流观点之一。

论文还评价了有关明治维新论争的若干观点，提出中国学者的独立见解。论文通过民族矛盾作用的分析，有助于破解关于幕末日本资本主义因素发展水平偏高或偏低观点的纠结，对日本“讲座派”的明治政权“专制主义王权说”存在“忽略了经济基础”、“用欧洲的尺度来衡量东方”等问题，强调“日本专制王权的阶级基础是地主与工商业资本家”、“主观上要发展资本主义”等两点上，日本与西欧专制王权不同。论文认为“明治维新是日本近代史开端标志”，并就日本近代史的开端问题提出中国学者的看法，特别是对

① 周一良：《日本“明治维新”前后的农民运动》，《北京大学学报》1956年第2期。

苏联学者的1640年开端说提出商榷意见。论文认为，“历史的分期决定于社会性质的改变”，但“1640年前后日本的社会性质丝毫无改变”；从资本原始积累、自由雇佣劳动者和国家统一等产生资本主义所需的条件来看，1640年开端说也未必是恰当；强调“确定某一国家历史时期的划分，应当从这个国家具体历史发展中找寻标志”，日本近代史的开端，“也应当根据日本历史本身来确定标志。”论文还对明治维新起始于1837年大盐平八郎起义、1841年天保改革说、1853年美国柏利叩关说等三种上限观点，以及结束于1871年废藩置县说、1873年地税改革说、1877年西乡隆盛叛乱平定说、1889年宪法颁布等四种下限说提出不同看法，得出明治维新的上下限应为1867年的“讨幕密诏”、“大政奉还”至1868年的鸟羽伏见之战与《五条誓文》颁布之间。① 上述观点的提出，得益于周先生与日本史研究生沈仁安等开展课堂讨论时受到的启发。教学相长，是之谓也。至于观点的短长，则是见仁见智，能自由活泼、立论鲜明而自成一家之言，足矣。周先生本来准备就明治维新前夕的对外关系问题撰写论文，却因“文革”骤起而搁笔，颇令人感到遗憾。

“文革”结束后，日本史的教学科研春回大地，各兄弟院校和社科院的学者竞相发表多年积累的成果。以沈仁安先生为首的北大历史系日本史组，按照周先生加强日本史研究基础性工作的建议，数年之间埋头翻译自1959年三联书店出版远山茂树《日本史入门》之后，被“文革”中断了的入门续编翻译工作，向国内同行介绍反映六七十年代以来日本学者研究动向。接连发表有关近代、战后日本史学史的论文，以致国内同行开玩笑地说，北大日本史组只会翻译资料，介绍日本学者的史观和流派，不会研究日本史本身的问题。多年过去，回过头来看，应该说北大历史系日本史组在中国日本史研究热潮乍兴之初，做一些不乏奉献意义的基础性工作，还是值得的。毕竟，“四清”和“文革”耽误了中国日本史学界至少12年的研究时间。搞研究，又离不开对学术史的把握，需要尽快了解动向，尽量与国际学术界接轨。

至晚年，周先生犹笔耕不辍。在日本文化特性、日本民族性格、中日文

① 周一良：《关于明治维新的几个问题》，《北京大学学报》1962年第1期。

化交流、古代和近代文化人物、中日文化关系史论等方面，发表学术论文、访谈录或撰写序言近30篇。其中《围绕汉字的中日文化交流》、《唐代中日文化交流中的选择问题》、《中日文化的异与同》、《唐代的书仪与中日文化关系》、《日本推理小说与明清的考据之学》、《入唐僧圆珍与唐朝史料》、《荣西与南宋时中日经济文化交流的几个侧面》、《十九世纪后半叶到二十世纪中日人民友好关系与文化交流》、《扶桑四周》等15篇新作和此前所撰写的《日本“明治维新”的前后》、《关于明治维新的几个问题》等论文，收录在《中日文化关系史论》（江西人民出版社，1993）和《周一良集》第四卷、《日本史与中外文化交流史》（辽宁教育出版社，1998）之中，积累发表总字数60余万。其他如《内藤湖南先生在中国史学史上的贡献》、《〈大日本史学史〉之史学》、《新井白石论》、《日本推理小说与明清考据之学》、《关于日本文化》等论文，以及多篇序文，均收入《周一良集》第四卷。

《周一良集》第四卷的《关于日本文化》一文，是周先生在山片蟠桃奖授奖仪式上的演讲。通过列举日本神话、宗教、文学作品、艺术表现手法、社会生活、习惯风习、文化教育、庭院设计、文化输入等方面的大量事例，指出“亲近自然”和“追求自然”、“素直”即“质素、朴素、简单、不夸张、不修饰”以及“包容性”等，均为日本民族性格和深义文化的几个特点，进一步丰富了日本“深义文化”或“深层的文化”概念的内涵。[①]《新井白石论》从白石所置身的各种社会矛盾、统治阶级矛盾、外交政策中的矛盾分析出发，着重分析政治家的新井白石在协调幕府与京都朝廷、幕府与诸藩大名关系、草创兰学等内外政务和处事待人上之所以特立独行、不同凡响、遇事偏激、狷介自持的原因；兼论作为学者的新井白石在史学、语言学和文学等领域的贡献，[②] 将新井白石的研究推向深入。

周先生的论著《中日文化关系史论》（以下略称《史论》），是在1986年退休后，再治日本史旧业的成果积累。此著的研究重点，集中在江户时期各

① 周一良：《关于日本文化》，《周一良集》第四卷，辽宁教育出版社1998年版，第208—213页。

② 周一良：《新井白石论》，《周一良集》第四卷，辽宁教育出版社1998年版，第424—447页。

种文化现象和人际交流等问题。出版后，受到国内外学术界的好评。《史论》收录论文 18 篇，论题涉及中外文化关系、中日文化交流关系和明治维新等研究领域。其中，《谈中外文化交流史》等篇为全书的总论；其余各篇，论及中日文化交流史上的著名人物，如鉴真、园珍、荣西、罗卧云、孙中山、宫崎寅藏等；以及中日民间节庆，如中秋节；书信往来格式，如尺牍；以及前述有关明治维新的学术论文。概括起来看，《史论》具有以下特点：

第一，建构文化关系史研究的理论框架。凡高水平的史论类的著作，必要求作者学术建构格局开阔，史学功底深厚而扎实，并能融古今中外史识于一炉，对研究对象知其然亦知其所以然，给予理论的阐明。在这方面，《史论》展示了其特色。有关文化概念的表述，周先生提出了自己的看法。他认为，文化即一个民族通过长期体力与脑力劳动所取得的物质的、精神的全部成就；其层次分为三种：即相对政治、经济，以哲学、文学、美术、音乐、宗教为主要内容的“狭义文化”；以典章制度、生产交换、社会习俗、生活用具等精神与物质成就为主要内容的“广义文化”；普遍存在于各领域的、反映各民族文化本质的“深义文化”，如蕴藏于日本文化深处的“苦涩”、“闲寂”精神。以上三种层次上的文化概念由窄而广，由浅入深，构成全面而立体的文化定义和类型。特别是“深义文化”的概念，对研究文化史、民族精神史和文化交流史，不无重要的参考价值。

《史论》还以充分的史实为据，从多姿多彩的文化关系和文化交流现象中，归纳出：(1)“经常的渠道”，例如“官方派遣使节、学生、舞乐团体，赠送各种礼物（包括手工艺品和动植物等）以及书籍”。(2)“重要的途径”，即“宗教与贸易”。因为“在中外文化交流史上，宗教也起过正面的作用”。例如，“随着印度佛教传入中国，印度富于思辨性的哲学、逻辑学、文学、音乐、绘画、雕塑、舞蹈等等，都随之而来”，“大大丰富充实了魏晋到隋唐这七百年的中国的思想学术与社会文化生活”；佛僧“鉴真东渡日本，带去了唐朝建筑、雕塑、绘画等工艺技术和医药之学”；“耶稣会士东来传教，同时带来了当时西方先进的算学、天文、地理等门学问和工艺技术”；另外，“在朝贡形式下的贸易互通有无，内容十分广泛”。例如，“以中国的输出而言，物质文化方面较高级物品，如丝绸、瓷器等固无论，明清时代铁器输出到菲律宾、缅甸、泰国，木制家具输出到菲律宾，也莫非文化交流”；与此同时，“精神文明的产品”，诸如诗歌、文章、小说印制成的图书大量出口并受到欢迎等。(3)“意外的渠道”，“即战争与掠夺也会造成文化交流的机会”。例如，“十三世纪蒙古统治者向西方扩张，为中西文化交流创造了前所未有的条件”；唐代高仙芝与大食交战虽败，但“被俘走到唐朝工匠把造纸术传入阿拉伯世界，进而远播西方”；“中国开始与拉丁美洲的接触与交流，有赖于十六世纪末叶以来西班牙殖民者占据马尼拉并控制它与墨西哥的海上商业往来”，等等。[①] 三种文化交流的基本途径，显然是对表现在中外文化关系和文化交流过程中的普遍性、必要性和偶然性的另一种高度概括。

第二，横向比较异同，纵向追根溯源，力求归纳出文化关系发展中的规律。在各国文化交流的全过程中，求同存异并加以分析比较，是《史论》研讨的一个主题。例如，在民间节庆方面，周先生注意到元旦、端午、七夕、重九等中国传统节日，自奈良朝传入日本，一直作为国家节日流传到近代明治维新时期，但唯独缺少中国人十分重视的中秋节。经过考证，对此作出了令人信服的结论，即唐代不曾将中秋节定为国家及社会公认的节日，从而也未传入奈良朝的日本，揭破了上述现象的谜底。[②] 再如，在典章制度方面，对奈良朝“全盘唐化“时期为何日本未引进唐朝的科举考试和宦官制度的现象，日本学者虽有谈及，但其解释不甚明了。对此，《史论》指出：日本皇权较弱，物部、苏我、藤原、平氏等豪门贵族先后专擅朝政，滥施淫威，他们不可能移植布衣人入相的科举取士制度而危机自身对政权的垄断。同样，宦官制未被日本采用的原因，也是由于日本缺乏相应的历史条件和土壤，即历史上未形成过发达的奴隶制度，最初的统治者中未产生阉人为宦的习俗和传统；奈良朝以来皇权衰微，天皇无能力也无必要利用宦官对付朝廷大臣；平安朝以后，宫廷所蓄女官与将军内府“大奥的女官“女中”等实际上代替

① 周一良：《我对中外文化交流史的几点看法》，《中日文化关系史论》，江西人民出版社 1990 年版，第 21—23 页。

② 周一良：《从中秋节看着日本文化交流》，《中日文化关系史论》，江西人民出版社 1990 年版，第 42—46 页。

了宦官。[①]

在以上论述的基础上，周先生认为，“凡是两个国家或两个民族进行文化交流，在接受的一方必然既有交流的需要，又有适宜的条件和环境，然后交流的成果才能在一段时间里生根、发芽、开花、结果。如果接受的一方条件改变，失去土壤，交流的需要不复存在，则原有交流成果也必然不能长久存在。”[②] 这种带规律性的互动关系框架，同样适用于中日文化交流的发展过程。

第三，考证精密翔实，充分利用了中日两方面的资料，并指出日本学者的错误。敦煌写本书仪，是周先生着力甚深的研究领域。在《唐代的书仪及中日文化关系》等论文中，将研究的视角扩展到中日文化交流的论述与把握之中。书仪，即供写信人参照模仿的书信程式或尺牍范本。周先生通过考证《万叶集》、《古今和歌集》、《大日本古文书》、《入唐求法巡礼行记》、《日本国见在书目录》、《续群书类从》、《明衡往来》、《异制庭训往来》、《释氏往来》、《蒙求臂往来》、《商家往来》、《百姓往来》等日本古籍中的书仪格式，均与中国的《大唐书仪》、《唐六典》、《唐令拾遗》、《宋仪注》、《十二月仪》、《九族书仪》等书仪著作的惯例有关，前者多广泛吸收与沿用后者，令人信服地论证了奈良、平安诸朝至镰仓、室町、江户时代两国深厚的文化关系。同时，周先生又指出了同源的书仪中，存在若干异同之处。例如，季节问候套语等被日本人持久沿用，一是由于两国皆有大体分明的四季气候差异；二是日本人爱好自然并对季节变化敏感的民族性格使然，此两点概括入情合理。同时，也强调了“日本吸取中国文化以后的创造和发展”。[③]

作为学者，治学的乐趣之一，是寻觅事物真相，研讨学术真谛的所在。例如，书仪信札的结尾处常见“谨空”两字，日本学者对此的解释语义多

① 周一良：《唐代中日文化交流中的选择问题》，《中日文化关系史论》，江西人民出版社 1990 年版，第 34—36 页。

② 周一良：《唐代中日文化交流中的选择问题》，《中日文化关系史论》，江西人民出版社 1990 年版，第 33 页。

③ 周一良：《唐代中日文化交流中的选择问题》，《中日文化关系史论》，江西人民出版社 1990 年版，第 67 页。

歧，《大日本国语辞典》等解释成“为表敬意而留空白”、《广辞苑》释为“在纸末留空白以请求批评”、相田二郎的《日本之古文书》说“谨空”相当于结束全文的“以上”、小野胜年代《入唐求法巡礼行记研究》释“空”字为《周礼》九拜中的“空首拜”之“空”即义为谨致敬礼等。周先生经过比较和考证后，指出：日本学者的上述解释或者“未能说明原委”，或者释义本身就是错误的或不确切的。他认为正确的解释应该是：在信札“谨空”意为卑者有意为尊者留出空白，以备批答。①

此外，周先生还与邓懿先生合译美国学者霍尔的《日本：从史前到现代》（商务印书馆，1997）、独译新井白石的《折焚柴记》（北京大学出版社，1998）。有生之年，已着手翻译江户时代武士道代表作《叶隐》约三分之一篇幅，可惜天不增寿，未来得及完成全文。周先生在中国的日本史研究领域业绩显著，备受同行和晚学后辈的瞩目与尊敬。退休后，像吴廷璆、邹有恒先生一样，被推选为中国日本史学会名誉会长，如同获得中国日本史研究终身成就奖。

1997 年，周先生荣获日本山片蟠桃学术奖。这个奖项相当于国际日本文化研究的“诺贝尔奖”，每年从世界各国从事日本文化研究的申报者中遴选一名。此前这个奖项已颁发 14 届，多半颁发给欧美学者，亚洲学者仅颁发过一位韩国学者。因此，周先生是中国学者获此国际学术奖项的第一人，为我国日本史研究赢得了迟到的荣誉。

三、中国古代史领域的业绩

周先生的中国古代史研究著作，主要包括：《魏晋南北朝史论集》（中华书局，1963）、《魏晋南北朝史札记》、（中华书局，1985）、《魏晋南北朝史论集续编》（北京大学出版社，1991）、《唐代密宗》（上海远东出版社，1996）等。《论集》和《论集续编》涉及兵制、流民、民族关系、民族政策、镇戍、

---

① 周一良：《唐代的书仪与中日文化关系》，《中日文化关系史论》，江西人民出版社 1990 年版，第 52—54 页。

三长制、官制、史学、家训、人物等广泛论题，提供了认知魏晋南北朝史基本问题的入门路径；《札记》则征订魏晋南北朝史籍，对其典章、职分、典故、专用术语、疑难词汇或文字、名物、地名、地理等看似琐碎，却事涉准确理解史籍的“拦路虎”（周先生语），通过旁征博引史书、诗文、古籍、考古、金石等资料，追根溯源、考其来龙去脉以疏通语词本义。其功夫之精湛，论述之明了，常使深谙此道的资深学者发出会心的微笑，并令国外学者惊叹服不已。例如，日本学者川胜义雄读过《札记》之后，特意致信周先生说：“诸条该博之知识与精密之考证，至为叹服。要之，实痛感我辈外国人终难与本国学者相匹敌耳。”吉川忠夫认为《札记》“是卓越见解与渊深广博知识的精彩结晶，堪以名著相称”。[①] 此外，周先生“也尽力‘通古今之变’，对诸多历史表象背后的重大政治线索予以深究”，对“刘义庆传之‘世路艰难’与‘不复跨马’”等若干条目予以长篇综论，以深入剖析当时政治、军事、文化、制度发展中的一些重大关节点。[②] 总之，《论集》、《札记》和《续编》等著作，足证周先生在魏晋南北朝史研究领域的深厚功力和造诣，颇获国内外学术界的好评，亦在情理之中。

尤其在魏晋南北朝史学史方面，周先生的贡献值得关注。众所周知，魏晋南北朝前后360余年，30余个王朝兴衰更替、胡汉政权分据南北，王权的转换如同走马灯，失去大一统时代中央对地方的掌控能力。在这个伴随着战乱的动荡时代，胡汉民族逐步实现大融合，异质文化佛教进入中国、道教兴起、玄学流行、儒学自顾不暇且从独尊地位上跌落下来，士人获得精神解放，酿成自春秋战国百家争鸣之后的又一大文化兴旺的新阶段。这是一个在纷乱中呈现希望、在沉沦中迸发活力、色彩斑斓的大时代，记述魏晋南北朝的史著之盛也因此而超过其他任何历史断代。记述此一前后不过360年史迹的正史，竟有《三国志》、《晋书》、《宋书》、《南齐书》、《梁书》、《陈书》、《魏书》、《北齐书》、《周书》、《南史》、《北史》等11部，几近官撰正史即通说二十四史总数的二分之一。

---

① 周一良：《学术自述》，《郊叟曝言》，新世纪出版社2001年版，第72页。

② 周一良：《学术自述》，《郊叟曝言》，新世纪出版社2001年版，第71—72页。

解释上述罕见历史现象，则须深入研究魏晋南北朝史学史。恰恰是在这个他人涉足甚少的领域，周先生进行了多年不懈的探索，成绩斐然。从大学时代撰写《魏收之史学》，指出前人对魏收所著正史《魏书》的诟病“未必尽当”，向通说提出挑战。[①] 至晚年，著文《魏晋南北朝史学发展的特点》、《魏晋南北朝史学著作中的几个问题》、《略论魏晋南北朝史学之异同》、《魏晋南北朝史学与王朝禅代》等论文，逐步建立起有关魏晋南北朝史学史的论说框架。

例如，周先生概括出此一时期史学发展的四个特点，即（1）“史学著作摆脱了隶属于《春秋》、作为经部附属品的地位而独立”，而且“最早把史学作为一门学科进行的教授的，不是汉族而是少数民族政权”；（2）“继承先秦以来太史记录当代史事的传统而加以改革，设立专职史官，不再兼管天文历法，四百年间没有中断”；（3）“比起前一时期，史部著作数目骤增，性质复杂多样，门类异彩纷呈”；（4）“与后代不同的，是编年体与纪传体两者并重，相辅而行”等。[②] 通过分析南北之间农业、手工业、商业发展水平高低不等，学术思想开阔、活跃度存在差异等因素，认为南北史学不同的一个重要原因，在于“北方偏于学而不思，南方偏于思而不学”，即如魏收《魏书》“就事论事为主，拘泥于一人一事论其功过”，而范晔的《后汉书》、沈约的《宋书》和萧子显的《南齐书》则注重思辨分析，表现出“对历史发展的洞察能力”。这样，就对《隋书·儒林传序》、《北史·儒林传》关于“南人简约，得其英华，北方深芜，穷其枝叶”的治史学风差异，[③] 作出深入浅出的准确点评。

史学史研究是以客体的历史过程为依据，反思史学著述主体成败得失的过程。这就要求史学史的研究者不仅需要“史学”的知识广博、功底扎实，且应兼备“史德”、“史识”、“史才”。换言之，需要有理论的立场和视野，

---

① 周一良：《魏收之史学》，《周一良集》第一卷，辽宁教育出版社 1998 年版，第 300 页。

② 周一良：《魏晋南北朝史学发展的特点》，《周一良集》第一卷，辽宁教育出版社 1998 年版，第 466、471、473、467 页。

③ 周一良：《略论魏晋南北朝史学之异同》，《北京大学学报》（哲学社会科学版），1990 年第 3 期。

掌握发现、分析和解决问题的能力。周先生治史历来重视对史学史的钻研，研究视野也并非仅限于魏晋南北朝史学。早在燕京大学读本科的毕业论文，就以《〈大日本史学〉之史学》为题。在这篇论文的结论部分，周先生强调："历史之学其究竟仍在于经世致用，非仅考订记述而已。惟其所以用之者代有不同，人有不同，自孔子作《春秋》之寓褒贬别善恶，至近世之唱唯物史论，一例也。"[①] 在不经意间，道出了中国人研究外国史，其中包括日本史研究的治学传统。

自《汉书·地理志》起，中国人开始记述日本，但真正摘下"外辩华裔之别"有色眼镜来认真看待和研究日本，却始于东汉1500年之后的明朝成化至嘉靖年间（1465—1563），后期倭寇的猖獗，再兴于丰臣秀吉"借道伐明"的狂举所引发得万历朝鲜之役。一时间，刻印出版了多种日本研究著作，以认识敌手，战而胜之。此后，中国则再次沉湎于"华夏天朝"的旧梦，直至清季被甲午之败打痛，方如梦初醒，再次相对客观、全面地研究日本。黄遵宪的《日本国志》是国人重新睁眼看日本的代表作之一。此著计40卷，以50余万字的篇幅，记述日本的地理、职官、食货、兵备、刑法、物产、工艺等，重点介绍明治维新后日本的社会风貌。黄遵宪自言，编著此书的目的在于"详今略古"、"详近略远"，"期适用也"。[②]《日本国志》如此布局剪裁，盖因甲午战败，割地赔款之剧痛，痛彻国人骨髓之故也。败后而将学术研究与经邦济世的现实要求挂钩，无非古代资治通鉴的近代版，有利亦有弊，偏重偏轻则不足为训。但黄遵宪的"期适用"，与周先生的"历史之学其究竟仍在于经世致用"可谓心同此理，别无二致。

在佛教史、敦煌学领域，周先生也不乏学术建树。在1944年哈佛大学完成的博士学位论文《唐代印度来华密宗三僧考》，被译为中文《唐代密宗》（上海远东出版社，1996）出版，以及《宋高僧传善无畏传中的几个问题》、《〈牟子理惑论〉时代考》、《敦煌写本杂钞考》、《书仪源流考》、《敦煌写本

---

① 周一良：《〈大日本史〉之史学》，《周一良集》第四卷，辽宁教育出版社1998年版，第86页。

② 黄遵宪：《日本国志·凡例》，上海书局1901年版。

书仪考》（之一、二）、《说宛》等多篇论文，与向达、王重民、启功等编著《敦煌变文集》等论著，拓宽了建国后佛教史、敦煌学的研究基础。特别是对敦煌书仪的全面研究，开拓了敦煌学中鲜有耕耘的新领域。周先生在这些研究领域的拓展和功力深厚的学术造诣，深得国内外学界专家的钦佩和好评。例如，《说宛》一文，篇幅不过几千字，但凝练扎实。通过敦煌唐人卷子等文书的翔实考证，周先生将流传千余年但文义不明的日文动词“宛”字的真义，以及之所以发生谬误的原因逐一说明，得出“宛”字是日本人对“充”字的“误认”，“‘宛’实为‘充’之谬种流传耳”的结论。周先生著此文，意在纪念业师陈寅恪先生，先师地下有知，倘莞尔一笑则于愿已足。在此文的《附记》中，周先生特别说明在日本正德年间（1711—1715），新井白石在“《同文通考》卷四《误用门》中，已言及‘宛俗充字’”。为此而感慨说：“虽只一语，实先我二百七十余年矣。补记于此，以志与东邦先贤之文字因缘。”①

《唐代印度来华密宗三僧考》的英文译名为“Tantrism in Chaina”（《中国密宗》），因为其“提供了一些密宗早期发展的资料，所以西方学者很重视，有人所拟佛教密宗参考书中，此文列为必读。”② 值得注意是，上述成果多半是“文革”过后，周先生“重拾旧业”，回到多年前曾用功甚力的学术园地，或笔耕或口述，整理多年积累的文稿而推出的成果。这种老骥伏枥、孜孜以求的勤奋精神，令人感佩。

在青年时代，周先生以中国古代史的突出研究业绩，深得胡适、陈寅恪、邓之诚、洪业、傅斯年、叶理绥等国内外大家知名学者的垂青，每每嘱以厚望并彼此切磋学艺，跻身著名学者的行列。在年近古稀之时，周先生担任《中国大百科全书·中国历史卷》的编辑委员会委员，1985 年任常务副主编，兼任三国两晋南北朝部分的主编，撰写了“南朝”等条目。同年任联合国教科文组织主持的《人类科学文化史》第三卷编委会编委、中国史学会理事等。上述学术兼职，从一个侧面表明了国内外学术界对周先生多年从事相关

---

① 周一良：《说宛》，《周一良集》第三卷，辽宁教育出版社 1998 年版，第 436、438、439 页。

② 周一良：《郊叟曝言》，新世纪出版社 2001 年版，第 88 页。

学科研究的学术地位予以公认和肯定。

总之，欲了解周先生的代表性著作、学术论文、治学心得等学术业绩，可以从《周一良学术论著自选集》（首都师范大学出版社，1995）、《周一良学术文化随笔集》（中国青年出版社，1998）、五卷本的《周一良集》（辽宁教育出版社，1998）、《周一良学述》（浙江人民出版社，2000）等著作中，得瞻其学风采。

四、曲折人生路

（一）家世和求学

周先生祖籍安徽省东至县（清代称建德，民国后改秋浦、至德，近年与东流合并，称东至），1913年1月19日生于山东省青岛市。周家是安徽建德周氏家族的后裔，堪称名门望族，书香门第。远祖周繇为唐代大历年间的十才人之一。曾祖父周馥由李鸿章幕下的文案员而一路升迁，由津海关道而山东巡抚而两江总督，复调任两广总督，是清季著名的外交家。祖父周学海官科举中进士，官至浙江候补道。其父周叔弢先生为著名爱国实业家、古籍收藏家和文物鉴藏家，建国后曾任天津市副市长、全国政协副主席等职。

周先生自8岁起，在天津家塾读书至18岁，未入小学、初中和高中等"洋学堂"学习。其时虽然已是民国初期，但周氏家塾依然沿用传统的教育模式。在幼年、少年时代，饱读《四书》、《五经》、《古文辞类纂》，学作古文，研读清儒朴学；又学习日文和英文，奠定了坚实的国学和外语基础。1930年考入北平燕京大学国文专修科一年。1931年入辅仁大学历史系，1932年转回燕京大学历史系作二年级的插班生。在燕大读本科期间，受到邓之诚（文如）先生启迪，对魏晋南北朝史产生了浓厚兴趣，接受洪业（煨莲）先生关于考据和史料处理的严格训练，奠定了治学的基础。本科毕业后，就读燕大研究院。其间，到清华大学旁听陈寅恪先生的魏晋南北朝史课，"感到眼前一亮，由衷佩服"，[①] 遂对陈先生执弟子礼，倾心听从指教。陈先生对

① 周一良：《学术自述》，《郊叟曝言》，新世纪出版社2001年版，第66—67页。

“富而好学”的周先生印象颇佳，特推荐到中央研究院历史语言研究所（史语所）作助理员。周先生对史语所的一年流连难忘，说：“我饱尝到在书海中遨游，自由自在搞研究的乐趣，打下了我在魏晋南北朝史研究的基础，也写出来几篇在这一尚少人耕耘的领域中还算有见地、有内容的文章。对外来说，这短短的一年确是很值得回忆的宝贵的一年。”[①] 文中提及的文章，即《南朝境内各种人及政府对待之政策》、《领民酋长与六州都督》、《论宇文周之种族》等，为学术界所承认。

1939 年周先生获得哈佛燕京学社奖学金，入哈佛大学远东语言系（后改名东亚语言文化系）攻读博士学位。在哈佛读博期间，师事“东方日本学之父”叶理绥教授和梵文名学者柯拉克教授，学业大有长进。读博期间，太平洋战争爆发，周先生担任美国陆军特别训练班的日文助教，为打击日本法西斯侵略的正义事业尽了一份力量。1944 年，以论文《唐代印度来华密宗三僧考》获得哈佛大学哲学博士学位。毕业后，留校教授日文两年。

（二）回国与来北大

周先生在晚年的回忆中，总结了 1936 年以来几个与“6”字相关的重要年份：“回首几十年，逢 6 年份都有对我重要的事情发生。36 年结婚，46 年从美国回国，56 年入党，66 年文革，76 年因梁效而受到审查，86 年退休。”[②] 以下，就 1946 年之后的几个“6”，略作说明。

1946 回国，任燕京大学国文系副教授，讲授日语和佛教翻译文学。1947 年，转任清华大学外文系教授。1949 年来历史系任教授，担任清华、北大和燕大三个学校的日本史课程的讲授。这一期间，文思如泉涌，先后撰写了《乞活考》、《南齐书丘灵鞠传试译》、《能仁与能祠》、《杂抄考》等涉及魏晋南北朝史、佛教史和敦煌学等领域有分量的论文，足以展现学术水平。1949 年解放前夕，与北京大学的季羡林、马坚、金克木，清华大学的邵循正以及燕京大学的翁独健等著名学者，共同组建了学术沙龙东方学会，相互启迪，同求学术真谛。1951—1952 年，担任清华大学历史系主任。

---

① 周一良：《史语所一年》，《郊叟曝言》，新世纪出版社 2001 年版，第 86 页。
② 周一良：《钻石婚杂忆》，生活 · 读书 · 新知三联书店 2002 年版，第 149—150 页。

1952年秋院系调整后，周先生调来北京大学历史系任教授，先后担任亚洲史（后改亚非史）教研室主任、系副主任、系主任等职，至2001年谢世，周先生在燕园度过了49个春秋。

在“文革”爆发前的14年间，周先生正值青壮年，精力充沛，教学科研诸业开局顺利。他先后开设《亚洲史》、《日本史》、《日本近代史》等课程，培养人才，也为历史系亚洲史的教学科研，提倡严谨求实、勇于创新开拓的学风，树立了奖掖后学的传统。在学术研究方面，1954年出版《中朝人民的友谊关系与文化交流》、1955年出版《中国与亚洲各国和平友好的历史》（上海人民出版社）、1958年出版《亚洲各国古代史》、《明代援朝抗倭战争》（中华书局，1962）等专著，撰写有关日本明治维新的学术论文多篇，学术业绩显著。

这一期间，虽经历过“三反”、“肃反”、“反右”、“反右倾”、“四清”等多种政治运动，但周先生均得以顺利过关。1952年加入中国民主同盟，1956年加入中国共产党，备受党组织的信任和倚重。在党组织的领导下，1953年参加批判胡适的运动，剖析其历史观，并完成了尹达所出的题目，撰写批判文章《胡适与西洋汉学》。1958年“史学革命“期间，积极参加学术大批判，按照历史系党总支的布置，在会议上批判业师陈寅恪先生的“帝王将相中心论”、“民族虚无主义”、“不注重种族区别”等史观错误，并指陈先生“讲善战民族”是“为帝国主义张目”，自谓“党指向哪里就打向哪里”。[①] 这种看似“驯服工具”的表现，源自“负罪”的心理。建国后的思想教育学习，使周先生“负罪感特别沉重，总觉得自己出身不好，又到美国留学，因而悔恨交加，恨自己出身不好，恨自己未走革命道路。”[②] “原罪”意识加上“要革命”的追求，使他认准了一条路：一心一意跟党走。直到“四人帮”倾覆，才看到党内也有江青之类的野心家、阴谋家，也有令人失语、失忆、失去自我的个人崇拜“造神”运动而幡然醒悟。当然，此为后话。50年代的周先生可谓意气风发，斗志昂扬。

① 周一良：《钻石婚杂忆》，生活·读书·新知三联书店2002年版，第128页。

② 周一良：《钻石婚杂忆》，生活·读书·新知三联书店2002年版，第135页。

自1955年与翦伯赞先生同行，出席在荷兰举行的青年汉学家大会以来，访问荷兰两次、法国四次，以及摩洛哥、巴基斯坦、加纳、坦桑尼亚各一次，开展学术交流。这在出国机会不多的当时，周先生能多次出访，是因为政治上党组织信任，业务扎实，外语熟练。在“文革”骤发之前，周先生是历史系乃至整个北大教授中“又红又专”的标杆，青年学生仰慕和学习的榜样。

（三）“文革”中的起落沉浮

自1966—1978年“文革”和“两个凡是”的12年间，周先生经历了两起三落人生坎坷。1966年5月，康生授意哲学系党总支书记聂元梓等在大饭厅东墙上贴出矛头直指北大党委和北京市市委的大字报。6月初，中央人民广播电台广播了这份被毛泽东称为“全国第一张马列主义的大字报”，引发了群众性的“文革”狂潮。北大师生不管理解与否，全都身不由己地卷入其中，宁“左”勿右成了时尚。一夜之间，历史系系主任翦伯赞先生等老教授们从颇受尊敬的师长，变成了“资产阶级反动权威”，历史系总支正副书记则成了北大“黑帮党委”的“黑爪牙”，受到不由分说的口诛笔伐。担任副系主任和系总支委员的周先生，自然是在劫难逃。在工作组进系的全系师生动员大会上，被勒令站到前台“低头认罪”、接受批判。对突如其来的变故，他毫无思想准备，但并不认为自己“有罪”。虽然站在那里，却高昂着头，以冷峻和沉默面对一片“打倒”、“老实交代”的口号声。从业绩有成的“红色教授”，突然沦为批判对象“反动权威”，“文革”前14年的光环烟消云散，师道尊严不复存在。每天上午到三院历史系参加学习，或者抄录大字报，却被剥夺了张贴大字报的权力，即使是表示“要革命”的大字报。周先生被迫“靠边站”，精神郁闷且神经高度紧张。这是“文革”之初，周先生第一次大约为期一年短暂的“跌倒”。

1967年春夏，北大成为在“文革”核心层人事剧烈变动的晴雨表。陈伯达跑到北大来发表了一通讲话，北大顿时乱了营。聂元梓革委会大一统之下的“新北大公社”分裂成两大派和若干小分派组织，各种“战斗队”满天飞。反聂的最大组织称“井冈山兵团”，头头们邀请周培源、周一良等名教授“上山”，以壮声色。在五四操场举行的“兵团”集会上，出于“要革命”的愿望，听信“共产党人不隐瞒自己的观点”的“最高指示”，[①] 周先生登台慷慨陈词，激烈批判聂元梓（外号“老佛爷”）压制不同意见的专断独行。演讲赢得热烈掌声，继而参加了反对“老佛爷”的静坐示威，无意中成了“兵团”的“精神领袖”之一。这是周先生在“文革”初期第一次短暂的“站起来”，前后不过两个月。

聂元梓恼羞成怒，周先生很快成了“新北大公社”讨伐“井冈山兵团”的首选目标。除了“反动权威”之外，又多戴了“反共老手”、“美国特务”、“老保翻天的急先锋”等一连串的大帽子，被抄家、扣发工资；接受“喷气式”的揪斗、“罚跪”和“游斗”，饱受人身侮辱；还被解送到历史系在昌平太平庄的教育革命基地或校内民主楼后身的“牛棚”中，遭受“群众专政”名义下的非法拘押和“劳动改造”。在毫无信义可言的派性争斗中，“兵团”的头头也派人去调查所谓“美国特务”的资料，随即宣布将周先生“除名”，予以“打倒”。势不两立的两大派一致向关进劳改大院的周先生挥舞“打倒”的拳头，这是周先生在“文革”之初的第二次“跌倒”，真的被“打翻在地”。一年间，周先生所遭受的身心摧残程度，远远超过第一次。

1968 年 7 月工宣队、军宣队进驻北大制止武斗，“占领上层建筑”。10 月，周先生离开“牛棚”，转移到历史系所在的三院，“集中学习”、劳动，直到年底才解除“劳改”回家。1969 年 5 月，参加“教育革命小分队”，到长辛店二七机车车辆厂，接受“工人阶级的再教育”。1970 年 1 月返回学校，11 月，参加“战备拉练”，被工军宣队树为“年过半百”老教授“要革命”的典型，受到表扬和重视。1973 年 7 月，在《北京日报》编辑部的建议下，周先生在《北京大学学报》（哲学社会科学版）上，发表《读柳宗元的〈封建论〉》，正面评价秦始皇的历史功绩，受到毛泽东的肯定。就在两个月前，毛泽东在政治局会议上强调抓路线、抓意识形态斗争，学点历史，批孔批儒，以维护“文化大革命”的“成果”。

1973 年 9 月，由“四人帮”的得力干将清华大学党委书记迟群、副书记谢静宜出面主持，实际上由江青操纵的北京大学、清华大学“大批判组”成

---

① 周一良：《毕竟是书生》，《周一良集》第五卷，辽宁教育出版社 1998 年版，第 377 页。

立，并在《北京日报》上，以“梁效”（北大、清华“两校”的谐音）笔名，发表了第一篇大批判文章《儒家和儒家的反动思想》而正式亮相。在此前后，上海市委笔名“罗思鼎”、中央党校笔名“唐晓文”、文化部笔名“初阑”等几个写作班子纷纷成立。其中，“梁效”最著名。因为它“有来头”，具有“通天”的渠道，作为政治局的写作班子，不时传递着毛泽东的“最高指示”，这在当时是公开的秘密。

“梁效”由写作组和研究组（后改称注释组）构成，人员的选定既要看对“文革”的态度，也要看是否有真才实学，并由校党委审议决定。换言之，写作组和注释组的人员均由两校的党组织选拔，进入“梁效”的责任在组织而非个人。注释组的成员均为著名学者，如北大中文系教授魏建功和林庚、历史系教授周一良、哲学系教授冯友兰、汤一介等。“梁效”设有党支部，周先生担任支部委员。1974 年 1 月，在首都体育馆举行的批林批孔动员大会上，汤一介教授担任《林彪与孔孟之道材料之一》的主讲，周先生解释资料中的历史典故。同时，在《历史研究》1974 年第一期上发表《诸葛亮与法家路线》，评法批儒。8 月，《读柳宗元〈封建论〉》出版（人民出版社，1974）。此前在 1973 年 8 月，曾经作为中共“十大”代表，进入主席团。1976 年 9 月毛泽东逝世，名列治丧委员会，参加守灵。这是周先生在“文革”后期的第二次“站起来”，而且是站到“革命路线”一边，站到不胜寒的高度。

1976 年 10 月，“四人帮”被一举粉碎。随即，北京卫戍区部队包围并查抄“梁效”驻地北大朗润园的北招待所。前来执行任务的解放军战士将冲锋枪黑洞洞的枪口指向周先生，喝令交出那把传说中的藏有周总理“黑材料”保险柜的钥匙。其实，周先生在北招待所的宿舍里没有保险柜，钥匙之说纯属子虚乌有，谣言来自历史系一份信口开河的大字报。从查抄之日起，周先生和其他“梁效”成员一起，全都成了被审查的对象，成了疑似“现行反革命”。在首都体育馆举行的北大师生声讨“梁效”罪行的大会上，周先生作为“陪斗”者之一，与其他“梁效”的主要成员一起，成为万人瞩目的“阶下囚”。随后，每天早中晚三段时间前往审查地报到，随时接受查问并交代问题，间杂着到历史系接受师生的批判。“文革”随着“四人帮”的垮台而告结束，但周先生依旧享受“文革”式的待遇。“文革”收场，周先生第三次“跌倒”，倒得突然，摔得很重，蹉跎岁月将近3年。其子女的考试入学、安排工作等也因受到周先生的牵连而难以如愿。

（四）重拾旧业后的精神烦恼

1979年，周先生重新回到历史系，在中国古代史中古研究中心承担敦煌写本书仪的整理和研究工作，在世界史研究室党支部参加组织生活。此时，他已年逾花甲，本欲重拾旧业，埋头学术研究和教学工作，但依旧不大顺利。1981年恢复博士生招生制度，周先生是否有资格担任魏晋南北朝史研究方向的博士生导师，因“梁效”问题散而一度受阻。当时的系主任邓广铭先生据理力争，才解决了问题。

在周先生接受审查期、有生之年或身后的很长一段时间里，有关其人格道德的议论，包括不负责任的传言，未曾停止。这些七嘴八舌，生前，使周先生难以心平气静；去世，也难以身后清净。在“梁效”审查期间，一首讽刺冯友兰、魏建功、周一良、林庚的《四皓新咏》，引来多首唱和的嬉笑怒骂；一位自称是“老朋友”的人，寄来内附“无耻之尤”字条匿名信；还有周先生在北招待所的保险柜里藏着整周总理的“黑材料”、想当教育部长等等流言蜚语，不胫而走；一些好赶时髦的报刊杂志刊载文章，指名道姓地挖苦抨击。真是应了那句话，叫做“墙倒众人推”。尽管周先生再次检讨自己受骗上当，还把那张纸条压在书案的玻璃板下，以自省自警，感受精神的煎熬。

据陈氏同门师弟王永兴教授的回忆：“1978年，北京大学调劫后余生的我到历史系任教，我住在当时的29楼。报到后的次日，早饭后，一良先生到29楼来看我，这是出乎我意料之外之事。一良先生坐下来，流下了眼泪，接着就失声长恸，我也潸然泪下。之后，他问我，关于他的未来的种种传说，我是否听到过，是否相信，如谋求当时的教育部长之类。我告诉他，我以及在太原的北大清华友人，都听到过关于他的种种谣言，但我们都不相信，因为我们坚信一良先生是个学者。”① 当着老友的面，周先生之大恸，的确是因为到了伤心处。“文革”、“梁效”大起大落的个人际遇、同门学友多年重逢，特别是对业师陈寅恪先生的愧疚，恐怕都是泪如泉涌的原因吧。

出版界学者李经国先生则回忆了另一件往事：“1999 年底的某个星期一的上午，去看望一良先生，先生送了我他的新著《毕竟是书生》。我见先生情绪很好，就鼓足勇气直言书中所提到‘无耻之尤’字条乃启功所写（书中虽名之为“一位书法大师”，但圈内人大多知道即指启功）的说法似乎有失武断，那封匿名信应该不是启先生写的。”李经国触动了周先生心中的隐痛，他“沉默了几分钟，逐渐显现出了激动的神情”。当得知李经国要去拜访启功先生时，周先生“转动轮椅从身后拿过一本自著的《魏晋南北朝史论集》，因为患有帕金森病，右手已经严重变形，无法执笔，就用左手费力地写上‘元白先生正一良呈’，对我说：‘请你帮我转给启先生。’此时先生好像如释重负，脸上露出了轻松的笑容。”李经国去探望启功先生，将情况详细地介绍了一遍。启功先生也“异常激动，拱手作揖地连连说‘功德无量！功德无量！’在我将书递给启功先生时，他更是无法平静，表示对一良先生当时的做法能够理解，说‘周家与我家乃世交’，取出《启功丛稿》的《诗词卷》，同样认真地写上了‘太初先生指正启功’”，请李经国转送周先生（字太初）。在签完字的一瞬间，因眼疾而书写困难的启先生“双目的神采如同他的微笑一样灿烂”。当得到“启先生回赠的著作时，一良先生也笑得像个孩子似的”。② 随着时间的推移，当人们厌倦了“斗争哲学”，能够理性而平静地看待自己和别人的时候，事情的真伪也就容易尘埃落定了。《四皓新咏》的作者舒芜先生后来对情况有了更多的了解，发现所据传闻与事实不尽符合，也就不再将《四皓新咏》这首当年的激愤之作收入其文集。③ 所幸，在周先生

① 王永兴：《213 房间的由来》，《史学家眼中的周一良》学术批评网（www. acriticism. com）转发，2003 年 2 月 28 日。

② 李经国《隔世追忆〈观雪记〉 挥泪怀思忘年情 周一良先生晚年二三事》，《文汇读书周报》，2004 年 11 月 19 日。

③ 李经国《隔世追忆〈观雪记〉 挥泪怀思忘年情 周一良先生晚年二三事》，《文汇读书周报》，2004 年 11 月 19 日。

的有生之年，审查“梁效”期间的多数不实之词水落石出。得到某种精神解脱的周先生，以极大的热情投入治学、培养研究生和国际学术交流活动之中。

五、家风与为人品格

无可否认，周先生的人生沉浮，经常成为某种情绪的宣泄对象，或者是借题发挥的开场白，甚至是以讹传讹的谈资，至于如何在具体的历史环境中，真实地把握一个人的荣辱得失，往往被论客们所忽视。最近，周先生的长子周启乾教授郑重其事地告知日本史圈内的同行说，坊间流传的周一良篆刻集里的某些闲章上的文字并非周先生所刻。这样，在周先生的身后，如何理解或解释真相，还真的成了一个不大不小的问题。

在自传《毕竟是书生》的收笔之处，周先生感慨“四十年来，知识分子经过不断的风风雨雨。我曾戏言，这后半生就像著名小说的标题——《红与黑》，来回变了多少次。”① 了解建国40年以来周先生在政治上沉浮起落历程的人都明白，这里“红”与“黑”的变幻，是别人对周先生的政治评价，至于他的自我评价，是“红”而非“黑”。如同其父周叔弢先生是著名的“红色资本家”，周先生是师生尊敬的“红色教授”。

“文革”前的14年，遵照北大历史系领导的安排，周先生转而进入亚洲史、世界史研究领域，勤奋笔耕；在“大跃进”的年代，服从党组织的安排，参加史学批判；在中苏两党论战期间，就日本近代史的分期问题，质疑苏联日本史学的权威观点，在教学科研过程中，发挥党员教授的作用。“文革”初起时，周先生响应党的号召，很单纯地认为“过去几十年远离革命。如今虽非战争，不应再失时机，而应积极投身革命，接受锻炼与考验。”本着“要革命”的真诚信念，他不愿“脱离运动”，谢绝了中华书局标点《二十四史》的邀请，等于放弃了可以避免日后许多坎坷和磨难的机会。同样是服从党委的调动，进入“梁效”注释组。至于他以为注释诗词或文章是“直接为毛主席服务，都兢兢业业，尽心竭力去从事这个工作”；工作到深夜回

① 周一良：《毕竟是书生》，《周一良集》第五卷，辽宁教育出版社1998年版，第423—424页。

家的路上，想到“几十年前古典文献帝训练，今天居然服务于革命路线，总算派上了用场，不免欣然自得，忘却疲劳”的内心独白，[①] 也是周先生政治立场的真实反映。在粉碎“四人帮”、梦醒之后，周先生对“文革”期间的想法作出深刻的反思，并对十年动乱期间政治风云变幻、卷入“造神运动”的身不由己，发出“毕竟是书生”的慨叹。即使如此，周先生从未对加入中国共产党感到懊悔，毋宁说总是对中国共产党自我纠正错误的自愈能力抱有希望。

如果说在“左”的路线大行其道时，政治选择、意识形态乃至道德基准均被一元化，容不得半点脱离主旋律的异色。在改革开放后，情况逐步发生变化。特别是在某些关键时刻，个人的去留选择自然表明了立场。众所周知，《毕竟是书生》初稿于1989年6月24日，当时正值北京春夏政治风波。美国政府带头发动对华制裁，有意放宽发放“绿卡”的条件。以周先生的声望和影响，且当时人在美国，提出申请，拿到“绿卡”，不过举手之劳。但是，他没有这样做，翌年夏天，夫妇二人回到了燕东园24号老屋。这就是周先生的选择，尽管他在“文革”和审查“梁效”期间，历经了太多的悲喜爱恨交加的风风雨雨；尽管政治的变脸，使其游走于“红”与“黑”之间；尽管提起这40年的往事，别有一番滋味在心头。周先生回国，以不争的事实，表明了其国家观念和政治品格。

其实，国家观念或利国利民价值取向，是周氏家族根深蒂固的传统。周先生的曾祖父周馥在晚年所著《负暄闲语》中，自谓在其封疆大吏任上，“我但求有益于国于民，何尝计及一己利害”，[②] 以此信念作为处理对外交涉准绳。祖父周学海虽亦为高官，但性喜医学，临床医术高明，热心治病救人。所著《脉学四种》，《脉义简摩》、《辨脉平脉章句》、《形色外诊简摩》、《伤寒补例》、《读医随笔》等医书收入《周氏医学丛书》，近年来重新校印出版，继续利国利民。周先生说：“若说家庭影响，主要来自父亲”。[③] 其父周叔弢

① 周一良：《毕竟是书生》，《周一良集》第五卷，辽宁教育出版社1998年版，第397页。
② 周一良：《钻石婚杂忆》，生活·读书·新知三联书店2002年版，第3页。
③ 周一良：《毕竟是书生》，《周一良集》第五卷，辽宁教育出版社1998年版，第321页。

先生树立的笃实朴素的家风和谦虚谨慎、讲究涵养的为人之道，对长子周一良品行与性格的塑造，影响最大也最直接。特别是在国家观念、公私分明、奉献社会等方面，更是作出了表率，周先生也因此而引以为荣。

建国前，为防止石涛名画《巢湖图》等国宝级的书画流落外国，周叔弢不惜重金购藏保护。可贵的是，他收购书画珍品，并非为货币保值或为儿孙留下财富，而是为国为民。他嘱咐儿孙说："数十年精力所聚，实天下公物，不欲吾子孙私守之。四海澄清，宇内无事，应举赠国立图书馆，公之世人，是为善继吾志。"① 1949年7月，周叔弢在北平书肆发现故宫流散的宋版珍本《经典释文》一册，立即高价买下，捐献给国家。从此，先后分六批，将周家珍藏的善本古籍、文物和图书无偿献给国家或图书馆。1950年，在他的倡议并经天津周氏家族公议，将家祠"孝友堂"收藏的六万余册书籍捐赠给南开大学。② 1952年，将包括最心爱的《两陶集》等所藏宋、金、元、明、清诸朝715种、2672册珍品善本古籍献给国家，收藏于北京图书馆。1954年，周叔弢赠给南开大学中外图书3000余册。1955年，赠给天津图书馆清代善本书籍3100余种，2.2万余册。1972年，他又将善本书籍1800余种9100余册赠给天津图书馆，还把所藏敦煌卷200卷，战国、秦汉古印900余方和元明清诸朝名人书画等多件，全部无偿献给了国家。1981年，周叔弢又向国家捐献了文物1260件，古籍图书1827种，计9196册。天津市政府对此次捐赠发给奖状和奖金1.5万元。1982年，周叔弢留下遗嘱，把奖金购得的国库券全数本息上交国家。③ 周叔弢所捐献的古籍和图书中，不乏价值连城的精品，但信守天下为公的价值观念，全部给国家。因此，称周叔弢先生为"忠诚的爱国主义者，中国共产党的亲密朋友"，④ 并非过誉，而是恰如其分。

国家观念、爱国利民、笃实朴素、谦虚谨慎、讲究涵养、忠厚待人的家

① 叶介甫：《回眸：古籍文物收藏家周叔弢先生"为国献宝"》，《人民政协报》2009年4月24日。

② 《周叔弢赠书南开大学图书馆》，北京大学信息管理系网页。

③ 叶介甫：《回眸：古籍文物收藏家周叔弢先生"为国献宝"》，《人民政协报》2009年4月24日。

④ 《周叔弢》，百度百科。

风，对周先生人格品德的塑造影响深远，即使在入党后，依然如此。在为人方面，周先生的自我评价是："为人党性不怎么样，还是儒家思想影响深。曾参解释孔子的'一以贯之'是'忠恕而已矣'，我自问正是如此，也就是为人忠厚的思想根源。"① 周先生还说："在人际关系上，我曾自诩有知人之明，更有自知之明。我想这是我群众关系较好的原因，实际也是忠恕之道的推衍。忠与恕的信念之外，四十年来，我逐渐树立了另外两个观点：唯物的与辨证的。我深深感到，有这四条信条'垫底儿'，处顺境时不至于忘乎所以，处逆境时也没有疾首痛心。"② 自幼饱读《四书》、《五经》等儒学经典，在无形中，"忠恕"意识浸润周先生的灵魂深处，伴随着他为人处世的人生历程。忠恕，是儒学待人的基本准则。子曰："夫仁者，己欲立而立人，己欲达而达人。"；在回答子贡"有一言而可以终身行之者乎？"时，又曰："其恕乎！己所不欲，勿施于人。"③ 由此可知，一以贯之、终身行之者谓之"忠"；所立、所达、所欲者，由己而推及他人，将心比心、是为"恕"。忠与恕奠定了周先生处事待人的道德根基。

忠恕意识，体现在周先生待人之道上，即宽容、厚道和仁爱之心。作为一名大学的教师，国家观念、爱国心和忠恕意识更具体表现在周先生对待学生晚辈的态度上。他的博士研究生郭熹微评价周先生说："除儒家思想外，还有民主平等思想，对学生从不强加于人，经常鼓励自己指导的学生向其他老师求教。"④ 现为社科院民族所研究员的邸永君在历史系读明清史硕士时，曾就学位论文研究课题《清代庶吉士制度研究》请教周先生，得到的答复是："翰林的选题很好，但文化含量太大，层次很高"，鼓励他"既然选定这个题目，就要尽力而为"，"要在写论文的同时，不断提高自身修养，这个题目也可以作为不断提升完善自己的动力"。周先生在谈话中，言及"北大历史系教师有温柔敦厚，不为难学生的悠久传统"，给邸永君留下来极为深刻

---

① 周一良：《钻石婚杂忆》，生活·读书·新知三联书店 2002 年版，第 178 页。

② 周一良：《自传》，《周一良学术论著自选集》，首都师范大学出版社 1995 年版，第 621 页。

③ 《论语·雍也》、《论语·卫灵公》。

④ 周一良：《钻石婚杂忆》，生活·读书·新知三联书店 2002 年版，第 178 页

的印象。[①]

对笔者而言，对周先生的宽容、敦厚和爱护晚学细致周到的“忠恕”之心，更有深切的感受。《毕竟是书生》里有这样一个情节：1967年5月，两个历史系红卫兵“押解”他从太平庄返校接受批斗，命令他背着装满鹅卵石、用作“武斗”子弹的书包上路。红卫兵魏某在长途汽车上让周先生放下几十斤重的书包稍作休息，使他“永远不忘”。文中提到的另一个红卫兵宋某即本人。当时，正值“武斗”期间，派性斗争的狂热，在路过河滩地时，故意命令这个“井冈山”头头背上鹅卵石，作为用强力弹弓射击“井冈山”楼盘的子弹。当时，周先生并不认识我。1969年5月，我们和周先生一起到二七机车车辆厂参加“教育革命”，在“斗私批修”、克服派性的会上，我就此事作检讨，向周先生道了歉。此事所以给他留下了印象，记住了我的姓名。1973年7月入党前，再次征求周先生的意见，接受批评，周先生又特意问起并记住了同行的另一个学生的姓名。

过了很多年，看到《毕竟是书生》的相关记述时，深深感受到周先生宽容敦厚、爱护后学的良苦用心。在书中，他特意插了一笔，说宋某在“文革中的狂热行动不是图名图例，而是诚心诚意要革命。实际上和我一样是受骗上当，而与‘炮兵营’战斗队之流被私心杂念驱使着去胡作非为迥然不同”，强调“我与他成为关系很好的同志与同事”。[②] 周先生如此说，令人感动、感激、懊悔不已，这人生的一课，永远难忘。周先生扶植后学，历来以发展教学科研为目的，倾心竭力。1982年听说我准备给本科生讲授《日本近代史》课程，周先生把他当年《日本近代史》的讲稿全部拿来供我参考，虽然经过“文革”抄家，讲稿有些章节已有残缺，但周先生满心真诚，期待殷殷却未因此而短缺半分。此后，在撰写论文时，遇到难懂的日语词汇请教周先生，他会在几天后，专门写来解释的字条送给我；还帮助翻译万叶假名体的日本古代史料，给予具体的指导。周先生在审阅我的论文时，定会写出详细的修

① 郧永君：《百年沧桑话翰林——晚清翰林及其后裔·自序》，中国社会科学出版社2010年版，第3页。

② 周一良：《毕竟是书生》，《周一良集》第五卷，辽宁教育出版社1998年版，第387页。

改意见，包括指出标点符号的错误。1995 年周先生特意打来电话，要我去他的书房里挑选当年他从琉璃厂淘来到日文图书，留作教学科研之用。同在一个研究室的沈仁安先生和曾经在一个系的吕遵锷先生，也像周先生一样，原谅我在“武斗”期间的鲁莽，并在我成长的关键时刻鼎力相助。在他们的身上，的确体现了北大历史系教师“对学生从不强加于人”、“不为难学生”传统的为师之道。

1998 年百年校庆的时候，六四级的几个同学相约请周先生为同级学友的纪念论文集作序，周先生为“以示鼓励”，答应写序，但对其中的一个作者，即“炮兵营”表示“至今不能谅解”。在《毕竟是书生》出版后，周先生对“炮兵营”的看法有所变化，他想到“宽容应该是每个人具备的美德”；想到“‘文革’这场灾难开始以后，几乎人人受害，我信了‘神’，上当受骗；年轻的孩子们同样信‘神’，上当受骗，我们之间只是程度不同而已。”因此，在《读书》报上向那位学生发出表示谅解的喊话：“让我们学习鲁迅所说的‘相逢一笑泯恩仇’吧!”[①] 其实，这个同学在毕业离开学校后，因为“文革”期间的粗野，在后来没少吃苦头，而且悔恨不已。多少次站在校门口前徘徊，无颜走进校园。后来他看到了周先生的“喊话”，感动不已，从内心里彻底反省自己，得到解脱。

周先生对学生的错误宽厚，自我反省却要求甚严。在他晚年的回忆中，多次反省对胡适先生的错误批判，期待有朝一日到台北的胡先生墓前“深深致敬，并表示歉意”。[②] 对批判陈寅恪先生的错误，更是难以释怀。1999 年 11 月在中山大学举行的“纪念陈寅恪教授”国际学术讨论会纪念会上，周先生作了题为《向陈先生请罪》的书面发言。他追述了 1958 年在历史系参加批判的原因：1956 年入党，“1958 年正是锻炼党性，不讲价钱，党指向哪里就打向哪里的时候”，而完全不顾及其他。尽管这个在教师批判会上的发言稿并未公开发表，但周先生联系“文革”中发表的文章，是“曲其所学，阿谀世道”，“参加造神运动、自己信神崇神的丑恶结果，完全违背了陈先生在

① 周一良：《还想说的话》，《郊叟曝言》，新世纪出版社 2001 年版，第 92—93 页。

② 周一良：《钻石婚杂忆》，生活·读书·新知三联书店 2002 年版，第 118 页。

独立之精神、自由之思想指导之下来做研究的教导，是完全应该接受破门之罚的”。他谈到粉碎“四人帮”之后的“惊醒”，说到撰写《魏晋南北朝札记》论文时，“没有曲学阿世，是未负如来的”。①

在生活上，周先生历来简朴、随意，对自己和家人却苛之甚严。自1952年进入北大，分得燕东园24号朝北的四间住屋以来，至1979年，已经在这终年“不见阳光”，没有扶手的水泥楼梯“既险且窄”的居屋里生活了27年。上了年纪，越来越难以上下陡峭的楼梯，难耐冬天北屋暖气不足的寒冷。曾多次希望调整住房，始终难以实现。1981年至1983年在担任历史系系主任时，周先生已年近古稀，解决缺乏阳光和楼梯难行的问题，显得愈加急迫。但是，他以为当时全校教师住房都很困难，历史系还有的老师四代人挤住在一间面积仅10.5平方米的屋子里，不应该以职务之便，提出个人的要求。等到离任以后，更换住屋的问题就更加无望，一拖再拖。“直到1995年10月10日，我们才告别了燕东园。我从39岁的青壮年在这里住到82岁的老年，这43年居住背阴房屋的结果，就是我们夫妇俩因长年不见阳光而缺钙，四条腿的股骨头都骨折过，还饶上一条小腿和一只手腕。”② 换房子一事，是周先生从不以权谋私和律己甚严具体表现。为此，他和老伴付出了代价，却也赢得了全系教职员工的拥戴和尊敬。

有关周先生的家世和人生感悟的著作，主要见于《毕竟是书生》（北京十月文艺出版社，1998）、《郊叟曝言》（新世纪出版社，2001）、《钻石婚杂忆》（生活·读书·新知三联书店，2002）等著。

---

① 周一良：《钻石婚杂忆》，生活·读书·新知三联书店2002年版，第127—132页。

② 周一良：《钻石婚杂忆》，生活·读书·新知三联书店2002年版，第192—194页。

稿 约

本刊的办刊宗旨是：以中国的历史发展和当代转型为理论思考的背景，提倡科学方法和人文精神并重，鼓励方法论创新和跨学科研究，俾使中国的日本学研究不致流于空泛而富有参考价值。本刊将开设专题研究、比较视窗、海外专稿、学术人物等多种固定和非固定栏目，以期在日本政治、经济、社会、历史、文化以及中日关系等广泛的研究领域内，为中国的日本学研究者提供一个公共学术平台。

（一）本刊诚征学界同仁的优秀之作，稿件篇幅通常为10000字左右，但不做硬性规定，尤为欢迎符合现代人文社会科学研究规范的论证有力、论据充分的原创性长篇学术论文。

（二）来稿请附不超过300字的内容提要以及3—4个关键词。稿件请使用中文简体WORD文档，A4幅面，稿中引文、图表、数字等务请核对准确并注明出处，请采用WORD添加自动注释列于页下。

（三）注释格式为：作者（译著或译文还应注明译者，译者不明时标"中译本"、"中译文"）、书名（或论文题目）、出版社（或杂志名称）及出版时间、页码（引用杂志不须注明页码）。引用日文文献时一律翻译成中文，一些特殊用法或难以用汉语精确表达其意的个别情况下，可以直接引用日文文献；引用英文以及其它语种的文献时，直接采用原文。注释格式举例如下：

刘江永：《中国与日本：变化中的"政冷经热"关系》，人民出版社2007年版，第286页。

［日］升味准之辅：《日本政治史》第四册，董果良译，商务印书馆1997

年版，第 912 页。

［日］丸山真男：《忠诚与叛逆》，筑摩书房 1992 年版，第 32 页。

李晓：《“日元国际化”的困境及其战略调整》，《世界经济》2005 年第 6 期。

［日］加藤宽：《官僚主导国家的失败》，《公共选择研究》1997 年第 29 号。

（四）本刊属于综合性杂志，在学科属性上可以归类为社会科学研究的日本政治、经济、法律等方面的论文，可以采用上述注释格式的同时，还可以采用文中注 + 参考文献、且两者必须保持一致的注释格式，举例如下：

“日本的司法制度，特别是在与经济、生活有关的事项上显得不足，这些事项被置于政治、行政起作用的范围。因此，日本的司法制度几乎不处理或没有能力处理经济问题，经济问题的处理，或者是委托给政治解决，或者是通过法律但得不到解决（中条潮，1996）。从而导致了民间部门的诉讼成本过高，一个诉讼案件从上诉到最高法院到终审，平均需要 10 年的时间。

参考文献 中条潮（1996），《脆弱的司法制度导致行政、政治的扩张化》，［日］《东洋经济争论》5 月号。”

（五）来稿请用电子邮件发送，务请注明作者单位和职称（或职务）、联系地址、电话。

编辑部地址：天津市南开区卫津路 94 号　南开大学日本研究院
《南开日本研究》编辑部

邮编：300071

电话/电传：（022）23505753

E－mail：nkrbyj@ gmail. com

《南开日本研究》编辑部